ITALIANO VIVO

by

GIORGIO MILESI

Dottore in Lingue e Letterature Straniere
Dottore in Scienze
Formerly Teacher of Italian
at the Language Tuition Centre, London

Nelson

A mia madre

Thomas Nelson and Sons Ltd
Nelson House Mayfield Road
Walton-on-Thames Surrey
KT12 5PL UK

51 York Place
Edinburgh
EH1 3JD UK

Thomas Nelson (Hong Kong) Ltd
Toppan Building 10/F
22A Westlands Road
Quarry Bay Hong Kong

Thomas Nelson Australia
102 Dodds Street
South Melbourne Victoria 3205
Australia

Nelson Canada
1120 Birchmount Road
Scarborough Ontario
M1K 5G4 Canada

First published by Harrap Limited 1966
ISBN 0-245-52866-0

This edition published by Thomas Nelson and Sons Ltd 1985
ISBN 0-17-445039-7
NPN 9 8

Printed in Hong Kong

Preface

GRAMMAR

Each chapter presents an essential grammatical rule, which is then amplified and explained in the Observations.   Minor points and exceptions are added in the Notes. It may sometimes seem that the student is being presented with too much material at one time and being distracted by exceptions before he has had time to master the basic rule.   Against this it should be pointed out that the advantage of the Notes is that they make for completeness and ease of reference.

WORD STUDY

At the end of each lesson there is a section entitled Word Study, dealing with synonyms and homonyms, for the most part connected with material co.ntained in the chapter.   This is felt by the author to be one of the most important features of the book, dealing as it does with those points where the student is likely to be misled by apparent similarities or simple dictionary definitions.

EXERCISES

The sentences for translation are designed to demonstrate the application of a given rule in the spoken language.

The passages and conversations for translation have not only a grammatical purpose, but are designed to develop an idiomatic use of the spoken language in everyday situations.   It is to be hoped that the attempts at humour will help to lighten the undeniably serious routine work of learning a language.

The occasional substitution exercises should help towards the automatic assimilation of a given rule.   They may supplement but cannot supplant repetitious memory-work and should be used at the discretion of the teacher or student.

IRREGULAR VERBS

Irregular verbs are dealt with gradually in the course of the book.   The complete list is contained in the Appendix.

TRANSLATION AND READING PASSAGES

Although passages from newspapers are included in the later chapters, all the translation passages have been specially written to practise the grammar covered up to that point. At the same time great care has been taken to avoid the kind of "textbook Italian" which bears little resemblance to the normal spoken or written language.

The inclusion of literary passages would have made the book of an unmanageable size. They have been omitted with regret and it must be emphasised that any student at all serious about learning Italian should not use this book in isolation. Particularly in the later stages it should be used in conjunction with a good selection of modern Italian prose. In this way the reader's eye and ear will become accustomed to certain grammatical forms even before he has learned them formally.

There are many ways of approaching a language and no book can claim to cater completely for everybody's needs. Some students will use this book more and some less, depending on their own interests, the type of teaching they receive, and their opportunities for speaking Italian. What the author does hope, however, is that *Italiano Vivo* will provide the student with the essential rules and a sound basis of spoken Italian, so that the beginner who uses it will not remain a beginner for too long.

Thanks are due to Mr Anthony Mortimer, B.A., lector in English, Bocconi University, Milan, for his valuable assistance.

G.M.

CONTENTS

I*

Introduction

The Italian Alphabet — Pronunciation of the Vowels — Stress in Pronunciation — Pronunciation of the Consonants — Silent h — Combined Letters — Double Consonants — Capitals — Elision — Apocopation — Pronunciation Drill

---

THE ITALIAN ALPHABET

The Italian alphabet has 21 letters.

A	(a)	h	(acca)	q	(cu)
b	(bi)	i	(i)	r	(erre)
c	(ci)	l	(elle)	s	(esse)
d	(di)	m	(emme)	t	(ti)
e	(e)	n	(enne)	u	(u)
f	(effe)	o	(o)	v	(vi)
g	(gi)	p	(pi)	z	(zeta)

NOTE: The letters j (i lungo), k (cappa), w (vi doppio), x (ics) and y (ipsilon) are used only to spell foreign words.

PRONUNCIATION OF THE VOWELS

The five vowel signs are pronounced as follows:

a as *a* in *class*

e as $\begin{cases} e \text{ in } let \text{ (open e)} \\ a \text{ in } late^* \text{ (closed e)} \end{cases}$

i as *ee* in *been*

u as *oo* in *spoon*

o as $\begin{cases} o \text{ in } not \text{ (open o)} \\ o \text{ in } home^* \text{ (closed o)} \end{cases}$

* But whereas in English the a and o are diphthongs here, the Italian vowel is always a pure vowel.

Examples:

ma	lo (closed o)
se (closed e)	do (open o)
mento (open e)	tu
mi	

Observations

1. Unlike English vowels, each of which has many sounds (m*a*n, cl*a*ss, cott*a*ge, l*a*me, etc.), Italian vowels have one sound each, with the exception of e and o which can be either closed or open.

2. While in English unstressed vowels are mostly slurred, Italian vowels are always pronounced very distinctly, whether they are stressed or not. Final e is always pronounced.

3. When two vowels come together, each of them maintains its sound (poi, mai, etc.).

4. Stressed vowels are marked with an accent only at the end of a word (bontà, virtù, andò, etc.).

5. E and o may be either closed or open. When these vowels are in an unstressed position, they have the closed sound; when they are stressed, they may have either the closed or the open sound.

NOTE: O has an *open* sound in the following cases:

(1) in the verbal forms do, sto, so (Present, first person singular).
(2) in the endings of the Past Definite (e.g. parlò) and of the Future (e.g. parlerò).
(3) in the possessive adjectives and pronouns tuoi, suoi, nostro, vostro.

O has a *closed* sound in the following cases:

(1) in the personal pronouns noi, voi, loro.
(2) in the Present Indicative of some verbs ending in -ono, -oni, -ona, -oniamo, -onate, -onano.

E has an *open* sound in the following cases:

(1) in the verbal endings -etti, -ette, -ettero of the Past Definite, in -rei, -rebbe, -rebbero of the Conditional, and in the endings -endo and -ente of the Gerund and Present Participle, respectively.
(2) in the possessive adjective and pronoun miei.

E has a *closed* sound in the following cases:

(1) in the verbal ending -ere of the Infinitive, in -evo, -evi, -eva, -evano of the Imperfect Indicative, in -ei, -esti, -é, -emmo, -este, -erono of the Past Definite, in -essi, -esse, -essimo, -este, -essero of the Imperfect Subjunctive.
(2) in the suffixes -mento, -mente, -ezza, -ese.

STRESS IN PRONUNCIATION

The majority of Italian words have the stress on the syllable next to the last. No written accent appears in such words.

e.g. **amico, amore, colore, andare, pagare, venire.**

Some Italian words have the stress on the vowel in the third from last syllable. Though no written accent appears in such words, this accent will be written in the words of this group throughout this book (except in Appendix 2).

e.g. **càmera, ànfora, grìdano, màncano, dòrmono.**

When the final vowel is stressed, the word has the written accent.

e.g. **bontà, virtù, caffè, andò, tornò, arrivò.**

NOTE: A few monosyllabic words have the stress on the vowel to distinguish them from other words of identical form but different meaning.

da	from	dà	gives (verb)
di	of	dì	day
e	and	è	is (verb)
li	them	lì	there
la	the, her	là	there
si	himself, herself, one	sì	yes
te	you	tè	tea
ne	some, any	né	neither, nor
se	if	sé	him(self), her(self)

PRONUNCIATION OF THE CONSONANTS

The Italian consonants are pronounced approximately as in English. In order to acquire a correct pronunciation of all Italian consonants, the student should endeavour to learn from the very beginning how to pronounce the following: **d, t, l, r, c, g, s, z.**

1. D and t have a dental sound (and not alveolar as in English), obtained by placing the tip of the tongue against the upper teeth.

Tu, tuo, tè, tuta, tanto, tale, tìtolo, festa, fato, fatato.
Due, dio, dado, dato, dito, cado, caduta, bando, bandito, ditata, màdido.

2. L is also pronounced with the tip of the tongue against the upper teeth.

Lei, lui, loro, lato, lite, palo, pila, male, tale, vile.

3. R is strongly trilled, with the tip of the tongue vibrating against the back of the upper teeth.

Caro, carta, treno, mare, faro, tiro, raro, ancora, ardore, colore.

4. C has two sounds — (i) when followed by **e** or **i**, it has a palatal sound (like *ch* in *chin*); (ii) otherwise it has the guttural sound of the English *k*.

(i) **Cena, cera, cento, cima, cìnema, voce, dice, dieci, baci, luce.**

(ii) **Cane, come, casa, cubo, canto, cosa, credo, buco, baco, banco.**

5. G has two sounds—(i) when followed by **e** or **i**, it has a palatal sound (like *j* in *ioy*); (ii) otherwise it has the guttural sound of *g* in *go*.

(i) **Gelo, genio, gente, giro, gesto, regina, sorgente, ginestra, gènere, generale.**

(ii) **Gara, gamba, gusto, grande, grido, grato, mago, lago, lungo, canguro.**

6. S has two sounds—(i) voiced and (ii) unvoiced. The voiced s corresponds to the English *s* in *rose*, the unvoiced to the English *s* in *speak*.

(i) **Cosa, prosa, viso, riso, muso, esame, tesoro, raso, sguardo, smorto.**

(ii) **Sano, sono, siamo, solo, stanco, spada, stato, strano, rospo, tosto.**

NOTE: Though only practice can enable the student to pronounce the voiced and unvoiced s, the following rules can be borne in mind:

S is always *unvoiced*:

(1) at the beginning of a word, when followed by a vowel.

Sano, sono, solo, sale, salame.

(2) when it is followed by a consonant (except **b, d, g, l, m, n, r, v**).

Asta, oste, scopa, spino, stato.

(3) when it is double.

Posso, passo, fisso, masso, rissa.

S is always *voiced*:

(1) when it is followed by **b, d, g, l, m, n, r, v.**

Sgarbo, slitta, snello, sbieco, svitato.

(2) between two vowels.

Uso, casa, naso, così, rosa.

7. Z has two sounds—(i) voiced and (ii) unvoiced. The voiced z is pronounced like a rather prolonged *ds*, while the unvoiced z corresponds to a sharp *ts*.

(i) **Zero, zeta, zinco, zolfo, zebù, manzo, romanzo, bronzo, zùcchero, zùfolo.**

(ii) **Stanza, danza, terzo, marzo, sfarzo, pinza, lenza, alzare, balzare.**

SILENT H

H is always silent in Italian. It appears in some of the forms of the Present Indicative of **avere** (*to have*), and in some interjections (ah, ahi, etc.). For h conditioning the guttural pronunciation of **c** and **g**, please see below.

COMBINED LETTERS

1. Ch is used only before e and i, and it has the same sound as *k* in English.

Chi, china, chiave, chiesa, anche.

2. Gh is used only before e and i, and it is pronounced as *g* in *girl*.

Ghiro, ghisa, ghirlanda, ghianda, ghetto.

3. Ci before a, o and u has the palatal sound of *ch* in *chin*. The i is not pronounced, unless stressed.

Ciao, ciascuno, camicia, oncia.
Lancio, bacio, cacio, marcio.
Ciuco, ciurma, ciuffo, taciuto.

BUT: farmacìa, vocìo.

4. Gi before a, o and u has the palatal sound of *j* in *joy*. The i is not pronounced, unless stressed.

Già, giardino, Gianna, mangiare, giara.
Mangio, giostra, Giorgio, giovare, gioventù.
Giù, giungla, giuoco, Giulio, giurare.

BUT: bugìa, magìa.

5. Gli has a very liquid sound, somewhat like *lli* in *million*, pronounced with the tip of the tongue against the lower teeth.

Gli, egli, figlio, paglia, luglio.

NOTE: Gli is pronounced as in English in a few words.

Anglia, anglicano, glicerina, geroglìfico.

6. Gn is pronounced somewhat like *ni* in *onion*.

Bagno, stagno, ragno, gnomo, ogni.

7. Qu is pronounced like *kw*.

Quanto, quale, quando, questo, quegli.

8. Sc is pronounced (i) like *sh* before e and i, and (ii) like *sk* before any other vowel or consonant.

(i) Scena, scemo, scéndere, fasce, uscire, scimmia.
(ii) Scuro, scudo, scarso, schiena, scontro, scusare, bosco.

NOTE: In the groups scia, scio, sciu, the vowel i is not sounded, unless stressed.

Scialo, sciame, sciolto, liscio, fascia.

BUT: fruscìo.

DOUBLE CONSONANTS

The student of Italian may find some difficulty in pronouncing double consonants which appear quite profusely in the Italian language. Double consonants have the same sound as the single consonant, but prolonged.

1. Double f, l, m, n, r, s, v present no actual difficulty.

> baffi, muffa, zuffa, pìffero
> palla, ballo, culla, farfalla
> mamma, gomma, somma, mummia
> nonna, anno, donna, pinna
> carro, burro, ferro, catarro
> sasso, stesso, basso, fracasso
> avvocato, avviare, avvòlgere

2. Double b, c, d, g, p, t, z (plosive, palatal and dental consonants) present some difficulty. The first consonant is pronounced softly, the second with a more energetic sound.

> babbo, debbo, abbiamo
> mucca, ricco, zucca
> Budda, freddo, addìo
> maggio, faggio, raggio
> coppa, cappa, pappa
> tutto, tetto, tatto
> razzo, puzza, ragazza

NOTE: In the words maggio, faggio, raggio the vowel i is not pronounced. The same applies to the groups -ccio and -ccia (roccia, faccia, ghiaccio).

Important Note

In order to acquire a proper pronunciation in speaking and reading Italian, the student must try his best from the very beginning of the course:

(1) to avoid slurring the vowels—so common in English—and pronounce them very distinctly.

(2) to get rid of the typical sounds characterizing the pronunciation of the following English consonants: *d, t, l, r*.

(3) to practise the Italian double consonants.

CAPITALS

Capital letters have the same use in Italian as in English, except in the following cases where small letters are used:

(1) with names of months and days.

gennaio, febbraio, marzo, aprile, maggio, giugno, luglio, agosto, settembre, ottobre, novembre, dicembre.

lunedì, martedì, mercoledì, giovedì, venerdì, sàbato, doménica.

(2) with adjectives of nationality.

italiano, inglese, americano, francese, scozzese, irlandese.

(3) with titles, not accompanied by proper names.

Sì, signore	Yes, Sir.
No, signora.	No, Madam.

(4) with the personal pronoun io (*I*).

Giorgio e io	George and I

NOTE: Lei, Ella and Loro, which translate *you* in the polite form, require a capital letter.

ELISION

When two vowels appear at the end of a word and at the beginning of the next, respectively, the first vowel is normally elided, that is to say it is dropped and replaced by an apostrophe, in order to avoid a disagreeable sound.

Elision usually takes place with articles, with the preposition di, with dello, della, with such adjectives as bello, grande, santo, quello, questo, quanto, quale, etc., and with other words, mostly conjunctions, such as dove, come, ci, anche, etc.

l'anno	the year
l'uomo	the man
un'ape	a bee
d'inverno	of winter (in winter)
d'Antonio	of Antonio
dell'anno	of the year
dell'autunno	of the autumn
bell'uomo	handsome man
grand'uomo	great man
quell'uomo	that man
quest'anno	this year

anch'io	I also (me too)
quant'è?	how much is it?
qual è?	which is it?
com'è?	how is it? (what's it like?)
c'è ...	there is ...

APOCOPATION

The loss of a vowel at the end of a word without using the apostrophe is known as apocopation. It occurs with words ending in e or o, when such vowels are preceded by the consonants r, n, m, or l. Except in the case of **Signor** (*Mr*) preceding a proper name and of infinitives with suffixed direct object pronouns, apocopation is optional and normally adopted to provide a more agreeable sound.

Apocopated infinitives are very common in speech, and many idiomatic expressions or proverbs offer common examples of apocopation.

Quello (*that*), **bello** (*beautiful*, *fine*, etc.), **grande** (*great*, *large*, etc.) and **santo** (*saint*) undergo apocopation and become **quel, bel, gran** and **san** only before words beginning with a consonant, while they are elided before words beginning with a vowel.

mal di capo	(male)	headache
ben fatto	(bene)	well done
poter andare	(potere)	to be able to go
dover lavorare	(dovere)	to have to work
voler bene	(volere)	to be fond of
amarsi	(amare)	to love each other
Signor Bruni	(Signore)	Mr Bruni
pian piano	(piano)	little by little
a spron battuto	(sprone)	at full speed
un fùlmine a ciel sereno	(cielo)	a bolt from the blue

APOCOPATION		ELISION	
bel ragazzo	handsome boy	bell'uomo	handsome man
gran giorno	great day	grand'uomo	great man
San Giorgio	St George	Sant'Antonio	St Anthony

PRONUNCIATION DRILL

1. Pipa, nano, vano, lima, lama, buca, capo, nudo, mano, lite, caro, pino, dado, dito, fico, fato, fuga, luna, tino, tubo, mulo, mito, nato, nube, cubo, lato, tale, sano, sala, varo, vino, male, tana, lino, cane, fino, fune, palo, pila, lupo, capo, tipo, lana, pane, lira, raro, tara, bara.

2. Manto, pinta, canto, lampo, banco, fungo, fante, finto, lungo, largo, panca, punto, caldo, santo, vanto, vinto, parto, parte, tanto, carta, banda, calmo, gusto, misto, basta, casto, falso, lardo, lista, cardo, pasto, pista, punto, fusto, palco, busto, tanto, quanto.

3. (Closed e) vela, bere, remo, mela, pena, tela, lena, nero, pera, rete, vero, fede, meno, pelo, telo, seno, vero, fermo, negro, greto, benda, crespo, vendo, desto, fresco, senno, penna, fermo.

4. (Open e) festa, peste, testa, dente, lento, tenda, mesto, pesto, resto, rendo, prendo, presto, testo, lente, senso, grembo, greco, trenta, treno, stremo, lesto, serto, servo, nervo, prete, premio.

5. (Closed o) come, corto, borsa, tondo, pompa, tromba, pronto, dove, conto, pomo, torta, mostro, coda, losco, tonto, fonte, ponte, borgo, conte, loro, colmo, nodo, pollo, rosso, gronda, lontra, mondo.

6. (Open o) forte, porta, morte, prova, moda, flora, toro, moro, roba, torto, sorte, moto, soldo, storto, tono, cono, topo, trono, cromo, costo, colpa, nome, donna, folle, molle, grosso, colla, fosso.

7. Céna, cènto, cèrvo, circo, cima, cinto, césta, cèto, céro, cèrco, cèffo, cénno, cèrto, cibo, cèdo, céra, péce, pace, nóce, fòce, luce, tace, baci, fèce, dice, vóce, cróce, truce, pòrci.

8. Ciao, ciuco, ciuffo, lancio, gancio, pancia, cacio, bacio, camicia, bilancia, arancia, mancia, trancio, ciurma, ciarla, tréccia, fèccia, buccia, luccio, ciòcca, ciòttolo, bróncio, taciuto.

9. Gèsto, gèlo, gènte, gènio, giro, gèrme, gésso, gèlso, gèmma, gita, giórno, giòstra, Giòrgio, Gianna, Giulio, Giovanni, Gianni, Giàcomo, Giòve, giusto, giallo, giardino, giùdice, giubba.

10. Chino, chilo, chiave, chiaro, chiazza, chièsa, chiòma, chiuso, chiòdo, chìmica, chicco, anche, bianche, banche, adunche, chiamare, chiàcchiera, gracchiare, panche, chiasso, chiostro.

11. Ghiro, ghisa, maghi, laghi, vaghi, tanghi, lunghi, ghétto, ghiaccio, ghiaia, ghinèa, ghiótto, ghiottone, ghirlanda, unghia, cinghia, ringhiare, mughétto, laghétto, stringhe.

12. Sano, suòno, suòra, siamo, sale, sala, salsa, santo, sardo, séta, sórdo, sórcio, sópra, séno, sasso, sèsso, basso, rissa, russo, mésso, lésso, passo, fisso, tassa, gròsso, stésso, fésso.

13. Casa, naso, stéso, péso, résa, uso, caso, préso, musa, riso, còsa, pròsa, esame, tesòro, sbarra, smalto, smésso, slitta, sguardo, sbuffo, slavo, sleale, smòrto, smòsso, sbaglio, sbarra, sbirro.

14. Tèrzo, grazia, sfarzo, quarzo, calza, balza, milza, lènza, danza, pèzzo, pazzo, pizza, puzzo, prèzzo, sprazzo, spruzzo, canzóne, calzóni, nazióne, lezióne, azióne, lozióne, fazzolétto.

15. Zèro, zèbra, zèlo, zèta, zinco, zòna, zólfo, zónzo, zanna, zappa, zéppo, zòppo, zitto, zòlla, zucca, zuppa, zuffa, manzo, brónzo, bónzo, zòccolo, zòtico, zèffiro, zàffiro, zùcchero.

16. Figlio, miglio, giglio, ciglio, biglia, chiglia, triglia, maglia, vaglia, vòglia, taglia, sòglia, trifòglio, imbròglio, gorgòglio, orgòglio, fanghiglia, pigliare, tagliare, ragliare.

17. Bagno, ragno, stagno, cigno, légno, ségno, dégno, fógna, cagna, ógni, pégno, régno, prégno, mìgnolo, lucìgnolo, lasagna, legnóso, ignudo, cognòme, cognato, bagnare, regnare, sognare.

18. Scémo, scélto, scémpio, scèna, scimmia, scisma, scintilla, scivolare, scéndere, sciarpa, scialo, scialuppa, sciame, sciatto, sciòcco, sciòlto, sciròppo, ruscello, asciutto, fascio.

19. Agrigento, Alessandria, Ancona, Aosta, Aquila, Arezzo, Ascoli, Asti, Avellino, Bari, Belluno, Benevento, Bergamo, Bologna, Bolzano, Brescia, Brindisi, Cagliari, Caltanisetta, Campobasso, Caserta, Catania, Catanzaro, Chieti, Como, Cosenza, Cremona, Cuneo, Enna, Ferrara, Firenze, Foggia, Forlì, Frosinone, Genova, Gorizia, Grosseto, Imperia, Latina, Lecce, Livorno, Lucca, Macerata, Mantova, Massa.

20. Matera, Messina, Milano, Modena, Napoli, Novara, Nuoro, Palermo, Padova, Parma, Pavia, Perugia, Pesaro, Pescara, Piacenza, Pisa, Pistoia, Potenza, Ragusa, Ravenna, Reggio, Rieti, Roma, Rovigo, Salerno, Sassari, Savona, Siena, Siracusa, Sondrio, Spezia, Taranto, Teramo, Terni, Torino, Trapani, Trento, Trieste, Treviso, Udine, Varese, Venezia, Vercelli, Verona, Vicenza, Viterbo.

Gender of Nouns — Plural of Nouns — The Indefinite Article
— The Definite Article — Word Study : Greetings

GENDER OF NOUNS

In Italian there are two genders, masculine and feminine.

All nouns ending in -o (excepting **radio**, *radio*; **mano**, *hand*; **dìnamo**, *dynamo*) belong to the *masculine* gender, while all nouns ending in -a (except **cìnema**, which stands for **cinematògrafo**, and a few others) belong to the *feminine* gender.

Italian nouns ending in -e may be either masculine or feminine.

MASCULINE		FEMININE	
alunno	schoolboy, pupil	alunna	schoolgirl, pupil
ragazzo	boy	ragazza	girl
amico	boy friend, friend	amica	girl friend, friend
bambino	little boy, child, baby	bambina	little girl, child, baby
libro	book	pàgina	page
teatro	theatre	commèdia	comedy
signore	gentleman	signora	lady
televisore	television set	televisione	television
studente	boy student	studentessa	girl student
cìnema	cinema	radio	radio
poeta	poet	mano	hand
artista	artist	dìnamo	dynamo

PLURAL OF NOUNS

All *masculine* nouns ending in -o form their plural with -i.

All *feminine* nouns ending in -a form their plural with -e with the exception of a few nouns with a stressed final vowel (città, *city*; difficoltà, *difficulty*; possibilità, *possibility*) which are invariable, and **arma** (*weapon*) and **ala** (*wing*), which form their plural with -i; **mano** also forms the plural with -i.

Cìnema, radio and dìnamo are invariable.

All nouns ending in -e form their plural with -i. Only a few are invariable (specie, *species*; serie, *series*; re, *king*, etc.).

MASCULINE		FEMININE	
SINGULAR	PLURAL	SINGULAR	PLURAL
alunno	alunni	alunna	alunne
ragazzo	ragazzi	ragazza	ragazze
bambino	bambini	bambina	bambine
libro	libri	pàgina	pàgine
signore	signori	signora	signore
studente	studenti	studente	studenti
poeta	poeti	mano	mani
artista	artisti	ala	ali
cìnema	cìnema	città	città
re	re	serie	serie

NOTE: Nouns ending in -co, -go, -ca and -ga form their plural in -chi, -ghi, -che and ghe, respectively.

SINGULAR	PLURAL
buco (*hole*)	buchi
fico (*fig*)	fichi
fungo (*mushroom*)	funghi
rango (*rank*)	ranghi
banca (*bank*)	banche
mucca (*cow*)	mucche
biga (*chariot*)	bighe

A few masculine nouns make an exception to this rule and form their plural in -ci.

SINGULAR	PLURAL
amico (*friend*)	amici
porco (*pig*)	porci
stòmaco (*stomach*)	stòmaci
manìaco (*maniac*)	manìaci
mònaco (*monk*)	mònaci
médico (*physician*)	médici

THE INDÉFINITE ARTICLE

The Italian indefinite articles are: **un, uno** for the *masculine*, and **una, un'** for the *feminine*.

Un is the normal masculine article used before masculine nouns; it becomes **uno** before **z** and impure **s** (that is **s** followed by another consonant, such as **sb, sp, st,** etc.).

Una is the normal feminine article used before feminine nouns; it becomes **un'** before vowels.

MASCULINE		FEMININE	
un amico	a (boy) friend	una notte	a night
un libro	a book	una pàgina	a page
un sìgaro	a cigar	una sigaretta	a cigarette
uno zero	a zero	un'ora	an hour
uno zio	an uncle	un'amica	a (girl) friend
uno sbaglio	a mistake	un'unione	a union
uno specchio	a mirror	un'alunna	a schoolgirl

NOTE: The numeral **uno** (*one*) is really the same word as the indefinite article. It therefore agrees in gender with the noun, and becomes **un** before all masculine nouns except those beginning with z or impure s and **un'** before feminine nouns beginning with a vowel.

un giorno	one day	una sera	one evening
uno specchio	one mirror	un'automòbile	one car

THE DEFINITE ARTICLE

The Italian definite articles are: **il, lo, l'** for the *masculine singular*, **la, l'** for the *feminine singular*, **i, gli** for the *masculine plural*, and **le** for the *feminine plural*.

In the masculine il and i are used before consonants, while lo and gli are used before impure s and z. L' and gli are used before vowels.

In the feminine la and le are used before any consonant, and l' and le before any vowel.

SINGULAR	PLURAL
il ragazzo	i ragazzi
il sìgaro	i sìgari
lo sbaglio	gli sbagli
lo zio	gli zii
l'amico	gli amici
l'albergo	gli alberghi
la ragazza	le ragazze
la sigaretta	le sigarette
l'ora	le ore
l'automòbile	le automòbili

WORD STUDY

GREETINGS

Buon giorno
$\left\{\begin{array}{l}\text{Good morning}\\ \text{Good afternoon}\\ \text{Good day}\end{array}\right.$

This is used throughout the morning and in the early afternoon.

Buona sera
$\left\{\begin{array}{l}\text{Good afternoon}\\ \text{Good evening}\end{array}\right.$

This is used in the late afternoon and in the evening.

Buona notte   Good night

This is used in the late evening, when taking leave of people.

Ciao
$\left\{\begin{array}{l}\text{Hello}\\ \text{Good-bye}\end{array}\right.$

This is a familiar form used both on meeting close friends, relatives or school-mates, and on taking leave of them.

Arrivederci
Arrivederla $\Big\}$ Good-bye

Arrivederci is used between persons on friendly terms, while **arrivederla** is used between persons who usually address each other in the polite second-person form, Lei. (*See Lesson* 2).

A più tardi	See you later
A domani	See you tomorrow
A presto	See you soon
A giovedì pròssimo	See you next Thursday

These forms are used with a future meeting in view.

Addìo   Good-bye (for ever), farewell

This is used in anticipation of a long—or final—separation.

VOCABULARY

l'ala (*pl.* le ali)	wing	l'aranciata	orangeade
l'albergo	hotel	l'arma (*pl.* le armi)	weapon
l'alunno	schoolboy, pupil	l'artista	artist
l'alunna	schoolgirl, pupil	l'automòbile	motor car
l'amico	(boy) friend	il bambino	little boy, child,
l'amica	(girl) friend		baby

la bambina	little girl, child, baby	la ragazza	girl
la bàmbola	doll	il rango	rank
la banca	bank	il re	king
la biga	chariot	la regina	queen
il buco	hole	il ristorante	restaurant
il cìnema	cinema, movies	la rivista	show; magazine
la città	town, city	lo sbaglio	mistake
la commèdia	comedy	la scarpa	shoe
il cugino	cousin	la sedia	chair
la cugina	cousin	la sera	evening
la dìnamo	dynamo	la serie	series
la donna	woman	la sigaretta	cigarette
il giorno	day	il sìgaro	cigar
il fico	fig	il signore	gentleman
il fungo	mushroom	la signora	lady
il libro	book	lo specchio	mirror
il manìaco	maniac	la specie	species
la mano (pl. le mani)	hand	la stazione	station
la matita	pencil	lo stòmaco	stomach
la mucca	cow	lo studente	boy student
la notte	night	la studentessa	girl student
l'ora	hour	il tàvolo	table
la pàgina	page	il teatro	theatre
la penna	pen	la televisione	television
il poeta	poet	la valle	valley
il porco	pig	lo zero	zero
la radio	radio	lo zio	uncle
il ragazzo	boy	la zia	aunt

un, uno, una, un'	one	e	and
due	two	per	for (prep.)
tre	three		

EXERCISES
(1)

First translate, then give the plural of the following nouns:

Ragazzo, ragazza, libro, donna, teatro, rivista, bambino, bambina, giorno, notte, penna, matita, tàvolo, scarpa, valle, alunno, alunna, cugino, cugina, stazione, signora, signore, ristorante, mano, radio, città, cìnema, re, fico, buco, banca, amico, porco, mucca, albergo.

(2)

Supply the indefinite article:

1. — ragazzo e — ragazza.
2. — penna e — matita.
3. — bambino e — bambina.
4. — alunno e — alunna.

5. — signora e — signore.
6. — cugino e — cugina.
7. — tàvolo e — sedia.
8. — giorno e — notte.
9. — teatro e — rivista.
10. — stazione e — ristorante.
11. — città e — cìnema.
12. — sìgaro e — sigaretta.

13. — amico e — amica.
14. — ora e — giorno.
15. — albergo e — banca.
16. — mano e — stòmaco.
17. — sbaglio e — zero.
18. — donna e — specchio.
19. — mucca e — porco.
20. — studente e — automòbile.

(3)

Supply the definite article:

1. — giorno e — notte.
2. — signora e — signore.
3. — ora e — giorno.
4. — cugino e — cugina.
5. — teatro e — rivista.
6. — ragazzi e — ragazze.
7. — sìgari e — sigarette.
8. — amici e — amiche.
9. — sbagli e — zeri.
10. — alberghi e — automòbili.

11. — libri per — ragazzi.
12. — bàmbola per — bambina.
13. — scarpe per — signore.
14. — sìgari per — zio.
15. — sigarette per — zia.
16. — specchi per — donne.
17. — automòbili per — signori.
18. — penne per — alunni.
19. — sedia per — signora.
20. — albergo per — studenti.

Translate into Italian:

(4)

1. The book for the boy.   The books for the boys.
2. The cigar for the gentleman.   The cigars for the gentlemen.
3. The doll for the little girl.   The dolls for the little girls.
4. The pen for the pupil.   The pens for the pupils.
5. The mirror for the lady.   The mirrors for the ladies.
6. The chair for the girl.   The chairs for the girls.
7. The magazine for the girl friend.   The magazines for the girl friends.
8. The restaurant for the town.   The restaurants for the towns.
9. The car for the queen.   The cars for the queens.
10. The fig for the child.   The figs for the children.

(5)

1. A boy and a girl.   Two boys and two girls.
2. A little boy and a little girl.   Two little boys and two little girls.
3. A day and a night.   Two days and two nights.

4. A pig and a cow.   Two pigs and two cows.
5. A hotel and a restaurant.   Two hotels and two restaurants.
6. A mirror and a woman.   Two mirrors and two women.
7. A cigar and a gentleman.   Two cigars and two gentlemen.
8. An hour and a day.   Two hours and two days.
9. A student and a book.   Two students and two books.
10. A hand and a shoe.   Two hands and two shoes.

Lesson 2

The Infinitive — Present Indicative, First Conjugation — Subject
Pronouns — Word Study: Uses of parlare

THE INFINITIVE

Italian verbs are grouped into three conjugations, the infinitive endings of which are -are, -ere, and -ire.

First Conjugation (-are)
e.g. **parlare** (*to speak*), **amare** (*to love*), **mangiare** (*to eat*)

Second Conjugation (-ere)
e.g. **vedere** (*to see*), **prèndere** (*to take*), **vèndere** (*to sell*)

Third Conjugation (-ire)
e.g. **partire** (*to leave*), **capire** (*to understand*), **finire** (*to finish*)

PRESENT INDICATIVE, FIRST CONJUGATION

parlo	I speak	**parliamo**	we speak
parli	you speak	**parlate**	you speak
parla	he, she speaks	**pàrlano**	they speak

The endings replacing the -are of the infinitive in the present tense of the indicative are:

-o for the *first person singular*
-i for the *second person singular*
-a for the *third person singular*
-iamo for the *first person plural*
-ate for the *second person plural*
-ano for the *third person plural*

Studio la lingua italiana.	I study the Italian language.
Impariamo l'italiano.	We learn Italian.
I ragazzi pàrlano solo italiano.	The boys speak only Italian.
Pàrlano anche francese.	They also speak French.
Amo Marìa.	I love Maria.
Marìa ama Antonio.	Maria loves Antonio.

OBSERVATIONS

1. Italian subject pronouns are not usually expressed, since their presence is made superfluous by the endings varying according to the persons. Subject pronouns are used only to give emphasis.

2. In the third person plural, the stress is always on the syllable preceding -ano (*e.g.* còmprano, pàrlano).

3. When c or g precede the ending -are, an h has to be inserted between c or g and the following i or e, in order to keep the original guttural sound of c and g throughout the whole conjugation.

Cercare (*to look for*): cerco, cerchi, cerca, cerchiamo, cercate, cércano.

Pagare (*to pay*): pago, paghi, paga, paghiamo, pagate, pàgano.

4. When ci, gi or sci precede the ending -are, the i is kept before all the endings except in the second person singular.

Cominciare (*to begin*): comincio, cominci, comincia, cominciamo, cominciate, comìnciano.

Verbs ending in -chiare, -ghiare, -gliare also lose the i only in the second person singular.

Sbagliare (*to mistake, to make a mistake*): sbaglio, sbagli, sbaglia, sbagliamo, sbagliate, sbàgliano.

SUBJECT PRONOUNS

SINGULAR		PLURAL	
io	I	noi	we
tu	} you (*sing.*)	voi	you (*pl.*)
Lei			
egli	} he	essi	} they
lui		esse	
ella		loro	
essa	} she		
lei			
esso	} it		
essa			

OBSERVATIONS

1. The pronoun io has no capital letter, unlike the English *I*.

2. The pronoun Lei with verb in the third person singular is used as a form of direct address between persons who are not closely acquainted. It is usually capitalized.

The second person pronoun tu is used between close friends, relatives, students, and when speaking to children.

(Lei) parla inglese?	Do you speak English? (*polite form*)
(Tu) parli inglese?	Do you speak English? (*friendly form*)
(Voi) parlate inglese?	Do you speak English? (*plural*)

3. The third person pronouns lui, lei, loro occur in colloquial Italian, while egli, ella, essa, essi, esse are used in somewhat formal discourse, when some emphasis is required, or in the written language.

Egli parla solo inglese.	He speaks only English. (*formal*)
Lui parla italiano.	He speaks Italian. (*colloquial*)
Essi (esse) pàrlano italiano.	They speak Italian. (*formal*)
Loro pàrlano solo inglese.	They speak only English. (*colloquial*)

4. Esso, essa, translating the pronoun *it*, are usually understood.

È qui. It is here.		È Marìa. It is Maria.
Ecco la matita: è rossa.		Here is the pencil: it is red.

WORD STUDY

USES OF parlare

(1) *to speak*

Lei parla italiano, signore?	Do you speak Italian, sir?
Perchè non parli?	Why don't you speak?

The definite article is usually required with names of languages (l'italiano, *Italian*; l'inglese, *English*), but not after parlare.

(2) *to talk*

Marìa parla con un vecchio amico.	Maria is talking with an old friend.
Pàrlano sempre di libri.	They always talk of books.

When *to talk* is used in the meaning of *to converse*, a synonym is conversare.

Le signore convèrsano.	The ladies are talking (conversing).

VOCABULARY

l'ammirazione	admiration	la pera	pear
il biscotto	biscuit	il piano	piano
il campanello	bell	il piatto	dish
la casa	house, home	il professore	master, professor
il cesto	basket	la pronuncia	pronunciation
l'impazienza	impatience	la scuola	school
l'interesse	interest	lo studio	study
il letto	bed	il tè	tea
la lezione	lesson	il tempo	time, weather
la lingua	language		
amare	to love	lavorare	to work
andare	to go	litigare	to quarrel
arrivare	to arrive	mangiare	to eat
ascoltare	to listen (to)	pagare	to pay
aspettare	to wait	parlare	to speak, to talk
capire	to understand	partire	to leave, to depart
cercare	to look for	passare	to spend, to pass
cominciare	to begin	prèndere	to take
comprare	to buy	preparare	to prepare
conversare	to converse, to talk	ritornare	to return
entrare	to enter, to go in, to come in	sbagliare	to mistake, to make a mistake
finire	to finish	studiare	to study
giuocare	to play	suonare	to ring; to play
guardare	to look, to watch	telefonare	to telephone
imparare	to learn	vedere	to see
lavare	to wash	vèndere	to sell
		viaggiare	to travel
a	at; to	molto	(very) much, a lot
anche	also, too	naturalmente	naturally, of course
a casa	at home, home	perfetto	perfect
con	with	poi	then
di	of	presto	soon, early
ecco	here is, here are	qualcosa	something
finito	finished, over	quando	when
francese	French	qui, qua	here
già	already	rosso	red
inglese	English	solo	only
italiano	Italian		
ma	but		
quattro	four	otto	eight
cinque	five	nove	nine
sei	six	dieci	ten
sette	seven		

2+

EXERCISES

Translate into English:

(1)

1. Parlo italiano. Parliamo italiano. Pàrlano italiano.
2. Studio l'italiano. Studi l'italiano. Studiamo l'italiano.
3. Mangio un biscotto. Marìa mangia un biscotto. Mangiamo un biscotto.
4. Antonio suona il campanello. Il campanello suona.
5. Suono il piano. Suonate il piano. Suònano il piano.
6. Le ragazze prepàrano il tè per i ragazzi.
7. I ragazzi arrìvano e pàrlano con le ragazze.
8. I ragazzi guàrdano la televisione. Le ragazze convèrsano.
9. Aspettiamo lo zio. Lo zio arriva. Parliamo con lo zio.
10. Lo zio giuoca con i bambini. Noi guardiamo la televisione.

(2)

1. I ragazzi convèrsano con le ragazze, pàrlano di cìnema e di teatro.
2. Marìa suona il piano per Antonio; Antonio ascolta con ammirazione.
3. Marìa prepara il tè per Antonio; Antonio aspetta con impazienza.
4. Aspettiamo le ragazze; poi le ragazze arrìvano.
5. Il campanello suona; una donna entra con un cesto di pere.
6. Compriamo le pere; poi le ragazze màngiano le pere.
7. Le ragazze làvano i piatti; noi guardiamo la televisione.
8. Voi studiate l'italiano; noi studiamo il francese.
9. Le due bambine giuòcano con le bambole; poi lìtigano.
10. Passiamo la sera a casa; guardiamo la televisione.

(3)

Cominciamo lo studio di una lingua, la lingua italiana. Studiamo l'italiano con un professore italiano, il Signor Bruni.

Il Signor Bruni parla italiano con una pronuncia perfetta, naturalmente. Noi parliamo inglese con il professore, ma egli parla già italiano con noi. Arriviamo a scuola alle (*at*) sette, ascoltiamo il professore e impariamo molto.

Il campanello suona, la lezione è finita. Il tempo passa presto a scuola quando studiamo una lingua con interesse.

Ritorniamo a casa, mangiamo qualcosa, guardiamo la televisione. Poi andiamo a letto. Buona notte!

Replace the infinitives with the correct form of the verb:

(4)

1. Io (parlare) italiano.
2. Tu (studiare) l'italiano.
3. Noi (mangiare) i biscotti.
4. Egli (guardare) la televisione.
5. Essa (suonare) il piano.

6. Marìa (preparare) il tè.
7. Il campanello (suonare).
8. Antonio (suonare) il piano.
9. Voi (aspettare) le ragazze.
10. Esse (arrivare) alle sette.

(5)

1. Noi (comprare) biscotti.
2. Tu (amare) Marìa.
3. Marìa (amare) Antonio.
4. Egli (lavorare) con noi.
5. Voi (viaggiare) molto.

6. Ella (imparare) le lingue.
7. Noi (litigare) con voi.
8. Antonio (conversare) con Marìa.
9. Io (telefonare) a un amico.
10. Essi (lavorare) molto.

(6)

Noi (cominciare) lo studio di una lingua, la lingua italiana. Noi (studiare) l'italiano con un professore italiano, il Signor Bruni.

Il Signor Bruni (parlare) italiano con una pronuncia perfetta, naturalmente. Noi (parlare) inglese con il professore, ma egli (parlare) già italiano con noi. Noi (arrivare) a scuola alle sette, (ascoltare) il professore e (imparare) molto.

Il campanello (suonare), la lezione è finita. Il tempo (passare) presto a scuola quando noi (studiare) una lingua con interesse.

Noi (ritornare) a casa, (mangiare) qualcosa, (guardare) la televisione. Poi noi (andare) a letto. Buona notte!

Translate into Italian:

(7)

1. I speak Italian. You speak Italian. We speak Italian.
2. Maria speaks French. Antonio speaks English.
3. Maria prepares tea (*il tè*). The boys eat the biscuits.
4. The bell rings and the girls arrive.
5. I watch television (*la televisione*). We watch television.
6. The little girls play with the dolls, then they quarrel.
7. You speak Italian (*tu, Lei, voi*).
8. Antonio speaks of books with Maria.
9. We spend the evening at home; we watch television.
10. We arrive at school at seven (*alle sette*).

(8)

1. We begin the study of a language.
2. The master speaks Italian with us.
3. We return home and eat something.
4. The pupils listen to the master and learn a lot.
5. The bell rings and we return home.

6. The girls study Italian with interest.
7. I prepare tea and eat something.
8. The boys watch television.
9. We talk with the girls.
10. We go to bed at ten (*alle dieci*).

Lesson 3

Present Indicative, Second Conjugation — Word Study: Signore, signora, signorina

PRESENT INDICATIVE, SECOND CONJUGATION

vedo	I see	vediamo	we see
vedi	you see	vedete	you see
vede	he, she sees	védono	they see

The endings replacing -ere of the infinitive in the present tense of the indicative are:

-o for the *first person singular*
-i for the *second person singular*
-e for the *third person singular*
-iamo for the *first person plural*
-ete for the *second person plural*
-ono for the *third person plural*

Vedo una nube.	I see a cloud.
Scriviamo una lèttera.	We write a letter.
Marìa prende il tè.	Maria has tea.
I ragazzi ripètono la lezione.	The boys repeat the lesson.

OBSERVATIONS

1. When g precedes the ending -ere (lèggere, piàngere), the pronunciation of g varies according to the vowel which follows, and becomes guttural before the endings -o and -ono. The c in conóscere undergoes the same change.

Lèggere (*to read*): leggo, leggi, legge, leggiamo, leggete, lèggono.
Conóscere (*to know*): conosco, conosci, conosce, conosciamo, conoscete, conóscono.

2. Most verbs belonging to the second conjugation have the stress on the vowel in the third from last syllable.

Scrìvere (*to write*)   Chiùdere (*to close*)

Ripètere (*to repeat*)   Piàngere (*to cry*)

3. The Italian present tense also translates the continuous present.

Leggo un libro.	I am reading a book.
Marìa scrive una lèttera.	Maria is writing a letter.
La zia prende il tè in salotto.	Aunt is having tea in the sitting-room.
Lo zio legge un giornale.	Uncle is reading a newspaper.

WORD STUDY

Signore, signora, signorina

When these titles are used before names:

1. They are always preceded by the definite article, except in direct address.

Il Signor Rossi	Mr Rossi	Sì, Signor Rossi	Yes, Mr Rossi
La Signora Rossi	Mrs Rossi	No, Signora Rossi	No, Mrs Rossi
La Signorina Rossi	Miss Rossi	No, Signorina Rossi	No, Miss Rossi

2. **Signore** loses the final -e and becomes **Signor**. The loss of the final -e of the masculine singular takes place also with other titles, such as **dottore** (*doctor*), **professore** (*professor*), **ingegnere** (*engineer*), etc.

Il Signor Bianchi	Mr Bianchi
Il Dottor Bianchi	Doctor Bianchi
Il Professor Bianchi	Professor Bianchi

3. The shortened forms **Sig.**, **Sig.ra** and **Sig.ina** are used when addressing a letter or when indicating the speaker in a dialogue.

Sig. Aldo Rossi,	Via San Giovanni 20, Matera.
Sig.ra Rossi:	Buon giorno, Elvira.
Sig.ina Rossi:	Buon giorno, mamma.

NOTE: Signore, signora and signorina are also used in direct address, without names, or to translate *gentleman*, *lady* and *young lady*, *girl*. Small letters are used in these cases.

Buon giorno, signore	Good morning, sir
Buona sera, signora	Good evening, madam
Buona notte, signorina	Good night, miss (madam)
Un signore e una signora	A gentleman and a lady
Una signora e una signorina	A lady and a young lady

Ladies and Gentlemen is translated by **Signore e Signori**. The family name, in the plural and preceded by the definite article (*the Browns*), is translated by the family name preceded by **i**, or by **la famiglia**.

Signore e Signori, buona sera	Ladies and Gentlemen, good evening
I Rossi, la famiglia Rossi	The Rossis (the Rossi family)

VOCABULARY

l'àutobus	(motor-)bus	la luna	moon
il caffè	coffee	la nube	cloud
il cane	dog	la porta	door
il cielo	sky	il salotto	sitting-room
la finestra	window	il silenzio	silence
i fumetti	comics	la situazione	situation
il gatto	cat	il sole	sun
il giardino	garden	la stanza	room
il giornale	newspaper	la stella	star
la lèttera	letter	la tazza	cup
chiamare	to call	prèndere il tè,	to have tea, coffee, etc.
chiùdere	to close	caffè, ecc.	
conóscere	to know	ricévere	to receive
continuare (a)	to continue	rìdere	to laugh
córrere	to run	ripètere	to repeat
discùtere	to discuss	rispóndere	to answer, to reply
lasciare	to leave	scrìvere	to write
lèggere	to read	splèndere	to shine
piàngere	to cry		
allora	then	in	in
che	that, who, which	invano	in vain
che cosa . . .?	what . . .?	mentre	while
chi . . .?	who . . .?	non	not
da	from	ora	now; hour
di nuovo	again	perché	why; because
dove	where	qualcuno	someone, somebody

EXERCISES

Translate into English:

(1)

1. Scrivo una lèttera. Scriviamo due lèttere. I ragazzi scrìvono lèttere.
2. Antonio legge un libro. Noi leggiamo un libro. Le ragazze lèggono molto.
3. Ripetete la lezione. Ripetiamo la lezione. Gli alunni ripètono la lezione.

4. I bambini córrono in giardino. Le signore discùtono.
5. Noi prendiamo l'àutobus alle cinque, essi prèndono l'àutobus alle sette.
6. Ricevo una lèttera da un amico. Essi ricévono due lettere.
7. Le ragazze prèndono il tè alle cinque. Noi prendiamo una tazza di caffè.
8. La bambina piange. Un bambino ride. Le bambine rìdono.
9. Discutiamo la lezione con il professore. Poi prendiamo l'àutobus.
10. Antonio ripete la lezione mentre Marìa scrive una lèttera.

(2)

1. Vendo automòbili. Anche lo zio vende automòbili.
2. Vedo un gatto e un cane. Il gatto e il cane córrono in giardino.
3. Leggiamo i giornali in salotto. Le ragazze prèndono il tè.
4. Antonio discute la situazione con Marìa, poi legge un giornale.
5. Le ragazze scrìvono lèttere, i ragazzi lèggono i giornali.
6. Le bambine piàngono, i bambini lèggono i fumetti e rìdono.
7. Prendiamo il tè in salotto, poi leggiamo i giornali.
8. Il sole splende in cielo. La luna e le stelle splèndono in cielo.
9. Antonio chiude la porta, poi scrive una lèttera.
10. I ragazzi chiùdono le finestre, poi lèggono i giornali.

(3)

Il sole splende, i bambini córrono in giardino, lo zio legge il giornale in salotto. La zia chiama lo zio, ma lui non risponde. Allora la zia entra in salotto, vede lo zio che legge il giornale e discute con lui. Lo zio lascia la stanza, chiude la porta e ride. La zia prende una tazza di tè in salotto, poi scrive una lèttera a un'amica.

Ora lo zio conversa con i ragazzi, poi prende un giornale e legge per un'ora in silenzio. La zia chiama di nuovo, ma lo zio non risponde.

(4)

« Che cosa leggi, Antonio? »

« Leggo un libro, non vedi? »

« Dov'è lo zio? »

« È in giardino, legge il giornale.»

« E la zia? »

« È in salotto, prende il tè.»

« Chi chiama lo zio? »

« È la zia.»

« Perchè lo zio non risponde? »

« Quando lo zio legge il giornale e qualcuno chiama, lui non risponde.»

« E la zia? »

« La zia continua a chiamare invano.»

Replace the infinitives with the correct form of the verb:

(5)

1. Io (scrìvere) una lèttera.
2. Tu (lèggere) il giornale.
3. Egli (discùtere) con un amico.
4. Lo zio (véndere) automòbili.
5. La zia (prèndere) il tè in salotto.

6. Noi (ripètere) la lezione.
7. Il sole (splèndere) in cielo.
8. Voi (ricévere) lèttere.
9. Le ragazze (prèndere) il tè.
10. Noi (prèndere) l'àutobus.

(6)

1. La zia (chiùdere) la finestra.
2. Lo zio (lèggere) il giornale.
3. Io (conóscere) il Signor Bruni.
4. Noi (conóscere) la signora.
5. Essi (discùtere) in salotto.

6. I bambini (córrere) in giardino.
7. I ragazzi (lèggere) fumetti.
8. La bambina (rìdere).
9. Noi (prèndere) l'àutobus alle sette.
10. Io (chiùdere) la finestra.

(7)

Il sole (splèndere), i bambini (córrere) in giardino.   Lo zio (lèggere) il giornale in salotto.   La zia (chiamare) lo zio, ma lui non (rispóndere).   Allora la zia (entrare) in salotto, (vedere) lo zio che (lèggere) il giornale e (discùtere) con lui.   Lo zio (lasciare) la stanza, (chiùdere) la porta e (rìdere).   La zia (prèndere) una tazza di tè in salotto, poi (scrìvere) una lèttera a un'amica.   Ora lo zio (conversare) con i ragazzi, poi (prèndere) un giornale e (lèggere) per un'ora in silenzio.   La zia (chiamare) di nuovo, ma lo zio non (rispóndere).

Translate into Italian:

(8)

1. I am writing a letter to a friend.
2. He is discussing the situation with a friend.
3. Aunt is having (*il*) tea in the (*in*) sitting-room.
4. They are reading newspapers.
5. We see the sun in the (*in*) sky.
6. The children are reading comics in the (*in*) sitting-room.
7. The boys are repeating the lesson.
8. We take a bus at (*alle*) seven.
9. The ladies are having tea in the (*in*) garden.
10. Maria is laughing with Antonio.

(9)

1. The children are running in the (*in*) garden.
2. Uncle is writing a letter to a friend.

3. Aunt is reading a magazine in the (*in*) sitting-room.
4. Mr Smith sells cars.
5. We know Mr Smith.
6. The stars are shining in the (*in*) sky.
7. We have tea at (*alle*) five.
8. We are having tea with two friends.
9. The boys are reading comics.
10. They read comics and newspapers.

Lesson 4

Present Indicative, Third Conjugation — Word Study: How to translate to start

PRESENT INDICATIVE, THIRD CONJUGATION

parto	I leave	capisco	I understand
parti	you leave	capisci	you understand
parte	he, she, it leaves	capisce	he, she understands
partiamo	we leave	capiamo	we understand
partite	you leave	capite	you understand
pàrtono	they leave	capìscono	they understand

The endings replacing –ire of the infinitive in the present tense are:

> –o for the *first person singular*
> –i for the *second person singular*
> –e for the *third person singular*
> –iamo for the *first person plural*
> –ite for the *second person plural*
> –ono for the *third person plural*

In some verbs of the third conjugation the letters –isc– are inserted between the root and the endings of all persons in the present tense except the first and second persons plural. The pronunciation of –sc– changes according to the subsequent vowel. The commonest verbs belonging to this group of –isc– verbs[1] are:

capire	to understand	obbedire	to obey
colpire	to hit	preferire	to prefer
costruire	to build	proibire	to forbid
distribuire	to distribute	pulire	to clean
finire	to finish	punire	to punish
fiorire	to blossom, to flourish	sparire	to disappear
fornire	to supply	spedire	to send
guarire	to heal, to recover	unire	to unite

[1] For a complete list of –isc– verbs, see Appendix p. 453.

Seguiamo un corso di italiano.	We follow a course of Italian.
Antonio offre una birra a un amico.	Antonio offers a beer to a friend.
Gli studenti àprono i libri.	The students open the books.
Preferisco una tazza di tè.	I prefer a cup of tea.
La lezione finisce.	The lesson finishes.
Le ragazze pulìscono la stanza.	The girls clean the room.

WORD STUDY

How to translate *to start*

(1) **cominciare**—when *to start* is used in the sense of *to begin*.

Cominciamo a parlare italiano.	We are starting to speak Italian.
Il corso comincia in ottobre.	The course starts in October.

Note that *to start* + infinitive is rendered by **cominciare a** + infinitive.

(2) **partire**—when *to start* is synonymous with *to leave*.

Il treno parte a mezzogiorno.	The train starts at noon.
Quando partite?	When do you start? (*or* When are you leaving?)

Partire, however, is generally best translated by *to leave*.

Partiamo per Roma.   We are leaving for Rome.

VOCABULARY

l'aria	air	la necessità	necessity
il bicchiere	glass	l'òspite	guest
la birra	beer	la padrona di casa	hostess, mistress of
la bottiglia	bottle		the house
la cameriera	maid, housemaid	il pezzo	piece
la canzone	song	il romanzo	novel
il cappotto	overcoat	la sedia	chair
il còmpito	homework	il sorriso	smile
il corso	course	il successo	success
il cuore	heart	la tàvola	table
il disco	record	il telegramma	telegram
la discussione	discussion	(*pl.* i telegrammi)	
la festa	party	il tipo	type
il grammòfono	gramophone	il vino	wine
la mùsica	music		
aprire	to open	méttere	to put
chiùdere	to shut, to close	mòrdere	to bite
dormire	to sleep	offrire	to offer

perméttere	to permit, to allow	servire	to serve
ringraziare	to thank	soffrire	to suffer
seguire	to follow	sognare	to dream
sentire	to hear	vestire	to dress
altro	other	oggigiorno	nowadays
bene	well	político	political
forse	perhaps	prego	please
fra	among, between	Roma	Rome
grazie	thank you, thanks	russo	Russian
importante	important	se	if
nervoso	nervous	soffocante	suffocating
non ancora	not yet	solamente, solo	only
o	or	sotto	under
oggi	today	tutto	everything

EXERCISES

Translate into English:

(1)

1. Dormo un'ora. Dormi due ore. Dorme tre ore. I ragazzi dòrmono otto ore.
2. Capisco tutto. Capisci tutto. Marìa capisce tutto. Essi capìscono tutto.
3. Seguo un corso di italiano. Seguiamo un corso. Seguite un corso.
4. Finisco il romanzo. Finisci il romanzo. Antonio finisce il romanzo.
5. Apro la finestra. Apriamo la finestra. Le ragazze àprono le finestre.
6. Pulisco la stanza. Pulisci la stanza. Marìa pulisce la stanza. Puliamo la stanza.
7. Soffro molto. Soffre molto. Soffriamo molto. Soffrite molto. Sòffrono molto.
8. Spedisco un telegramma. Spedisce un telegramma. Esse spedìscono un telegramma.
9. Offro una birra. Offri una birra. Offriamo una birra. I ragazzi òffrono una birra.
10. Obbedisco. La bambina obbedisce. I bambini obbedìscono. Obbediamo.

(2)

1. Antonio offre una birra a Marìa.
2. Quando Marìa parla inglese, io capisco tutto.
3. Apro la finestra e vedo i bambini in giardino.
4. Gli alunni finìscono il còmpito, poi sèntono un disco.
5. Quando la lezione finisce, gli studenti pàrtono.
6. Seguiamo un corso di italiano.
7. Il sole sparisce fra le nubi.

8. Mentre i bambini dòrmono, io sento un disco.
9. Marìa offre una tazza di tè a un'amica.
10. Quando il professore parla italiano, noi capiamo tutto.

(3)

Antonio e Marìa sono (*are*) a una festa.   La padrona di casa riceve gli òspiti, poi serve il tè.   Apre una bottiglia e offre un bicchiere di vino a Antonio; poi mette un disco sul (*on the*) grammòfono.   Gli òspiti sèntono una canzone di successo.   Quando la mùsica finisce, Antonio discute la situazione polìtica con un signore.   Marìa segue la discussione con interesse, poi conversa con le signore.

Fido, il cane, morde una signora; la padrona di casa punisce Fido, e esso sparisce. Quando la festa finisce, la padrona di casa distribuisce sorrisi e cappotti: gli òspiti ringraziano e pàrtono.

(4)

« Lei prende il tè, signora? »
« No, grazie, preferisco il caffè.»
« Se Lei permette, apro una finestra.   L'aria è soffocante, qui.»
« Prego.»
« Lei parla francese, signora? »
« No, ma seguo un corso di russo.»
« Capisco.   Il russo è una lingua importante oggigiorno.   Allora Lei parla e capisce il russo.»
« Non ancora.   Lei studia le lingue? »
« No, io parlo solamente italiano, ma capisco che parlare due o tre lingue è una necessità oggigiorno.   Un'altra tazza di caffè? »
« No, grazie.»
« Lei soffre di cuore, forse? »
« No, ma sono (*I am*) un tipo nervoso.»
« Se permette, chiudo la finestra.»
« Prego.»

Replace the infinitives with the correct form of the verb:

(5)

1. Lo zio (dormire) in giardino.
2. Io (capire) quando tu parli italiano.
3. Noi (seguire) un corso di italiano.
4. Quando la lezione (finire), gli studenti (ritornare) a casa.
5. Tu (dormire) mentre io (lavorare).
6. Noi (sentire) un disco di jazz.
7. La luna (sparire) fra le nubi.
8. I ragazzi (aprire) le finestre.
9. La cameriera (pulire) la stanza.
10. Io (offrire) una birra a un amico.

(6)

1. Io (partire) oggi per Londra.
2. Noi (capire) molto, ma non tutto.
3. Antonio (aprire) la porta.
4. Marìa (vestire) bene.
5. Essi (soffrire) di cuore.

6. Le ragazze (pulire) la stanza.
7. Il gatto (sparire) sotto la tavola.
8. Noi (spedire) un telegramma a Roma.
9. Io (sentire) un pezzo di mùsica.
10. La padrona di casa (servire) il tè.

(7)

Antonio e Marìa sono a una festa. La padrona di casa (ricèvere) gli òspiti, poi (servire) il tè. Essa (aprire) una bottiglia e (offrire) un bicchiere di vino a Antonio; poi (méttere) un disco sul grammòfono. Gli òspiti (sentire) una canzone di successo. Quando la mùsica (finire), Antonio (discùtere) la situazione polìtica con un signore. Marìa (seguire) la discussione con interesse, poi (conversare) con le signore.

Fido, il cane, (mòrdere) una signora; la padrona di casa (punire) Fido, e esso (sparire). Quando la festa (finire), la padrona di casa (distribuire) sorrisi e cappotti: gli òspiti (ringraziare) e (partire).

Translate into Italian:

(8)

1. Antonio is following a course of French.
2. The lesson finishes and the students leave.
3. Maria serves (*il*) tea and Antonio offers cigarettes to a guest.
4. The maid opens the door and shuts the window.
5. I prefer to have a cup of tea.
6. I understand everything when you speak Italian.
7. The maids are cleaning the rooms.
8. Antonio offers a glass of wine to a friend.
9. Miss Smith dresses well.
10. The students close their (*i*) books.

(9)

1. The hostess opens a bottle of wine.
2. She offers a glass of wine to a guest.
3. Then Mrs Smith serves (*il*) tea.
4. Maria follows the discussion with interest.
5. The party finishes and the maid cleans the room.
6. The hostess punishes Fido.
7. Fido sleeps under a chair.
8. The children sleep and dream.
9. The moon disappears among the clouds.
10. I prefer to speak Italian.

Lesson 5

Interrogative Sentences — Negative Sentences — Useful Questions

INTERROGATIVE SENTENCES

The pattern of Italian interrogative sentences is identical with that of affirmative sentences, though the subject can also be placed after the verb.

The subject is *always* placed after the verb when the interrogative sentence begins with an interrogative adverb (come, *how*; dove, *where*; quando, *when*) or an interrogative pronoun (che cosa, *what*; chi, *who*; quanto, *how much*).

Parli italiano?	
Parla italiano? }	Do you speak Italian?
Parlate italiano?	
I ragazzi stùdiano? }	Do the boys study?
Stùdiano i ragazzi?	
Dove è la grammàtica?	Where is the grammar book?
Quando arrìvano le ragazze?	When do the girls arrive?
Che cosa lèggono i ragazzi?	What do the boys read?

OBSERVATIONS

1. The auxiliary verb *to do*, used for English interrogative (and negative) sentences, has no corresponding form in Italian.

2. The Italian present tense also translates the continuous present (*I am speaking*) and sometimes the future.

Che cosa leggi, Marìa?	What are you reading, Maria?
Che cosa lèggono i ragazzi?	What are the boys reading?
Che cosa scrivi?	What are you writing?
Scrivo una lettera.	I am writing a letter.
Partite domani, ragazzi?	Are you leaving tomorrow, boys?
Quando arrìvano le ragazze?	When are the girls arriving?
Lei prende una tazza di tè?	Will you have a cup of tea?

NEGATIVE SENTENCES

An Italian sentence is normally made negative with **non**, which is placed before the verb both in statements and in interrogative sentences.

Non studio il russo, ma l'italiano.	I am not studying Russian, but Italian.
Non parliamo inglese.	We don't speak English.
Lei non parla italiano?	Don't you speak Italian?
Non capite?	Don't you understand?
Non lavori, Marìa?	Aren't you working, Maria?
Lei non parte domani, signore?	Aren't you leaving tomorrow, sir?

USEFUL QUESTIONS

Qual'è il significato di . . .?	What is the meaning of . . .?
Che cosa signìfica . . .?	What does . . . mean?
Che cosa vuol dire . . .?	
Come si dice . . . in italiano?	What is the Italian for . . .?
Come si scrive . . .?	How do you spell . . .?
Scusi, come ha detto?	I beg your pardon?
Prego?	Pardon?

VOCABULARY

l'accento	accent	l'inverno	winter
l'appuntamento	date, appointment	il male	ache, pain
la banana	banana	il mal di denti	toothache
il cameriere	waiter	il momento	moment
il dente	tooth	la nonna	grandmother
il dentista (*pl.* i dentisti)	dentist	il nonno	grandfather
		la pasta	cake
la dieta	diet	lo sport (*pl.* gli sport)	sport
il dizionario	dictionary	il tennis	tennis
il favore	favour	il tosto	toast
la grammàtica	grammar, grammar book	la vòlta	time
abitare	to live	guidare	to drive
costare	to cost	nuotare	to swim
crédere	to think	praticare	to practise
desiderare	to wish, to desire	restare	to remain, to stay
dimagrare	to get thin	stare	to remain, to stay; to be
fumare	to smoke		
gridare	to shout, to cry		

abbastanza	enough	poveretto	poor thing
come	how	qualche	some
difficile	difficult	qualche volta	sometimes
di sòlito	usually, as a rule	quanto	how much
domani	tomorrow	sempre	always
impossìbile	impossible	sordo	deaf
inùtile	useless	stasera	tonight
per favore	please	sùbito	at once
poco, un poco	little, a little	tedesco	German

EXERCISES

Translate into English:

(1)

1. Capisci l'italiano? Capisce l'italiano? Capite l'italiano?
2. Antonio suona il piano?
3. Lei conosce il Signor Bruni?
4. Desiderate parlare con la signora?
5. Prendi una tazza di tè?
6. I bambini giuòcano in giardino?
7. Antonio è a casa ora?
8. Il Signor Bruni àbita a Londra?
9. Lei giuoca a tennis, signorina?
10. Parte domani per Roma, signora?

(2)

1. Capite quando parlo italiano?
2. Lei segue un corso di russo, signore?
3. Tu pràtichi sport in inverno?
4. Nuoti bene, Marìa?
5. Aspetta qualcuno, signorina?
6. Lo zio parla francese?
7. Le ragazze prèndono il tè in salotto?
8. Che cosa desìdera, signora?
9. Che cosa mangi, Antonio?
10. Mangio una banana, non vedi?

(3)

1. Che cosa leggi?
2. Chi aspetti?
3. Chi aspetta Antonio?
4. Quanto costa una banana?
5. Quando arrivi a casa?
6. Dove àbita, signorina?
7. Dove àbita Marìa?
8. Come pàssano la sera le ragazze?
9. Perchè non dormite un poco?
10. Perchè non ascoltate il professore?

(4)

1. Non parliamo italiano.
2. Non capisco quando tu parli inglese.
3. I ragazzi non prèndono il tè.
4. Non leggo giornali italiani.
5. Non passo la sera a casa, di sòlito.
6. Il Signor Bruni non capisce il francese.

7. La Signorina Bruni non parla inglese.
8. Non guardiamo la televisione.
9. Non giuoco a tennis.
10. Non prendo caffè, di sòlito.

(5)

1. « Dormi? » « No, non dormo.»
2. « Guardi la televisione? » « No, leggo un libro.»
3. « Aspetti qualcuno? » « Sì, aspetto Marìa.»
4. « Partite domani per Roma? » « Sì, domani alle cinque.»
5. « Quando arriva lo zio? » « Lo zio arriva alle sette, credo.»
6. « Non prende una tazza di caffè, signorina? » « No, grazie.»
7. « Lei ritorna a casa, signore? » « No, resto qui.»
8. « Seguite un corso di francese? » « No, di russo.»
9. « Prendete una tazza di tè, ragazze? » « Sì, grazie.»
10. « Capite quando parlo italiano? » « Non molto.»

(6)

« Ciao, Marìa.»

« Ciao, Antonio.»

« Come stai oggi? » (*How are you today?*)

« Bene, grazie. E tu? »

« Ho (*I have*) il mal di denti; ho un appuntamento alle sette con il dentista.»

« Poveretto! Soffri molto? »

« No, non molto. Tu conosci il Dottor Bianchi? »

« No, chi è? »

« È il dentista, ma io non lo (*him*) conosco ancora (*yet*). Preferisco non parlare di dentisti, ora. Prendi qualcosa? »

« Sì, grazie. Io desìdero una tazza di caffè. Che cosa prendi tu? »

« Prendo un caffè; il mal di denti sparisce per un momento con una tazza di caffè. Cameriere! Due caffè, per favore.»

« Sùbito, signore.»

« Segui sempre il corso di francese, Marìa? »

« Sì, ma l'accento francese è difficile. Tu hai (*have*) una nonna francese, Antonio: parli francese con lei qualche volta? »

« Impossìbile! La nonna è sorda! Ma ascolto la nonna quando essa parla francese con il nonno, e imparo molto. Anche il nonno ascolta solo, è inùtile parlare con la nonna, lei non sente! »

« I due caffè, prego.»

« Grazie. Tu prendi qualcosa con il caffè, Marìa, un tosto, una pasta, un biscotto . . .»

« No, grazie: seguo una dieta, desìdero dimagrare un poco.»

« Che cosa! Ma perchè dimagrare, Marìa? Ah, le donne! »

Replace the infinitives with the correct form of the verb :

(7)

1. Lei (parlare) italiano?
2. Tu (capire) il francese?
3. Voi (giuocare) a tennis?
4. Marìa (suonare) il piano?
5. La Signora Bruni (fumare)?

6. Lei (conòscere) il Signor Bruni?
7. Lei (guidare), signorina?
8. (Parlare) inglese le ragazze?
9. (Guardare) la televisione i ragazzi?
10. Lei (preferire) un caffè?

(8)

1. (Dormire) i bambini?
2. La zia (aspettare) qualcuno?
3. Antonio (scrìvere) una lettera?
4. Che cosa (lèggere)? (tu, Lei, voi)
5. Chi (desiderare) vedere, signora?

6. Perchè (gridare), bambini?
7. Perchè non (parlare), Antonio?
8. Dove (córrere)? (tu, Lei, voi)
9. Quanto (costare) una mela?
10. Che cosa (prèndere), signorina?

(9)

1. « Il Signor Rossi (parlare) francese? »　« No, non (parlare) francese.»
2. « Voi (seguire) un corso di francese? »　« No, di tedesco.»
3. « Lo zio (partire) oggi? »　«No, (partire) domani.»
4. « (Prèndere) una tazza di caffè, Marìa? »　« Sì, grazie.»
5. « Lei (aspettare) qualcuno, signora? »　« Sì, (aspettare) un'amica.»
6. « Quando (arrivare) il treno? »　« Alle sette.»
7. « Quando (ritornare) il Signor Bruni? »　« Oggi, credo.»
8. « La Signora Bruni (conòscere) Antonio? »　« Non credo.»
9. « Lei (fumare)? »　« Sì, ma sìgari.»
10. « Lei (seguire) una dieta, signorina? »　« No, signore.»

(10)

« Ciao, Marìa.»

« Ciao, Antonio.»

« Come stai oggi? »

« Bene, grazie, e tu? »

« Ho il mal di denti; ho un appuntamento alle sette con il dentista.»

« Poveretto! (Soffrire) molto? »

« No, non molto.　Tu (conòscere) il Dottor Bianchi? »

« No, chi è? »

« È il dentista, ma io non lo (conòscere) ancora.　(Preferire) non parlare di dentisti, ora.　(Prèndere) qualcosa? »

« Sì, grazie.　Io (desiderare) una tazza di caffè.　Che cosa (prèndere) tu? »

«(Prèndere) un caffè; il mal di denti (sparire) per un momento con una tazza di caffè.　Cameriere!　Due caffè, per favore.»

« Sùbito, signore.»

« (Seguire) sempre il corso di francese, Marìa? »

« Sì, ma l'accento francese è diffìcile. Tu hai una nonna francese, Antonio: (parlare) francese con lei qualche volta? »

« Impossìbile! La nonna è sorda! Ma io (ascoltare) la nonna quando essa (parlare) francese con il nonno, e io (imparare) molto. Anche il nonno (ascoltare) solo, è inùtile parlare con la nonna, lei non (sentire)! »

« I due caffè, prego.»

« Grazie. Tu (prèndere) qualcosa con il caffè, Marìa, un tosto, una pasta, un biscotto . . .»

« No, grazie: io (seguire) una dieta, (desiderare) dimagrare un poco.»

« Che cosa! Ma perchè dimagrare, Marìa? Ah, le donne! »

Translate into Italian:

(11)

1. Do you speak English? (*tu, Lei, voi*)
2. Does Maria speak English?
3. Do you understand everything when I speak Italian?
4. Do you know Mr Smith?
5. Does Mr Bruni know Mr Smith?
6. Don't you play tennis, Antonio?
7. Don't you drive, sir?
8. Do you smoke? (*tu, Lei, voi*)
9. Do the boys have coffee?
10. Don't they prefer tea?

(12)

1. Are you waiting for someone?
2. Is Maria watching television?
3. Is the maid preparing tea?
4. Are the children playing in the garden?
5. Are the girls playing tennis?
6. Are you leaving, Maria?
7. Are the girls returning home?
8. Is Uncle arriving tonight?
9. Are you leaving, Antonio?
10. Will you have a cup of tea, Maria?

(13)

1. What are you reading?
2. What are you looking at?
3. What are you eating?
4. When are you leaving?
5. Where are the girls living now?
6. Where do you live, sir?
7. Why don't you speak?
8. Why don't you eat something?
9. How much does a dictionary cost?
10. How much do two bananas cost?

(14)

1. I don't play the piano.
2. I don't usually watch television.
3. You don't study enough, Antonio.
4. Mr Bruni doesn't know Mr Smith.
5. You don't understand, Maria.
6. The lesson doesn't finish at eight.
7. We don't speak Italian.
8. I'm not leaving tomorrow.
9. We aren't returning home tonight.
10. Mrs Smith isn't arriving tomorrow.

Lesson 6

Adjectives — Present Indicative of èssere — Present Indicative of avere — Word Study: Uses of stanco — Uses of stare

ADJECTIVES

	MASCULINE	FEMININE
SINGULAR	contento	contenta
PLURAL	contenti	contente

Italian adjectives are not invariable as they are in English, but they agree in gender and number with the noun, and form their plural in the same way as nouns.

They may be placed either before or (more often) after the noun.

Demonstrative adjectives (**questo**, *this*; **quello**, *that*) and adjectives denoting quantity (**molto**, *much*; **poco**, *little*; **pochi, poche**, *few*; **troppo**, *too much*; **tanto**, *so much*; **quanto**, *how much*, etc.) always precede the noun.

Adjectives of nationality always follow the noun.

Antonio è un simpàtico ragazzo.	Antonio is a nice boy.
Marìa è una ragazza simpàtica.	Maria is a nice girl.
Impariamo molte parole nuove.	We learn many new words.
Lavori troppe ore.	You work too many hours.
Quante lingue conosce, signora?	How many languages do you know, madam?
Dormo poche ore.	I sleep few hours.
Conosco una ragazza italiana.	I know an Italian girl.

Some Italian adjectives end in -e in the singular and -i in the plural, both in the masculine and feminine.

Un ragazzo intelligente.	An intelligent boy.
Una ragazza intelligente.	An intelligent girl.

Due ragazzi inglesi.	Two English boys.
Due ragazze inglesi.	Two English girls.

NOTE: Adjectives ending in -co and -go form their plural in -chi, -che, and -ghi, -ghe, respectively.   A few adjectives in -co are exceptions and form the masculine plural in -ci (simpàtico, *nice*; antipàtico, *nasty*; magnìfico, *magnificent*, etc.).

Le bianche scogliere di Dover.	The white cliffs of Dover.
Due uòmini ubriachi.	Two drunken men.
Due guerrieri vichinghi.	Two Viking warriors.
Due ragazzi simpàtici.	Two nice boys.
Due ragazze simpàtiche.	Two nice girls.

PRESENT INDICATIVE OF *èssere* (to be)

sono	I am	siamo	we are
sei	you are	siete	you are
è	he, she, it is	sono	they are

Èssere belongs to the large number of Italian irregular verbs and must therefore be memorized.

When an adjective is a predicate of èssere, it must agree in number and gender with the subject of the sentence.

Antonio è italiano.	Antonio is Italian.
Marìa è italiana.	Maria is Italian.
Questo libro è noioso.	This book is boring.
Questi libri sono noiosi.	These books are boring.
Le strade sono rumorose.	The streets are noisy.
Questo tè è eccellente.	This tea is excellent.
Questi panini sono eccellenti.	These rolls are excellent.

OBSERVATIONS

1. *There is* and *there are* are translated in Italian by c'è and ci sono, respectively. *Is there?* and *Are there?* are translated the same way.   C' is the elided form of ci. The negative forms are non c'è and non ci sono (*there is not, there are not*).

C'è una lèttera per Marìa.	There is a letter for Maria.
Ci sono due lèttere per Lei.	There are two letters for you.
C'è una lèttera per Marìa?	Is there a letter for Maria?
Non c'è tempo.	There is no time.
Non c'è un panino?	Isn't there a roll?

2. *To be* used in sentences inquiring about people's health (*How are you?*) is translated by stare, another irregular verb. The present indicative of stare is:

Sto, stai, sta, stiamo, state, stanno.

Come stai, Antonio?	How are you, Antonio?
Come sta, signora?	How are you, madam?
Come state, ragazzi?	How are you, boys?
(Sto) bene, grazie.	(I'm) well, thank you.
Non c'è male, grazie.	Not so bad, thank you.
Non molto bene.	Not very well.

PRESENT INDICATIVE OF *avere* (to have)

ho	I have	abbiamo	we have
hai	you have	avete	you have
ha	he, she, it has	hanno	they have

Avere is an irregular verb. The h occurring in four of its forms is not pronounced.

Ho una lèttera per Marìa.	I have a letter for Maria.
Roberto ha due sorelle.	Robert has two sisters.
Non abbiamo fratelli.	We have no brothers.
Hai un fiammìfero?	Have you a match?
Avete l'ora?	Do you have the time?
I ragazzi hanno una lezione di inglese.	The boys are having an English lesson.

OBSERVATIONS

1. Notice the following expressions where fare or prendere translates *to have*.

fare (la prima) colazione	to have breakfast
fare colazione	to have lunch
fare uno spuntino	to have a snack
fare un sonnellino	to have a nap
fare un intervallo	to have a break
fare una passeggiata	to have a walk
fare quattro passi	to have a stroll
fare una chiacchierata	to have a chat
prèndere il tè (caffè, ecc.)	to have tea (coffee, etc.)

2. **Fare,** which translates *to have* in the expressions listed above, is an irregular verb. The usual translation of **fare** is *to do* or *to make.*

Present Indicative: **faccio, fai, fa, facciamo, fate, fanno.**

Che cosa fai, Marìa?	What are you doing, Maria?
Faccio una traduzione.	I'm doing a translation.
Faccio il tè.	I'm making tea.
Faccio colazione.	I'm having breakfast (*or* lunch).
Che cosa fa Antonio?	What is Antonio doing?
Fa un sonnellino.	He's having a nap.
Noi facciamo un intervallo alle dieci.	We have a break at ten.

3. *To have dinner* and *to have supper* are **pranzare** and **cenare,** respectively.

Quando pranzate?	When do you have dinner?
Pranziamo alle otto.	We have dinner at eight.
Stasera ceno fuori.	Tonight I'm having supper out.

WORD STUDY

USES OF **stanco**

(1) *tired*

Èssere stanco di + infinitive corresponds to *to be tired of* + present participle.

Sei stanco, Antonio?	Are you tired, Antonio?
Sei stanca, Marìa?	Are you tired, Maria?
Siete stanche, ragazze?	Are you tired, girls?
Sono stanco di lavorare.	I'm tired of working.

(2) *sick (of), tired (of)*

Stufo is a synonym of **stanco** in this case.

Sono stanco (stufo) di questa vita.	I'm sick of this life.
Sono stanca (stufa) di lavorare come una schiava.	I'm sick of working like a slave.

NOTE: *Sick,* meaning *ill,* is translated by **malato** or **ammalato.** *Sick, ill* and *patient* (as a noun) are all translated by **malato** or **ammalato.** *To be sick* and *to feel sick* are translated by **sentirsi male** (see Lesson 25).

La signora Rossi è (am)malata.	Mrs Rossi is ill.
Antonio è (am)malato.	Antonio is ill.
Mi sento male.	I feel sick.
Il dottor Bruni ha molti ammalati.	Dr Bruni has many patients.

58 *Italiano Vivo*

USES OF stare

(1) *to be*

To be is translated by **stare** when referring to conditions of health (*to be well, fine,* etc.).

Come stai (sta, state)?	How are you?
(Molto) bene, grazie.	(Very) well, thank you.
Non c'è male, grazie.	Not so bad, thank you.
Come sta Marìa?	How is Maria?
Non sta molto bene.	She is not very well.

NOTE: In the following verbal expressions *to be* is translated by **stare**:

to be careful (to pay attention)	stare attento
to be silent	stare zitto (fare silenzio)
to be quiet	stare quieto
to be still	stare fermo
Perchè non stai attento?	Why aren't you careful? (Why don't you pay attention?)
State zitte, ragazze!	Be silent, girls!

(2) *to stay, to remain*

Two synonyms of **stare**, in this meaning, are **restare** and **rimanere**. The latter is an irregular verb (rimango, rimani, rimane, rimaniamo, rimanete, rimàngono).

Desìdero stare (restare, rimanere) qui.	I wish to stay here.
Quanto rimane a Roma, signorina?	How long are you staying in Rome, madam?

VOCABULARY

l'America	America	la figlia	daughter, child
l'amore	love	il fiore	flower
la calza	stocking, sock	il fratello	brother
i calzoni	trousers	la giacca	coat, jacket
la camicia	shirt	il guanto	glove
i capelli	hair	il guerriero	warrior
il cappello	hat	l'impermeàbile	raincoat
il cappotto	overcoat	il labbro (*pl.* le labbra)	lip
la cravatta	tie	il lavoro	work
la domanda	question	il mazzo	bunch
il fiammìfero	match	la mezzanotte	midnight
il figlio	son, child	il mezzogiorno	midday

il minuto	minute	felice	happy
la neve	snow	la persona	person
il nipote	nephew; grand-son	il pranzo	dinner
		il problema	problem
la nipote	niece; grand-daughter	il rubino	ruby
		il sacrificio	sacrifice
il nome	name	la sciarpa	scarf
l'occhio (*pl.* gli occhi)	eye	la scogliera	cliff
l'ora	hour, time	la sorella	sister
il pacco	parcel	la strada	street, road
il paio (*pl.* le paia)	pair	il telèfono	telephone
il panino	roll	l'uomo (*pl.* gli uòmini)	man
la parola	word	il vestito	dress, suit
il passo	step		

cambiare	to change	protestare	to protest
civettare	to flirt	resìstere	to resist
domandare	to demand, to ask	ribàttere	to retort, answer back
èssere innamorato di	to be in love with	rimanere	to remain, to stay
fare una domanda (a)	to ask a question		
implorare	to implore	rómpere	to break
odiare	to hate	sposare	to marry

allegro	cheerful, merry	fidanzato	engaged; fiancé
americano	American	gentile	kind
antipàtico	nasty, disagreeable	giallo	yellow
		grazioso	pretty, cute
arancione	orange	grigio	grey
arrabbiato	angry	insòlito	unusual
assurdo	absurd	intelligente	intelligent
azzurro	blue, azure	interessante	interesting
bello	beautiful, lovely, fine	marrone	brown
		napoletano	Neapolitan
bianco	white	nero	black
blu	blue, navy blue	noioso	boring
buffo	funny	nuovo	new
carino	pretty, cute	orrìbile	horrible
contento	glad	pronto	ready
costoso	expensive, costly	questo	this
		quello	that
curioso	curious	romano	Roman
disperato	desperate	rumoroso	noisy
diverso, differente	different	sciocco	silly
eccellente	excellent	serale	evening (*adj.*)
egoista	selfish, egoist(ic)	simpàtico	nice, agreeable
elegante	elegant, smart	stanco	tired

tanto	so, so much	male	badly; bad, ill
troppo	too, too much	vero	true
tutto	all	vichingo	Viking
ubriaco	drunk	vivace	lively
verde	green		

anche se	even if	molto	very; much
come	like; how	più	more
così	so, thus	proprio così	just so
finalmente	at last, finally	salute	cheers
fuori	out		

EXERCISES

Translate into English:

(1)

1. Il cappello è nero.
2. La giacca è grigia.
3. La camicia è bianca.
4. La sciarpa è rossa.
5. La cravatta è azzurra.

6. I calzoni sono verdi.
7. Le calze sono gialle.
8. Le scarpe sono marroni.
9. Il cappotto è arancione.
10. L'impermeàbile è blu.

(2)

1. Oggi sono stanco.
2. Tu non sei stanca, Marìa?
3. Noi non siamo stanchi.
4. Le ragazze sono stanche.
5. Il cappello è nuovo.

6. La cravatta è nuova.
7. I guanti sono nuovi.
8. Le scarpe sono nuove
9. I ragazzi sono felici.
10. Le ragazze sono felici.

(3)

1. C'è un giornale italiano per voi.
2. Ci sono due signore in salotto.
3. C'è una lettera per il Signor Bruni.
4. Ci sono due lettere per Lei, Signora Bruni.
5. C'è un mazzo di fiori per Lei, signora.

6. C'è un panino per me?
7. Ci sono lèttere per me?
8. C'è un telèfono qui?
9. Ci sono libri italiani?
10. C'è vino in casa?

(4)

1. C'è poco tempo.
2. Non c'è molto tempo.
3. Ci sono troppe persone qui.
4. Quante persone ci sono?
5. Ci sono pochi ragazzi e molte ragazze.

6. C'è troppo lavoro qui.
7. Ci sono molte parole nuove in questa lezione.
8. Questi libri sono interessanti.
9. Queste lèttere sono per Lei, signore.
10. Questi fiori sono per Marìa.

(5)

1. Ho solo un fratello.
2. Hai una sorella?
3. Lei ha figli, signore?
4. Abbiamo uno zio in America.
5. Avete un nipote?

6. No, abbiamo una nipote.
7. Hai una sigaretta, Antonio?
8. Ho un appuntamento alle sette.
9. Queste ragazze hanno troppi vestiti.
10. Hai un minuto per me, Marìa?

(6)

1. Come stai, Antonio?
2. Non sto molto bene, oggi.
3. Come sta, Signor Bruni?
4. Non c'è male, grazie, e Lei, signora?
5. Faccio colazione alle otto, e voi?

6. Noi facciamo colazione alle nove.
7. Antonio fa colazione a mezzogiorno.
8. I ragazzi fanno uno spuntino alle dieci.
9. Io faccio un sonnellino dopo pranzo.
10. Perchè non fai quattro passi con noi?

(7)

Ho un nome buffo, Asdrùbale, ma non sono arrabbiato con papà e mamma per questo. Asdrùbale non è un nome simpàtico, ma è molto insòlito, e io preferisco èssere diverso da tutti gli altri.

Sono innamorato di una ragazza molto carina, ma essa odia il nome di Asdrùbale.

« Io non sposo un uomo con un nome così assurdo! Perchè non cambi nome per me, Asdrùbale? » essa implora. Ma io ribatto: « Io sono Asdrùbale, non ho altri nomi e sono contento così. E io desìdero rimanere Asdrùbale per tutti.»

Lei protesta, dice (*says*) che io sono un egoista e che l'amore domanda sacrifici: ma io resisto. Sono o non sono Asdrùbale?

(8)

« Antonio è in casa? »
« No, signore. È fuori.»
« E dov'è? »
« È a scuola.»
« A quest'ora? »
« Sì, signore. Segue un corso serale.»
« Un corso serale? E di che cosa? »
« Di francese, signore.»
« Perchè studia il francese Antonio? »
« Quante domande! Lei è molto curioso, signore.»
« E Lei è molto carina, signorina.»
« Lei è molto gentile, anche se curioso.»
« Lei è la cameriera, non è vero? »
« Sì, sono la nuova cameriera.»
« Come si chiama? » (*What's your name?*)

« Bettina, e Lei ? »

« Io sono Pàolo, un amico di Antonio.»

« Gli amici del Signor Antonio sono molto simpàtici.»

« Ora è Lei che è molto gentile.   Lei è romana ? »

« No, sono napoletana.   Le ragazze romane sono diverse da noi napoletane.»

« È vero.   Le ragazze napoletane sono più belle, hanno occhi neri, capelli neri, denti bianchi come la neve e labbra rosse come un rubino; e poi sono vivaci e sempre allegre.   Lei è fidanzata ? »

« No, non sono fidanzata, ma perchè fa questa domanda ? »

« Così . . . Antonio!   Sei qui, finalmente! »

« Ciao, Pàolo.   Come stai ? »

« Bene, grazie, e tu ? »

« Non c'è male, ma sono un poco stanco, ritorno ora da scuola.   Prendi un bicchiere di qualcosa con me ? »

« Grazie, Antonio.   Hai una cameriera molto graziosa.»

« Sì, è molto graziosa, ma rompe tutto.   La mamma è disperata.   E poi legge fumetti e guarda la televisione tutto il giorno, e civetta con tutti.»

« Le cameriere sono un problema, oggigiorno.»

« Proprio così, Pàolo.   Salute! »

« Salute, Antonio! »

Supply the correct form of the adjective :

(9)

1. Un cappello (nero).
2. Una giacca (grigio).
3. Un cappotto (azzurro).
4. Una gonna (bianco).
5. Una camicia (rosso).

6. Una sciarpa (giallo).
7. Un paio di guanti (grigio).
8. Un paio di calze (nero).
9. Un paio di scarpe (marrone).
10. Un paio di calzoni (verde).

Supply the correct form of èssere *and of the adjective :*

(10)

1. Marìa (èssere) una ragazza molto (grazioso).
2. Asdrùbale (èssere) un nome molto (buffo).
3. Bettina (èssere) una ragazza (sciocco).
4. Essi (èssere) due ragazzi (simpàtico).
5. Esse (èssere) due ragazze (carino).
6. Queste scarpe (èssere) molto (elegante).
7. Queste calze (èssere) (orrìbile).
8. Questa gonna (èssere) molto (costoso).
9. Queste ragazze (èssere) molto (simpàtico).
10. Questi ragazzi (èssere) molto (vivace).

Supply the correct form of **avere** *and of the adjective:*

(11)

1. Io (avere) un cappotto (rosso).
2. Marìa (avere) una camicia (giallo).
3. Pàolo (avere) un paio di calzoni (nero).
4. Essa (avere) una gonna (grigio).
5. Noi (avere) (molto) cravatte.
6. I ragazzi (avere) (molto) dischi (americano).
7. Io (avere) (molto) amici a Londra.
8. Le ragazze (avere) (molto) vestiti (elegante).
9. Voi (avere) (poco) amici.
10. Noi (avere) (molto) libri (italiano).

Replace the infinitive with the correct form of the verb:

(12)

1. Io (fare) colazione alle otto.
2. Tu (fare) colazione a mezzogiorno?
3. Noi (fare) uno spuntino alle quattro.
4. Le ragazze (fare) una lunga chiacchierata.
5. Marìa (fare) un sonnellino ora.
6. Voi (fare) quattro passi con noi?
7. Noi (prèndere) una tazza di tè alle cinque.
8. Non (prèndere) una tazza di caffè, signora?
9. Come (stare), Antonio?
10. Come (stare), Signor Bruni?

(13)

Io (avere) un nome buffo, Asdrùbale, ma non (èssere) arrabbiato con papà e mamma per questo. Asdrùbale non (èssere) un nome simpàtico, ma (èssere) molto insòlito, e io (preferire) èssere diverso da tutti gli altri.

Io (èssere) innamorato di una ragazza molto carina, ma essa (odiare) il nome di Asdrùbale. « Io non (sposare) un uomo con un nome così assurdo! Perchè tu non (cambiare) nome per me, Asdrùbale? » essa (implorare). Ma io (ribàttere): « Io (èssere) Asdrùbale, non (avere) altri nomi e (èssere) contento così. E io (desiderare) rimanere Asdrùbale per tutti.»

Lei (protestare), dice che io (èssere) un egoista e che l'amore (domandare) sacrifici: ma io (resistere). (Èssere) o non (èssere) Asdrùbale?

Translate into Italian:

(14)

1. This hat is new.
2. This scarf is new.
3. These stockings are new.
4. These gloves are new.
5. These shoes are very elegant.

6. This shirt is very expensive.
7. This coat is not new.
8. This overcoat is new.
9. This pair of shoes is not new.
10. This pair of trousers is new.

(15)

1. Are you tired, Antonio?
2. No, I'm not tired.
3. The boys are tired.
4. Are the girls tired?
5. Antonio is a nice boy.

6. Maria is a nice girl.
7. Aren't you glad?
8. Isn't Maria ready?
9. Aren't the girls ready?
10. Aren't you ready? (*tu, Lei, voi*)

(16)

1. There is a letter for Maria.
2. There is a parcel for Antonio.
3. There are two letters for Mr Bruni.
4. Isn't there a letter for me?
5. Aren't there many people?

6. There aren't many people.
7. There isn't much time.
8. Are there many newspapers?
9. There are few newspapers.
10. There are few girls.

(17)

1. I have two sisters.
2. Have you a brother?
3. Has Maria a brother?
4. We have many friends.
5. We don't have many friends.

6. Maria has an appointment at five.
7. They have a new car.
8. Do you have a match?
9. Do you have a cigarette?
10. Don't you have friends in this town?

(18)

1. I have breakfast at eight.
2. We have lunch at midday.
3. At what time (*A che ora*) do you have a snack?
4. Maria is having a snack now.
5. As a rule we have a walk after lunch.

6. What are you doing, Maria?
7. I'm making tea for the boys.
8. We have tea at five o'clock.
9. How are you today, Maria?
10. Not so bad, thank you, and you, Antonio?

Lesson 7

Present Indicative of potere, dovere, volere — Present Indicative of sapere and conóscere — Word Study : Uses of prego

PRESENT INDICATIVE OF *potere, dovere* AND *volere*

The verbs **potere** (*to be able, can*), **dovere** (*to have to, must*) and **volere** (*to want*) are irregular verbs. They are extremely common and useful in conversation and should be particularly well practised.

posso	I can, I am able	**devo**	I must, I have to
puoi	you can, etc.	**devi**	you must, etc.
può	he, she, it can, etc.	**deve**	he, she, it must, etc.
possiamo	we can, etc.	**dobbiamo**	we must, etc.
potete	you can, etc.	**dovete**	you must, etc.
pòssono	they can, etc.	**dèvono**	they must, etc.
		voglio	I want
		vuoi	you want
		vuole	he, she, it wants
		vogliamo	we want
		volete	you want
		vògliono	they want

These verbs are followed by an infinitive without any intervening preposition.

Non posso partire.	I cannot leave.
Devo andare ora.	I must go now.
Vògliono telefonare.	They want to phone.

Note that in the interrogative **Posso?** and **Possiamo?** are often to be translated by *May I?* and *May we?* while **Devo?** and **Dobbiamo?** are often rendered by *Shall I?* and *Shall we?*, and **Vuoi?** and **Volete?** by *Will you?*

Possiamo uscire?	May we go out?
Devo aprire la finestra?	Shall I (*i.e.* Am I to) open the window?
Vuoi venire con me?	Will you come with me?

Volere can of course be used with a direct object, and without a following infinitive —in which case it is usually translated by *to want*.

Che cosa vuoi?	What do you want?
Vògliono la televisione.	They want television.

PRESENT INDICATIVE OF *sapere* AND *conóscere*

so	I know	conosco	I know
sai	you know	conosci	you know
sa	he, she, it knows	conosce	he, she, it knows
sappiamo	we know	conosciamo	we know
sapete	you know	conoscete	you know
sanno	they know	conóscono	they know

Both **sapere** and **conóscere** correspond to the meaning of *to know*, but have two different uses.

Sapere is used to express knowledge of a fact (**sapere che**, *to know that*), knowing something because one has learnt it. It is also used with an infinitive for *to know how to* (i.e., *to be able to*) do something. It can furthermore mean *to learn* or *hear of*.

Non sappiamo che cosa fare.	We don't know what to do.
Marìa non sa che sono qui.	Maria doesn't know that I'm here.
Lei sa l'italiano, signora?	Do you know Italian, madam?
Sai le notizie?	Do you know the news?
Antonio non sa guidare.	Antonio can't (doesn't know how to) drive.
Lo so da mia sorella.	I heard it from my sister.

Conóscere is used to mean *to be acquainted with* (usually a person or a place). It can also mean *to make the acquaintance of*, *to get to know*, and in this sense is sometimes translated by *to meet*.

Conosci questa ragazza?	Do you know this girl?
Non conoscete Marìa?	Don't you know Maria?
Conosce Londra, signora?	Do you know London, madam?
Voglio conóscere quella ragazza.	I want to meet that girl.

WORD STUDY

Uses of **prego**

(1) *not at all*, *don't mention it* (as an answer to *thank you*).

«Grazie, signora.» «Prego, giovanotto.»	"Thank you, madam." "Don't mention it (Not at all), young man."

A synonym of **prego** in this case is **niente** or **di niente**.

(2) *please*

Da questa parte, prego.	This way, please.
Dopo di Lei, prego.	After you, please.
Vuole aspettare un momento, prego?	Will you wait a moment, please?

Note that when **prego** is used in this sense it is normally placed at the end of the sentence.

(3) (*I beg your*) *pardon?* (when asking to have something repeated)

Come dici (dice)? or **Come hai detto (ha detto)?** are possible alternatives to **Prego?** here.

VOCABULARY

l'alcool	alcohol	il nùmero	number
l'autore	author	la pace	peace
il ballo	dance, ball	il papà	dad, daddy
la borsa	purse	la piazza	square
il chilòmetro	kilometre	la protesta	protest
la compagnìa	company	lo scherzo	joke, trick
la condizione	condition	il semàforo	traffic-lights
il denaro	money	il serpente	snake
il destino	destiny	la spremuta	squash (drink)
l'èssere	being	lo stòmaco	stomach
la fantascienza	science fiction	(*pl.* gli stòmaci)	
il fantasma	ghost	la storia	story, history
(*pl.* i fantasmi)		il tassì	taxi
la fermata (d'àutobus)	bus-stop	il tesoro	treasure, darling
il leone	lion	l'ufficio postale	post-office
il momento	moment	la via	street
il nano	dwarf	il vìgile	policeman
la notizia	piece of news	la visione	vision

accettare	to accept	riposare	to rest
andare a piedi	to walk	sopportare	to suffer, to
crédere a	to believe		endure
fare silenzio	to be silent	temere	to fear, to be
fare uno scherzo	to play a trick		afraid
	(joke)	trovare	to find
ingannare	to deceive	uscire	to go (come)
pagare	to pay		out
raccontare	to tell, to	vìvere	to live
	recount	voler dire	to mean

aperto	open	pòvero	poor
cattivo	bad	primo	first
lògico	logical	ricco	rich
matto	mad	sémplice	simple
occupato	busy, engaged	serio	serious
pazzo	mad, insane	vicino	near

a destra	on (to) the right	finché	till, until
a sinistra	on (to) the left	nessuno	nobody, no one
che . . . ? quale . . . ?	what . . . ? which . . . ?	quello che, ciò che	what
		scusi	excuse me
circa	about	sì	yes
davvero	really		

EXERCISES

Translate into English:

(1)

1. Non posso restare qui per molto tempo.
2. Puoi pagare per me, per favore?
3. Non possiamo partire oggi.
4. Dove posso trovare un albergo?
5. Potete essere qui alle sette, ragazze?

6. I ragazzi non pòssono èssere a casa.
7. Dove pòssono èssere?
8. Posso telefonare?
9. Posso parlare con il Signor Bruni?
10. Possiamo avere una tazza di tè?

(2)

1. Devo parlare con il Signor Bruni.
2. Ora dobbiamo andare.
3. Dovete parlare italiano, ragazze!
4. Marìa deve èssere a casa alle sette.
5. Pàolo deve èssere molto ricco.

6. Lei non deve gridare così, signora.
7. Tu devi èssere matto.
8. Devo aprire la finestra?
9. Che cosa devo fare?
10. Dobbiamo restare qui?

(3)

1. Che cosa vuoi, Antonio?
2. Che cosa vuole, signora?
3. Voglio parlare con il Signor Smith.
4. Volete una birra, ragazzi?
5. Perchè non vuoi restare qui, Marìa?

6. I ragazzi vògliono guardare la televisione.
7. Non volete mangiare qualcosa?
8. Le ragazze vògliono prèndere il tè ora.
9. Non vogliamo passare la sera in casa.
10. Dove volete andare?

(4)

1. Voi sapete l'inglese?
2. Sappiamo solo il francese.
3. Sai che Marìa parte domani?
4. So tutto.
5. Sapete la lezione, ragazzi?

6. So solo che è molto difficile.
7. Conosci la Signora Bruni?
8. Conosco bene questa città.
9. Antonio conosce la Signorina Bruni?
10. Voglio conóscere quella ragazza.

(5)

Devo èssere pazzo; se chiudo gli occhi, vedo fantasmi, nani, leoni e serpenti. Non posso lavorare, non posso dormire, non posso parlare con la gente di queste orrìbili visioni, tutti pensano che io racconto storie.   Ma io vedo davvero fantasmi, nani, leoni e serpenti.

Che cosa posso fare?   Se voglio dormire, devo chiùdere gli occhi (non posso dormire con gli occhi aperti), e quando chiudo gli occhi, vedo gli orrìbili èsseri, e non posso dormire.   Può un uomo dormire in compagnìa di fantasmi, nani, leoni e serpenti?   « Voi dovete credere a quello che io racconto, io non voglio ingannare la gente.»   Io continuo a dire questo a tutti, ma nessuno vuole credere a un povero uomo come me.   « Deve èssere la bottiglia che fa questi scherzi », qualcuno pensa. Ma io non posso bere, il mio (*my*) stòmaco è in cattive condizioni e non sopporta l'alcool.   Che cosa può fare un uomo in una situazione come questa?   Deve solo accettare gli scherzi del (*of*) destino e vìvere, o meglio, dormire, in compagnìa di fantasmi, nani, leoni e serpenti, senza proteste.

(6)

« Posso entrare, papà? »
« Sì, Enrico.   Che cosa vuoi? »
« Voglio prèndere una penna.   Ecco fatto (*Here we are*).   Ciao, papà.»
« Ciao, Enrico.»
« Papà . . .»
« Sì, Enrico? »
« Voglio comprare un libro.»
« Che libro vuoi comprare? »
« Un libro di fantascienza.»
« Tu devi studiare, Enrico, e non lèggere libri di fantascienza.»
« Ci sono autori molto seri che scrìvono libri di fantascienza, papà.»
« Non dèvono èssere molti, temo.»
« Ma non ho denaro, papà.»
« E allora come puoi comprare il libro? »
« Posso comprare il libro se trovo il denaro, papà.»
« E come puoi trovare il denaro, Enrico? »
« Tu puoi fare qualcosa per me, papà.»

« Che cosa vuoi dire? »

« Voglio dire che, se tu apri la borsa, io trovo il denaro.»

« Molto lògico. Ecco (*Here is*) il denaro, Enrico. Ciao, ora devo lavorare.»

« Ciao, papà, sei un tesoro.»

(7)

« Scusi, Signor Vìgile, dove posso trovare un ufficio postale? »

« C'è un ufficio postale in Piazza Garibaldi, signore.»

« E dove posso trovare Piazza Garibaldi, per favore? »

« Lei deve prèndere l'autobus N. 10, che arriva in Piazza Garibaldi. Ma se Lei vuole andare a piedi, deve prèndere la prima strada a destra, continuare per un chilòmetro, poi prèndere la prima strada a sinistra, Via Roma. Lei segue Via Roma e quando arriva a un semàforo, deve svoltare a sinistra, e poi a destra, e continuare finchè arriva in Piazza Garibaldi.»

« Non è molto sémplice. Vuole ripètere, per favore? »

« Non vuole prèndere un autobus, signore? È cosi sémplice arrivare in Piazza Garibaldi con l'àutobus. La fermata è molto vicina.»

« Grazie, Signor Vìgile.»

« Prego, signore.»

Replace the infinitives with the correct form of the verb:

(8)

1. I ragazzi non (potere) rimanere qui.
2. Dove (potere) trovare un tassì? (*Where can I . . .*)
3. Noi non (potere) andare in città oggi.
4. Il tempo (potere) cambiare.
5. Io non (potere) pagare tutto questo denaro.
6. Voi non (potere) partire domani?
7. (Potere) aspettare un momento, signore? (*Can you . . .*)
8. (Potere) avere una tazza di caffè, per favore? (*May I . . .*)
9. (Potere) telefonare da qui? (*May I . . .*)
10. (Potere) rimanere qui un momento? (*May we . . .*)

(9)

1. Tu non (dovere) pagare.
2. Che cosa (dovere) fare? (*What shall I . . .*)
3. Voi non (dovere) parlare.
4. Marìa (dovere) èssere a casa ora.
5. Io (dovere) andare a casa ora.
6. Voi (dovere) dormire ora, bambini.
7. I bambini (dovere) fare il còmpito ora.

8. Noi (dovere) vedere il Signor Bruni.
9. (Dovere) chiùdere la finestra, signora? (*Shall I* . . .)
10. Che cosa (dovere) fare? (*What shall we* . . .)

(10)

1. Marìa (volere) una tazza di tè.
2. Io non (volere) partire.
3. Lo zio (volere) lèggere il giornale in pace.
4. Le ragazze (volere) andare a un ballo.
5. (Volere) fare uno spuntino? (*Will you* . . .)
6. (Volere) una tazza di tè, signora? (*Will you have* . . .)
7. Noi non (volere) uscire stasera.
8. I bambini (volere) andare in città.
9. Marìa (volere) comprare un cappello nuovo.
10. Non (volere) dormire un poco? (*Won't you* . . .)

(11)

1. Lei (sapere) l'inglese, signorina?
2. Io (sapere) solo il tedesco.
3. (Sapere) che Antonio è qui? (*Do you know that* . . .)
4. Tutti (sapere) che tu parti domani.
5. Stasera noi non (sapere) la lezione.
6. (Sapere) le notizie, Antonio? (*Do you know* . . .)
7. (Conóscere) il Signor Rossi? (*Do you know* . . .)
8. Io non (conóscere) quella ragazza.
9. Tutti (conóscere) quella ragazza.
10. Chi (conóscere) quella persona?

Translate into Italian:

(12)

1. What can I do for you, sir?
2. I can't go to (*in*) town today.
3. We can't wait here all morning.
4. Can you come here, Maria?
5. Can't you be silent for a moment, Antonio?
6. Can you come to the (*alla*) party, Maria?
7. I can't come, I'm very busy.
8. May I come in?
9. May I stay here for a moment?
10. May we go now?

(13)

1. I must go home now.
2. You must study more (*di più*). (*tu, voi*)
3. We must see Mrs Smith.
4. Must you go so early?
5. These girls must be very tired.

6. That girl must be mad.
7. You must sleep now, Maria.
8. Shall I open the window?

9. Shall I shut the door?
10. Shall we remain here?

(14)

1. I want to sleep now.
2. Why don't you want to come with us?
3. We want to rest a little now.
4. Will you have a cup of coffee, madam?
5. Will you have a squash, sir?

6. Maria wants to go to a ball.
7. Antonio wants to remain at home.
8. Why don't you want to be quiet, boys?
9. They want to play tennis.
10. I don't want to play tennis.

(15)

1. I don't know what to do.
2. Do you know that I am leaving?
3. I don't know much about the situation.
4. We know French, but we don't know English.
5. Nobody knows that you are here.

6. Does Maria know that you want to leave?
7. I don't know that gentleman.
8. Nobody knows that gentleman.
9. Don't you know Mr Bruni?
10. I don't know anybody (*nessuno*) in this town.

Lesson 8

Direct Object Pronouns — Indirect Object Pronouns — Pronouns
as Objects of Prepositions — Irregular Verbs : dire, dare —
Word Study : Uses of dire — Uses of ecco

DIRECT OBJECT PRONOUNS

mi	me	ci	us
ti	you	vi	you
lo	him, it	li	them
la	her, it	le	them

Unlike English direct object pronouns, Italian ones generally precede the verb. Notice how the third-person pronouns **lo** and **la** correspond to the English pronouns *him, her* and *it*, thus replacing nouns of masculine and feminine gender. **Li** and **le** replace masculine and feminine plural nouns, respectively.

Mi ami, Marìa?	Do you love me, Maria?
Ti amo, Antonio.	I love you, Antonio.
Lo vedo ogni giorno.	I see him every day.
Vedi il sole? Lo vedo.	Do you see the sun? I see it.
Vedi la luna? La vedo.	Do you see the moon? I see it.
I ragazzi ci védono.	The boys see us.
Noi vi vediamo.	We see you.
Li vediamo ogni giorno.	We see them every day.
Le vediamo ogni giorno.	We see them every day.

OBSERVATIONS

1. Direct object pronouns are added to the end of infinitives (with obligatory loss of the final e). The same occurs in the case of the imperative (see Lesson 23), gerund (see Lesson 28) and past participle (see Lesson 28).

Voglio vederla oggi.	I want to see her today.
Posso accompagnarla, signorina?	May I accompany you, miss?

Guàrdami.	Look at me.
Sposàndolo.	Marrying him.
Sposàtolo.	Having married him.

2. Some direct object pronouns drop their final vowel before a verb beginning with a vowel or before the h of the present indicative of **avere**.   This usually occurs with **lo** and **la**, and, less often, with **mi** and **ti**.

L'amo.	I love her (him).
Antonio m'aiuta.	Antonio is helping me.
L'ho qui con me.	I've got it here with me.

INDIRECT OBJECT PRONOUNS

mi	(to) me	ci	(to) us
ti	(to) you	vi	(to) you
gli	(to) him	gli ⎫	(to) them
le	(to) her, to you	loro ⎭	

Italian indirect object pronouns generally precede the verb and differ from the direct object pronouns only in the third persons.   Only **loro** is placed after the verb.

The third-person plural indirect object pronoun is either **gli**, placed before the verb, or **loro**, which comes after it.

Ti do un libro.	I give you a book.
Antonio mi telèfona spesso.	Antonio often phones me.
Perchè non le rispondi?	Why don't you reply to her?
Perchè non gli telèfoni?	Why don't you phone to him (them)?
Ci màndano sempre cartoline.	They always send us cards.
Gli mando una lèttera oggi. ⎫	I'm sending them a letter today.
Mando loro una lèttera oggi. ⎭	

OBSERVATION

With infinitives, imperative forms, gerunds and past participles, the indirect object pronouns are added to the end of the verb.

Voglio parlargli.	I want to speak to him.
Devo telefonarle?	Shall I phone her?
Scrìvimi una lèttera.	Write me a letter.
Scrivèndoti.	Writing to you.

PRONOUNS AS OBJECTS OF PREPOSITIONS

me	me	**noi**	us
te **Lei** }	you	**voi**	you
lui	him	**essi**	
lei	her	**esse** }	them
esso **essa** }	it	**loro** }	

C'è una lèttera **per te**, Marìa.	There's a letter *for you*, Maria.
C'è un telegramma **per Lei**, signorina.	There's a telegram *for you*, miss.
Questi giornali sono **per voi**.	These newspapers are *for you*.
Questo danaro è **per noi**?	Is this money *for us*?
Vuoi pranzare **con me**?	Will you have dinner *with me*?
Andiamo a Milano **con lui**.	We are going to Milan *with him*.
Lavoriamo **con loro**.	We work *with them*.

NOTE: The use of esso, essa, essi and esse, which usually refer to things and not persons, is to be avoided as much as possible.

IRREGULAR VERBS

Dire (*to say, to tell*)

   Present Indicative: **dico, dici, dice, diciamo, dite, dìcono.**

Dare (*to give*)

   Present Indicative: **do, dai, dà, diamo, date, danno.**

WORD STUDY

USES OF **dire**

(1) *to say*

   Che cosa dici?   What are you saying?

   Voglio dire qualcosa a Marìa.   I want to say something to Maria.

(2) *to tell*

   Perchè non mi dici tutto?   Why don't you tell me everything?

   Non dovete dire bugìe.   You mustn't tell lies.

USES OF ecco

Ecco translates *here is*, *here are*, *there is* and *there are*. It can be followed by a noun.

Ecco Marìa.	Here (there) is Maria.
Ecco i ragazzi.	Here (there) are the boys.
Ecco le ragazze.	Here (there) are the girls.
Ecco le notizie.	Here is the news.

It can be followed by a pronoun (to express *here I am*, etc.), in which case the direct object pronoun is used and attached to ecco.

Èccomi.	Here I am.
Èccoti. Èccola. Èccovi.	Here (there) you are.
Èccolo.	Here (there) he is.
Èccola.	Here (there) she is.
Èccoci.	Here we are.
Èccoli. Èccole.	Here (there) they are.

NOTE the following uses of ecco:

Ecco tutto.	That's all.
Ecco perchè.	That's why.
Ecco come.	That's how.
Ecco!	That's right. (That's it!)

VOCABULARY

l'aperitivo	aperitif, appetizer	il passaggio	lift
la dèdica	dedication	il posto	place
la cartolina (postale)	post-card	la posta	post, mail
il cioccolatino	chocolate	il problema	problem
la cosa	thing	la richiesta	request
la fidanzata	fiancée, sweet- heart	la scàtola	box
		il seccatore	nuisance, bore
il fuoco	fire	la sterlina	pound (sterling)
la gentilezza	kindness	la telefonata	telephone call
la lira	lira	la torta	cake, pie
la màcchina	motor-car	la vìsita	visit
il pacchetto	packet		

accompagnare	to accompany	mèttere	to put, put on
adorare	to adore	pensare (a)	to think (of)
aiutare	to help	prestare	to lend
ammirare	to admire	regalare (qualcosa a	to give (some-
baciare	to kiss	qualcuno)	thing to some-
detestare	to detest		body)
divorare	to devour	salutare	to greet, to hail
chièdere a	to ask	scègliere	to choose
considerare	to consider	seccare	to annoy
insìstere	to insist	sentire	to feel
insultare	to insult	trattare	to treat
lasciare in pace	to leave alone	voler bene a	to be fond of
mandare	to send		
appassionato	passionate	mio	my
continuo	continuous	ogni (*inv.*)	every
eccessivo	excessive	sicuro	sure
fortunato	fortunate, lucky	spiacente	sorry
innamorato	in love		
a piedi	on foot, walking	insieme	together
certo, certamente	certainly, surely	mille	a thousand
fino a	as far as, till, until		

EXERCISES

Translate into English:

(1)

1. Mi ami, Marìa?
2. No, non ti amo, Pàolo.
3. Mi detesti?
4. No, non ti detesto.
5. Tu la conosci, Antonio?
6. No, non la conosco.
7. Io non la capisco, signorina.
8. Lui ti accompagna a casa ogni giorno?
9. Vi vedo spesso insieme.
10. Io non li conosco.

(2)

1. Io non le conosco.
2. Perchè lo insulti sempre?
3. Marìa mi tratta male.
4. Essi ci invìtano spesso a pranzo.
5. Tu l'ami?
6. L'ammiro, ma non l'amo.
7. Vi vedo spesso insieme.
8. Quando posso vederla, signorina?
9. Voglio vederti domani.
10. Non devi guardarmi così.

(3)

1. Questa lèttera è per te, Antonio.
2. Questo telegramma è per Lei, signore.
3. Questo pacco è per voi.
4. Questo denaro è per lui.
5. Questi fiori sono per lei.

6. Questi panini sono per loro.
7. Questa torta è per noi.
8. Questa birra è per me?
9. Questi cioccolatini sono per noi?
10. No, sono per loro.

(4)

1. Non mi credi?
2. Non ti credo.
3. Quando mi telèfoni?
4. Perchè non mi rispondi?
5. Perchè non le scrivi?

6. Gli scrivo ogni settimana.
7. Essi ci scrìvono spesso.
8. Telèfono loro ogni sera.
9. Non vi crediamo.
10. Mi vuoi bene, Antonio?

(5)

1. Pàolo mi manda sempre fiori.
2. Mi dai una sigaretta?
3. Mi offri un aperitivo?
4. Ci regali un libro, zio?
5. Ci dà un passaggio, signore?

6. Io le compro sempre cioccolatini.
7. Vi offro sempre sigarette.
8. Mi fai un favore, Antonio?
9. Vuole farmi un favore, signora?
10. Posso offrirti una tazza di caffè?

(6)

Conoscete Arturo?   Non lo conoscete?   Ma è il mio fidanzato!   Mi adora.
Quando mi guarda, mi mangia con gli occhi.   Quando mi bacia, io sento un fuoco
che mi divora.

« Mi vuoi bene, Piera? » lui mi domanda.   « Certo, tesoro », io gli rispondo.
« Ma mi ami veramente? » insiste lui.   « Ma certo, tesoro », faccio io.

Arturo mi manda sempre fiori, cioccolatini, e libri con dèdiche appassionate.   Io
gli regalo cravatte, ma lui non le mette, non so perchè.   Forse le cravatte che io gli
regalo non sono molto belle, forse non so sceglierle.   Ma un uomo innamorato deve
mettere le cravatte che gli regala la fidanzata, non è vero?

Arturo mi ama davvero?   Non sono sicura: perchè non mette le cravatte che io
gli regalo, allora?   Io mangio i cioccolatini che lui mi manda, e leggo i libri che mi
regala!   Mi ama, non mi ama?   Questo è il problema!

(7)

« Mi offri una sigaretta, Pàolo? »
« Non ho sigarette, sono spiacente.»
« Mi dai un passaggio fino a casa? »
« Non ho qui la macchina, sono spiacente.»

« Mi accompagni a piedi, Pàolo? »

« Non ho tempo, sono molto occupato oggi.»

« Mi presti mille lire? »

« Non ho molto denaro con me oggi.»

« Non vuoi aiutarmi, vedo.»

« E tu non vuoi lasciarmi in pace, vedo.»

« Non mi parli con eccessiva gentilezza, Pàolo.»

« E tu mi chiedi troppe cose.   Sei un seccatore.»

« Mi consìderi davvero un seccatore? »

« Sì, io non ti secco con continue richieste.»

« Tu non mi secchi con richieste perchè sei un ragazzo fortunato.»

« Fortunato?   Con un amico come te? »

« Ti saluto, Pàolo.»

« Ciao.»

Supply the correct form of the pronoun:

(8)

1. Questo pacco è per — (*you*)
2. Questa sedia è per —? (*me*)
3. Questi giornali sono per —. (*them*)
4. Queste birre sono per —? (*us*)
5. Questo telegramma è per —, signore. (*you*)

6. C'è una telefonata per —. (*him*)
7. C'è una vìsita per —, signora. (*you*)
8. Ci sono due lèttere per —. (*her*)
9. C'è posta per —? (*me*)
10. C'è posto per —? (*us*)

(9)

1. — senti? (*me*)
2. — ami? (*him*)
3. — conosci? (*her*)
4. — capisci? (*me*)
5. — vedi spesso? (*them*)

6. — vedo domani? (*you*)
7. Non — capisco. (*her*)
8. Non — pàgano. (*us*)
9. Posso accompagnar —, signorina?
10. Quando posso veder —, signorina?

(10)

1. Quando — telèfoni? (*to her*)
2. Quando — scrivi? (*to him*)
3. Perchè non — rispondi? (*to me*)
4. I bambini non — obbedìscono. (*to her*)
5. Essi — scrìvono spesso. (*to us*)

6. Essa — scrive spesso. (*to us*)
7. Perchè non — parli? (*to her*)
8. Non — credi? (*to me*)
9. Non posso creder —. (*to you*)
10. Devi scriver —. (*to him*)

(11)

1. — presti una sterlina? (*to me*)
2. — dai una sigaretta? (*to me*)
3. — dai un passaggio? (*to us*)
4. — offri un aperitivo? (*to me*)
5. Io — mando sempre fiori. (*to her*)

6. Lui — regala sempre libri. (*to her*)
7. Lei — regala sempre cravatte. (*to him*)
8. Non posso dar — il denaro. (*to you*)
9. Voglio offrire — una birra. (*to them*)
10. Devo scrìver — una lèttera. (*to him*)

(12)

Conoscete Arturo? Non — conoscete? Ma è il mio fidanzato! — adora. Quando — guarda, — mangia con gli occhi. Quando — bacia, io sento un fuoco che — divora.

« — vuoi bene, Piera? » lui — domanda. « Certo, tesoro », io — rispondo. « Ma — ami veramente? » insiste lui. « Ma certo, tesoro », faccio io.

Arturo — manda sempre fiori, cioccolatini, e libri con dèdiche appassionate. Io — regalo cravatte, ma lui non — mette, non so perchè. Forse le cravatte che io — regalo non sono molto belle, forse non so scèglier —. Ma un uomo innamorato deve méttere le cravatte che — regala la fidanzata, non è vero?

Arturo — ama davvero? Non sono sicura: perchè non mette le cravatte che io — regalo, allora? Io mangio i cioccolatini che lui — manda, e leggo i libri che — regala! — ama, non — ama? Questo è il problema!

Translate into Italian :

(13)

1. This tie is for you.
2. Is it really for me?
3. There's a letter for you, Mr Smith.
4. This telegram is for them.
5. Is this letter for her?

6. No, it is for him.
7. Are these chocolates for us?
8. No, they are for them.
9. These newspapers are for you, madam.
10. This cake is for you, girls.

(14)

1. Do you love me, darling?
2. I don't understand you, Paolo.
3. I don't understand you, sir.
4. Do you know her?
5. Does she know him?

6. Does Mr Bruni know you?
7. I don't often see them.
8. They don't know me.
9. She doesn't love him.
10. He doesn't understand him.

(15)

1. Do you write to her?
2. She doesn't write to me.

3. Don't you believe me, Paolo?
4. I don't believe you, Antonio.

5. Why don't you phone her?
6. Why don't you answer her?
7. The children don't obey me.

8. Are you fond of her?
9. They don't want to speak to me.
10. I can't phone you.

(16)

1. I want to buy her a box of chocolates.
2. He always sends me flowers.
3. She often gives him ties.
4. Why don't you buy her a book?
5. Why don't you buy him a book?

6. Will you do me a favour?
7. Will you give me a lift?
8. Will you buy me a packet of cigarettes?
9. Will you lend me a pound?
10. I can't give you any (*del*) money.

Lesson 9

The Past Participle — Perfect — Perfect of èssere and avere —
Perfect of potere, dovere and volere — Irregular Verbs: andare,
venire — Word Study: How to translate just — Uses of vero

THE PAST PARTICIPLE

The past participle is obtained from the infinitive by replacing -are with -ato (first conjugation), -ere with -uto (second conjugation) and -ire with -ito (third conjugation).

	1	2	3
INFINITIVE	parlare	vèndere	capìre
PAST PARTICIPLE	parlato	venduto	capito

Not all verbs have regular past participles, however. A list of the most common irregular past participles is shown below.

aprire	(to open)	aperto
bere	(to drink)	bevuto
chiùdere	(to close, to shut)	chiuso
córrere	(to run)	corso
decìdere	(to decide)	deciso
dire	(to say, to tell)	detto
fare	(to do, to make)	fatto
lèggere	(to read)	letto
mèttere	(to put)	messo
morire	(to die)	morto
nàscere	(to be born)	nato
offrire	(to offer)	offerto
rimanere	(to remain)	rimasto
prèndere	(to take, to have)	preso
rómpere	(to break)	rotto
scèndere	(to go (come) down)	sceso
scrìvere	(to write)	scritto
venire	(to cóme)	venuto
vedere	(to see)	visto (or veduto)

PERFECT

The Perfect (**ho mangiato**, *I have eaten*) is obtained by using the present of **avere** followed by the past participle.

The Perfect is almost universally used in conversation and corresponds both to the English Perfect (*I have eaten*) and to the English Past Definite (*I ate*).

The Perfect can be substituted by the Past Definite (see Lesson 15) in formal writing.

Hai mangiato, caro?	Have you eaten, dear?
Abbiamo ricevuto una lèttera.	We have received a letter.
Avete fatto colazione?	Have you had breakfast?
Ieri sera ho visto (veduto) un film interessante.	Last night I saw an interesting film.
Che cosa ha detto Antonio?	What did Antonio say?
Non l'ho visto ieri.	I didn't see him yesterday.

OBSERVATION

In the case of the verbs noted below, the Perfect is obtained with **èssere** plus the past participle. The past participle acquires an adjectival character and varies according to whether a masculine, feminine, singular or plural subject is referred to.

andare	to go	rimanere	to remain
venire	to come	ritornare	to return
entrare	to enter	riuscire (a)	to succeed (in)
uscire	to go (come) out	fuggire	to flee
arrivare	to arrive	scappare	to escape
partire	to leave, to depart	sparire	to disappear
salire	to go (come) up	córrere	to run
scèndere	to go (come) down	cadere	to fall
nàscere	to be born	passare	to pass, to call
morire	to die	diventare	to become

Antonio è andato a casa.	Antonio has gone home.
Marìa è andata al cìnema.	Maria has gone to the pictures.
Le ragazze sono partite.	The girls left.
I ragazzi sono ritornati là.	The boys have returned there.
Lo zio è arrivato?	Has uncle arrived?
La zia è appena partita.	Aunt has just left.
Marìa è rimasta a casa.	Maria remained at home.
Quando sei nato, Antonio?	When were you born, Antonio?
Il gatto è sparito.	The cat disappeared.
Il Signor Rossi è diventato ricco.	Mr Rossi became rich.

NOTE: **Èssere** + the variable past participle (of transitive verbs) is also used to form the passive.

Marìa è ammirata da tutti.	Maria is admired by everybody.
Essi sono odiati da tutti.	They are hated by everybody.
Queste automòbili sono fabbricate in Italia.	These cars are made in Italy.
Il corso è frequentato da troppi studenti.	The course is attended by too many students.

PERFECT OF *èssere* AND *avere*

sono stato(-a)	I have been	ho avuto	I have had
sei stato(-a)	you have been	hai avuto	you have had
è stato(-a)	he, she, it has been	ha avuto	he, she, has had
siamo stati(-e)	we have been	abbiamo avuto	we have had
siete stati(-e)	you have been	avete avuto	you have had
sono stati(-e)	they have been	hanno avuto	they have had

Èssere is conjugated in its compound tenses with èssere. The past participle of èssere is stato(-a, -i, -e), borrowed from **stare**.

Dove sei stata, Marìa?	Where have you been, Maria?
Sono stata a Milano.	I've been to Milan.
Siamo stati felici in questa casa.	We've been happy in this house.
Sono stato molto malato.	I've been very ill.
Le ragazze sono state qui.	The girls have been here.
Ho avuto un raffreddore.	I've had a cold.
Abbiamo avuto òspiti in questi giorni.	We've had guests recently.

PERFECT OF *potere, dovere* AND *volere*

Potere, dovere and **volere** have either **avere** or **èssere** as auxiliary verb in the Perfect according to the auxiliary used by the dependent verb. **Comprare**, for example, takes the auxiliary **avere**, so **dovere** followed by **comprare** must also use **avere**:

Ho dovuto comprare un libro.	I've had to buy a book.

But **andare** has the auxiliary **èssere**:

Sono dovuto andare a casa.	I've had to go home.

NOTE the following:

Marìa non è potuta venire.	Maria hasn't been able to come.
Non abbiamo potuto vederla.	We have not been able to see her.
Le ragazze sono dovute andare.	The girls have had to go.
Antonio non ha voluto parlare.	Antonio hasn't wanted to speak.

IRREGULAR VERBS

Andare (*to go*)

Present Indicative: **vado, vai, va, andiamo, andate, vanno.**

Venire (*to come*)

Present Indicative: **vengo, vieni, viene, veniamo, venite, vèngono.**

WORD STUDY

HOW TO TRANSLATE *just*

(1) **appena** — an adverb, corresponding to **un momento fa** (*a moment ago*) and **un momento prima** (*a moment before*).

Ho appena veduto (visto) Antonio.	I've just seen Antonio.
Sono appena arrivata da Roma.	I've just arrived from Rome.

(2) **solo, solamente** — adverbs meaning *only*.

«**Whisky?**» «**Solo una goccia, prego.**»	"Whisky?" "Just a drop, please."
Voglio solo (solamente) vedere il Signor Rossi.	I just want to see Mr Rossi.

(3) **proprio** — an adverb used with emphatic meaning.

Proprio così!	Just so!
È proprio lo stesso per me.	It's just the same to me.

(4) **giusto** — an adjective having the meaning of *right* or *fair*.

È un uomo giusto.	He's a just man.
La decisione è giusta.	The decision is just (fair).

USES OF **vero**

(1) *true, real* — when used as an adjective.

È un vero uomo.	He is a real man.
È un vero amico.	He is a true friend.
È stato un vero piacere.	It has been a real pleasure.
Non è vero.	It is not true.

(2) *truth* — when used as a noun. A synonym is **la verità.**

Devi sempre dire il vero (la verità).	You must always tell the truth.
A dire il vero (la verità) non lo conosco.	To tell the truth I don't know him.

NOTE: **Non è vero?** (meaning literally *Is it not true?*) translates a number of English tag-questions, such as *don't you? aren't you? wouldn't you?*, etc.

Lei parla italiano, non è vero?	You speak Italian, don't you?
Tu parti domani, non è vero?	You are leaving tomorrow, aren't you?

VOCABULARY

l'àbito	dress, suit	l'orologio	watch, clock
l'aèreo, aeroplano	aeroplane	l'osso (*pl.* le ossa)	bone
gli affari	business	il pacco	parcel
la compagnìa	company	il padre	father
la coperta da viaggio	car rug	il panciotto	waistcoat
il divertimento	amusement, fun	il piatto	plate, dish
il dottore	doctor	la pipa	pipe
l'errore	mistake, error	il quadro	picture, painting
l'esistenza	existence	il raffreddore	cold
il fato	fate	il rumore	noise
l'incidente	accident	il tabacco	tobacco
la madre	mother	la tentazione	temptation
il marito	husband	la vacanza	holiday
la moglie	wife	il viaggio	travel; voyage, journey
l'occasione	opportunity, occasion	il vicino (di casa)	neighbour

abbandonare	to abandon	pèrdere	to lose
bollire	to boil	pèrdere la pazienza	to lose one's temper
cèdere	to yield		
costruire	to build, to construct	rallegrare	to cheer up
		riparare	to repair
derubare	to rob	significare	to mean, to signify
eliminare	to eliminate	tenere	to keep, to hold
fabbricare	to manufacture, to make	toccare il cielo con un dito	to walk on air
frequentare	to attend		

crudele	cruel	pèrfido	perfidious, wicked
disperato	desperate, in despair	volgare	vulgar

con	with, by	molto	a long time, long
fa	ago	prima	before, first
finora, sinora	so far, till now	stamattina	this morning
ieri	yesterday	sùbito	at once
insolitamente	unusually	tutti (*pl.*)	everybody, all
lontano	far		

EXERCISES

Give the infinitive of each of the following and translate it into English:

(1)

(*Regular verbs*)

Parlato, studiato, mangiato, suonato, preparato, aspettato, cominciato, chiamato, lasciato, giuocato, amato, guardato, ascoltato, comprato, pagato.

Ripetuto, ricevuto, veduto, venduto, saputo, conosciuto, tenuto, avuto, piaciuto, caduto, creduto, temuto, potuto, dovuto, voluto.

Partito, dormito, finito, pulito, seguito, sentito, capito, costruito, servito, sparito, distribuito, punito, vestito, bollito, uscito.

(2)

(*Irregular verbs*)

Aperto, chiuso, bevuto, rimasto, visto, fatto, detto, rotto, letto, scritto, preso, messo, nato, morto, deciso, córso, offerto, sceso, venuto.

Translate into English:

(3)

1. Il signor Bruni ha parlato per un'ora.
2. Ho studiato tutto il pomeriggio.
3. Abbiamo aspettato due ore.
4. Avete ascoltato la radio?
5. Abbiamo guardato la televisione.
6. Hai comprato le sigarette, Pàolo?
7. Marìa e Antonio hanno giuocato a tennis.
8. Ho lasciato l'orologio a casa.
9. Hai preparato il tè, Marìa?
10. Avete chiamato i ragazzi?

(4)

1. Ho venduto un quadro.
2. Non abbiamo ricevuto lèttere.
3. Abbiamo veduto un film interessante.
4. Avete saputo qualcosa?
5. Non ho avuto la lèttera.
6. Hai dormito bene?
7. Non abbiamo capito bene.
8. Hanno servito il tè?
9. Ha finito, signor Bruni?
10. Antonio ha seguito un corso di francese.

(5)

1. Ho bevuto due birre finora.
2. Che cosa hai detto, Marìa?
3. Non ho fatto colazione.
4. Avete letto questo libro?
5. Non ho visto Antonio.
6. Hai rotto un altro bicchiere?
7. Perchè hai aperto la finestra?
8. Perchè hai chiuso la porta?
9. Marìa ha scritto a Antonio?
10. Non avete preso l'autobus?

(6)

1. Stamattina sono andato in città.
2. Marìa è venuta qui alle sette.
3. Il signor Bruni è uscito cinque minuti fa.
4. La signora Bruni è arrivata dieci minuti fa.
5. I ragazzi sono partiti stamattina.
6. Le ragazze sono andate a scuola?
7. Antonio è rimasto a casa tutto il giorno.
8. Marìa è ritornata a casa?
9. I bambini sono scappati.
10. La bambina è diventata rossa.

(7)

1. Dove sei stata, Marìa?
2. Sono stata in città con un'amica.
3. Noi siamo stati a casa tutto il pomeriggio.
4. Sei stato a Londra, Antonio?
5. Siamo stati derubati.
6. Il pacco è stato spedito?
7. La colazione è stata servita?
8. Ho avuto la lèttera stamattina.
9. Ho avuto molto lavoro in questi giorni.
10. Abbiamo avuto un incidente.

(8)

1. Ho dovuto pagare molto.
2. Abbiamo dovuto comprare una màcchina nuova.
3. Avete dovuto aspettare molto?
4. Sono dovuta andare a casa sùbito.
5. Siamo dovuti partire sùbito.
6. Abbiamo dovuto chiamare il dottore.
7. Avete potuto parlare a Marìa?
8. Non sono potuta venire prima.
9. Non ho potuto dormire.
10. Le ragazze non sono volute venire.

(9)

Sono disperato: ho perduto il migliore amico che un uomo può avere. Fido è morto. Perchè mi hai abbandonato, Fido? Mi sei stato vicino in tutti questi anni, mi hai tenuto compagnìa, hai rallegrato la mia esistenza: e ora tu sei andato lontano, e io sono rimasto solo, solo come un cane. Non sei stato felice con me, Fido? Perchè hai lasciato questo vecchio amico?

Un giorno hai deciso di divorare un enorme piatto di ossa che un pèrfido vicino di casa ha messo per te in giardino: il vicino ha sempre odiato i cani, ha aspettato per anni questa occasione, e è riuscito a eliminarti con un piatto di ossa. Ah, fato crudele! Perchè hai ceduto a questa tentazione, Fido? Perchè mi hai abbandonato per un piatto di volgari ossa?

(10)

« Dove sei stato tutto questo tempo, Enrico? »
« Sono stato a Londra, Ottavio.»
« Quando sei arrivato da Londra? »
« Sono arrivato ieri, con l'aèreo.»

« Che cosa hai fatto a Londra? Sei andato per affari? »

« No, sono stati due giorni di vacanza. Ho veduto vecchi amici, ho pranzato in ristoranti cinesi e indiani, sono andato a teatro e in un night club, ho comprato panciotti, cravatte e coperte da viaggio scozzesi. È stato un vero divertimento per me.»

« E che cosa mi hai portato da Londra? »

« Ti ho portato una scatola di tabacco. Tu fumi la pipa, non è vero? »

« Sì, ho sempre fumato la pipa. Mi aiuta a rilassare i nervi: tu non sei un tipo nervoso, e non devi fumare la pipa.»

« Io perdo la pazienza solo quando mia moglie ritorna a casa allegra e insolitamente gentile: questo signìfica che ha comprato un cappello o un àbito nuovo. Tu sei stato sposato, Ottavio, e puoi capirmi.»

« Quando ho sposato Lucìa, ho toccato il cielo con un dito: poi ho capito il mio errore e Lucìa è ritornata a casa di sua madre. È stato un tràgico errore, ma tutti fanno errori, non è vero? »

« Sì, è proprio così, Ottavio.»

Substitute Italian past participles:

(11)

1. Hai (*spoken*) con il signor Bruni?
2. Ho (*bought*) un'automòbile nuova.
3. Abbiamo (*waited*) un'ora.
4. Perchè non avete (*called*) Antonio?
5. Marìa ha (*prepared*) il tè.

6. I ragazzi hanno (*played*) a tennis tutta la mattina.
7. Che cosa hai (*eaten*) oggi?
8. Non abbiamo (*watched*) la televisione oggi.
9. Avete (*listened to*) la radio?
10. Marìa ha (*played*) il piano per un'ora.

(12)

1. Ho (*received*) una lèttera da Londra.
2. Hai (*repeated*) la lezione?
3. Non abbiamo (*had*) notizie.
4. Ho (*sold*) un magnìfico quadro.
5. Noi non gli abbiamo (*believed*).

6. Non ho (*slept*) bene.
7. Non avete (*understood*)?
8. La cameriera ha (*cleaned*) le stanze.
9. Abbiamo (*attended*) un corso di russo.
10. Non hai (*heard*) un rumore?

(13)

1. Che cosa avete (*drunk*)?
2. Hai (*shut*) le finestre?
3. Perchè hai (*opened*) la porta?
4. Non ho (*read*) questo libro.
5. Che cosa hai (*said*)?

6. Non ho (*had*) colazione stamattina.
7. La cameriera ha (*broken*) un altro piatto.
8. Ho (*written*) una lèttera a un amico.
9. Dove hai (*put*) le sigarette, Ottavio?
10. Dove hai (*bought*) queste sigarette?

(14)

1. Il signor Bruni è (*gone*) a casa.
2. La signora Bruni è (*come*) qui stamattina.
3. Quando sei (*arrived*), Marìa?
4. Le ragazze sono appena (*arrived*).
5. Marìa è appena (*gone out*) con Antonio.

6. Oggi non siamo (*gone out*).
7. Siete (*remained*) a casa tutto il giorno?
8. Marìa è già (*returned*)?
9. Il signor Bruni è (*left*) per Londra.
10. Sei (*called*) da Antonio?

(15)

Sono disperato: ho (*lost*) il migliore amico che un uomo può avere. Fido è (*died*). Perchè mi hai (*abandoned*), Fido? Mi sei (*been*) vicino in tutti questi anni, mi hai (*kept*) compagnìa, hai (*cheered up*) la mia esistenza; e ora tu sei (*gone*) lontano, e io sono (*remained*) solo, solo come un cane. Non sei (*been*) felice con me, Fido? Perchè hai (*left*) questo vecchio amico?

Un giorno hai (*decided*) di divorare un enorme piatto di ossa che un pèrfido vicino di casa ha (*put*) per te in giardino: il vicino ha sempre (*hated*) i cani, ha (*awaited*) per anni questa occasione, e è (*succeeded*) a eliminarti con un piatto di ossa. Ah, fato crudele! Perchè hai (*yielded*) a questa tentazione, Fido? Perchè mi hai (*abandoned*) per un piatto di volgari ossa?

Translate into Italian:

(16)

1. Have you eaten, Maria?
2. The boys have studied all (*tutto il*) afternoon.
3. Maria has listened to the radio today.
4. She has played the piano.
5. Have you washed the dishes, girls?

6. We have waited two hours.
7. We have not played tennis today.
8. We have not watched television today.
9. I have bought two pictures.
10. We have just eaten.

(17)

1. I sold two pictures yesterday.
2. Did you receive the parcel?
3. Where did you meet Mr Brown?
4. Did you have the letter, Maria?
5. We didn't understand.

6. I didn't sleep very well.
7. Why didn't you clean the flat, Maria?
8. We attended a course of French.
9. Have you finished, Antonio?
10. Tea (*Il tè*) is served, madam.

(18)

1. I've drunk three beers so far.
2. Have you shut the windows?
3. Why haven't you opened the door?

4. Have you seen an interesting film recently?
5. Have you had lunch, Mr Brown?

6. I've had breakfast.
7. Maria has read all (*tutto il*) afternoon.

8. What did she say?
9. Where have you put the records?
10. Antonio has broken a glass.

(19)

1. Where did you go yesterday, Antonio?
2. I went to (*in*) town with a friend.
3. I've just arrived home.
4. Have the boys arrived?
5. When did Mr Brown leave?

6. Maria hasn't returned home.
7. We remained at home all (*tutto il*) day.
8. The girls have gone out.
9. I called at (*da*) Maria's at seven.
10. We returned home at seven.

(20)

1. Where have you been, Antonio?
2. I've been to (*in*) town.
3. Have you been to (*a*) Rome, Maria?
4. Paolo has been to Rome.
5. We've been here all day.

6. The room has been cleaned.
7. Has the letter been sent?
8. The car hasn't been repaired.
9. I've had much work to do (*da fare*).
10. The girls haven't had time to study (*per studiare*).

(21)

1. I had to return home.
2. Antonio had to pay for everybody.
3. We had to work all day.
4. I couldn't go out with Antonio.
5. Could you see Mr Brown?

6. We couldn't go to Rome.
7. They couldn't leave before.
8. She didn't want to come here.
9. Maria didn't want to go out.
10. Why didn't you want to leave?

FRA AMICHE

« Ciao, cara.   Da dove vieni? »
« Dall'istituto di bellezza.»
« Ah, era chiuso? »

« Grazia ha ereditato un milione da un uomo che lei non ha voluto sposare.»
« È stato un atto di gratitùdine.»

Lesson 10

To be *rendered by avere* — *Verbs* + *Dependent Infinitive* —
Per + *Dependent Infinitive* — *Construction with piacere* —
Irregular Verbs : uscire, riuscire — *Word Study : How to
translate* right — *How to translate* wrong — *Uses of piacere*
— *Uses of dispiacere (spiacere)*

To be RENDERED BY *avere*

In the following verbal expressions in everyday use, where the English uses
to be + adjective, the Italian has **avere** (*to have*) + noun.

aver fame	to be hungry	aver sonno	to be sleepy
aver sete	to be thirsty	aver paura	to be afraid
aver freddo	to be cold	aver vergogna	to be ashamed
aver caldo	to be hot (warm)	aver fretta	to be in a hurry
aver ragione	to be right	aver pazienza	to be patient
aver torto	to be wrong		

Hai fame, Marìa?	Are you hungry, Maria?
Ho sete.	I'm thirsty.
Antonio ha freddo.	Antonio is cold.
Abbiamo caldo.	We are hot (warm).
Lei ha ragione, signore.	You're right, sir.
Ho forse torto?	Am I perhaps wrong?
Avete paura, ragazzi?	Are you afraid, boys?
I bambini hanno vergogna.	The children are ashamed.
Devi aver pazienza, Marìa.	You must be patient, Maria.
Ha fretta, signora?	Are you in a hurry, madam?
Non ho sonno.	I'm not sleepy.

NOTE: *Quite* preceding *right* or *wrong* is translated by **proprio**; *very* preceding *hungry,
thirsty, cold, warm, hot, sleepy* and *patient* is translated by **molto (molta)**. *To be in a great
hurry* is in Italian aver molta fretta.

Hai proprio ragione, caro.	You are quite right, dear.
Ho molta fame.	I'm very hungry.

Ho molto sonno.	I'm very sleepy.
Hai sempre molta pazienza.	You're always very patient.
Ha molta fretta, signore?	Are you in a great hurry, sir?

VERBS + DEPENDENT INFINITIVE

Verbs followed by a dependent infinitive require either no preposition, or **di** or **a**.

1. The following verbs require no preposition before a dependent infinitive:

volere	to want, will	**desiderare**	to wish, to desire
potere	to be able, can, may	**preferire**	to prefer
dovere	to have, must, shall	**piacere**[1]	to please

1. For construction with piacere, see p. 94.

Voglio andare a casa.	I want to go home.
Non preferisci rimanere qui?	Don't you prefer to remain here?
Desideriamo partire sùbito.	We wish to leave at once.
Mi piace guidare.	I like driving.

2. The following verbs and verbal expressions require the preposition **di** before a dependent infinitive:

sperare	to hope	**èssere stanco**	to be tired (of)
decìdere	to decide	**èssere contento**	to be glad
cercare	to try	**èssere felice**	to be happy
tentare	to attempt	**èssere sicuro**	to be sure
dire	to tell, to say	**èssere sul punto**	to be on the point (of)
permettere	to allow, to permit	**aver paura**	to be afraid
ordinare	to order	**aver intenzione**	to intend, to be going
pensare	to think		(to)
		èssere spiacente	to be sorry

Spero di diventare ricco.	I hope to become rich.
Ho deciso di rimanere a casa.	I decided to remain at home.
Lei deve cercare di parlare italiano, signora.	You must try to speak Italian, madam.
Chi ti ha detto di venire qui?	Who told you to come here?
Sono spiacente di non poter venire.	I am sorry I cannot come.
Mi permetti di uscire, papà?	Do you allow me to go out, dad?
Ho detto a Marìa di non venire.	I told Maria not to come.
Hanno ordinato a Leonardo di stare zitto.	They ordered Leonardo to keep quiet.
Sono stanco di lavorare.	I'm tired of working.
Sei contenta di èssere qui, Marìa?	Are you glad to be here, Maria?

Antonio è sicuro di riuscire.	Antonio is sure to succeed.
Ho paura di non riuscire.	I'm afraid of not succeeding.
Hai intenzione di partire?	Are you going to leave?
La mamma permette a Lucia di uscire con me.	Lucia's mother allows her to come out with me.

3. The following verbs and verbal expressions require the preposition **a** before a dependent infinitive:

cominciare	to begin, to start	insegnare	to teach
continuare	to continue, to go on	imparare	to learn
invitare	to invite	aver ragione	to be right
provare	to try	aver torto	to be wrong
riuscire	to succeed (in)	essere obbligato	to be obliged
andare	to go	essere costretto	to be compelled
venire	to come	aver vergogna	to be ashamed

Comincio a lavorare alle nove.	I start working at nine.
Perchè non provi a dormire?	Why don't you try to sleep?
Non sono riuscito a trovarlo.	I didn't succeed in finding him.
Siamo andati a vedere un film.	We went to see a film.
Le ragazze sono andate a ballare.	The girls have gone dancing.
Perchè non mi insegni a guidare?	Why don't you teach me to drive?
Marìa ha torto a dire questo.	Maria is wrong to say this.
Siamo stati obbligati a parlare.	We've been obliged to speak.

Per + DEPENDENT INFINITIVE

When *to* before an English infinitive expresses purpose and means *in order to*, it is translated by **per**.

Frequento un corso per imparare l'italiano.	I attend a course to learn Italian.
Non fumo per risparmiare danaro.	I don't smoke to save money.

CONSTRUCTION WITH *piacere*

Piacere (meaning literally *to please, to be pleasing*) translates both *to like* and *to enjoy*. It takes as its subject the thing or person liked, and as its indirect object the person who likes.

The construction is normally the following:

> *indirect object* + **piacere** + *subject*

A Giovanni piace il vino.	John likes wine.
A Marìa piace dormire.	Maria likes to sleep (sleeping).

A Roberto piàcciono le ragazze.	Robert likes girls.
Mi (*or* a me) piace Londra.	I like London.
Ci (*or* a noi) piàcciono questi film.	We like these films.
Le piàcciono gli Inglesi, signorina?	Do you like the English, miss?
Mi è piaciuto il concerto.	I enjoyed the concert.
Mi sono piaciuti gli spaghetti.	I enjoyed the spaghetti.

Note that the subject of **piacere** may be an infinitive.

NOTE: Piacere is an irregular verb (piaccio, piaci, piace, piacciamo, piacete, piàcciono). It is conjugated with **èssere** in the perfect.

IRREGULAR VERBS

Uscire (*to go out*, *to come out*, *to get out*)
  Present Indicative: **esco, esci, esce, usciamo, uscite, éscono.**

Riuscire (*to succeed*)
  Present Indicative: **riesco, riesci, riesce, riusciamo, riuscite, riéscono.**

WORD STUDY

HOW TO TRANSLATE *right*

(1) giusto, adatto — adjectives.

Lei è venuta al momento giusto (adatto).	You have come at the right moment.
Roberto ha sposato la ragazza giusta (adatta).	Roberto married the right girl.

(2) destro — an adjective meaning *right* as opposed to *left*, which is sinistro. La destra — a noun — is used to mean *right hand*, or *the right* as opposed to *the left*, which is la sinistra.

La strada che Lei cerca è sulla destra.	The street you are looking for is on the right.
Deve voltare a destra, poi a sinistra, signore.	You must turn to the right, then to the left, sir.

(3) diritto — a noun. **Aver diritto a** translates both *to have a right to* and *to be entitled to*.

Questi sono i miei diritti.	These are my rights.
Non hai diritto a dire questo.	You have no right to say this. (You are not entitled to say this.)

(4) **bene** — an adverb meaning *right* in the sense of *well*. **Fare bene a** is *to do right in* or *by*.

Hai fatto bene ad andare là.	You did right in (by) going there.
Stai bene ora?	Are you all right now?

HOW TO TRANSLATE *wrong*

(1) **sbagliato, inadatto (non adatto)** — adjectives.

Lei è venuta al momento sbagliato.	You have come at the wrong moment.
Roberto ha sposato la ragazza sbagliata.	Roberto married the wrong girl.

(2) **torto** — a noun, used mainly in the expressions **fare un torto a**, *to do a wrong to* and **aver torto**, *to be wrong*.

Mi hanno fatto un torto.	They did me a wrong.
Ho forse torto?	Am I perhaps wrong?

(3) **male** — an adverb.

Faccio male?	Am I doing wrong?
Hai fatto male a venire qui.	You did wrong in (by) coming here.

USES OF piacere

(1) *to like*

Mi piace questa città.	I like this town.
Mi piàcciono i film polizieschi.	I like detective films.

When the object of one's liking is a person, **èssere simpàtico a** can be used instead of **piacere**.

Ti piace Marìa? (Marìa ti è simpàtica?)   Do you like Maria?

NOTE: *What would you like?*, used when offering a drink, etc., is **Che cosa prendi (prende, prendete)?**

E Lei che cosa prende, signora?   And what would you like, madam?

(2) *to enjoy*

Ti è piaciuto il film?	Did you enjoy the film?
Vi è piaciuta la festa, ragazze?	Did you enjoy the party, girls?
Mi piace fumare la pipa.	I enjoy smoking a pipe.
A Marìa piace suonare il piano.	Maria enjoys (*or* likes) playing the piano.

NOTE that piacere can be used as a noun meaning *pleasure*, and corresponds to *how do you do?* in introductions.

Piacere, signore.	How do you do, sir?
È un vero piacere.	It's a real pleasure.

Per piacere, like per favore, means *please*.

> Sa l'ora, per piacere (per favore)?   Do you know the time, please?

USES OF dispiacere (spiacere)

(1) *to be sorry*

A synonym of (di)spiacere in this case is èssere (di)spiacente.

> Mi (di)spiace molto. (Sono molto spiacente.)   I'm very sorry.
> Ci (di)spiace molto. (Siamo molto spiacenti.)   We are very sorry.

NOTE: When *to be sorry* is followed by a noun clause with the same subject as *to be sorry*, (di)spiacere or èssere (di)spiacente is followed by di + infinitive.

> Mi spiace di èssere in ritardo.   I'm sorry I'm late.
> Mi spiace di non potere aiutarti.   I'm sorry I can't help you.

(2) *to mind* (+ verb)

(Di)spiacere is here followed by an infinitive.

> Le spiace aprire la finestra?   Do you mind opening the window?
> Ti spiace chiùdere la porta?   Do you mind shutting the door?

VOCABULARY

l'agosto	August	la gita	trip, excursion
la botte	barrel	il gusto	taste, liking
la campagna	country	l'intenzione	intention
la commedia	play, comedy	il mese	month
il concerto	concert	la rosa	rose
l'entusiasmo	enthusiasm	il tassì	taxi
il film poliziesco	detective film	la tortura	torture
ballare	to dance	imparare	to learn
brontolare	to grumble, to nag	invitare	to invite, to ask
camminare	to walk	obbligare	to oblige
convìncere	to convince	risparmiare	to save
diventare	to become		
brontolone (*f.* brontolona)	nagging	romàntico triste	romantic sad
al mattino, alla mattina	in the morning	di notte al sòlito	at night, by night as usual
al pomeriggio, nel pomeriggio	in the afternoon	come	like, how, as
alla sera, di sera	in the evening	continuamente Firenze	continuously Florence

Londra	London	più . . . più	the more . . . the more
moltìssimo	very much, a great deal	poco fa	a short time ago
persino, perfino	even	talvolta	sometimes

EXERCISES

Translate into English:

(1)

1. Oggi non ho fame e non mangio.
2. Hai sete, Antonio?
3. Lei non ha sete, signor Bruni?
4. Ho ragione o torto?
5. Tu hai sempre ragione, Marìa.

6. Le ragazze hanno freddo.
7. Io ho molto caldo.
8. Non hai vergogna?
9. Ho fame, sete e sonno.
10. Il signor Bruni ha fretta.

(2)

1. C'è un panino? Ho molta fame.
2. C'è una spremuta? Ho molta sete.
3. Vado a letto perchè ho molto sonno.
4. Se hai sete, perchè non bevi una birra?
5. Non ci sono birre, ho paura.

6. Sei sicuro di aver ragione, Pàolo?
7. Hai torto a dire queste cose, Antonio.
8. Prendo un tassì perchè ho molta fretta.
9. Tu non hai caldo?
10. Devi aver pazienza, caro.

(3)

1. Spero di andare a Roma per una vacanza.
2. Abbiamo deciso di passare la sera a casa.
3. Perchè non dici a Pàolo di rimanere a pranzo?
4. Perchè non mi permetti di fumare?
5. Noi cerchiamo di parlare italiano con loro.

6. Sono stanco di lavorare, e ho deciso di prendere una vacanza.
7. Siamo felici di partire per Firenze.
8. Siete contente di partire, ragazze?
9. Sei sicuro di riuscire a convìncerla?
10. Ho intenzione di comprare un'automòbile nuova.

(4)

1. Cominciamo a parlare italiano.
2. Antonio mi invita spesso a uscire con lui.
3. Non riesco a capirti, Antonio.
4. Perchè non impara a guidare, signora Bruni?
5. Perchè non provate a parlare italiano?

6. Marìa ha ragione a dire questo.
7. Non siete obbligati a venire con noi.
8. Voglio andare a parlare con il signor Bruni.
9. Vuoi venire a vedere un film con me?
10. Voglio risparmiare per comprare un'automòbile nuova.

(5)

1. A me piace il vino.
2. A noi piace la birra.
3. A Marìa piace molto questo vestito.
4. Le piace il tè, signora?
5. Ti piàcciono i cioccolatini, Marìa?

6. A Marìa non è piaciuto il film.
7. A noi non sono piaciuti gli spaghetti.
8. Le spiace se apro la finestra, signora?
9. Ti spiace chiudere la porta, Paolo?
10. Mi spiace di dover partire.

(6)

Ho fame: ho sempre fame. Ho fame quando apro gli occhi al mattino, ho fame quando li chiudo di notte per dormire. Mangio moltìssimo, ma ho sempre fame.

Che cosa può fare uno che ha sempre fame? Può solo mangiare, mangiare continuamente. E io mangio continuamente perchè ho sempre fame. «Devi aver pazienza» mi dìcono gli amici, «e devi mangiare, se hai fame.» Ma io devo ammettere che a me piace mangiare, e non ho vergogna a dire che mangio sempre con entusiasmo.

Ho un amico che ha sempre sonno: più dorme, più ha sonno. Aver sempre sonno è una tortura, perchè uno non può dormire sempre. Ma aver sempre fame non è una tortura perchè uno può sempre mangiare, quando lavora, quando riposa, perfino quando cammina. E poi, come vi ho detto poco fa, a me piace molto mangiare.

(7)

«Hai fame, Enrico?»

«No, ho sonno.»

«Perchè non vai a dormire, allora?»

«Perchè ho troppo caldo per dormire.»

«Devi aver pazienza, Enrico. Siamo in agosto, e tutti hanno caldo in questo mese.»

«E ho anche sete, e non ci sono birre in casa, al sòlito.»

«Tu hai sempre sete: ti piace troppo la birra, ho paura.»

«A me piace la birra come a tutti. Vuoi litigare?»

«No. Tu vuoi litigare, forse. Quando hai sete e non c'è birra in casa, diventi nervoso, Enrico.»

«Io divento nervoso solo quando qualcuno mi dice che mi piace troppo la birra.»

«Hai torto a dire questo: tu sei sempre nervoso.»

«Naturalmente tu hai ragione e io ho torto, come sempre. A te piace discùtere, mentre a me piace solo la birra, è una vecchia storia. Abbiamo gusti differenti, evidentemente.»

«Talvolta penso di aver fatto un errore a sposarti.»

«Io ho fatto un errore a sposarti, ho paura. Una casa senza birra e una moglie brontolona è troppo per me. Vado a letto.»

«Io non ho sonno. Buona notte.»

«Buona notte. Spero di sognare botti di birra, questa notte.»

«Sei un tipo romàntico, Enrico.»

Insert **fame, sete, freddo,** *etc., to give the meaning required:*

(8)

1. Se hai —, perchè non mangi? *(to be hungry)*
2. Se hai —, perchè non bevi? *(to be thirsty)*
3. Lei ha —, signor Rossi. *(to be wrong)*
4. Dovete aver —, ragazze. *(to be patient)*
5. Se hai —, perchè non corri? *(to be in a hurry)*
6. Antonio ha sempre —. *(to be sleepy)*
7. Non hai —, Enrico? *(to be ashamed)*
8. Se hai —, perchè vuoi uscire? *(to be cold)*
9. Marìa ha —. *(to be right)*
10. Ho molto —. *(to be hot)*

Insert the correct preposition:

(9)

1. Spero — guadagnare molto danaro.
2. Che cosa decidi — fare, Enrico?
3. Perchè non cercate — finire il còmpito, bambini?
4. Che cosa hai intenzione — fare, Marìa?
5. Sono stanca — vìvere in questa città.
6. Comincio — capire che tipo di uomo tu sei.
7. Perchè non mi insegni — guidare, Antonio?
8. Hai torto — dire queste cose, Pàolo.
9. Noi andiamo — vedere un film.
10. Vieni — vedere un film con noi?

Insert the correct form of **piacere:**

(10)

1. A noi — molto la birra.
2. A noi — i film polizieschi.
3. Ti — il tè, Marìa?
4. Mi — le sigarette americane.
5. Le — vìvere a Roma, signora?
6. Non ti — questi quadri, Antonio?
7. Il film non mi è —.
8. Le è — la città, signor Bruni?
9. Questi libri mi sono — molto.
10. Mi è — molto la gita.

Replace the English forms with Italian ones:

(11)

(*I'm hungry: I'm always hungry. I'm hungry*) quando apro gli occhi al mattino, (*I'm hungry*) quando li chiudo di notte per dormire. Mangio moltìssimo, ma (*I'm always hungry*).

Che cosa può fare uno che (*is always hungry*)? Può solo mangiare, mangiare continuamente. E io mangio continuamente perchè (*I'm always hungry*). « Devi (*to be patient*) », mi dìcono gli amici, « e devi mangiare, se (*you're hungry*) ». Ma devo ammettere che (*I like*) mangiare, e (*I'm not ashamed*) a dire che mangio sempre con entusiasmo.

Ho un amico che (*is always sleepy*): più dorme, più (*he is sleepy*). (*To be always sleepy*) è una tortura, perchè uno non può dormire sempre. Ma (*to be always hungry*) non è una tortura perchè uno può sempre mangiare, quando lavora, quando riposa, perfino quando cammina. E poi, come vi ho detto poco fa, (*I like*) molto mangiare.

Translate into Italian:

(12)

1. I'm hungry and thirsty.
2. I'm cold.
3. We're sleepy.
4. Am I right or not (*o no*)?
5. You're wrong.
6. Aren't you ashamed?
7. Maria is in a hurry.
8. I'm sleepy and I'm going to bed.
9. They are afraid of him.
10. You must be patient, my dear (*mio caro*).

(13)

1. Why don't you eat something if you're hungry?
2. Why don't you drink a squash if you're thirsty?
3. You're always right and I'm always wrong.
4. The baby is afraid and he wants his mother (*la sua mamma*).
5. I have to go because I'm in a great hurry.
6. I don't understand why she's always sleepy.
7. I can't sleep because I'm cold.
8. May I have a sandwich? I'm very hungry.
9. Aren't you very cold, madam?
10. You're quite right, it's (*fa*) very cold.

(14)

1. I hope to leave for Florence tomorrow.
2. What have you decided to do, Mr Brown?
3. Why don't you tell Maria to make some (*del*) tea?
4. Why don't you allow Paolo to stay here?
5. I'm tired of waiting.
6. We're very happy to leave.
7. The boys are afraid to speak.
8. We are going to buy a new house.
9. What are you going to do?
10. I'm going to take a taxi.

(15)

1. Why don't you begin to work, Antonio?
2. I've invited Maria to have dinner with us.
3. Have you learned to cook, Maria?
4. Why don't you teach me to swim?
5. Maria has gone to see (*a trovare*) a friend.
6. They have come to watch television (*la televisione*) with us.
7. Are you going to see a film?
8. We want to go dancing.
9. She's wrong to say that (*ciò*).
10. We are not obliged to go.

(16)

1. I like tea (*il tè*): do you like tea?
2. I like roses (*le rose*): do you like roses?
3. I don't like living in the country (*in campagna*).
4. Do you like living in town, madam?
5. Antonio likes to watch television.
6. Did you like the play, Mr Brown?
7. We enjoyed the trip very much.
8. Did you enjoy your holidays (*le vacanze*), Maria?
9. Do you mind shutting the door?
10. Do you mind if I smoke (my smoking)?

ASINO, MA NON VECCHIO

« Antonio mi ha chiamato vecchio àsino.»
« Ha torto, non sei affatto vecchio.»

IL LAVORO È UN PIACERE

« Per me il lavoro è un piacere.»
« E allora perchè lavori così poco? »
«.Perchè non dobbiamo indùlgere ai piaceri.»

Lesson 11

Prepositions — Prepositions + Definite Article — Other Prepositions — Adverbs of Time — Irregular Verbs: bere, rimanere — Word Study: Uses of molto — How to translate over

PREPOSITIONS

di[1] (*of*)	Il giornale **di** papà.	The paper *of* dad (dad's paper).
	Parliamo **di** libri.	We talk *of* books.
a (*at, to*)	Siamo **a** scuola.	We are *at* school.
	Mangiamo **a** mezzogiorno.	We eat *at* midday.
	Hai parlato **a** Marìa?	Have you talked *to* Maria?
	Andiamo **a** scuola.	We are going *to* school.
da (*from, by*)	Veniamo **da** Roma.	We come *from* Rome.
	Siamo invitati **da** lei.	We are invited *by* her.
in (*in, into, to, by*)	Antonio vive **in** città.	Antonio lives *in* town.
	Siamo **in** inverno ora.	We are *in* winter now.
	Vai **in** campagna?	Are you going *into* the country?
	Andiamo **in** città **in** àutobus.	We go *to* town *by* bus.
con (*with, by*)	Studio **con** due amici.	I study *with* two friends.
	Andiamo a scuola **con** l'àutobus.	We go *to* school *by* bus.
su (*on, over*)	Ho letto un libro **su** questo scrittore.	I've read a book *on* this writer.
	L'aèreo vola **su** Roma.	The plane is flying *over* Rome.
per (*for*)	C'è una lettera **per** Lei.	There's a letter *for* you.
	Parto **per** Firenze.	I'm leaving *for* Florence.

1. Before nouns beginning with a vowel, **di** is elided and becomes **d'** (**un sorso d'acqua**, *a sip of water*).

Di is used to indicate *specification* or *argument*.
A is used to indicate *position, motion, time* and the *indirect object*.
Da is used to indicate *provenance* or *agent*.
In is used to indicate *position, motion, time* or *means*.
Con is used to indicate *company* or *means*.
Su is used to indicate *argument* or *position*.
Per is used to indicate *favour* or *destination*.

PREPOSITIONS + DEFINITE ARTICLE

When a preposition is followed by a definite article, it combines with it, thus forming a single word which must agree in number and gender with the subsequent noun.

The articulated prepositions are:

a +

il = al	al ragazzo
lo = allo	allo zio
la = alla	alla ragazza
i = ai	ai ragazzi
gli = agli	agli zii
le = alle	alle ragazze

di +

il = del	del ragazzo
lo = dello	dello zio
la = della	della ragazza
i = dei	dei ragazzi
gli = degli	degli zii
le = delle	delle ragazze

da +

il = dal	dal ragazzo
lo = dallo	dallo zio
la = dalla	dalla ragazza
i = dai	dai ragazzi
gli = dagli	dagli zii
le = dalle	dalle ragazze

in +

il = nel	nel giardino
lo = nello	nello spazio
la = nella	nella stanza
i = nei	nei giardini
gli = negli	negli spazi
le = nelle	nelle stanze

$$
\text{su} + \begin{cases} \text{il} = \text{sul} & \text{sul tàvolo} \\ \text{lo} = \text{sullo} & \text{sullo zerbino} \\ \text{la} = \text{sulla} & \text{sulla porta} \\ \text{i} = \text{sui} & \text{sui tàvoli} \\ \text{gli} = \text{sugli} & \text{sugli àlberi} \\ \text{le} = \text{sulle} & \text{sulle porte} \end{cases}
$$

OBSERVATIONS

1. **Con** and **per** are preferably not combined with the definite article (although the articulated forms **col, collo, colla, coi, cogli, colle** and **pel, pello, pella, pei, pegli, pelle** do exist).

con i ragazzi	with the boys
per lo zio	for the uncle

2. **In** usually stands alone before such nouns as **città, campagna, strada, casa, letto, classe, giardino, salotto** (and other nouns of rooms), **treno, àutobus, aèreo, automòbile**, etc.

Viviamo in città.	We live in town.
Andiamo in città.	We're going to town.
Antonio è in casa?	Is Antonio at home (in)?
Le signore sono in salotto.	The ladies are in the sitting-room.
I bambini sono in giardino.	The children are in the garden.
Sono arrivato in treno.	I arrived by train.
Antonio è partito in àutobus.	Antonio left by bus.

3. Where the double **l** occurs before a vowel it is elided.

all'osterìa	at the pub
nell'osterìa	in the pub
dell'ànima	of the soul
dall'Inghilterra	from England

OTHER PREPOSITIONS

davanti a	before, in front of
dietro a	behind
sopra	above, over
sotto	under, below
vicino a, accanto a	near, next to
lontano da	far from
dentro, all'interno di	inside
fuori di, all'esterno di	out of, outside
a destra di	on the right (side) of
a sinistra di	on the left (side) of

di fronte a	opposite, in front of
a fianco di	beside, at the side of
prima di	before
dopo (di)	after
senza	without
invece di	instead of
oltre a	besides
eccetto	except
fino a	till, as far as
verso	towards

Antonio era davanti a me.	Antonio was in front of me.
C'è un giardino dietro alla casa.	There is a garden behind the house.
Il gatto è sotto il tàvolo.	The cat is under the table.
La chiesa è vicino alla scuola.	The church is near the school.
Voglio arrivare là prima di lui.	I want to arrive there before him.
Dopo di Lei, signora!	After you, madam!
C'è un bar di fronte alla scuola.	There is a bar opposite the school.
Io prendo il caffè senza zùcchero.	I have coffee without sugar.
Ci sono tre persone oltre a me.	There are three persons besides me.
Prendiamo il tè invece del caffè.	We have tea instead of coffee.
Tutti fùmano eccetto me.	Everybody smokes except me.
Voglio lavorare fino a mezzogiorno.	I want to work till midday.
Voliamo verso Roma.	We are flying towards Rome.

NOTE: Some of the prepositions noted above can be used as adverbs.

Andate lontano?	Are you going far?
Àbito molto vicino.	I live very near.
Il signor Bruni è fuori.	Mr Bruni is out.

ADVERBS OF TIME

INDEFINITE		DEFINITE	
sempre	always	ieri	yesterday
spesso	often	oggi	today
raramente	seldom, rarely	domani	tomorrow
talvolta qualche volta }	sometimes	avantieri ieri l'altro l'altro ieri }	the day before yesterday
solitamente di sòlito }	usually	dopodomani doman l'altro }	the day after tomorrow
non . . . mai	never		
ancora	still, yet		

OBSERVATIONS

1. Unlike English, indefinite adverbs of time usually follow the verb in simple tenses (**Vado sempre**, *I always go*). In compound tenses their position is usually between the auxiliary and the past participle, as in English. They may also be found, however, at the beginning or at the end of the sentence.

In the case of **non . . . mai, non** precedes the verb in simple tenses (**Non vado mai,** *I never go*), or the auxiliary in compound tenses (**Non sono mai andato,** *I've never gone*).

Mangiamo sempre alle otto.	We always eat at eight.
Vado spesso al cìnema.	I often go to the cinema.
Marìa esce raramente.	Maria seldom goes out.
Qualche volta (talvolta) andiamo in campagna.	We sometimes go into the country.
Di sòlito vado a letto presto.	I usually go to bed early.
Antonio non beve mai.	Antonio never drinks.
Non ha mai bevuto vino.	He has never drunk wine.
Sono sempre stato qui.	I've always been here.
Marìa non è ancora arrivata.	Maria has not yet arrived.

2. Definite adverbs of time are normally placed either at the beginning or at the end of the sentence.

Ieri non sono andato a scuola.	Yesterday I didn't go to school.
Non voglio lavorare oggi.	I don't want to work today.
Domani partiamo per Londra.	Tomorrow we are leaving for London.
Ho incontrato Giovanni l'altro ieri.	I met John the day before yesterday.

IRREGULAR VERBS

Bere (*to drink*)
    Present Indicative: **bevo, bevi, beve, beviamo, bevete, bévono.**
Rimanere (*to remain, to stay*)
    Present Indicative: **rimango, rimani, rimane, rimaniamo, rimanete, rimàngono.**

WORD STUDY

USES OF **molto**

(1) *very*
Molto is, in this case, an adverb and therefore invariable.

Il film è stato molto interessante.	The film has been very interesting.
La tua ragazza è molto graziosa.	Your girl is very pretty.
Molto gentile da parte Sua, signora.	Very kind of you, madam.

(2) (very) *much*

Molto here can be used as an adverb before comparatives or after verbs — in which case it is invariable. It can also be used as an adjective before a singular noun — in which case it must agree with the noun.

È molto meglio così.	It is (very) much better like that.
Non mangio molto.	I don't eat (very) much.
Non ho molto danaro.	I don't have (very) much money.
Non abbiamo avuto molta pioggia.	We haven't had (very) much rain.

Note that in Italian no distinction can be made between *much* and *very much*. **Molto** can sometimes also be translated here by *a lot (of)* or *a great deal (of)*.

(3) *many*

Molto is here used as a plural adjective.

Sono arrivate molte lèttere.	Many letters arrived.
Non leggo molti libri.	I don't read many books.
Ho passato molti anni in Francia.	I spent many years in France.

NOTE: *A long time* (or *long*) is translated by **molto** or **molto tempo**. *A good many* and *a great many* are both translated by **moltìssimi, moltìssime**.

Siete rimasti molto in Italia?	Did you stay long in Italy?
Vogliamo rimanere qui molto tempo.	We want to remain here a long time.
Marìa ha moltìssimi amici.	Maria has a great many friends.
Ho moltìssime cose da fare.	I have a good many things to do.

HOW TO TRANSLATE *over*

(1) sopra, su

Over is normally translated by **sopra** when used with the meaning of *above*, and by **su** when it expresses the idea of *contact*.

L'aèreo volava sopra la città.	The plane was flying over the town.
Aveva una màschera sul viso.	He had a mask over his face.

(2) oltre

Oltre translates *over* in the sense of *beyond* or *more than*.

Siamo andati oltre il lìmite di velocità.	We exceeded the speed limit.
I ragazzi sàltano oltre il fosso.	The boys jump over the ditch.
Abbiamo speso oltre cento sterline.	We spent over a hundred pounds.

(3) finito — an adjective used to mean *over* in the sense of *finished*.

La lezione è finita.	The lesson is over.

Tutto è finito fra noi.   All is over between us.
Il concerto è finito.   The concert is over.

NOTE: *All over* (+ noun) is translated by **per tutto** (**tutto** being variable).

Abbiamo viaggiato per tutta la Scozia.   We travelled all over Scotland.
C'èrano bambini per tutto il parco.   There were children all over the park.

VOCABULARY

l'accusa	accusation, charge	la mente	mind
l'acqua	water	il modello	model
l'alba	dawn	la nebbia	fog
l'àlbero	tree	la neve	snow
l'amicizia	friendship	il negozio	shop
l'argomento	subject, matter	l'ospedale	hospital
l'artìcolo	article	l'osterìa	pub(lic house), bar
il bicchierino	small glass	il pàssero	sparrow
la bicicletta	bicycle	la pausa	pause
il burro	butter	il pensiero	thought
il campo	field	la piscina	swimming-pool
la carta	paper	il prezzo	price
il cestino della	waste-paper basket	il razzo	rocket
carta straccia		la sala da pranzo	dining-room
la chiesa	church	il salotto	sitting-room
il cìrcolo	club	il satèllite	satellite
la classe	class	lo scrittore	writer
la conversazione	conversation	la settimana	week
la credenza	cupboard	il silenzio	silence
il cuscino	cushion	il sofà	sofa
la dispensa	larder, pantry	lo spazio	space
il dubbio	doubt	il tetto	roof
l'estate	summer	il tìtolo	title
il fiume	river	la traccia	trace
il frigorìfero	refrigerator	la trota	trout
la gattina	kitten, she-cat	l'ubriacone	drunkard
il giocàttolo	toy	l'ufficio	office
il guaio	trouble	il verme	worm
il ladro	burglar, thief	il villino	cottage
la librerìa	bookcase	lo zerbino	door-mat
la marca	brand	lo zùcchero	sugar
Francia	France	Italia	Italy
Inghilterra	England	Stati Uniti	United States
allontanare	to send (drive) away	cucinare	to cook
andare a dormire	to go to bed	dimenticare	to forget
cercare	to look for	èssere seduto	to be sitting

fare amicizia	to make friends	abitare	to live
incontrare	to meet, to encounter	parlare male (di)	to speak ill (of)
		rimproverare	to scold, to chide
notare	to note, to notice	volare	to fly
alto	high, tall	inveterato	inveterate
artificiale	artificial	irragionévole	unreasonable
fedele	faithful	naturale	natural
infelice	unhappy	nessuno	no
ingrato	ungrateful	profondo	deep
insolente	insolent	ubriaco	drunk
benìssimo	very well	là, lì	there
dappertutto	everywhere	pazientemente	patiently
esattamente	exactly	recentemente	recently
in piedi	up, standing		

EXERCISES

Translate into English:

(1)

1. Il prezzo di questo quadro è molto alto.
2. Non ho mai letto « I viaggi di Gulliver ».
3. I bambini sono ancora a scuola.
4. Siamo arrivati a casa a mezzogiorno.
5. Andiamo a letto a mezzanotte.
6. Siamo appena ritornati da scuola.
7. La bambina è rimproverata da Marìa.
8. Essa vive in Inghilterra.
9. Siamo stati in campagna due giorni.
10. Non sono mai stato in Francia.

(2)

1. Siamo andati in città con due ragazze.
2. Facciamo conversazione con una signora italiana.
3. Andiamo in città con l'àutobus (in àutobus).
4. Siamo ritornati a casa con il treno (in treno).
5. C'è un libro su questo argomento.
6. La nebbia scende su Londra.
7. Ho letto un libro su Dickens.
8. C'è un telegramma per Lei, signor Bruni.
9. Ho buone notizie per te, Marìa.
10. Devo partire per Londra domani.

(3)

1. La ragazza è alla finestra.
2. Noi andiamo al cìnema ogni settimana.
3. Noi pranziamo alle due.
4. Hai parlato ai ragazzi?
5. Hai parlato agli uòmini?

6. Il silenzio della notte è profondo.
7. Il tìtolo del libro è interessante.
8. Dove sono i quaderni dei ragazzi?
9. Dove sono i giornali delle ragazze?
10. Veniamo dalla città.

(4)

1. Siamo appena ritornati dal ristorante.
2. Ho ricevuto una lèttera dallo zio.
3. Ho saputo le notizie dai giornali.
4. Un razzo vola nello spazio.
5. Ci sono molti bambini nel parco.

6. Sono entrata nella sala da pranzo.
7. Essi vìvono negli Stati Uniti.
8. Ci sono due libri sul tàvolo.
9. La neve cade sui campi.
10. I pàsseri vólano sugli àlberi.

(5)

1. Il signor Bruni è in casa?
2. Ho incontrato la signora Bruni in strada.
3. Ti piace vìvere in campagna?
4. Io preferisco vìvere in città.
5. Pàolo è ancora in letto (a letto).

6. Le signore prèndono il tè in salotto.
7. Il gatto è in cucina.
8. Abbiamo passato un'ora in giardino.
9. Siamo andati a Londra in aèreo (con l'aèreo).
10. Siamo ritornati in treno (con il treno).

(6)

1. Che cosa c'è sotto il letto?
2. Che cosa c'è dietro alla porta?
3. Il negozio che cerchi è vicino alla chiesa.
4. L'ospedale è di fronte alla chiesa.
5. La fermata dell'àutobus è lontana da qui.

6. Io faccio sempre un sonnellino dopo pranzo.
7. Bevo sempre un aperitivo prima di cena.
8. Voglio il caffè senza zùcchero.
9. Tutti bevono il caffè eccetto te.
10. Ci sono due altre persone oltre a me.

(7)

1. Bevo sempre caffè al mattino.
2. Leggo sempre il giornale dopo pranzo.
3. Dormo raramente nel pomeriggio.
4. Siete ancora qui, ragazzi?
5. Noi non litighiamo mai.

6. Non vado mai a letto prima di mezzanotte.
7. Andiamo spesso al cìnema.
8. Qualche volta (talvolta) andiamo a teatro.
9. Antonio non è ancora ritornato a casa.
10. Di sòlito ritorna prima delle sette.

(8)

Non trovo il gatto. Ho guardato dappertutto, ma non riesco a trovarlo. L'ho cercato in cucina, sotto la credenza, nella dispensa, persino nel frigorìfero, ma del gatto nessuna traccia. Poi l'ho cercato in salotto, sotto i cuscini del sofà, nella librerìa, persino nel cestino della carta straccia. Niente!

Micio (questo è il nome del gatto) è sparito. Un momento! Forse è sul tetto.... Ho notato che Micio ha fatto recentemente amicizia con la gattina della signora Rossi, che àbita nel villino accanto al mio, e so che Micio la incontra spesso sul tetto. Dévono èssere là, non c'è dubbio, Micio è così romàntico!

(9)

Al signor Rossi piace bere. Di sera va sempre all'osterìa, e non ritorna mai a casa prima di mezzanotte. Quando ritorna a casa, la signora Rossi è di sòlito ancora in piedi: i due cominciano a litigare, e spesso continuano fino all'alba. Il signor Rossi ascolta pazientemente le accuse della moglie, poi dice che ha sonno e che vuole andare a dormire, perchè al mattino deve andare in ufficio a lavorare. Ma la signora Rossi continua a brontolare senza pausa.

Il signor Rossi non è un marito modello, e gli piace bere: ma tutti pénsano che egli beve per allontanare dalla mente il pensiero della moglie. Questa è noiosa, brontolona, non cucina mai e guarda sempre la televisione. Il signor Rossi dice che lui beve per dimenticare i suoi (*his*) guai.

(10)

« Sei ancora in piedi, cara? »

« Sai benissimo che non vado mai a letto se tu non sei tornato. Vedo che sei ubriaco, tanto per cambiare (*for a change*).»

« Non sono ubriaco, ho bevuto solamente due o tre bicchierini con un vecchio e fedele amico.»

« Un vecchio e fedele amico! Vuoi dire Annibale, il vecchio ubriacone! »

« Tu offendi sempre i miei (*my*) amici, e non perdi mai l'occasione di parlare male di Annibale, che è una cara persona. Io non parlo mai male delle tue (*your*) amiche.»

« È naturale! Tu non le conosci! Ma io conosco la moglie di Annibale, lei dice che suo (*her*) marito torna spesso a casa ubriaco, esattamente come te.»

« Quando un uomo beve due o tre bicchierini, voi donne dite sempre che è ubriaco. Siete irragionévoli.»

« Noi donne non siamo irragionévoli, siamo solo le mogli infelici di vecchi ubriaconi inveterati come te, che preferìscono l'osterìa alle loro (*their*) mogli.»

« A me non piace discùtere di notte, cara. Domattina devo andare in ufficio, alla sòlita ora, mentre tu puoi rimanere a letto fino a mezzogiorno.»

« Vuoi dire che io non lavoro mai, eh? Sei un verme! »

« . . . . »

« E dormo sempre fino a mezzogiorno, eh?   Con tutto il lavoro che faccio!   Che cosa devo sentire da un vecchio ubriacone! »

« . . . . »

« Come posso vìvere con un uomo così insolente e ingrato! »

« . . . . »

Insert **al, allo, alla, ai, agli** *or* **alle**:

(11)

1. Ci sono due donne — finestra.
2. Ho incontrato Antonio — cìrcolo.
3. La màcchina è — porta, signore.
4. Il signor Bruni ha parlato — radio.
5. C'è una commedia — televisione stasera.

6. Annibale è — osterìa.
7. Che cosa hai detto — ragazzi?
8. Antonio è andato — cìnema.
9. Perchè non rispondi — zio?
10. Ho mandato un telegramma — zii.

Insert **del, dello, della, dei, degli** *or* **dalle**:

(12)

1. Il libro — ragazzo.
2. Il giornale — zio.
3. Le amiche — signora Rossi.
4. I giocàttoli — bambini.
5. Le bàmbole — bambine.

6. Il tìtolo — libro.
7. La marca — birra.
8. Gli artìcoli — giornali.
9. Gli artìcoli — riviste.
10. Le notizie — settimana.

Insert **nel, nello, nella, nei, negli** *or* **nelle**, *or* **dal, dallo, dalla, dai, dagli** *or* **dalle**:

(13)

1. Il satèllite artificiale è — spazio.
2. Non c'è burro — dispensa.
3. Antonio è caduto — fiume.
4. Non c'è acqua — piscina.
5. Non sono mai stato — Stati Uniti.

6. Sono venuto a piedi — città.
7. Siamo appena ritornati — cìnema.
8. Ho ricevuto una lèttera — zio.
9. Siamo appena ritornati — Stati Uniti.
10. Ho saputo le notizie — ragazze.

Supply a suitable preposition:

(14)

1. Il gatto è — tetto.
2. Il gatto è — letto.
3. Antonio è seduto — Marìa.
4. L'osterìa è — chiesa.
5. Io bevo sempre il caffè — pranzo.

6. Prendiamo sempre un aperitivo — pranzo.
7. La fermata dell'autobus è — qui?
8. Io bevo il caffè — zùcchero.
9. Tutti bévono il tè — te.
10. Noi lavoriamo — sette.

(15)

Non trovo il gatto.   Ho guardato dappertutto, ma non riesco a trovarlo.   L'ho cercato — cucina, — la credenza, — dispensa, persino — frigorìfero, ma — gatto nessuna traccia.   Poi l'ho cercato — salotto, — i cuscini — sofà, — librerìa, persino — cestino — carta straccia.   Niente!

Micio (questo è il nome — gatto) è sparito.   Un momento!   Forse è — tetto ... Ho notato che Micio ha fatto recentemente amicizia — la gattina — signora Rossi, che àbita — villino — al mio, e so che Micio la incontra spesso — tetto.   Dévono èssere là, non c'è dubbio, Micio è così romàntico!

Add a suitable adverb of time to each sentence (**sempre, non . . . mai, spesso,** *etc.*):

(16)

1. Io vado a letto alle ùndici.
2. Beviamo caffè dopo pranzo.
3. Vai al cìnema?
4. Faccio un sonnellino dopo colazione.
5. Faccio colazione alle otto.
6. Vado a scuola a piedi.
7. Ritorno a casa in autobus.
8. Lavoriamo fino alle cinque.
9. Sono andato a teatro in questi giorni.
10. Marìa è venuta a trovarci (*to see us*).

Translate into Italian:

(17)

1. This brand of cigarettes is very good.
2. We always talk of books.
3. Antonio is not at home.
4. The boys are at school.
5. We have just arrived from Rome.
6. We have just received a telegram from them.
7. They live in town in the (*in*) winter.
8. They live in the country in the (*in*) summer.
9. I have gone to the cinema with him.
10. There is a letter for you, Mr Brown.

(18)

1. Maria is always at the window.
2. The car is at the door, madam.
3. I saw Paolo at the club.
4. Paolo is still at the pub.
5. Antonio has gone to the cinema.
6. Are you coming to the pub, Mr Brown?
7. We never go to the (*a*) theatre.
8. Have you spoken to the boys?
9. What did you say to the girls?
10. Have you phoned (to) Mr Brown?

(19)

1. The boy's book (the book of the boy).
2. The girl's magazine (the magazine of the girl).
3. The boys' books (the books of the boys).
4. The girls' magazines (the magazines of the girls).
5. Mr Brown's wife (the wife of Mr Brown).

6. Mrs Brown's husband (the husband of Mrs Brown).
7. The news of the week.
8. The title of the book.
9. The title of the magazine.
10. The titles of the magazines.

(20)

1. Are you coming from the country, Antonio?
2. I've received a letter from Mr Brown.
3. Antonio has just returned from the United States.
4. There are many trees in the park.
5. There are many trout in the river.
6. The rocket is travelling in (*nello*) space.
7. Two cars were (*érano*) in the square.
8. Two cats were on the roof.
9. There are two books on the table.
10. There are many sparrows in the (*sugli*) trees.

(21)

1. I met Antonio in the street.
2. Is Maria in town today?
3. Are you still in bed, Paolo?
4. The girls are in the kitchen.
5. The ladies are having tea in the sitting-room.
6. Is Mr Brown at home?
7. Does Paolo live in the country?
8. We always go to town by bus.
9. We went to the country by bicycle.
10. We returned home by train.

(22)

1. The burglar was (*era*) under the bed.
2. The gentleman behind you is Mr Smith.
3. The school is next to the church.
4. The cat is near the window.
5. Do you live far from here, miss?
6. There are two gentlemen outside the pub.
7. We never have coffee after lunch.
8. There is a shop on the right (side) of the pub.
9. The bus stop is opposite the church.
10. We always work till six o'clock.

(23)

1. I always have tea in the morning.
2. I never drink in the evening.
3. We often go to the pictures.
4. Is Maria still in bed?
5. Maria usually goes to bed at midnight.
6. I never go to bed before eleven o'clock.
7. Do you sometimes go to the country, Mr Brown?
8. I've never been to London.
9. The girls haven't arrived yet.
10. I've always worked hard (*molto*).

Lesson 12

*The Possessive Case — Possessive Adjectives and Pronouns —
Irregular Verbs: salire, tenere — Word Study: Uses of passare
— How to translate* to play

THE POSSESSIVE CASE

The boy's book is rendered in Italian by **il libro del ragazzo** (literally, *the book of the boy*).

Similarly:

il Palazzo di San Giàcomo	St James's Palace
il futuro dell'Italia	Italy's future
la speranza di tutti	everybody's hope
il giornale di oggi	today's newspaper
il dovere di un padre	a father's duty

OBSERVATIONS

1. In English in order to avoid repetition the noun possessed can be omitted—thus:

This is not today's newspaper, it is yesterday's.

In Italian **quello (quella,** etc.**)** di must be substituted for the noun + **di**.

Questo non è il giornale di oggi, è quello di ieri.

After **èssere, quello,** etc., may be omitted.

« Di chi è questo libro? »	"Whose book is this?"
« È (quello) di Roberto. »	"It's Robert's."

2. For such expressions as *at my uncle's, to the barber's* (where a noun like *house* or *shop* is understood), the preposition **da** is used in Italian.

Ero da mio zio.	I was at my uncle's.
È andato dal barbiere.	He went to the barber's.
Sei stato dal tabaccaio?	Have you been to the tobacconist's?
Vengo da John.	I'm coming from John's.

POSSESSIVE ADJECTIVES AND PRONOUNS

mio, mia, miei, mie	my, mine
tuo, tua, tuoi, tue	your, yours
suo, sua, suoi, sue	his, her (hers), its
nostro, nostra, nostri, nostre	our, ours
vostro, vostra, vostri, vostre	your, yours
loro	their, theirs
proprio, propria, propri, proprie	one's

Italian possessive adjectives and pronouns have identical forms.

Normally, they precede the noun they modify and, unlike English, require the definite article.

Il mio libro è qui.	My book is here.
Dove sono i miei libri?	Where are my books?
Amo la mia città.	I love my town.
Le mie amiche sono partite ieri.	My girl friends left yesterday.
Questo libro è mio: dov'è il tuo?	This book is mine: where is yours?
Il mio è sul tavolo.	Mine is on the table.

OBSERVATIONS

1. Kinship terms do not require the definite article before the possessive adjective, provided they are in the singular and unmodified.

mio padre	my father	mia moglie	my wife
mia madre	my mother	mio marito	my husband
mio fratello	my brother	la mia nonnina	my granny
mia sorella	my sister	la mia zietta	my auntie

2. With familiar terms such as **mamma** (*mummy*), **papà**, or **babbo** (*daddy*), the possessive adjective is preceded by the definite article.

Il mio papà è via.	Dov'è la mamma? Where's mummy?
My daddy is away.	
Amiamo la nostra mamma.	Dov'è il babbo? Where's dad?
We love our mummy.	

3. When possessive pronouns are used after **èssere**, the article is usually omitted, unless some emphasis is required.

Questo libro è mio.	This book is mine.
Questo libro è il mio.	This book is mine (as opposed to yours, his, etc.).

4. Since suo, etc., can mean *his*, *her* (*hers*), *its* or even *your* (*yours*) when written with a capital (Suo, etc., corresponding to Lei), it is sometimes necessary to avoid confusion by using:

(*a*) di lui or di lei after the noun instead of the possessive adjective;
(*b*) quello di lui or quello di lei instead of the possessive pronoun.

Antonio è partito con suo fratello.	Antonio left with his brother.
Marìa è partita con suo fratello.	Maria left with her brother.
Come sta Suo marito, signora?	How is your husband, madam?
Come sta Sua moglie?	How is your wife?
Intendi dire la sorella di lui?	Do you mean to say his sister?
Intendo dire la sorella di lei.	I mean to say her sister.
Il libro di lui e quello di lei.	His book and hers.
Il libro di lei e quello di lui.	Her book and his.

5. Nouns requiring the possessive adjective in English (parts of the body, items of clothing, etc.) take the definite article instead of the possessive adjective in Italian.

Perchè non lavi le mani?	Why don't you wash your hands?
Perchè non metti il sopràbito?	Why don't you put on your overcoat?
Mi duole la testa.	My head aches.
Vogliamo passare le vacanze in Italia.	We want to spend our holidays in Italy.
Non voglio rischiare la vita.	I don't want to risk my life.

6. In Italian the indefinite article, the numerals and the demonstrative or indefinite adjectives can precede the possessive adjective, which is not possible in English.

un mio amico	{ a friend of mine { one of my friends
due tuoi libri	{ two books of yours { two of your books
pochi suoi amici	{ few friends of his (hers) { few of his (her) friends
questo mio libro	this book of mine

7. Notice the following phrases where the possessive adjective follows the noun.

A casa mia (tua, sua, etc.)	At (to) my (your, his, etc.) house.
È colpa mia (tua, sua, etc.)	It is my (your, his, etc.) fault.
Per amor mio (tuo, suo, etc.)	For my (your, his, etc.) sake.

8. Proprio (propria, propri, proprie) is used in two ways:

(*a*) as an impersonal possessive adjective usually dependent on an infinitive:

Fare il proprio dovere.	To do one's duty.
Badare ai propri affari.	To mind one's business.

(*b*) to replace the third-person possessive adjective (**suo, sua, suoi, sue** and **loro**) for the purpose of emphasis.

Egli ha rischiato la propria vita per noi.	He risked his own life for us.
Essa lo ha visto con i propri occhi.	She saw him with her own eyes.

IRREGULAR VERBS

Salire (*to go up, to come up*)
　　Present Indicative: **salgo, sali, sale, saliamo, salite, sàlgono.**
Tenere (*to hold, to keep*)
　　Present Indicative: **tengo, tieni, tiene, teniamo, tenete, tèngono.**

WORD STUDY

USES OF **passare**

(1) *to spend* (time)

Abbiamo passato una bella giornata.	We have spent a nice day.
Voglio passare le vacanze a Roma.	I want to spend my holidays in Rome.

NOTE: *To spend money* is **spèndere danaro.**

Quanto hai speso?	How much did you spend?
Spendo molto in libri.	I spend a lot on books.

(2) *to pass*

Passare is in this case either transitive or intransitive. When intransitive, it requires **èssere** in compound tenses.

La processione è passata in silenzio.	The procession passed in silence.
Vuoi passarmi il sale, per favore?	Will you pass me the salt, please?
Avete passato gli esami, ragazzi?	Have you passed your exams, boys?

(3) *to call* (on, at)

Here *on* or *at* is translated by **da.**

Antonio è passato da me stamattina.	Antonio called on me this morning.
Devo passare dal farmacista.	I must call at the chemist's.

HOW TO TRANSLATE *to play*

(1) **suonare**

This is used only in the musical sense.

Non suono il piano, suono il violino.	I don't play the piano, I play the violin.
Perchè non suonate qualcosa?	Why don't you play something?
Chi suona?	Who is playing?

(2) giuocare

To play (*at*) *something* is giuocare a qualcosa.

I bambini giuòcano in giardino.	The children are playing in the garden.
Giuochiamo a carte ogni sera.	We play cards every evening.
Voglio giuocare a tennis.	I want to play tennis.

(3) fare la parte di, recitare la parte di—when *to play* is used in the sense of *to act*.

Chi récita la parte di Amleto?	Who is playing Hamlet?
Gli piace recitare la parte dell'uomo ricco.	He likes to play the rich man.

VOCABULARY

l'ambizione	ambition	il genitore	parent
il babbo	dad, daddy	l'immaginazione	imagination
il barbiere	barber	l'intervallo	interval, break
la battuta	remark, gag	il libraio	bookseller
la bocca	mouth	il macellaio	butcher
la brillantina	brilliantine	la mamma	mama, mummy
il calzolaio	shoemaker	il mare	seaside, sea
la capocchia	head	il naso	nose
la capocchia di spillo	pin-head	l'ombrello	umbrella
		il palazzo	palace
la ciabatta	slipper	il parente	relative, relation
la ciliegia	cherry	il parere	opinion
il cognato	brother-in-law	il parrucchiere	hairdresser
la cognata	sister-in-law	la passeggiata	walk
il colore	colour	il profumo	perfume
la colpa	fault	la punta	point
il dentista (*pl.* i dentisti)	dentist	il riso	laughter; rice
		il sacco	bag, sack
il desiderio	desire	lo scialle	shawl
il dovere	duty	la speranza	hope
il droghiere	grocer	lo spillo	pin
l'età	age	il suòcero	father-in-law
il farmacista (*pl.* i farmacisti)	chemist	la suòcera	mother-in-law
		il tabaccaio	tobacconist
il fornaio	baker	la testa	head
il fruttivéndolo	greengrocer	la vita	life
il futuro	future		
badare a	to mind	rischiare	to risk
dipìngere	to paint	scégliere	to choose
dolere	to ache	sentire	to smell
domare	to subdue, to tame	viziare	to spoil

altro	other	ribelle	rebellious, unruly
divertente	amusing	ridìcolo	ridiculous, funny
ermètico	hermetic	sbarbato	shaven
impomatato	perfumed	spiritoso	witty
incantévole	enchanting, charming	strano	strange
lùcido	shiny, glossy	terrìbile	terrible
lungo	long	ùnico	only, unique
maturo	ripe, mature	vero	true, real
pieno	full		
a mio parere	in my opinion	eternamente	eternally
all'ùltima moda	in the latest fashion	Giàcomo	James
da basso	downstairs	in giro	around, about
di sopra	upstairs	semplicemente	simply

EXERCISES

Translate into English :

(1)

1. Questo è il mio lavoro.
2. Questa è la mia città.
3. Questi sono i miei libri.
4. Queste sono le mie sigarette.
5. Questa è la nostra casa.
6. Questa è la vostra automòbile?
7. Dov'è il tuo amico?
8. Dov'è la tua amica?
9. Dove sono i tuoi amici?
10. Dove sono le tue amiche?

(2)

1. Questa è la nostra automòbile.
2. Questa automòbile è nostra.
3. Questo giornale è Suo, signore?
4. Questa automòbile è Sua, signora?
5. Dov'è la vostra automòbile?
6. È vicino alla loro.
7. Antonio è venuto con la sua automòbile.
8. Marìa è venuta con la sua automòbile.
9. Come vanno i tuoi affari, Pàolo?
10. I miei vanno bene, e i tuoi?

(3)

1. Mio padre è andato all'ufficio.
2. Mia madre è rimasta a casa.
3. Come sta tuo nonno, Marìa?
4. Mia sorella è a Roma.
5. Dov'è tuo fratello?
6. Conosci mio cognato?
7. Come sta tua cognata?
8. Tua suòcera sta bene?
9. Il nonno è di sopra.
10. La nonna è da basso.

(4)

1. Dove hai passato le vacanze, Pàolo?
2. Non voglio rischiare la vita per loro.
3. Ho lasciato l'ombrello al ristorante.
4. Perchè non metti l'impermeàbile?
5. Non riesco a trovare le ciabatte.
6. Perchè non cambi la camicia, Antonio?

7. È nostro desiderio passare le vacanze a Firenze.

8. A mio parere tu hai torto.

9. Non è colpa mia.

10. Devi fare questo per amor mio.

(5)

1. Un mio amico parla il russo.
2. Ha telefonato un tuo amico, Antonio.
3. Ha telefonato una Sua parente, signor Bruni.
4. Marìa è andata al cìnema con due sue amiche.
5. Non mi piace quella tua amica.
6. Questi ragazzi sono due nostri cugini.
7. La signora Bruni è una vostra parente?
8. Abbiamo scritto a due nostri amici.
9. Una loro amica ci ha scritto.
10. Ho incontrato due tuoi amici.

(6)

1. Le amiche di mia madre.
2. Gli amici di mio padre.
3. L'età della nonna.
4. La pipa del nonno.
5. La sorella di mia moglie.

6. Il fratello di mio marito.
7. Il giornale di ieri.
8. Il concerto di domani sera.
9. Una settimana di vacanza.
10. Dieci minuti di intervallo.

(7)

1. Vieni con me da Pàolo? (a casa di Pàolo?)
2. Siamo andati da Marìa (a casa di Marìa).
3. Ho passato la sera da Antonio (a casa di Antonio).
4. Abbiamo pranzato da Leoni.
5. Ho comprato questo libro da Foyles.
6. Sei andato dal dentista, Carlo?
7. Sono appena ritornata dal libraio.
8. Ho incontrato Pàolo dal farmacista.
9. Questo libro è di Antonio?
10. No, è quello di Marìa.

(8)

Conoscete i miei amici? Uno è Arturo. Tutti conòscono Arturo, il suo naso è famoso, lungo come quello di Cirano e sempre rosso come una ciliegia matura. I suoi occhi sono pìccoli come la capocchia di uno spillo, ma sono vivaci e intelligenti. I suoi genitori lo adòrano, è il loro ùnico figlio e lo vìziano un poco.

Un altro mio amico è Sandro. Sandro non parla mai, la sua bocca è eternamente chiusa; ha cinque sorelle che pàrlano sempre, senza pausa. Sandro dipinge: i suoi quadri sono strani, pieni di colore e di immaginazione. Nessuno conosce i suoi pensieri, le sue ambizioni, i suoi gusti. Il suo silenzio è ermètico.

Poi c'è Carlo, un ragazzo molto simpàtico. La sua bocca è sempre pronta al riso, le sue battute sono molto spiritose, a mio parere. La sua compagnìa è molto divertente, anche se qualche volta parla e ride troppo.

(9)

« Dove sei stato, Antonio? »

« Sono stato dal barbiere, Marìa: non vedi i miei capelli impomatati e il mio viso sbarbato? »

« Sì, e sento anche un terrìbile profumo; che cosa ti hanno messo sui capelli? »

« Brillantina! I miei capelli sono molto ribelli, e solo la brillantina può domarli. Non ti piace il suo profumo? »

« È terrìbile, e i tuoi capelli sono lùcidi come uno specchio. Il tuo barbiere deve avere gusti un poco volgari, ho paura.»

« Va bene. Quando arrivo a casa lavo sùbito i capelli, contenta? »

« Contenta.»

« E tu dove sei stata, Marìa? »

« Sono stata dal calzolaio a comprare un paio di scarpe. Sono in questo pacco, vuoi vederle? »

« Se vuoi, Marìa.»

« Ti piàcciono? Sono all'ùltima moda.»

« Vedo che i tuoi gusti sono molto differenti dai miei. A mio parere queste scarpe sono orrìbili . . . gialle e con la punta nera! Un vero disastro! »

« Se le mie scarpe non sono di tuo gusto, questo non signìfica che non sono belle.»

« Va bene. Io non ho gusto, ma tu non puoi andare in giro con un paio di scarpe gialle e nere, Marìa! Sono semplicemente ridìcole! »

« Per me sono molto belle, e poi costano un sacco di soldi.»

« Perchè non ritorniamo dal calzolaio e scegliamo un altro paio di scarpe, Marìa? »

« Perchè a me piacciono molto queste scarpe. A mio parere sono semplicemente incantévoli! »

Supply a suitable possessive adjective:

(10)

1. Io faccio il — dovere.
2. Tu devi fare il — dovere.
3. Antonio fa sempre il — dovere.
4. Marìa fa sempre il — dovere.
5. Noi facciamo il — dovere.
6. Voi non fate il — dovere.
7. Essi fanno il — dovere.
8. I ragazzi dévono fare il — dovere.
9. Lei non fa il — dovere, signore.
10. Lei non fa il — dovere, signora.

(11)

1. Sono venuto con la — automòbile.
2. Sei venuto con la — automòbile?
3. Lei è venuto con la — automòbile, signor Bruni?
4. Siamo venuti con la — automòbile.
5. Siete venuti con la — automòbile?

6. Essi sono venuti con la — automòbile.
7. Mio padre è venuto con la — automòbile.
8. Mia madre è venuta con la — automòbile.
9. Mio zio è venuto con la — automòbile.
10. Mia zia è venuta con la — automòbile.

(12)

1. Sono uscito con — padre.
2. Sono uscita con — madre.
3. Pàolo è uscito con — cognato.
4. Marìa è uscita con — cognata.
5. Sei uscita con — zia?

6. Sei uscito con — zio?
7. Sei uscito con — cugino?
8. Sei uscito con i — cugini?
9. Dov'è — nonno?
10. Dov'è — nonna?

(13)

1. Ho incontrato un — amico.
2. Hai incontrato un — amico?
3. Antonio ha incontrato un — amico.
4. Marìa ha incontrato una — amica.
5. Abbiamo incontrato un — amico.

6. Ha incontrato un — amico, signor Rossi?
7. Avete incontrato un — amico?
8. Hanno incontrato un — amico.
9. Abbiamo incontrato due — amici.
10. Hanno incontrato due — amiche.

(14)

Conoscete i — amici? Uno è Arturo. Tutti conòscono Arturo, il — naso è famoso, lungo come quello di Cirano e sempre rosso come una ciliegia matura. I — occhi sono pìccoli come la capocchia di uno spillo, ma sono vivaci e intelligenti. I — genitori lo adòrano, è il — ùnico figlio e lo vìziano un poco.

Un altro — amico è Sandro. Sandro non parla mai, la — bocca è eternamente chiusa; ha cinque sorelle che pàrlano sempre, senza pausa. Sandro dipinge: i — quadri sono strani, pieni di colore e di immaginazione. Nessuno conosce i — pensieri, le — ambizioni, i — gusti. Il — silenzio è ermètico.

Poi c'è Carlo, un ragazzo molto simpàtico. La — bocca è sempre pronta al riso, le — battute sono molto spiritose, a — parere. La — compagnìa è molto divertente, anche se qualche volta parla e ride troppo.

Translate into Italian:

(15)

1. Where is my book?
2. Where is my pen?
3. Where are my books?

4. Where are my pens?
5. Your newspaper is here, Antonio.
6. Your newspaper is here, Mr Brown.

7. Your newspapers are here, Antonio.
8. Your newspapers are here, Mr Brown.
9. This is our house.
10. These are our rooms.

(16)

1. Your sister is here, Antonio.
2. Your sisters are here, Antonio.
3. Where is your husband, Mrs Brown?
4. Where is your wife, Mr Brown?
5. My brother has just arrived.
6. My sister has just left.
7. How is your grandfather, Paolo?
8. How is your grandmother, Paolo?
9. Where is grandfather?
10. Where is grandmother?

(17)

1. Where is dad?
2. Where is mummy?
3. This book is mine.
4. This book is my own.
5. I always spend my holidays at the seaside.
6. Where did you spend your holidays?
7. I left my umbrella at the restaurant.
8. Why don't you put on your overcoat?
9. Why don't you wash your hands, Paolo?
10. He risked his life for us.

(18)

1. A friend of mine speaks Russian very well.
2. I don't like that friend of yours.
3. Two friends of mine are in Italy now.
4. Mr Brown is a friend of ours.
5. Is he a friend of yours?
6. Mr Brown is one of their relatives.
7. Is he one of your relatives?
8. Antonio came to my house this morning.
9. It isn't my fault, but hers.
10. To do one's duty.

(19)

1. My father's work.
2. My mother's lady friends.
3. My grandfather's slippers.
4. My grandmother's shawl.
5. My uncle's newspapers.
6. My aunt's magazines.
7. Today's newspapers.
8. Yesterday's newspapers.
9. Tomorrow evening's concert.
10. A two weeks' holiday.

(20)

1. Have you been to the barber's, Antonio?
2. I've been to the dentist's.
3. I met Mrs Brown at the greengrocer's.
4. I must call at the grocer's.
5. I've just returned from the butcher's.
6. I'm going to the hairdresser's.
7. Did you go to the bookseller's?
8. I haven't been to the baker's.
9. I bought these shoes at Smith's.
10. Have you been to Tom's?

CONSIGLI

« Dottore, che cosa consiglia per la mia gola? »
« Un rasoio.»

Lesson 13

*Cardinal Numbers — Time — Adverbial Expressions of Time
— Irregular Verbs : udire, tacere — Word Study : Uses of ora
— How to translate* time *— Uses of mancare*

CARDINAL NUMBERS

0 zero	21 ventuno
1 uno	22 ventidue
2 due	23 ventitré
3 tre	24 ventiquattro
4 quattro	25 venticinque
5 cinque	26 ventisei
6 sei	27 ventisette
7 sette	28 ventotto
8 otto	29 ventinove
9 nove	30 trenta
10 dieci	31 trentuno
11 ùndici	32 trentadue
12 dódici	33 trentatré
13 trédici	34 trentaquattro
14 quattòrdici	35 trentacinque
15 quìndici	40 quaranta
16 sédici	50 cinquanta
17 diciassette	60 sessanta
18 diciotto	70 settanta
19 diciannove	80 ottanta
20 venti	90 novanta

100 cento	200 duecento
101 cento uno (centuno)	300 trecento
102 cento due (centodue)	400 quattrocento
103 cento tre (centotré)	500 cinquecento
150 cento cinquanta (centocinquanta)	600 seicento

700	settecento	3000	tremila
800	ottocento	4000	quattromila
900	novecento	5000	cinquemila
1000	mille	10,000	diecimila
1100	millecento	100,000	centomila
1500	millecinquecento	200,000	duecentomila
1900	millenovecento	500,000	cinquecentomila
2000	duemila		

1,000,000	un milione
2,000,000	due milioni
3,000,000	tre milioni
10,000,000	dieci milioni
100,000,000	cento milioni
1,000,000,000	mille milioni (un bilione)

OBSERVATIONS

1. Zero translates *zero, nought, cipher,* and 0 in telephone numbers.

    sotto zero   below zero   **tre zeri**   three ciphers

2. Uno follows the rules of the indefinite article.

    una ragazza one girl   **un'oca**   one goose

3. Tre has a written accent when combined with **venti, trenta, quaranta,** etc. (**ventitré, trentatré, quarantatré,** etc.).

4. Venti, trenta, quaranta, etc., combined with **uno** and **otto,** drop the final vowel (**ventuno, ventotto,** etc.). **Ventuno, trentuno, quarantuno,** etc., become **ventun, trentun, quarantun,** etc., when they precede a noun (**ventun giorni, trentun giorni,** etc.).

5. While **cento** is invariable, **mille** becomes **mila** in the plural (due cento, *two hundred;* due mila, *two thousand*). *A hundred* and *a thousand* are translated by **cento** and **mille,** without the indefinite article.

6. *Eleven hundred, twelve hundred,* etc., are translated by **millecento, mille-duecento** (i.e. *one thousand one hundred, one thousand two hundred*).

When written in figures, the thousands are separated from the hundreds, and the millions from the thousands, by means of a full stop, instead of a comma, as in English (**10.000** = 10,000; **1.000.000** = 1,000,000). A comma separates numbers from their decimals (**12,50** = 12.50).

Dates are always preceded by the definite article in Italian (**il 1960,** 1960; **nel 1963,** *in* 1963).

7. *Hundreds* and *thousands* are translated **centinaia** and **migliaia** (centinaia di uòmini, *hundreds of men;* migliaia di donne, *thousands of women*). *Tens* and *dozens* are, respectively, **decine** and **dozzine** (decine di ragazze, *tens of girls;* dozzine di uova, *dozens of eggs*).

8. **Una decina di, una ventina di, una trentina di,** etc., translate *about ten, about twenty,* etc. (**una ventina di persone,** *about twenty people*).

9. **Milione** and **milioni** are always followed by **di** (**due milioni di uòmini,** *two million men*).

10. **Paio** (masculine in the singular, but feminine in the plural, **paia**) translates both *pair* and *couple* (**un paio di forbici,** *a pair of scissors*; **un paio d'uova,** *a couple of eggs*). **Coppia** is used only for two living beings of different sex (**una coppia di canarini,** *a pair of canaries*; **una coppia simpàtica,** *a nice couple*).

TIME

Che ora è?	What's the time? (What time is it?)
Che ore sono?	
È l'una.	It's one (o'clock)
Sono le due.	It's two (o'clock).
Sono le tre.	It's three (o'clock).
A che ora parti, Antonio?	At what time are you leaving, Antonio?
Parto alle otto.	I'm leaving at eight.

The number indicating the time is always preceded by the definite article in the feminine (**l'una, le due, le tre**).

The verb **èssere** is used in the third person singular in the case of **una** (**è l'una**), and in the third person plural for all other hours (**sono le due,** etc.).

In the spoken language Italian has a twelve-hour system, but in the written language, or wherever a misunderstanding may arise, a twenty-four-hour system is used.

La riunione è fissata per le 17.	The meeting is fixed for 5 p.m.
Il treno parte alle 24.	The train leaves at 12 p.m.

When the hour is followed by a fraction (minutes, a quarter, etc.), such a fraction is placed after the hour and linked to it by the conjunction **e**.

Sono le tre e cinque.	It is five past three.
Sono le tre e dieci.	It is ten past three.
Sono le tre e un quarto.	It is a quarter past three.
Sono le tre e venti.	It is twenty past three.
Sono le tre e venticinque.	It is twenty-five past three.
Sono le tre e mezza.	It is half past three.
Sono le tre e trentacinque.	It is twenty-five to four.
Sono le tre e tre quarti.	It is a quarter to four.
Sono le tre e cinquantacinque.	It is five to four.
Sono le quattro.	It is four o'clock.

OBSERVATIONS

1. When the fraction exceeds the half hour (3.35, 3.40, 3.45, etc.), the time can be expressed in two more ways:

(*a*) by using the subsequent hour followed by **meno** (*less*) and the fraction.

(*b*) by using the third person of the verb **mancare** followed by the fraction and the subsequent hour preceded by **all'** or **alle**. The term **minuti** is used in this case.

Sono le quattro meno venticinque. Màncano venticinque minuti alle quattro.	It is twenty-five to four.
È l'una meno cinque. Màncano cinque minuti all'una.	It is five to one.
Sono le due meno un quarto. Manca un quarto alle due.	It is a quarter to two.

2. Note the following useful expressions:

A che ora?	At what time?
Alle cinque esatte (precise, in punto).	At five o'clock sharp.
Che ora fai (fa)?	What time do you make it?
Al mio orologio sono le due.	By my watch it's two o'clock.
Il tuo orologio è avanti.	Your watch is fast.
Il tuo orologio è indietro.	Your watch is slow.
È avanti (indietro) cinque minuti.	It is five minutes fast (slow).

3. Note the use of **dell'** and **delle** in the following expressions:

Il treno dell'una e quaranta.	The 1.40 train.
L'autobus delle 16,30 è in ritardo.	The 4.30 p.m. bus is late.
Partiamo con il treno delle 17,33.	We are leaving by the 5.33 p.m. train.

ADVERBIAL EXPRESSIONS OF TIME

ogni tanto di quando in quando di tanto in tanto	from time to time, now and then
ad un tratto	suddenly
tutt'a un tratto	all of a sudden
improvvisamente all'improvviso	suddenly
recentemente di recente	recently, lately, of late
nel frattempo nel contempo frattanto	in the meantime, meanwhile

al giorno d'oggi	
oggigiorno	nowadays
d'ora innanzi	from now on
a lungo andare	in the long run
saltuariamente	on and off

IRREGULAR VERBS

Udire (*to hear*)

Present Indicative: **odo, odi, ode, udiamo, udite, òdono.**

Tacere (*to be silent*)

Present Indicative: **taccio, taci, tace, taciamo, tacete, tàcciono.**

WORD STUDY

USES OF **ora**

(1) *hour*

Ho aspettato un'ora.	I waited an hour.
Sono arrivata due ore fa.	I arrived two hours ago.

(2) *time*

Che ora era?	What time was it?
A che ora partiamo?	At what time are we leaving?

(3) *now*

Devo andare ora (adesso).	I must go now.
Le ragazze prèndono il tè ora.	The girls are having tea now.

Ora is an adverb in this case. **Adesso** is a synonym.

HOW TO TRANSLATE *time*

(1) **tempo**

Non ho tempo ora.	I have no time now.
Siamo arrivati in tempo.	We arrived in time.

NOTE: **Tempo** also translates *weather*.

Com'è il tempo?	How is the weather?
Il tempo è molto bello ora.	The weather is very fine now.

(2) **ora**

Ricorda l'ora, signore?	Do you remember the time, sir?
A che ora arriva il treno?	At what time does the train arrive?

(3) volta

Ti ho telefonato tre volte ieri.	I phoned you three times yesterday.
Sono stato molte volte a Roma.	I've been many times to Rome.

NOTE: (*a*) *Once* is translated by **una volta**, and *twice* by **due volte**.

C'era una volta un re.	Once (upon a time) there was a king.
Questa settimana sono andato due volte al cìnema.	This week I've been twice to the cinema.

(*b*) **Volta** also translates *turn*; a synonym of *turn* in this instance is **turno**. There are in fact three ways of saying *It's your turn.*

> È la tua volta.
> È il tuo turno.
> Tocca a te.

Whose turn is it? is always **A chi tocca?**

USES OF **mancare**

(1) *to lack, to be lacking (in)*

Pàolo manca di senso dell'umorismo.	Paolo lacks (is lacking in) a sense of humour.
Manchi di buon senso, caro.	You lack (are lacking in) common sense, dear.

Mancare is in this case followed by the preposition **di**.

(2) *to miss, to be missing*

Mancare is here either transitive or intransitive.

Hai mancato il bersaglio.	You missed the target.
Màncano venti persone.	Twenty people are missing.

NOTE: (*a*) Another meaning of *to miss* is **pèrdere** (treni, occasioni, film, etc.); *to miss a person* is **sentire la mancanza di una persona.** **Pèrdere** also translates *to lose.*

Ho perduto (perso) il treno.	I missed my train.
Non puoi pèrdere questa occasione.	You can't miss this opportunity.
Sento la mancanza di Marìa.	I miss Maria.
Quanto hai perduto?	How much did you lose?

(*b*) **Mancare** is also used to express time.

Màncano dieci minuti alle sette.	It is ten minutes to seven.

VOCABULARY

l'attenzione	attention	il chicco	grain
il biglietto	ticket	il compagno	companion-in-arms
il canarino	canary	d'armi	
il capìtolo	chapter	il dipinto	painting

il dòllaro	dollar	il pacchetto	packet
la dozzina	dozen	il pane	bread
la fila	row	il paniere	basket
le fòrbici	scissors	il piede	foot
la formica	ant	il pigrone	lazy-bones
il formicaio	ant-hill	il ritardo	delay
il frammento	fragment	la salsiccia	sausage
il frumento	wheat	lo schiavo, la	slave
il grano	corn	schiava	
l'operaio	workman	il totocalcio	football pool
l'orecchino	ear-ring	l'uovo (*pl.* le	egg
l'orologiaio	watchmaker	uova)	

affascinare	to fascinate	immaginare	to imagine
attrarre	to attract	osservare	to observe, to watch
chiacchierare	to chat	rinunciare a	to renounce, to give
contare	to count		up
èssere tardi	to be late	spèndere	to spend
èssere in ritardo	to be late	trasportare	to transport, to carry
guadagnare	to earn, to gain	visitare	to visit

esatto	exact	occupato	busy
esàusto	exhausted	pìccolo	little, small
interminàbile	interminable, endless		

al meno	at least	indietro	back, backwards
ancora	still, again, yet	meglio	better
avanti	on, forward	meno	less
freneticamente	frantically	però	however
improvvisamente	suddenly	salve	hullo, hail
in antìcipo	early	tardi, in ritardo	late

EXERCISES

Translate into English :

(1)

Due, sette, dieci, ùndici, trèdici, quìndici, diciannove, venti, venticinque, ventinove, trenta, trentasette, quaranta, quarantacinque, quarantanove, cinquantuno, sessanta, settanta, ottanta, novanta, novantanove, cento, centodieci, centoùndici, centodòdici, centoventi, centocinquanta, centonovantanove, duecento, trecento, quattrocento, cinquecento, seicento, settecento, ottocento, novecento, novecentonovantanove, mille, millenovecento, millenovecentosessantatré, duemila, tremila, centomila, novecentomila, un milione, cento milioni, mille milioni.

(2)

1. Ci sono due lèttere per il signor Bruni.
2. Ho lavorato dieci ore oggi.
3. Ci sono ventiquattro uova nel paniere.
4. Io fumo trenta sigarette al giorno (*a day*).
5. Queste sigarette còstano trecento lire al pacchetto.
6. Il biglietto costa sessanta lire.
7. Ho speso cento sterline.
8. Ho pagato venti dòllari queste scarpe.
9. Questa automòbile costa quattrocento sterline.
10. Un operaio ha vinto trenta milioni al totocalcio.

(3)

1. Cento uòmini, duecento uòmini, un milione di uòmini.
2. Mille donne, duemila donne, un milione di donne.
3. Ho ancora mille lire.
4. Ho comprato migliaia di libri in questi anni.
5. Ho speso centinaia di dòllari in libri.
6. Ho comprato due dozzine di uova.
7. Ho mangiato un paio di uova.
8. Abbiamo una coppia di canarini.
9. Voglio comprare un paio di orecchini.
10. Ho scritto una decina di lèttere.

(4)

1. Che ora è? (Che ore sono?)
2. È l'una.
3. Sono le due.
4. Sono le due e cinque.
5. Sono le due e dieci.
6. Sono le due e un quarto.
7. Sono le due e venti.
8. Sono le due e venticinque.
9. Sono le due e mezza.
10. Sono le due e trentacinque.

(5)

1. Sono le tre meno venticinque.
2. Màncano venticinque minuti alle tre.
3. Sono le tre meno venti.
4. Màncano venti minuti alle tre.
5. Sono le tre meno un quarto.
6. Manca un quarto alle tre.
7. Sono le tre meno dieci.
8. Màncano dieci minuti alle tre.
9. Sono le tre meno cinque.
10. Màncano cinque minuti alle tre.

(6)

1. Che ora è al tuo orologio?
2. Sono le tre in punto al mio orologio.
3. Il tuo orologio è avanti.
4. Il mio è indietro dieci minuti.

5. Il tuo orologio non va bene.
6. A che ora arrivi a casa?
7. Alle sei esatte.
8. Con che treno vai in ufficio?

9. Con il treno delle sette e quaranta-cinque.
10. Ho perduto l'àutobus delle otto.

(7)

Sono le tre del pomeriggio, Pierino è stanco di studiare e decide di fare quattro passi in giardino.   La sua attenzione è attratta da un formicaio, migliaia di formiche sono occupate a trasportare chicchi di grano e frumento o frammenti di pane all'interno di esso: è un'interminàbile fila di piccole cose nere che lavórano freneticamente. Pierino decide di contarle, ma quando arriva a tremilaquattrocentosessantasette rinuncia a continuare perchè è esàusto.   Pierino osserva affascinato le migliaia di formiche; tutte lavórano eccetto una che Pierino non può vedere.   Quando essa morde il piede di Pierino, egli perde improvvisamente interesse alla vita delle formiche.

(8)

« Che ora è al tuo orologio, Arturo? »

« Le sette e venti, Sandro.   Siamo arrivati cinque minuti in antìcipo.»

« Al mio orologio sono le sette e mezza, credo che il tuo orologio sia (*is*) indietro.»

« Abbiamo detto a Carlo di èssere qui alle sette e mezza, ma lui arriva sempre con un quarto d'ora di ritardo agli appuntamenti.»

« Ti ho detto che parto per Firenze doménica?   Parto con il treno delle nove e quarantacinque.»

« Allora ti àuguro buon viaggio adesso, perchè la doménica dormo sempre fino alle ùndici . . .»

« Pigrone!   Ah, ecco Carlo!   Tardi al sòlito, eh? »

« Salve, ragazzi!   Mi spiace di èssere in ritardo, ma il mio orologio è indietro un quarto d'ora.   Devo portarlo dall'orologiaio.   Però, meglio tardi che mai, non è vero? »

(9)

« Perchè così tardi, caro? »

« Ho dovuto lavorare fino alle sette, cara.   Abbiamo avuto un sacco di lavoro, oggi.»

« A che ora hai lasciato l'ufficio? »

« Alle sette in punto, cara.»

« Adesso sono le otto e mezza.   Un'ora e mezza per arrivare a casa? »

« Gli àutobus èrano (*were*) pieni, e sono potuto salire su un àutobus solamente a un quarto alle otto.   Quando sono sceso dall'àutobus ho incontrato un vecchio compagno d'armi e abbiamo parlato dei vecchi tempi.»

« Immàgino davanti ad una bottiglia di vino. . . .»

« Che cosa mangiamo stasera? »

« Salsicce, caro.»

« Ancora salsicce? »

« Oggi ho avuto un sacco di cose da fare.   Alle cinque è venuta la signora Rossi e è andata via solo alle sette.   Poi mia madre ha telefonato e abbiamo chiacchierato per mezz'ora.   Alle otto c'è stata *La mezz'ora della donna* alla televisione. . . .»

« Sono pronte le salsicce, al meno?   Ho molta fame.»

« Un momento, per favore!   Una moglie non è una schiava! »

Read the following in Italian:

(10)

2, 12, 13, 14, 17, 20, 21, 22, 23, 29, 30, 31, 33, 39, 40, 48, 49, 50, 55, 59, 60, 61, 69, 70, 77, 79, 80, 81, 89, 90, 99, 100, 101, 110, 111, 120, 150, 160, 170, 180, 190, 199, 200, 210, 250, 300, 400, 500, 600, 700, 800, 900, 999, 1.000, 1.960, 1.963, 2.000, 10.000, 100.000, 1.000.000, 2.000.000.

Translate into Italian:

(11)

1. I've read twenty chapters of this book.
2. I buy four newspapers a day (*al giorno*).
3. I smoke forty cigarettes a day.
4. I always eat two eggs in the morning.
5. This book costs four hundred lire.
6. I earn ten pounds a week (*alla settimana*).
7. These cigarettes cost 400 lire a packet (*al pacchetto*).
8. That painting costs 1000 dollars.
9. Eight hundred students attend this school.
10. Two million people live in this town.

(12)

1. I still have twenty-one pounds.
2. A hundred pounds, a thousand pounds, a million pounds.
3. Hundreds of pounds, thousands of dollars.
4. I went to Rome in 1969.
5. I visited Florence in 1965.
6. I bought two dozen eggs.
7. I bought a new pair of shoes.
8. This pair of stockings costs a thousand lire.
9. I always eat a couple of eggs in the morning.
10. They are a nice couple.

(13)

1. What's the time?
2. It's four o'clock.
3. It's five past four.
4. It's ten past four.
5. It's a quarter past four.

6. It's twenty past four.
7. It's half past four.
8. It's twenty to five.
9. It's a quarter to five.
10. It's five o'clock exactly.

(14)

1. I always have breakfast at eight o'clock.
2. I arrive at the office at nine o'clock.
3. I begin to work at a quarter past nine.
4. I have lunch at half past twelve.
5. I finish my work at five o'clock sharp.

6. I return home at a quarter past six.
7. I have dinner at seven o'clock.
8. I read a book until nine thirty.
9. At what time do you go to bed?
10. I go to bed at half past eleven or twelve.

(15)

1. What's the time by your watch?
2. Your watch is fast, I'm afraid.
3. Your watch is slow.
4. Your watch is ten minutes slow.
5. What time do you make it?

6. It's five o'clock exactly by my watch.
7. I arrived here by the 1.30 bus.
8. We are leaving by the 5.55 train.
9. The 2.15 bus is late.
10. The 4.45 train is early (*in antìcipo*).

ERRORI

Mio caro Arturo,

ho ricevuto la tua lèttera, ma vedo che fai molti errori. Anzitutto devi scrìvere « prèstito » con una t, e non con due: in secondo luogo 1.000 ha *tre* zeri, e non *cinque*. Accludo le 1.000 lire che mi chiedi.

Tuo

Giovanni

MÀNCANO QUASI VENTIQUATTRO ORE

« Siamo in tempo per prèndere il treno delle diciassette e quìndici? »
« Certamente! Màncano quasi ventiquattro ore! »

Lesson 14

Imperfect — Imperfect of èssere and avere

IMPERFECT

I.

parlavo	I was speaking, I used to speak, I spoke
parlavi	you were speaking, you used to speak, you spoke
parlava	he, she was speaking, he, she used to speak, he, she spoke
parlavamo	we were speaking, we used to speak, we spoke
parlavate	you were speaking, you used to speak, you spoke
parlàvano	they were speaking, they used to speak, they spoke

2.	3.
vendevo	**partivo**
vendevi	**partivi**
vendeva	**partiva**
vendevamo	**partivamo**
vendevate	**partivate**
vendévano	**partìvano**

The imperfect is obtained from the infinitive in the following way:

1st Conjugation: by replacing -are with -avo, -avi, -ava, -avamo, -avate, -àvano.

2nd Conjugation: by replacing -ere with -evo, -evi, -eva, -evamo, -evate, -évano.

3rd Conjugation: by replacing -ire with -ivo, -ivi, -iva, -ivamo, -ivate, -ívano.

The imperfect is used to express habitual action (often translated by *used to . . .*), as well as continuous action (often translated by *was —ing*).

Mangiavo meno allora.	I used to eat (*or* ate) less then.
Mangiavo quando hai telefonato.	I was eating when you phoned.
Leggevo di più una volta.	I used to read more once.
Leggevo a quell'ora.	I was reading at that time.

NOTE: Certain verbs (such as verbs of *wishing*, *hoping*, *thinking*, *being*), usually suggest continuous action and are therefore more often than not rendered by the imperfect in Italian, when they refer to the past.

Speravo di vederti.	I hoped to see you.
Non volevo disturbarla, signora.	I didn't want to disturb you, madam.
Non ricordavo le sue parole.	I didn't remember his words.
Desideravamo fare quattro passi.	We wished to go for a stroll.
Dovevo vedere Marìa alle cinque.	I was to see Maria at five o'clock.

IMPERFECT OF *èssere* AND *avere*

ero	avevo
eri	avevi
era	aveva
eravamo	avevamo
eravate	avevate
èrano	avévano

Lo zio era in giardino.	Uncle was in the garden.
Le signore èrano in salotto.	The ladies were in the sitting-room.
Ero molto bravo a tennis.	I used to be very good at tennis.
Eri più paziente una volta.	You used to be more patient once.
Avevo molta fame.	I was very hungry.
Avevo un appuntamento alle sette.	I had a date at seven.
Avevo molti amici allora.	I used to have many friends then.

OBSERVATION

There was and *there were* are translated in Italian by c'era and c'èrano. The negative forms are non c'era and non c'èrano.

C'era una lèttera per loro.	There was a letter for them.
C'èrano due libri sul tavolo.	There were two books on the table.
Non c'era una lèttera per me?	Wasn't there a letter for me?

VOCABULARY

(This Vocabulary applies also to Lesson 15.)

l'aranciata	orangeade, orange squash	la Borsa	Stock Exchange
l'autista (*pl.* gli autisti)	chauffeur	la borsetta	hand-bag
		il conto	bill, account
		il destino	destiny

l'esame	examination	la nostalgìa	nostalgia
la festa da ballo	ball	l'orrore	horror
la fine di setti-mana	week-end	l'ossequio	regard
		il paese	country, nation
la fortuna	fortune, luck	la paglia	straw
la gente	people	la partita	game
il ginnasio	grammar school	la polìtica	politics
la guerra	war	il posto	job, position, place
l'indirizzo	address	lo scàpolo	bachelor
l'industria	industry	la Scozia	Scotland
il lago	lake	la speculazione	speculation
la làurea	degree	il televisore	television set
il motoscafo	motor-boat	l'università	university

disturbare	to disturb, to trouble	piòvere	to rain
èssere il primo della classe	to be top of the form	ricordare	to remember
		stampare	to print
fare il tifo (per)	to be a fan (of)	svenire	to faint
fare una vita	to lead a life	udire	to hear
organizzare	to organize		

bravo	good, clever	poco, poca	little
delizioso	delicious	pochi, poche	few
gentile (con)	kind (to)	quello	that
grande	big, large, great	soddisfatto (di)	satisfied (with)
intero	whole	tranquillo	tranquil, quiet
paziente	patient		

all'èstero	abroad	in tutto	in all
completamente	completely	l'anno passato (scorso)	last year
durante	during		
finalmente	finally, at last	molto	a lot
ieri sera	last night, yesterday evening	piuttosto	rather, pretty
		una volta	once

EXERCISES

Translate into English:

(1)

1. Leggevo molto quando ero giòvane.
2. Ascoltavo sempre la radio di sera.
3. Guardavamo la televisione ogni sera.
4. Compravo molti libri una volta.
5. Un mio zio parlava sette lingue.
6. I miei nonni abitàvano in campagna.
7. Mia nonna adorava i gatti.
8. Fumavi meno una volta, caro.
9. Mio nonno odiava i gatti.
10. Una volta mi chiamavi tesoro, caro.

(2)

1. Alle sette dormivo ancora.
2. Pioveva quando siamo ritornati a casa.
3. Marìa leggeva una rivista.
4. Antonio parlava al telèfono con un amico.
5. I ragazzi studiàvano in salotto.
6. Alle otto io lavoravo ancora.
7. Chi aspettavi?
8. Aspettavo un vecchio amico.
9. Bevevo il tè quando mi hai telefonato.
10. Con chi parlavi?

(3)

1. Mio zio vendeva automòbili.
2. Facevo molto sport quando ero giòvane.
3. Essi ci visitàvano spesso.
4. Passavamo sempre le vacanze al mare.
5. Speravo di incontrare i miei amici.
6. Dove andavi quando ti ho visto?
7. Andavo al cìnema.
8. Volevo bere qualcosa.
9. Dovevamo vedere un vecchio amico.
10. Non potevo uscire prima delle otto.

(4)

1. Dove eri quando ti ho telefonato?
2. Ero in giardino con un amico.
3. La famiglia era in salotto.
4. Antonio era molto contento di partire.
5. Eravamo venti persone in tutto.
6. I miei amici èrano al mare.
7. Il tè non era molto buono.
8. Giovanni non era molto tranquillo.
9. Non eravate a casa alle otto?
10. No, eravamo in città.

(5)

1. Avevo molti amici a Roma.
2. Avevamo due automòbili una volta.
3. Avevo fame e mangiai (*ate*) due panini.
4. Avevo sete e bevvi (*drank*) una birra.
5. Antonio aveva molto sonno.
6. Non avevate molto caldo?
7. Marìa aveva molto freddo.
8. Il Signor Bruni aveva molta fretta.
9. I bambini avevano vergogna.
10. Antonio aveva torto.

(6)

« Ciao, Alberto! »

« Ciao, Riccardo. Come va la vita? »

« Così e così.»

« Una volta ti vedevo spesso, ma ora che sei sposato sei sparito.»

« Quando ero scàpolo, facevo un' altra vita. Andavo fuori spesso di sera con gli amici e passavo ore molto allegre. Andavamo a ballare, facevamo interminàbili partite a poker, discutevamo di polìtica fino all'alba, organizzavamo pranzi e passavamo la fine di settimana in campagna o al lago. Quella era una vita divertente! »

« Ma tu desideravi cambiare vita, ricordo. Eri stanco della vita di scàpolo, no? »

«Sì, è vero. Ma non sapevo che la vita di un uomo sposato è molto, molto tranquilla, e qualche volta ricordo i vecchi tempi con nostalgìa.»

« È il destino degli uòmini non èssere mai completamente soddisfatti, Riccardo; io sono ancora scàpolo, e non sono un uomo felice.»

«Hai ragione. Ora devo andare, mia moglie mi aspetta. Arrivederci, Alberto.»

«Ciao, Riccardo. Ossequi a tua moglie.»

Replace the infinitive with the correct form of the imperfect:

(7)

1. Tu (lavorare) molto una volta.
2. Io (mangiare) meno una volta.
3. Antonio (abitare) in questa via allora.
4. Noi (passare) le vacanze al mare.
5. Mio nonno (parlare) sette lingue.
6. Essi (lèggere) molto una volta.
7. Io (andare) a letto tardi allora.
8. I miei zii (vìvere) in campagna.
9. Noi (prèndere) sempre l'autobus alle otto.
10. Marìa mi (aspettare) alle nove ogni sera.

(8)

1. Noi (guardare) la televisione ogni sera.
2. Egli mi (telefonare) spesso.
3. Essi (comprare) molti libri allora.
4. Io (lavorare) a Milano nel 1960.
5. Noi (ritornare) a casa alle otto.
6. Carlo (venire) spesso a casa nostra.
7. Io (giuocare) molto a tennis una volta.
8. Noi (volere) parlare con il signor Rossi.
9. Io (sperare) di vedere i miei amici.
10. Antonio non (ricordare) il mio indirizzo.

(9)

1. Alle sette io (lavorare) ancora.
2. Marìa (parlare) con un'amica.
3. Le ragazze (prèndere) il tè in salotto.
4. Gli uòmini (parlare) di polìtica.
5. Carlo (aspettare) un amico.
6. Noi (dormire) ancora alle nove.
7. Essi (andare) al cìnema.
8. Carlo (lèggere) il giornale in salotto.
9. Marìa (preparare) il tè per le sue amiche.
10. Noi (giuocare) a tennis quando egli è arrivato.

Translate into Italian :

(10)

1. I used to eat a lot.
2. You used to work less then.
3. We used to spend our holidays at the seaside.
4. They used to visit us every Sunday.
5. They used to watch television every evening.
6. I used to read a lot.
7. My uncle used to live in the country.
8. I hoped to see Mr Brown.
9. They wanted to talk to Mr Brown.
10. She wished to go to the (*a*) theatre.

(11)

1. I was sleeping at nine o'clock.
2. She was talking to Mrs Smith.
3. Mrs Smith was talking to Mrs Brown.
4. Were you waiting for someone, Maria?
5. What were you doing?
6. I was writing a letter.
7. Maria was making tea.
8. They were reading a book.
9. I was working at ten o'clock.
10. It was raining in torrents (*a catinelle*).

(12)

1. I was reading my newspaper.
2. I used to read many newspapers.
3. I was drinking my coffee.
4. I used to drink a lot.
5. I was eating a sandwich.
6. I used to eat a sandwich at midday.
7. I was thinking of (*al*) my work.
8. I thought you were (*che tu fossi*) in Rome.
9. We wanted to see a detective film.
10. I hoped to meet Maria at the party.

(13)

1. Antonio was not at home.
2. The boys were at school.
3. Where were you yesterday evening?
4. I was at the club at ten o'clock.
5. Mr Brown was out.
6. We were still in town at seven o'clock.
7. We used to have a house in the country.
8. I used to have a chauffeur then.
9. We were very hungry.
10. Weren't you thirsty, Antonio?

(14)

1. I was sleepy and went (*andai*) to bed.
2. They were very cold.
3. Antonio was right.
4. Maria was wrong.

5. Mr Smith was in a hurry.
6. There was a letter for Mr Smith.
7. There were two books on the table.
8. Weren't there any (*dei*) newspapers?

9. Wasn't there a letter for me?
10. There wasn't any (*nessuna*) letter for you, sir.

TROPPI MENTI

« Caro, quando eravamo fidanzati, mi carezzavi sempre il mento.»
« Ma avevi un solo mento, allora! »

Lesson 15

Past Definite— Past Definite of èssere and avere — Pluperfect —
Irregular Verbs: porre, méttere, fare, dare, stare, sapere,
conóscere, prèndere, scèndere, rimanere, decìdere, chiùdere,
lèggere, scrìvere, dire, vìvere, tenere, venire, vedere, bere,
piacere, volere
Word Study: Uses of méttere — Uses of presentare

PAST DEFINITE

1	2	3
parlai	vendei (vendetti)	partii
parlasti	vendesti	partisti
parlò	vendette (vendè)	partì
parlammo	vendemmo	partimmo
parlaste	vendeste	partiste
parlàrono	vendérono (vendéttero)	partìrono

The past definite is obtained from the infinitive in the following way:
1st Conjugation: by replacing -are with -ai, -asti, -ò, -ammo, -aste, -àrono.
2nd Conjugation: by replacing -ere with -ei (or -etti), -esti, -ette (or è), -emmo, -este, -érono (-èttero).
3rd Conjugation: by replacing -ire with -ii, -isti, -ì, -immo, -iste, -ìrono.

The past definite expresses an action that took place in the past without any reference to the present.

NOTE: In the spoken language, particularly in the North of Italy, the past definite is rarely used, and is commonly replaced by the present perfect.

Parlai con il signor Bianchi. Ho parlato con il signor Bianchi.	I spoke with Mr Bianchi.
Ieri sera andammo al cìnema. Ieri sera siamo andati al cìnema.	Last night we went to the pictures.

PAST DEFINITE OF *èssere* AND *avere*

fui	ebbi
fosti	avesti
fu	ebbe
fummo	avemmo
foste	aveste
fùrono	èbbero

The use of the past definite of **avere** and **èssere** is normally confined to compound tenses in the written language, and after such conjunctions of time as **dopo che** (*after*), **appena** (*as soon as*), **quando** (*when*). The past definite of **èssere** is also used for the passive voice.

Io fui visto.	I was seen.
Il libro non fu stampato.	The book was not printed.
Quando ebbe udito le notizie, essa svenne.	When she (had) heard the news, she fainted.
Dopo che essi fùrono partiti, io andai a letto.	After they (had) left, I went to bed.

PLUPERFECT

The pluperfect is obtained by using the imperfect of **avere** or **èssere** instead of the present used for the perfect (see Lesson 9).

Avevo visto un film interessante.	I had seen an interesting film.
Non avevi mangiato?	Hadn't you eaten?
Non avevamo fatto colazione.	We hadn't had breakfast.
Non ero andato fuori.	I hadn't gone out.
Le ragazze èrano partite.	The girls had left.
I ragazzi non èrano ritornati a casa.	The boys hadn't returned home.

IRREGULAR VERBS

Porre (*to lay*)
Present: pongo, poni, pone, poniamo, ponete, póngono.
Imperfect: ponevo, ponevi, poneva, ponevamo, ponevate, ponévano.
Past Definite: posi, ponesti, pose, ponemmo, poneste, pósero.

Méttere (*to put*)
Past Definite: misi, mettesti, mise, mettemmo, metteste, mìsero.

Fare (*to do, to make, to have*)
Imperfect: facevo, facevi, faceva, facevamo, facevate, facévano.
Past Definite: feci, facesti, fece, facemmo, faceste, fécero.

Dare (*to give*)
Past Definite: diedi, desti, diede, demmo, deste, diédero.

Stare (*to stay, to be*)
Past Definite: stetti, stesti, stette, stemmo, steste, stèttero.

Sapere (*to know*)
Past Definite: seppi, sapesti, seppe, sapemmo, sapeste, sèppero.

Conóscere (*to know, to meet*)
Past Definite: conobbi, conoscesti, conobbe, conoscemmo, conosceste, conóbbero.

Prèndere (*to take, to have*)
Past Definite: presi, prendesti, prese, prendemmo, prendeste, présero.

Scèndere (*to go down, to come down*)
Past Definite: scesi, scendesti, scese, scendemmo, scendeste, scésero.

Rimanere (*to remain, to stay*)
Past Definite: rimasi, rimanesti, rimase, rimanemmo, rimaneste, rimàsero.

Decìdere (*to decide*)
Past Definite: decisi, decidesti, decise, decidemmo, decideste, decìsero.

Chiùdere (*to close, to shut*)
Past Definite: chiusi, chiudesti, chiuse, chiudemmo, chiudeste, chiùsero.

Lèggere (*to read*)
Past Definite: lessi, leggesti, lesse, leggemmo, leggeste, lèssero.

Scrìvere (*to write*)
Past Definite: scrissi, scrivesti, scrisse, scrivemmo, scriveste, scrìssero.

Dire (*to say, to tell*)
Imperfect Indicative: dicevo, dicevi, diceva, dicevamo, dicevate, dicévano.
Past Definite: dissi, dicesti, disse, dicemmo, diceste, dìssero.

Vìvere (*to live*)
Past Definite: vissi, vivesti, visse, vivemmo, viveste, vìssero.

Tenere (*to hold, to keep*)
Past Definite: tenni, tenesti, tenne, tenemmo, teneste, tènnero.

Venire (*to come*)
Past Definite: venni, venisti, venne, venimmo, veniste, vènnero.

Vedere (*to see*)
Past Definite: vidi, vedesti, vide, vedemmo, vedeste, vìdero.

Bere (*to drink*)
Imperfect: bevevo, bevevi, beveva, bevevamo, bevevate, bevévano.
Past Definite: bevvi (bevetti), bevesti, bevve (bevette), bevemmo, beveste, bèvvero (bevèttero).

Piacere (*to like, to enjoy*)
Past Definite: piacqui, piacesti, piacque, piacemmo, piaceste, piàcquero.

Volere (*to want*)
Past Definite: volli, volesti, volle, volemmo, voleste, vòllero.

WORD STUDY

Uses of **méttere** (irregular verb)

(1) *to put*

Dove hai messo il mio giornale, cara?	Where did you put my newspaper, dear?
L'uomo mise la mano in tasca.	The man put his hand into his pocket.
Perchè non metti in órdine la tua stanza?	Why don't you put your room in order?

(2) *to put on*

Perchè non metti un àbito scuro?	Why don't you put on a dark suit?

(3) *to set*

Non voglio méttere piede in quella casa!	I will not set my foot in that house!
Marìa mise l'uccello in libertà.	Maria set the bird free.

(4) *to lay*

A synonym of **méttere** here is **porre** or **deporre**, which are irregular verbs.

La cameriera mise (pose) la borsetta sul tavolo.	The maid laid the hand-bag on the table.
Il vecchio mise (pose) la mano sulla mia spalla.	The old man laid his hand on my shoulder.

NOTE: *To lay the table* is **apparecchiare** (or **méttere**) la tàvola. *To lay eggs* is **deporre** uova.

Hai apparecchiato (messo) la tàvola?	Have you laid the table?
Questa gallina depone un uovo al giorno.	This hen lays an egg a day.

Uses of **presentare**

(1) *to introduce*

Antonio mi presentò quella ragazza.	Antonio introduced that girl to me.
Posso presentarle mia moglie, signora?	May I introduce my wife (to you), madam?

NOTE: When an introduction takes place, the form of greeting corresponding to *how do you do?* is in Italian either **piacere**, or **molto lieto (lieta)**, or **felicìssimo (felicìssima)**.

(2) *to present*

La situazione presentava molte difficoltà.	The situation presented many difficulties.
La nuova collezione fu presentata ieri.	The new collection was presented yesterday.

NOTE: (*a*) *To present someone with something* is **regalare qualcosa a qualcuno**.

Mi hanno regalato un orologio.	They presented me with a watch.

(*b*) **Presentare** also translates *to compère*. *Compère*, as a noun, is **presentatore**.

Chi ha presentato la rivista?	Who has compèred the show?
Quel presentatore è molto spiritoso.	That compère is very witty.

VOCABULARY

See Vocabulary to Lesson 14, p. 138.

EXERCISES

Translate into English:

(1)

1. La lèttera arrivò dieci giorni fa.
2. Il signor Bruni partì un mese fa per Roma.
3. Visitai la Scozia l'anno passato.
4. A Firenze comprai un cappello di paglia.
5. Passammo le vacanze in montagna.
6. Conversammo per un'ora.
7. Poi Carlo andò a casa sua.
8. Noi restammo fuori fino a mezzanotte.
9. A che ora ritornasti in ufficio?
10. Ritornai in ufficio alle sette.

(2)

1. Vendemmo la nostra vecchia automòbile.
2. Comprammo un motoscafo.
3. Antonio mi offrì un bicchiere di vino.

4. Andai a casa con l'aùtobus delle otto.
5. Arrivai a casa alle nove in punto.
6. Passai due mesi a Roma nel 1961.
7. Che cosa comprasti a Roma, Carlo?

8. Comprai scarpe, cravatte e borsette.
9. Marìa aprì la finestra e guardò fuori.
10. Passeggiammo fino alle otto.

(3)

1. Ascoltai la radio tutta la sera.
2. Noi guardammo la televisione.
3. Non dormii molto bene l'altra notte.
4. I ragazzi andàrono a giuocare a tennis.
5. Ritornàrono alle otto.
6. Prendemmo il tè con due amici.

7. Presi un autobus per venire qui.
8. Lo aspettammo per un'ora, ma non arrivò.
9. Lo zio arrivò alle ùndici da Londra.
10. A che ora pranzaste?

(4)

1. Giovanni fu visto in città alle quattro.
2. Le birre non furono pagate.
3. La situazione fu esaminata attentamente.
4. Avevo bevuto molto ed ero allegro.
5. Avévano lavorato molto in quel perìodo.
6. I bambini èrano andati al parco.
7. Il treno era arrivato in ritardo.
8. La Signora Bruni era uscita con un'amica.
9. Avevamo avuto molto da fare in quei giorni.
10. Non eravamo mai stati così occupati.

(5)

Quando ero un ragazzo e frequentavo il ginnasio, ero il primo della classe. Studiavo molto, è vero, ma facevo anche molto sport. Passavo interi pomeriggi a giuocare a tennis, e devo dire che ero piuttosto bravo. Tutte le ragazze della mia scuola venìvano a vedere le mie partite e facévano il tifo per me.

Quando finii il ginnasio, andai all'università. Avevo una stanza vicino all'università, andavo alle lezioni al mattino, pranzavo in un pìccolo ristorante frequentato solo da studenti, giocavo molto a tennis, andavo a feste da ballo e studiavo molto quando gli esami èrano vicini. Durante le vacanze viaggiavo, andavo all'èstero per imparare le lingue e conóscere gente e paesi nuovi.

Poi presi la làurea e lasciai l'università. Trovai un posto in un'industria, e andai a vìvere in una grande città. Incontrai una ragazza molto carina, capii che era fatta per me e la sposai dopo pochi mesi. Arrivò un bambino, e poi una bella bambina. Venne la guerra, io partii e ritornai dopo tre anni. Mia moglie mi aspettò pazientemente, e quando finalmente potei ritornare a casa, dimenticai gli orrori della guerra.

Feci delle (*some*) speculazioni in Borsa, ebbi fortuna e diventai ricco.   Sono un uomo felice.

Replace the infinitive with the correct form of the past definite:

(6)

1. Ieri io (andare) a teatro con Carlo.
2. L'anno scorso noi (visitare) la Scozia.
3. Le ragazze (passare) le vacanze a Roma.
4. Il telegramma (arrivare) alle otto.
5. Marìa (mandare) una lèttera ai nonni.
6. Lo zio (incontrare) il signor Bruni in strada.
7. La zia (comprare) un cappello nuovo.
8. Ieri noi non (lavorare).
9. Essi (vèndere) la loro automòbile.
10. Antonio (aspettare) per un'ora.

(7)

1. Io (bere) il caffè alle cinque.
2. I ragazzi (bere) tutto il gin.
3. Noi (fare) colazione alle otto.
4. Il nonno (fare) colazione all'una.
5. Essi (fare) una passeggiata nel parco.
6. Le ragazze (fare) uno spuntino alle quattro.
7. Io (prèndere) una tazza di tè.
8. Noi non (prèndere) il caffè.
9. Essi (prèndere) l'autobus delle cinque.
10. Marìa (prèndere) il treno delle 5,45.

Replace the infinitive with the correct form of the imperfect:

(8)

Quando (èssere) un ragazzo e (frequentare) il ginnasio, (èssere) il primo della classe. Io (studiare) molto, è vero, ma (fare) anche molto sport.   Io (passare) interi pomeriggi a giuocare a tennis, e devo dire che (èssere) piuttosto bravo.   Tutte le ragazze della mia scuola (venire) a vedere le mie partite e (fare) il tifo per me.

Quando finii il ginnasio, andai all'università.   Io (avere) una stanza vicino all'università, (andare) alle lezioni al mattino, (pranzare) in un pìccolo ristorante frequentato solo da studenti, (giuocare) molto a tennis, (andare) a feste da ballo e (studiare) molto quando gli esami (èssere) vicini.   Durante le vacanze (viaggiare), (andare) all'èstero per imparare le lingue e conóscere gente e paesi nuovi.

Replace the infinitive with the correct form of the past definite:

(9)

Poi io (prèndere) la làurea e (lasciare) l'università. (Trovare) un posto in un'industria e (andare) a vìvere in una grande città. (Incontrare) una ragazza molto carina, (capire) che era fatta per me e la (sposare) dopo pochi mesi. (Arrivare) un bambino, e poi una bella bambina. (Venire) la guerra, io (partire) e (ritornare) dopo tre anni. Mia moglie mi (aspettare) pazientemente, e quando finalmente (potere) ritornare a casa, (dimenticare) gli orrori della guerra. (Fare) delle speculazioni in Borsa, (avere) fortuna e (diventare) ricco. Sono un uomo felice.

Translate into Italian:

(10)

1. I went to the cinema yesterday.
2. I returned home at eight o'clock.
3. I sold my old car.
4. Did you buy a new car?
5. We dined at a restaurant.

6. Antonio spent his holidays at the seaside.
7. We waited for an hour yesterday.
8. We watched television last night.
9. Then we went to bed.
10. I didn't sleep well last night.

(11)

1. I returned home at eight o'clock.
2. When did Mr Brown arrive here?
3. We drank two beers with them.
4. You drank a lot last night.
5. At what time did you have lunch, Maria?

6. I didn't have breakfast this morning.
7. We had a snack at five.
8. They had tea with their friends.
9. I took the 6.35 bus.
10. We took a train and went there.

(12)

1. I did a lot of things yesterday.
2. I met Mr Brown a year ago (*fà*).
3. I stayed at home till midday.
4. They decided to leave (*di partire*).
5. She shut the door and opened the window.

6. Who wrote that book?
7. He said that he would come here.
8. We came here a week ago.
9. They drank a lot on (*in*) that occasion.
10. We saw a good film yesterday.

(13)

1. I had been at the club all the evening.
2. He had just returned home.
3. Maria had gone to town.
4. My uncle had just arrived from the country.

5. We had not gone out with them.
6. They had left (on) that day.
7. They had drunk a bottle of gin.
8. Antonio had not seen Maria.
9. They had eaten all the sandwiches.
10. We had bought a new television set.

(14)

Yesterday we went to see (*a trovare*) Tom. He lives in a charming cottage near the road. There were a lot of cars on the road, and we stopped (*ci fermammo a*) to look at them. A little red car came along (*sopraggiunse*) very quickly, but it didn't stop (*non si fermò*). The second car was green, and it stopped in front of the cottage. A man came out of the (*dalla*) car; he had a parcel for Tom. The maid took the parcel and gave it to Tom. Tom opened it and found a present in it: it was a little blue car. We played with it on the carpet for an hour, then the maid called us. A delicious snack was ready for us, and we ate it in the garden. We also drank orange squash, which was very cool. Then we played again.

DRAMMI D'AMORE
Sperò, sparò, spirò.

Lesson 16

The Partitive — The Partitive ne *— More Negative Sentences — Irregular Verb:* condurre *— Word Study: How to translate* little *— Uses of* nemmeno, neppure, neanche *— Uses of* anche

THE PARTITIVE

The following partitives correspond to the English *some, any, a few* and can be used in both affirmative and interrogative sentences:

(1) **del, dello, della** (singular)
   dei, degli, delle (plural)

Ho del denaro.	I have some money.
C'è della cioccolata?	Is there any chocolate?
Vuole del tè, signora?	Will you have some tea, madam?
Hai dei guai?	Have you any troubles?
Ci sono delle ragazze?	Are there any girls?

(2) **qualche** (singular, invariable)

Ho qualche sterlina.	I have some (a few) pounds.
Hai qualche guaio?	Have you any troubles?
Non avete qualche amico?	Haven't you any friends?
C'è qualche ragazza?	Are there any girls?

Note that **qualche** cannot be used with nouns which have no plural, such as denaro, zùcchero, etc.

(3) **alcuni, alcune** (plural)

Ho alcune sterline.	I have some (a few) pounds.
C'èrano alcune ragazze.	There were some (a few) girls.
Parlai con alcuni uòmini.	I spoke with some (a few) men.

OBSERVATIONS

1. In negative sentences, the partitive is normally omitted.

Non ho tempo.	I have no time (I don't have any time).
Non abbiamo amici.	We have no friends.

Non prendiamo tè. We don't have tea.
No, non voglio caffè. No, I don't want any coffee.

2. *A little* (+ noun) is translated by un poco di or un po'di.

un poco (po') di tempo a little time
un po' (poco) di denaro a little money

3. *Without any* is translated into Italian by senza nessun (nessuno, nessuna) or alcun (alcuno, alcuna). The latter are used in the same way as un, uno, una.

senza nessun (alcun) aiuto without any help
senza nessuno (alcuno) sforzo without any effort
senza nessuna (alcuna) speranza without any hope

THE PARTITIVE *ne*

The Italian partitive ne corresponds to *some*, *a few*, and *any* used as pronouns in English. It is placed before the verb, except in the case of infinitives, imperative forms and gerunds where it is added to the end of such verbal forms.

Hai dei libri? Have you any books?
Ne ho. I have some (a few).
Non ne ho. I haven't any.
Non vuoi del caffè? Don't you want any coffee?
Non ne voglio, grazie. I don't want any, thanks.
Ci sono dei giornali? Are there any newspapers?
Non ce ne sono, mi spiace. There aren't any, I'm sorry.
Prèndine! Take some!
Voglio comprarne. I want to buy some.

NOTE: Note the use of ne in the following sentences:

Ne ho cinque. I have five.
Ne ho pochi. I have few.
Ne ho molti. I have many.
Ne voglio cinque. I want five.
Ne voglio molti. I want many.

Ne is also used as a pronoun, with the meaning of *of it* (*about it*), or *of his, of her*.

Che cosa ne pensi? What do you think of it?
Ne conosco l'onestà. I know his (her) honesty.

MORE NEGATIVE SENTENCES

The following negative expressions require non to be used before the verb.

(*a*) nessuno (pron. invariable), nobody, no one, none

B/

(*b*) **nessun, nessuno, nessuna** (adj.), no

(*c*) **nulla**
    niente} nothing

(*d*) **nessuno dei due, nessuna delle due** (used alone or followed by noun), neither (of them)

(*e*) **in nessun luogo**
    da nessuna parte} nowhere

(*f*) **né . . . né**, neither . . . nor

Non vedo nessuno.	I see nobody (I don't see anybody).
Non vedo nessuno di loro.	I see none of them (I don't see any of them).
Non ho nessun amico.	I have no friends (also: **Non ho amici**).
Non voglio nessuna ricompensa.	I don't want any reward (I want no reward).
Non c'è nulla (niente) per te.	There is nothing for you.
Non ho capito niente (nulla).	I didn't understand anything.
Non conosco nessuno dei due.	I know neither (I don't know either) of them.
Non conosco nessuna delle due ragazze.	I don't know either of the two girls (either girl).
Stasera non andiamo in nessun luogo (da nessuna parte).	Tonight we are going nowhere (we aren't going anywhere).
Non ho invitato né Antonio né Marìa.	I have invited neither Antonio nor Maria.

OBSERVATIONS

1. If a negative is used as a subject and precedes the verb, **non** is omitted.

Nessuno parla italiano.	Nobody speaks Italian.
Nessuno dei due parla italiano.	Neither speaks Italian.

2. Also **non . . . mai** (*never*) may be followed by another negative.

Non bevo mai nulla al mattino.	I never drink anything in the morning.
Non fanno mai niente.	They never do anything.

IRREGULAR VERB

Condurre (*to lead, to take, to conduct*)

Present: **conduco, conduci, conduce, conduciamo, conducete, condùcono.**

Imperfect: **conducevo, conducevi, conduceva, conducevamo, conducevate, conducévano.**

Past Definite: **condussi, conducesti, condusse, conducemmo, conduceste, condùssero.**

NOTE: **Produrre** (*to produce*), **dedurre** (*to deduce*), **indurre** (*to induce*) and **addurre** (*to allege*) follow the same pattern of conjugation.

5/

WORD STUDY

How to translate *little*

(1) pìccolo

Vivo in una pìccola città.	I live in a little (small) town.
Questi sono i miei pìccoli amici.	These are my little friends.

Pìccolo also translates *small*.

(2) poco (po')

Poco (po') translates *little* in the sense of quantity as distinct from size (**un poco di pane,** *a little bread*).

Perchè non bevi un poco (po') di vino?	Why don't you drink a little wine?
So un poco (po') di tutto.	I know a little of (about) everything.

NOTE:

pochìssimo	very little
poco tempo	a short time (while)
a poco a poco	little by little
poco dopo	shortly (soon) after
poco prima	shortly before

Uses of nemmeno, neppure, neanche

(1) *not even*

Non ho nemmeno (neppure, neanche) un soldo.	I haven't even a penny (cent).
Non voglio neppure (nemmeno, neanche) vederla.	I don't even want to see her.

Nemmeno, neppure and neanche have exactly the same meaning.

(2) *not . . . either*

Nemmeno, neanche and neppure must always be followed by the subject in this case; the personal pronoun must therefore be used when there is no other subject expressed. They can be placed either at the beginning or at the end of the sentence.

Non fumo neanch'io (Neanch'io fumo).	I don't smoke either.
Non abbiamo la macchina neanche noi (Neanche noi abbiamo la macchina).	We don't have a car either.

(3) *neither (nor)*

Nemmeno, neanche and neppure are always followed by the subject in this case.

«Io non fumo.» «Neanch'io.»	"I don't smoke." "Neither (nor) do I."

« Ieri non siamo usciti.» « Neanche   "Yesterday we didn't go out."
noi.»   "Neither (nor) did we.»

Note that the auxiliary verb (*do, can*) is never translated.

USES OF anche

(1) *also, too, as well*

Anche normally precedes the term it refers to.

Parlai anche con lei.   I also spoke to her.

Vieni anche tu?   Are you also coming? (Are you coming too? Are you coming as well?)

(2) *even*

In this case **anche** can be replaced by **persino** or **perfino**, both of which are, however, slightly stronger.

Lavoriamo anche (persino, perfino) di notte.   We even work at night.
Anche (persino) un bambino sa fare questo.   Even a child can do this.

Go to page 164

VOCABULARY

l'attrazione	attraction	la mela	apple
il biscotto	biscuit	il miele	honey
il bisogno	need	il mozzicone (di	cigarette-end, butt
la bistecca	beefsteak, steak	sigaretta)	
il burro	butter	la panna	cream
la cameriera	maid, waitress	la patata	potato
la carota	carrot	la pera	pear
il chiodo	nail	la pesca	peach
il cibo	food	la piazza	square
la ciliegia	cherry	il pomodoro	tomato
il cliente	client, customer	il portacénere	ash-tray
la dieta	diet	la ricompensa	recompense, reward
la fatica	fatigue, weariness	la salsa	sauce
il formaggio	cheese	la speranza	hope
la fràgola	strawberry	la stella	star
il fumatore	smoker	il tabacco	tobacco
il guaio (*pl.* i guai)	trouble	la verdura	vegetables
l'idea (*pl.* le idee)	idea	la vìsita	visit
l'insalata	salad	il vizio	vice
la marca	brand	l'uovo (*pl.* le	egg
la margarina	margarine	uova)	
la marmellata	jam, marmalade		
arrabbiato	angry, cross	fàcile	easy
bravo	clever, wise	magro	thin, lean

malato	ill, sick	prezioso	precious
moderato	moderate	sufficiente	sufficient
avere voglia di	to feel like	seguire	to follow
consigliare	to advise, to recommend	sentire	to feel
al giorno d'oggi	nowadays	nient'altro	nothing else
al màssimo	at (the) most	veramente	really, truly
al mìnimo	at least		

EXERCISES

Translate into English:

(1)

1. Ho comprato delle cravatte.
2. Ho delle sigarette per te, Antonio.
3. Ho del tabacco per Lei, Signor Bruni.
4. C'è del tè?
5. C'è dello zùcchero?
6. Ci sono dei panini?
7. Ho delle amiche in Inghilterra.
8. Ho visto degli uòmini in piazza.
9. Hai del danaro, Carlo?
10. Vuoi del danaro, Antonio?

(2)

1. Ho degli eccellenti sìgari inglesi.
2. Volete del tè, ragazze?
3. Hai degli amici a Roma, Marìa?
4. Ci sono delle lèttere per Lei, signor Bruni.
5. Ho comprato dei libri italiani.
6. Volete dei giornali italiani?
7. Ho comprato delle riviste inglesi.
8. Hai visto dei buoni film?
9. Vuoi dei cioccolatini, Antonio?
10. C'è della marmellata?

(3)

1. Ho comprato qualche giocàttolo per i bambini.
2. Ho bevuto qualche bicchiere di vino.
3. Abbiamo qualche amico a Firenze.
4. C'è qualche panino per noi?
5. Hai letto qualche libro interessante?
6. Ho visto alcuni amici a teatro.
7. Ho comprato alcune paia di scarpe.
8. C'èrano alcune stelle in cielo.
9. C'èrano alcuni giornali sul tàvolo.
10. C'èrano alcune automòbili in piazza.

(4)

1. Non abbiamo tempo.
2. Io non bevo vino.
3. Non c'è caffè in casa.
4. Non ho comprato giornali oggi.
5. Il nonno non legge giornali.
6. La nonna non beve caffè.
7. Non fumo sigarette, ma sìgari.
8. Non abbiamo danaro.
9. Noi non mangiamo carne il venerdì.
10. Non beviamo mai whisky.

(5)

1. Voglio mangiare un po' di marmellata.
2. Hai un poco di tempo per me?
3. C'è un po' di caffè?
4. Voglio un poco di latte.
5. Ho bevuto un po' di tè.
6. Sono rimasto un po' di tempo alla finestra.
7. Ho un po' di paura.
8. Devi avere un poco di pazienza.
9. Vivo senza nessuna speranza.
10. Ha imparato l'italiano senza nessuna fatica.

(6)

1. Hai dei giornali?
2. Ne ho (alcuni).
3. Non ne ho.
4. Vuoi del caffè?
5. Non ne voglio, grazie.
6. Ci sono dei panini?
7. Non ce ne sono.
8. Hai dei dòllari?
9. Ne ho pochi.
10. Ne ho dieci.

(7)

1. Non conosco nessuno in questa città.
2. Non vedo nessuno.
3. Non ho parlato con nessuno.
4. Non ho comprato nessun libro.
5. Non ho invitato nessuna ragazza.
6. Non so nulla (niente).
7. Non ho mangiato niente (nulla).
8. Non conosco nessuno dei due.
9. Non andai in nessun luogo (da nessuna parte) ieri sera.
10. Non bevo mai nulla al mattino.

(8)

1. Non c'è nessuno in casa.
2. Nessuno parla italiano qui.
3. Nessuno di noi capisce l'inglese.
4. Io non ho nessuna speranza.
5. Non mangiamo mai nulla al mattino.
6. Nessuno dei due andò all'appuntamento.
7. Non conosco né lui né lei.
8. Non andate in nessun luogo stasera?
9. Carlo non parla mai.
10. Non c'era nessuno sotto il letto.

(9)

Io non mangio mai nulla al mattino. A mezzogiorno mangio una bistecca con un po' di verdura e sono a posto (*all right*). So che nessuno mangia così poco, ma io non ho mai voglia di mangiare. Sono magro come un chiodo, ma che cosa posso fare se non sento nessuna attrazione per il cibo?

Nel pomeriggio non bevo né tè né caffè; bevo solo un bicchiere di whisky alle cinque. So che nessuno beve un bicchiere di whisky all'ora del tè, ma io non desìdero nient'altro alle cinque del pomeriggio. Fumo molto, devo dire: nessuno fuma come me, ma io non ho nessun altro vizio, eccetto il bicchiere di whisky alle cinque del pomeriggio. Alla sera non mangio quasi nulla, di sòlito un piatto di insalata è sufficiente per me. Non sono mai stato malato, e consiglio la mia dieta a tutti, ma nessuno la segue.

(10)

« Ci sono delle sigarette sul tàvolo, cara ? »

« No, non ce ne sono. Ne hai fumato molte oggi, tesoro: non capisco perchè tu fumi tante sigarette.»

« Ma non ne fumo molte, cara! Quando bevo una tazza di caffè sento il bisogno di una sigaretta. Alcuni miei amici fùmano trenta o quaranta sigarette al giorno, io ne fumo una diecina al màssimo, sono un fumatore moderato, io! »

« Nel portacénere ci sono alcuni mozziconi di sigaretta, esattamente dieci. Ora sono le tre del pomeriggio e tu hai già fumato dieci sigarette. È chiaro che tu non fumi dieci sigarette al giorno, ma ne fumi venti al mìnimo.»

« Ho avuto delle vìsite oggi, cara, e i mozziconi non sono solo miei. Alcuni miei clienti sono dei fumatori arrabbiati, cara. Allora non ci sono delle sigarette sul tàvolo? »

« Non ce ne sono, ti ho detto! Perchè non mandi la cameriera a comprarne? »

« Buona idea . . . Antonietta! »

« Sì, signore? »

« Puoi andare a comprarmi delle sigarette? Conosci la marca delle sigarette che fumo, non è vero? »

« Sì, signore.»

« Brava. Ecco il danaro, Antonietta.»

« Vado e torno, signore.»

« Non è fàcile trovare delle cameriere come Antonietta al giorno d'oggi, cara.»

« Ho alcune amiche che hanno delle cameriere impossìbili, la nostra è veramente preziosa.»

« Siamo fortunati, cara.»

Supply the appropriate form of **del, dello, della, dei,** *etc.:*

(11)

1. Ho comprato — mele per te, cara.
2. Ho mangiato — pomodori oggi.
3. Devo comprare — patate per stasera.
4. Vuoi — fragole con la panna?
5. C'è — zùcchero in casa?

6. Vuoi — aranciata?
7. Voglio mangiare — carote.
8. Ci sono — panini?
9. Non c'è — burro?
10. Chi vuole — caffè?

(12)

1. Vuoi — ciliege?
2. Ci sono — pere?

3. No, ci sono solo — fichi.
4. Volete — verdura, ragazze?

5. Non c'è — insalata?
6. Ho comprato — pesche.
7. C'è — vino in casa?

8. Vuoi — salsa, cara?
9. Non c'è — formaggio?
10. Hai — sigarette?

Insert qualche *or* alcuni (alcune):

(13)

1. C'era — errore nel tuo còmpito.
2. Ho comprato — giornali.
3. Ho avuto — guaio recentemente.
4. Ho letto — libri interessanti.
5. Abbiamo visto — film interessante.

6. C'èrano — persone che non conoscevo.
7. C'è — buona notizia?
8. — mie amiche viàggiano molto.
9. Ho passato — ore con lui.
10. Sono rimasta — minuto con lui.

Use del, dello, della, dei, *etc. in the questions and* ne *in the answers:*

(14)

1. Hai — sigarette?
2. No, non — ho, mi dispiace.
3. — ho solamente due.
4. C'è — caffè?
5. Ce — è solo un poco.

6. Ci sono — sìgari?
7. Ce — sono ancora tre.
8. Vuoi — cioccolata?
9. No, non — voglio, grazie.
10. Vuoi — tè, invece?

Supply suitable negatives:

(15)

1. Non ho parlato con —.
2. Non conosci — a Roma?
3. Non parlai con —.
4. Io non ho — amico.
5. Noi non abbiamo — speranza.

6. Non ho mangiato —.
7. Non hai bevuto —?
8. Non vedo — Marìa — Antonio.
9. Non ho visto — dei due.
10. Non siamo andati — ieri sera.

(16)

Io — mangio — al mattino. A mezzogiorno mangio una bistecca con un po' di verdura e sono a posto. So che — mangia così poco, ma io — ho — voglia di mangiare. Sono magro come un chiodo, ma che cosa posso fare se — sento — attrazione per il cibo?

Nel pomeriggio — bevo — tè — caffè; bevo solo un bicchiere di whisky alle cinque. So che — beve un bicchiere di whisky all'ora del tè, ma io — desidero — altro alle cinque del pomeriggio. Fumo molto, devo dire: — fuma come me, ma io — ho — altro vizio, eccetto il bicchiere di whisky alle cinque del pomeriggio. Alla sera — mangio quasi —, di sòlito un piatto di insalata è sufficiente per me. — sono — stato malato, e consiglio la mia dieta a tutti, ma — la segue.

Translate into Italian:

(17)

1. Do you have any cigarettes?
2. Do you have any tobacco?
3. Do you have any matches?
4. Do you want some tea, Antonio?
5. Do you want some coffee, Mr Bruni?
6. Do you want some biscuits, Maria?
7. Is there any jam?
8. Is there any sugar?
9. Are there any biscuits?
10. Are there any sandwiches?

(18)

1. I bought some apples.
2. I have a few letters for you, Mr Brown.
3. Do you have any troubles?
4. Did you buy any pears, Maria?
5. Some friends are coming tonight.
6. I have a few letters to write (*da scrivere*).
7. Maria has a few things to do (*da fare*).
8. Some newspapers were on the table.
9. There were a few sandwiches on the tray.
10. I've smoked a few cigarettes.

(19)

1. There is some coffee in the coffee-pot.
2. There is some tea in the tea-pot.
3. Is there any sugar?
4. Do you want some chocolate, madam?
5. Do you want some biscuits?
6. Are there any apples?
7. I bought some peaches for you.
8. Is there any sauce?
9. There were a few tomatoes on the table.
10. Do you want some strawberries?

(20)

1. Isn't there any salad?
2. There is only some cheese.
3. Are there any eggs?
4. There are only a few sausages.
5. Is there any butter?
6. There is only a little margarine.
7. Is there any tea?
8. There is no tea.
9. There is only a little coffee.
10. There is no chocolate, I am afraid.

(21)

1. Have you any cigarettes?
2. I have some.
3. I don't have any, I'm sorry.
4. Are there any apples?
5. There are a few.
6. There aren't any.
7. Do you want some pears?
8. I want some.
9. I don't want any.
10. I want ten, please.

(22)

1. I don't see anybody.
2. I don't know anybody.
3. I didn't meet anybody.
4. I didn't talk to anybody.
5. Nobody phoned, madam.
6. Nobody came to open the door.
7. There was nobody at home.
8. There is nobody in the street.
9. We have no friends here.
10. We have no hope.

(23)

1. I don't eat anything in the morning.
2. Don't you drink anything?
3. There is nothing doing (*da fare*).
4. I drink neither tea nor coffee.
5. We didn't go anywhere last night.
6. Aren't you going anywhere tonight?
7. We never go out in the evening.
8. I never go to bed before midnight.
9. I've never been to Rome.
10. I never drink anything after supper.

FRA AMICHE

« Carlo non mi sposa per denaro: crede che io abbia (*I have*) cento milioni di dote, e non sa che ne ho trecento! »

UNA PARTE MOLTO DIFFÌCILE

L'attrice: Questa è una parte molto diffìcile per una donna.
Il regista: Ma Lei non deve dire nemmeno una parola!
L'attrice: Appunto per questo!

Lesson 17

Future — Uses of the Future — Future Perfect — Hypothetical
Future — Future in Dependent Clauses — Future + Infinitive
— Verbs with Irregular Futures: èssere, avere, andare, venire,
porre, fare, dare, stare, dire, sapere, cadere, dovere, potere,
vedere, vìvere, volere, tenere, rimanere, bere — Word Study:
Uses of appena — Uses of finchè — Uses of fino a

FUTURE

1	2	3
parlerò	leggerò	partirò
parlerai	leggerai	partirai
parlerà	leggerà	partirà
parleremo	leggeremo	partiremo
parlerete	leggerete	partirete
parleranno	leggeranno	partiranno

The future is obtained from the infinitive in the following way:
1st and 2nd Conjugations: by replacing -are or -ere with -erò, -erai, -erà, -eremo,
-erete, -eranno.
3rd Conjugation: by replacing -ire with -irò, -irai, -irà, -iremo, -irete, -iranno.

USES OF THE FUTURE

The Italian future expresses an action which will take place in the future. It corresponds both to the idea of proposed action and to that of command.

Apart from this it can be used to translate:

(1) the present continuous tense, used for the future.

Partirò fra due giorni per Roma.   I'm leaving in two days for Rome.

Domani andremo in città.   Tomorrow we are going to town.

NOTE: In the Italian spoken language, the present continuous tense expressing the idea of future is usually translated by the present indicative.

Parto fra due giorni per Roma.	I'm leaving for Rome in two days.
Domani andiamo in città.	Tomorrow we are going to town.

(2) the future continuous tense.

Partiremo domani in aèreo.	We shall be leaving tomorrow by plane.
Vedrò Marìa domani.	I'll be seeing Maria tomorrow.

(3) the expression *to be going to* . . . .

Che cosa farai, Antonio?	What are you going to do, Antonio?
Che cosa accadrà?	What is going to happen?

NOTE: 1. When *to be going to* . . . expresses intention, it can also be translated by the expression **avere intenzione di** . . .; when it expresses incumbent action, it can be translated by the expression **stare per** . . .

Che cosa hai intenzione di fare, Antonio?	What are you going to do, Antonio?
Ho intenzione di lasciare questo impiego.	I'm going to leave this job.
La corsa sta per cominciare.	The race is about to start.
Sta per piòvere.	It's going to rain.

2. The several English forms corresponding to the Italian future (or to the present indicative used with an idea of future) are shown in the example below:

Quando partirai (parti)?
$\begin{cases} \text{When will you leave?} \\ \text{When are you leaving?} \\ \text{When will you be leaving?} \\ \text{When are you going to leave?} \end{cases}$

FUTURE PERFECT

The future perfect is obtained by means of an auxiliary verb used in the future plus a past participle.

Avrò finito questa traduzione alle otto.	I'll have finished this translation at eight o'clock.
Avrò letto questo libro fra due giorni.	I'll have read this book in two days.

HYPOTHETICAL FUTURE

In Italian the future tense—both simple and perfect—is sometimes used to express a hypothesis or a deduction.

I ragazzi saranno (dévono essere) in giardino.	The boys are probably (must be) in the garden.
Giorgio avrà perduto (deve aver perduto) il treno.	Giorgio has probably (must have) missed the train.

FUTURE IN DEPENDENT CLAUSES

When the main clause is in the future Italian, unlike English, keeps the future tense in dependent clauses introduced by the following conjunctions and phrases:

se	if
quando	when
(non) appena	as soon as
finché (non)	till, until
finché, fintantoché	as long as
dopo che	after
la prima volta che	the first time (that)
la pròssima volta che	the next time (that)

Se andrò a Roma, ti porterò un ricordo.	If I go to Rome, I'll bring you a souvenir.
Quando arriverò a casa, farò un bagno.	When I get home, I'll take a bath.
Ti scriverò (non) appena arriverò.	I'll write you as soon as I arrive.
Non uscirai finché non avrai finito.	You'll not go out till you've finished.
Ti amerò finchè vivrò.	I'll love you as long as I live.
La pròssima volta che andrò in Italia, ti porterò con me.	The next time I go to Italy, I'll take you with me.

FUTURE + INFINITIVE

Verbs expressing idea of movement (**andare, venire**, etc.) and used in the future are followed in Italian by a + infinitive, the latter replacing *and* + infinitive in English.

Andrò a vedere un film.	I'll go and see a film.
Verremo a trovarti domani.	We'll come and see you tomorrow.
Uscirò a comprare della frutta.	I'll go out and buy some fruit.

VERBS WITH IRREGULAR FUTURES

Èssere (*to be*): sarò, sarai, sarà, saremo, sarete, saranno.
Avere (*to have*): avrò, avrai, avrà, avremo, avrete, avranno.

Andare (*to go*): andrò, etc.	**Dovere** (*to have to*): dovrò, etc.
Venire (*to come*): verrò, etc.	**Potere** (*to be able*): potrò, etc.

Porre (*to lay*): porrò, etc.
Fare (*to do, to make, to have*): farò, etc.
Dare (*to give*): darò, etc.
Stare (*to stay, to be*): starò, etc.
Dire (*to say, to tell*): dirò, etc.
Sapere (*to know*): saprò, etc.
Cadere (*to fall*): cadrò, etc.

Vedere (*to see*): vedrò, etc.
Vìvere (*to live*): vivrò, etc.
Volere (*to want*): vorrò, etc.
Tenere (*to hold, to keep*): terrò, etc.
Rimanere (*to remain, to stay*): rimarrò, etc.
Bere (*to drink*): berrò, etc.

WORD STUDY

USES OF appena

(1) *as soon as*

Here appena can be replaced by non appena. In English *as soon as* referring to a future time is followed by the present tense (*As soon as I see you*). In Italian it is followed by the future (Appena ti vedrò).

(Non) appena arriverò, ti scriverò.   As soon as I arrive, I'll write to you.
(Non) appena mi vide, mi chiamò.   As soon as he saw me, he called me.

(2) *hardly, scarcely*

Appena normally follows the verb in this case; a synonym is quasi non, which precedes the verb.

Parla appena l'italiano. (Quasi non   He hardly (scarcely) speaks Italian.
parla l'italiano.)

Ero appena arrivato a casa quando   I had hardly arrived home when Maria
Marìa mi telefonò.   phoned me.

(3) *just*

Here appena can be replaced by un momento fa (*a moment ago*) or un momento prima (*a moment before*).

Sono appena arrivato. (Sono arrivato un momento fa.)   I've just arrived.
Ero appena arrivato. (Ero arrivato un momento prima.)   I'd just arrived.

(4) *no sooner than*

(Non) appena salii sull'autobus in-   No sooner did I get on the bus than I
contrai Pàolo.   met Paolo.
Appena mi vide cominciò a rìdere.   No sooner did he see me than he began
Cadere (*to fall*): cadrò, etc.   to laugh.

USES OF finchè

(1) *till, until*

Here finchè can be replaced by finchè non or fino a quando non. In English *till* (*until*) is followed by a present tense, while in Italian finchè is normally followed by a future tense.

Aspetterò finchè (finchè non, fino a quando non) ritornerai.	I'll wait till (until) you return.
Non lasceremo Roma finchè (non) parleremo un buon italiano.	We won't leave Rome till we speak good Italian.

(2) *as long as*

Here finchè can be replaced by **fintantochè** or **per tutto il tempo che**. All of them require a future tense in Italian.

Ti amerò finchè (fintantochè, per tutto il tempo che) vivrò.	I'll love you as long as I live.

Uses of fino a

(1) *till, until*

Fino a is followed by a noun.

Ho aspettato fino alle tre.	I waited till three o'clock.
Ho dormito fino a mezzogiorno.	I slept until midday.

(2) *as far as*

Fino a becomes fino in before nouns of countries or regions.

Siamo andati fino alla stazione.	We went as far as the station.
Voglio andare fino in Sicilia.	I want to go as far as Sicily.

(3) *up to*

Siamo stati buoni amici finora (fino ad ora).	We have been good friends up to now.
Puoi guadagnare fino a quìndici sterline alla settimana.	You can earn up to fifteen pounds a week.

VOCABULARY

l'accendisìgaro	(cigarette) lighter	la fiamma	flame
l'astronàuta (*pl.* gli astronàuti)	astronaut	la fine	end
		i fumetti	comics, comic strip
la caramella	sweet(meat)	il mostro	monster
il capufficio	head-clerk	la novella	short story
la casetta	cottage	la perla	pearl
il compleanno	birthday	la pietra	stone
la corsa	race	la scàtola	box, tin, can
il dèbito	debt	la scrivanìa	writing-desk
il drago	dragon	il sogno	dream
l'evasione	evasion; get-away, escape	il souvenir, il ricordo	souvenir
la faccenda	matter	la Spagna	Spain

la Toscana	Tuscany	la verità	truth
la traduzione	translation	la villa	villa
il trofeo	trophy		

accadere	to happen	lanciare	to launch, to throw
andare a caccia	to go hunting	nevicare	to snow
cantare	to sing	passeggiare	to walk, to stroll
èssere di ritorno	to be back	pèrdere	to miss, to lose
fare l'insegnante, il dottore, ecc.	to be a teacher, a doctor, etc.	ubbidire (obbedire)	to obey
fare un viaggio (in)	to take a journey, trip (to)		

a propòsito	by the way	completo	complete
beato lui!	lucky fellow!	insòlito	unusual
maledizione!	damn! damnation!	pròssimo, venturo	next
molto	hard	prezioso	precious
Parigi	Paris	stesso	same

EXERCISES

Translate into English:

(1)

1. Quando partirai, Marìa?
2. Partirò domani con l'aèreo delle 3,35.
3. I nostri amici arriveranno domani.
4. Passeremo una settimana insieme.
5. Poi visiteremo la Toscana.
6. I ragazzi ritorneranno da scuola alle 5.
7. Prenderemo il tè alle 5.
8. Domani lavorerò tutto il giorno.
9. Domani sera pranzerò fuori.
10. Non ritornerò a casa prima delle ùndici.

(2)

1. Leggerò una novella, poi prenderò il tè.
2. Scriveremo una lèttera ai nostri amici.
3. Prenderemo un tassì per andare là.
4. A che ora arriverete a Firenze?
5. Che cosa comprerai a Firenze, Antonio?
6. Ti dirò che cosa voglio fare.
7. Il signor Bruni telefonerà alle sette.
8. Chi pulirà le mie scarpe?
9. Domani ti porterò al cìnema, cara.
10. Mi manderai una cartolina da Nàpoli?

(3)

1. Cominceremo una nuova vita, cara.
2. Che cosa mi porterai da Roma, caro?

3. Ti aspetterò alla sòlita ora, tesoro.
4. Chiamerò un tassì per andare a teatro.
5. Domani dormirò fino a mezzogiorno.
6. Il signor Rossi suonerà il piano per noi.
7. Passeremo qualche giorno a Parigi.
8. La signora Rossi canterà una canzone per noi.
9. Noi la ascolteremo pazientemente.
10. Ritorneremo a Londra alla fine del mese.

(4)

1. Che cosa hai intenzione di fare, Carlo?
2. Ho intenzione di partire per un viaggio.
3. Abbiamo intenzione di comprare una màcchina nuova.
4. Il signor Bruni ha intenzione di véndere la sua villa.
5. Avevamo intenzione di comprare una casetta.
6. Abbiamo intenzione di passare le vacanze in Spagna.
7. Hai intenzione di lasciare Londra?
8. Sto per uscire.
9. Stavo per dirgli la verità.
10. Sta per nevicare.

(5)

1. Sarò a casa alle otto, non prima.
2. Antonio sarà molto contento di vederti.
3. A che ora sarai di ritorno?
4. Sarò di ritorno non prima delle otto.
5. Sarai gentile con i miei òspiti?
6. Avrai pazienza con i bambini?
7. Non avrò tempo per andare in città oggi.
8. Avrete il vostro danaro alla fine del mese.
9. Avremo molte cose da fare domani.
10. Avrai le perle che desìderi, cara.

(6)

1. Dove andrai a passare le vacanze?
2. Andrò a Roma: tu andrai a Parigi?
3. Antonio andrà a Firenze per qualche giorno.
4. Non andremo in campagna per la fine di settimana.
5. Le ragazze andranno a una festa.
6. Io non verrò con voi.
7. Verrai alla nostra festa?
8. Marìa verrà qui alle otto.
9. Verrete a prèndere il tè con noi?
10. Tutti i miei amici verranno qui.

(7)

1. A che ora farai colazione, Marìa?
2. Farò colazione all'una.
3. Faremo uno spuntino alle cinque.
4. Domani faremo una passeggiata.
5. Che cosa farete domani?
6. Staremo a casa tutto il giorno.

7. Starai molto a Parigi?
8. Starò a Parigi solo due giorni.
9. Darò una festa molto presto.

10. Daremo una festa da ballo per il tuo compleanno.

(8)

1. Che ora sarà?
2. Saranno le due, penso.
3. I ragazzi saranno in giardino.
4. Carlo sarà uscito.
5. Sarai molto stanco, poverino!
6. Antonio avrà bevuto almeno cinque bicchieri di vino.
7. Lo zio sarà andato alla stazione.
8. La zia avrà perduto il treno.
9. Antonio sarà già a letto a quest'ora (*by now*).
10. Questo film sarà bello, ma non mi piace.

(9)

1. Se passerai gli esami, ti farò un magnìfico regalo.
2. Quando saprai l'inglese, ti manderò in Inghilterra.
3. Appena arriverò a casa, prenderò una tazza di tè.
4. Non pranzerò finchè non avrò finito questa traduzione.
5. La pròssima volta che andrò in Amèrica, ti porterò con me.
6. Se ubbidirai, avrai una bella caramella, Pierino.
7. Quando avrò il danaro, farò un viaggio in Spagna.
8. Stasera andremo a vedere un film interessante.
9. Verrai a vedere la nostra nuova casa?
10. Domani sera andremo a sentire un concerto.

(10)

Sono stanco di questa vita! Ogni mattina vado in ufficio alla stessa ora, ritorno a casa alle dódici, sono di nuovo in ufficio alle due, ritorno a casa alle sette. Che vita è questa?

Domani non andrò in ufficio, ho deciso. Stasera telefonerò per dire che non sto bene e non posso lasciare il letto. Domani mattina resterò in letto fino alle dieci, poi farò colazione e leggerò i giornali. Che cosa farò dopo? Uscirò e andrò a trovare un vecchio amico che non lavora mai, beato lui! Passeggeremo un poco, prenderemo un Martini insieme, poi ritornerò a casa a fare colazione. Quando avrò mangiato, farò un pisolino fino alle quattro. Poi prenderò un caffè e uscirò di nuovo, se il tempo sarà bello. Non ritornerò a casa per la cena, mangerò in un ristorante. Poi prenderò un tassì e andrò a teatro o a un concerto. Dopo il teatro, o il concerto, andrò in un *night club* a bere qualcosa, poi ritornerò a casa. Sarà una giornata di completa evasione per me.

Suona il telèfono . . . chi sarà? . . . pronto, chi parla? . . . ah, buona sera, signor Rossi . . . no, non mi ha disturbato affatto . . . domani mattina? . . . va bene, signor Rossi . . . a domani . . . buona notte!

Maledizione! Domani mattina dovrò èssere in ufficio un'ora prima del sòlito. Il capufficio ha del lavoro importante per me. Addìo ai miei sogni di evasione! Che vita!

(11)

« Che cosa farai quando sarai grande, Pierino? »

« Farò l'astronàuta.»

« Davvero? E perchè vuoi fare l'astronàuta? »

« Perchè potrò volare sulla luna.»

« E quando sarai sulla luna, che cosa farai, Pierino? »

« Andrò a caccia.»

« A caccia di che cosa? »

« A caccia di mostri, zio. Ho letto nei fumetti che sulla luna ci sono orrìbili mostri.»

« E con che cosa andrai sulla luna, Pierino? »

« Con un razzo, naturalmente. In poche ore sarò sulla luna con un razzo.»

« E che cosa porterai dalla luna, Pierino? »

« Trofei di caccia e pietre preziose per la mamma.»

« E per il papà che cosa porterai? »

« Al papà porterò un pìccolo drago che lancia pìccole fiamme dalla bocca. Lo potrà usare come accendisìgaro, e lo metterà sulla sua scrivanìa in ufficio.»

« A propòsito, Pierino, vuoi andare un momento dal tabaccaio a comprarmi una scàtola di fiammìferi? Dovremo usare fiammìferi, finchè tu non ritornerai dalla luna con il pìccolo drago.»

« Ma io porterò il pìccolo drago al papà, non a te, zio! »

« Ma spero che il papà mi presterà il suo insòlito accendisìgaro qualche volta! »

Replace the infinitives with the correct form of the future:

(12)

1. Stasera (guardare) la televisione.
2. Il papà mi (portare) al cìnema doménica.
3. Noi (mangiare) fuori stasera.
4. A che ora (ritornare) a casa Antonio?
5. Noi (ritornare) a casa alle otto.
6. Carlo (partire) domani per l'Italia.
7. I ragazzi (seguire) un corso d'inglese l'anno venturo.
8. Chi mi (portare) alla stazione?
9. Essi (partire) domani mattina.
10. Lo zio (finire) la traduzione per noi.

(13)

1. Io (prèndere) l'autobus delle sette.
2. Noi (prèndere) il tè con i nostri amici.
3. Io (lèggere) il giornale, poi (guardare) la televisione.
4. Il papà (véndere) la sua vecchia automòbile.
5. Essi ti (convìncere) a venire alla festa.
6. Domani non (piòvere).
7. Noi (riposare) un poco, poi (prèndere) il caffè.
8. Antonio (comprare) un nuovo televisore?
9. Io (parlare) a Carlo della faccenda.
10. Il signor Rossi (cenare) fuori stasera.

(14)

1. A che ora (arrivare) il treno?
2. Le ragazze (partire) alle otto.
3. Io (ritornare) a casa prima delle sette.
4. Mi (mandare) una cartolina da Roma, Antonio?
5. Quando (arrivare) a Firenze, ragazze?
6. Noi (comprare) una nuova automòbile.
7. Antonio (passare) le vacanze al mare.
8. Noi (restare) in città.
9. Noi (lasciare) Londra domani mattina.
10. Essi (arrivare) a Firenze a mezzanotte.

(15)

1. Noi (èssere) di ritorno alle otto.
2. La zia (èssere) contenta di vederti.
3. Io (èssere) già a letto a mezzanotte.
4. I ragazzi (èssere) felici di partire.
5. Le ragazze (èssere) felici di restare.
6. Io (avere) molte cose da fare domani.
7. Noi (avere) una vita felice, tesoro.
8. Voi (avere) un giorno di vacanza?
9. Marìa (avere) un pomeriggio lìbero.
10. Un giorno noi (avere) una bella casa in campagna.

(16)

1. Stasera io (andare) al cìnema.
2. Il signor Rossi non (andare) all'ufficio oggi.
3. La ragazza (andare) a Roma alla fine del mese.
4. Antonio (venire) qui alle sette.

5. Le ragazze (venire) qui alle otto.
6. Noi (stare) due giorni a Roma, poi (andare) a Firenze.
7. Io non (potere) venire a casa tua prima delle dieci.
8. Noi (dovere) pagare i nostri débiti.
9. Essi (dovere) lavorare molto.
10. Lo zio non (potere) partire prima di domani.

Translate into Italian:

(17)

1. I will eat out tonight.
2. We will return home at midnight.
3. I will talk to Mr Brown tomorrow.
4. Maria will take a taxi to go to the station.
5. We will take a bus to go to town.
6. We will have tea at five o'clock.
7. They will eat at eight o'clock.
8. When will you leave London?
9. I will spend my holidays at the seaside.
10. When will you return home, Mr Brown?

(18)

1. Where will you spend the week-end?
2. I will send you a postcard from Naples.
3. We will buy many souvenirs in Florence.
4. This course will finish at the end of the month.
5. Do you think that it will rain tomorrow?
6. We will not go out in (*con*) this weather.
7. Antonio's father will buy a new car.
8. He will sell his old car.
9. I will wait for you at the usual time.
10. Will you arrive late?

(19)

1. I will be at home at five o'clock.
2. We will be back at midnight.
3. Will you be at home at nine, Mr Brown?
4. Maria will be very glad to see us.
5. The boys will be here for tea.
6. Will you be patient with me, Maria?
7. They will have a lot to do (*da fare*) tomorrow.
8. You will have the money tomorrow, Mr Smith.
9. I won't have time to go to town.
10. We will have a nice cottage one day.

(20)

1. Where are you going tonight, Antonio?
2. I'm going to the theatre with Maria.

3. Carlo is leaving for Rome tomorrow.
4. Uncle is arriving the day after tomorrow.
5. Miss Smith is coming back from Florence tomorrow.
6. My friends are coming here to watch television with us.
7. Is Maria coming too?
8. I'm going to buy a new car.
9. Where are you going to spend your holidays, Tom?
10. We are going to buy a new television set.

(21)

1. We will have lunch at midday.
2. When shall we have breakfast?
3. The boys will have a snack at five.
4. I shan't be able to come with you.
5. What shall I have to do?
6. You'll have to study hard.
7. I will give you a book to read (*da lèggere*).
8. How long (*Quanto tempo*) will you stay in Rome, Mr Brown?
9. If you come with me, we'll go to the cinema.
10. I will write to you when I arrive in (*a*) Florence.

(22)

1. What's the time?
2. It must be one o'clock.
3. It must be two o'clock.
4. The boys are probably in the garden.
5. You must be very tired, Maria.
6. It must be very late.
7. Carlo has probably missed the train.
8. He must have worked hard.
9. She must have forgotten me.
10. She must be in bed by now (*a quest'ora*).

NON È LA STESSA COSA

« Scusi, signore, che ore sono? »
« Fra dieci minuti sarà l'una.»
« Io Le ho domandato che ora è adesso, non fra dieci minuti.»

Lesson 18

Irregular Adjectives — Demonstrative Adjectives — Combined Nouns — Irregular Verb: trarre — Word Study: Uses of bello — Uses of quanto, troppo, tanto

IRREGULAR ADJECTIVES

The following adjectives have shortened forms which are used when they precede a noun.

SINGULAR	PLURAL	MEANING
quello, quel, quell'	quei, quegli	that, those
quella, quell'	quelle	
bello, bel, bell'	bei, begli	beautiful, fine,
bella, bell'	belle	lovely, handsome, nice
buono, buon	buoni	good
buona, buon'	buone	
grande, grand', gran	grandi	great, large, big, grand
grande, grand', gran	grandi	
santo, sant', san	santi	saint
santa, sant'	sante	

OBSERVATIONS

1. **Quello** and **bello** imitate the definite article (**il, lo, la,** etc.).

quello sbaglio	that mistake	quell'idea	that idea
quel giorno	that day	quei ragazzi	those boys
quell'anno	that year	quegli occhi	those eyes
quella ragazza	that girl	quelle ragazze	those girls

bel ragazzo	handsome boy	bei ragazzi	handsome boys
bella ragazza	lovely girl	belle ragazze	lovely girls
bell'idea	nice idea	begli occhi	beautiful eyes

2. **Buono**, in the singular, has forms similar to those of the indefinite article **un, uno, un'** and **una**. The forms of the plural are regular (**buoni, buone**).

un buòn amico	a good friend
un buono stipendio	a good salary
una buona cuoca	a good cook
un buon cuoco	a good cook
una buon'amica	a good girl friend
due buoni amici	two good boy friends
due buone amiche	two good girl friends

3. **Grande** usually becomes **gran** before masculine singular nouns beginning with a consonant (except s impure or z), and **grand'** before any noun beginning with a vowel.

un grande sbaglio	a great mistake
un gran successo	a great success
un grand'uomo	a great man
una grande città	a large city
una grand'abilità	a great ability
due grandi amici	two great friends
due grandi amiche	two great friends

NOTE: The shortened forms **gran** and **grand'** can always be replaced by **grande**.

un grande successo	a great success
un grande uomo	a great man

4. **Santo** becomes **San** before masculine singular names beginning with a consonant (except s impure or z), and **Sant'** before any name beginning with a vowel.

San Giorgio	Saint George
Sant'Alberto	Saint Albert
Sant'Anna	Saint Anne
Santo Stefano	Saint Stephen

5. The adjectives listed above retain their full form when they follow the noun they qualify (which seldom happens), or when they are placed after the verb **èssere**.

«Il prete bello.»	*The Handsome Priest.* (Novel)
Un uomo buono.	A good man.
Quell'uomo è grande.	That man is great.

DEMONSTRATIVE ADJECTIVES

questo, questa; questi, queste	this; these
quello, quel, quell', quella, quell'; quei, quegli, quelle	that; those
codesto, codesta; codesti, codeste	that; those

Both quello and codesto translate *that*, bearing in mind that quello refers to something equally far from the person speaking and the person addressed, while codesto refers to something near the person addressed. Such distinction is not usually observed in the spoken language, when quello is used.

Before a singular noun beginning with a vowel, both questo and codesto elide the final vowel and become quest' and codest'.

Chi è questo ragazzo?	Who is this boy?
Chi è quest'uomo?	Who is this man?
Chi è questa ragazza?	Who is this girl?
Ero a Londra quell'anno.	I was in London that year.
Mi piace quella ragazza.	I like that girl.
Quell'idea era buona.	That idea was good.
Chi sono quegli uòmini?	Who are those men?
Chi sono quelle donne?	Who are those women?
Di chi è codesto libro?	Whose book is that?

OBSERVATIONS

1. *The one which, the ones which* are translated by quello (quella) che, quelli (quelle) che, respectively.

The . . . one (or *ones*) is translated by quello (-a, -i, -e) + adjective.

Questo libro non è quello che volevo.	This book isn't the one I wanted.
La mia màcchina è quella che vedi là.	My car is the one you see there.
Quella rossa?	The red one?
No, quella nera.	No, the black one.

2. The following demonstrative pronouns are used to refer to persons only and are normally used only in the written language:

costui	this man, this boy	costoro	these men (boys), these women (girls)
costei	this woman, this girl		
colui	that man, that boy	coloro	those men (boys), those women (girls)
colei	that woman, that girl		

Non conosco costui.	I don't know this man.
Chi sono costoro?	Who are these men (women)?
Colei non è sua moglie.	That woman isn't his wife.

COMBINED NOUNS

In English a noun may be preceded by another acting in an adjectival capacity (indicating nature or purpose, etc.)—e.g. *gold watch*. This is usually rendered in Italian by two nouns linked by **di** or **da**, or sometimes by one single Italian noun.

gold watch	orologio d'oro	kitchen broom	scopa da cucina
silver spoon	cucchiaio d'argento	toothbrush	spazzolino da denti
straw hat	cappello di paglia	alarm-clock	sveglia
tin (box)	scàtola di latta	ash-tray	portacénere
paper cup	tazza di cartone	cigarette-lighter	accendisìgaro
tea-cup	tazza da tè	cigarette-case	portasigarette
tea-pot	teiera	horse-race	corsa di cavalli
coffee-cup	tazza da caffè	race-horse	cavallo da corsa
coffee-pot	caffettiera	heart attack	attacco di cuore
tea-spoon	cucchiaino (da tè)	youth hostel	albergo della gioventù
wine-glass	bicchiere da vino	business man	uomo d'affari
sugar-basin	zuccheriera	morning paper	giornale del mattino
salt-cellar	saliera	evening paper	giornale della sera
cruet	oliera	London Bridge	Ponte di Londra
ticket-office	biglietterìa	London train	treno di Londra
two o'clock train	treno delle due	five pound note	banconota da 5 sterline
fellow-traveller	compagno di viaggio		
police station	posto di polizía	half-pint bottle	bottiglia da mezza pinta

In present-day Italian a noun can be followed by another noun expressing the purpose or characteristic of the first. The combined noun has the number and the gender of the first noun.

carrozza ristorante	dining-car
carrozze letto	sleeping-cars
carrozza fumatori	smoking-carriage, smoker
treno merci	goods train
treno passeggeri	passenger train
ufficio informazioni	information office
ufficio passaporti	passport office
ufficio stampa	press office
conferenza stampa	press conference
depòsito bagagli	cloak room

IRREGULAR VERB

Trarre (*to pull, to draw (out)*)

Present: **traggo, trai, trae, traiamo, traete, tràggono.**
Imperfect: **traevo, traevi, traeva, traevamo, traevate, traévano.**
Past Definite: **trassi, traesti, trasse, traemmo, traeste, tràssero.**
Future: **trarrò, trarrai, trarrà, trarremo, trarrete, trarranno.**
Past Participle: **tratto.**

NOTE: **Distrarre** (*to distract*), **contrarre** (*to contract*), **detrarre** (*to detract, to deduct*), **protrarre** (*to protract*), **ritrarre** (*to withdraw, to draw back*) and **astrarre** (*to abstract*) follow the same pattern of conjugation.

WORD STUDY

USES OF **bello**

Bello translates *beautiful, lovely, handsome, fine, nice, fair*, etc.

bel bambino	beautiful baby (child)
bella donna	beautiful woman
begli occhi	beautiful eyes
bella ragazza	lovely girl
bel vestito	lovely dress
bei fiori	lovely flowers
bell'uomo	handsome man
bel cavallo	handsome horse
bella faccia	handsome face
bel tempo	fine weather
bell'ànimo	fine soul
belle maniere	fine manners
bello spettàcolo	(very) good show
bel sesso	fair sex
bella conversazione	pleasant conversation

OBSERVATIONS

1. *Fine* can also be translated by *fine*, in the sense of *subtle* or *delicate* or *thin*.

maniere fini	fine manners
calze fini	fine stockings

2. *Nice*, referring to people, is normally translated by **simpàtico** (*agreeable*) or **gentile** (*kind*).

ragazza simpàtica   nice girl
signora gentile   nice woman

3. The translation of *fair* meaning *blond* is **biondo**.

capelli biondi   fair hair

4. *Fair* in the sense of *just* is **giusto** or **leale** which has more the connotation of *honest*.

giuoco leale   fair play
parti giuste   fair shares

Uses of **quanto, troppo, tanto**

quanto { how / how much / how many   **troppo** { too / too much / too many   **tanto** { so / so much / so many

Observations

1. When used as adjectives, **quanto, troppo** and **tanto** are variable. As singular pronouns they are invariable.

As *adjectives*: « Quante sterline hai speso? » « Troppe.»
               « Quanti anni hai? » « Troppi.»
               « Quanto danaro vuoi? » « Tanto.»
               « Quanta frutta devo comprare? » « Tanta.»

As *singular pronouns*: « Quanto costa questo libro? » « Troppo.»
                      « Quanto vuoi? » « Tanto.»

As *plural pronouns*: « Quanti sono? » « Troppi.»
                 « Quanti (Quante) eravate? » « Tanti (Tante).»

2. *How* + adjective (or adverb) + *to be* is, in Italian, **quanto** (invariable) + **èssere** + adjective (or adverb). **Quanto** can be replaced by **come**.

Quanto (come) sei gentile!   How kind you are!
Quanto (come) è noioso Pàolo!   How boring Paolo is!

3. **Tanto** + adjective or adverb can be replaced by **così**.

Lei è così (tanto) gentile.   You are so kind.

4. *So* or *too* + adjective + noun is, in Italian, noun + **così** or **troppo** + adjective.

Una signora così gentile.   So kind a lady. (Such a kind lady.)
Una cosa troppo sciocca.   Too silly a thing.

b/ 5. *How long*, *too long* and *so long* are translated by **quanto (tempo)**, **troppo**
(tempo), tanto (tempo), respectively.

Quanto (tempo) starai via?   How long will you stay away?
Troppo (tempo)!   Too long!

VOCABULARY

l'abilità	ability, skill	il marciapiede	platform, pavement, side-walk
l'appartamento	flat, apartment		
l'appetito	appetite	il Natale	Christmas
l'argento	silver	l'oro	gold
l'aspetto	aspect, look, appearance	la Pasqua	Easter
		il peccato	sin; pity
l'attore	actor	la pioggia	rain
il bugiardo	liar	il pittore	painter
la carta	paper	il poeta (*pl.* i poeti)	poet
il cartone	cardboard		
il cavallo	horse	il prete	priest
il chiosco	kiosk, stand	la scala	scale; staircase
il compagno	companion	lo scienziato	scientist
il compagno di viaggio	fellow-traveller	lo scompartimento	compartment
il cuoco	male cook, chef	lo scrittore	writer
la cuoca	female cook	lo scultore	sculptor
il dio (*pl.* gli dei)	god	il seduttore	seducer
il direttore d'orchestra	conductor	la sorpresa	surprise
		la spesa	expense
il divertimento	amusement, fun	lo spettàcolo	spectacle, show
il facchino	porter	la stagione	season
il fascio	bundle, sheaf	lo statista (*pl.* gli statisti)	statesman
la figura	figure		
il funerale	funeral	la stazione balneare	seaside resort
la gamba	leg		
l'idea	idea	lo stipendio	salary
l'impiegato	employee; clerk	il successo	success
la latta	tin	la valigia	suitcase
il lusso	luxury	il viso	face
la mancia	tip		
accèndere	to light	ordinare	to order
brindare	to toast	recitare	to act; to recite
dipèndere (da)	to depend (on)	scortare	to escort
dirìgere	to manage, to run	tentare	to tempt
morire	to die	vìncere	to win

convincente	convincing	gradévole	agreeable, pleasant
deprimente	depressing	modesto	modest
discreto	fairly good; discreet	raro	rare
distinto	distinguished; distinct	splèndido	splendid
eccitante	exciting	vuoto	empty
gióvane	young		
abbastanza	enough	possibilmente	possibly, if possible
alla moda	fashionable	quasi	nearly, almost

EXERCISES

Translate into English:

(1)

1. Quel libro è tuo?
2. Quello sbaglio è stato enorme.
3. Antonio è in quella stanza.
4. Non conosco quell'uomo.
5. Chi è quella donna?
6. Chi sono quei ragazzi?
7. Chi sono quelle ragazze?
8. Chi sono quegli uòmini?
9. Ero a Roma in quell'anno.
10. È tua quell'automòbile?

(2)

1. La signora Bruni è una bella donna.
2. Il signor Bruni è un bell'uomo.
3. Marìa è una bella ragazza.
4. Marìa ha due begli occhi.
5. Che belle gambe!
6. È stato un bello spettàcolo.
7. Ho due bei bambini.
8. Ho letto un bel libro.
9. C'èrano due belle ragazze a quella festa.
10. I begli uòmini sono molto rari.

(3)

1. Buon giorno, buon uomo!
2. Buona sera, buona donna!
3. Buon anno a tutti!
4. Buon viaggio!
5. Buona fortuna!
6. Buon appetito!
7. Buon lavoro!
8. Buon Natale!
9. Buona Pasqua!
10. Buon divertimento!

(4)

1. Ribot è stato un gran cavallo.
2. Londra è una grande città.
3. Il Mississipi è un grande fiume.
4. Picasso è un gran pittore.
5. Manzoni è un grande scrittore.
6. Un grand'uomo? Leonardo.
7. Un grande direttore d'orchestra? Toscanini.
8. Un grande scienziato? Einstein.
9. Un gran seduttore? Casanova.
10. Un grande poeta? Dante Alighieri.

(5)

1. Queste sigarette non sono quelle che desideravo.
2. Questa màcchina è quella che ho sempre desiderato avere.
3. Questo libro è quello che cercavo.
4. Grazie per il libro: è quello che desideravo.
5. Queste scarpe sono quelle che desideravo.
6. Chi è costui?
7. Chi è costei?
8. Costoro sono miei amici.
9. Lei conosce costoro, signore?
10. Colui che gli dei àmano muore gióvane.

(6)

1. Mi hanno regalato un orologio d'oro.
2. Ho comprato sei tazze da tè.
3. Vuoi una tazza di tè, Antonio?
4. Dov'è il mio spazzolino da denti?
5. Le piace questa zuccheriera d'argento, signora?
6. Posso avere un cucchiaino?
7. Dove hai messo la teiera?
8. C'è un portacénere?
9. Non trovo il mio portasigarette.
10. Il signor Rossi ha avuto un attacco di cuore.

(7)

1. Marìa mi ha regalato un accendisìgaro d'oro.
2. Non sento mai la sveglia al mattino.
3. Ribot è stato un gran cavallo da corsa.
4. Io vado sempre alle corse di cavalli.
5. C'è un bell'albergo della gioventù in questa città.
6. Mio zio è un uomo d'affari.
7. Leggiamo sempre i giornali della sera.
8. Sono arrivato con il treno delle due.
9. Partirò con il treno della notte.
10. Ho pagato con una banconota da dieci mila lire.

(8)

1. Abbiamo viaggiato in carrozza letto.
2. La carrozza ristorante era quasi vuota.
3. Dov'è la carrozza fumatori, per favore?
4. Vado un momento all'ufficio informazioni.

5. L'ufficio passaporti è chiuso.
6. Dov'è l'ufficio stampa, per favore?
7. La conferenza stampa è stata molto interessante.
8. È arrivato un treno merci.
9. Sono arrivati due treni passeggeri.
10. Il depòsito bagagli è chiuso.

(9)

Io viaggio raramente: sono un modesto impiegato che guadagna abbastanza per vìvere, senza lusso e spese pazze. Ma le poche volte che viaggio, io divento un altro uomo, e il modesto impiegato sparisce. Viaggiare è per me una splèndida avventura, un'evasione dalla routine di ogni giorno.

Quando parto per un viaggio prendo un tassì che mi porta alla stazione, do una ricca mancia all'autista, prendo un biglietto di prima classe alla biglietterìa, compro un fascio di giornali e riviste al chiosco dei giornali, poi chiamo un facchino che mi scorta fino al marciapiede da dove parte il mio treno.

Entro in uno scompartimento di prima classe, possibilmente senza bambini. I miei compagni di viaggio dévono essere distinti, e, se donne, di aspetto gradévole: i compagni di viaggio sono molto importanti, e il successo di un viaggio dipende molto da loro. Comincio a conversare con loro, dico che sono un uomo d'affari, che dirigo una fàbbrica importante; per rèndere le mie parole più convincenti, accendo un buon sìgaro.

Quando viene l'ora di pranzo, vado nella carrozza ristorante, órdino un buon pranzo con una bottiglia di vino francese. Ritorno nel mio scompartimento, e la conversazione con i miei compagni di viaggio continua. A questo punto parlo della mia magnìfica villa al mare, in una stazione balneare alla moda (naturalmente io non ho nessuna villa al mare), e invito tutti a passare qualche settimana con me in estate.

Devo dire che sono un discreto attore, e tutti mi crédono: quando viaggio, mi piace recitare.

(10)

« Buon giorno, signor Rossi! »

« Buon giorno! Ah, è Lei! Parte anche Lei, signor Bianchi? »

« Sì, vado a Roma per un funerale. E Lei dove va? »

« Io vado a Venezia: passerò là la fine di settimana, due giorni di evasione dalla sòlita vita.»

« Beato Lei! Ha già preso il biglietto? No?... Allora andiamo alla biglietterìa.»

« Ora devo andare al depòsito bagagli dove ho lasciato la mia valigia.»

« L'accompagno, signor Rossi. Peccato che io devo andare a Roma per un funerale, l'idea di andare a Venezia è molto più eccitante.»

« Perchè non viene con me a Venezia, signor Rossi? Lei manda un telegramma ai suoi parenti, dice che affari importanti non le perméttono di partire, e andiamo insieme a Venezia.»

« Lei mi tenta, signor Rossi. I funerali sono così deprimenti, e Venezia è un sogno, in questa stagione. Ho deciso, vengo con Lei! Vado all'ufficio postale per mandare il telegramma e alla biglietterìa per cambiare il biglietto.»

« Benìssimo, signor Bianchi. Io vado a comprare un paio di riviste al chiosco dei giornali: l'aspetterò qui.»

« Fatto, signor Rossi! A che ora partiamo? »

« Partiamo con il treno delle 5,55. Abbiamo il tempo per bere qualcosa e brindare al successo del nostro viaggio. Arriveremo a Venezia fra tre ore, ceneremo al « Danieli », e poi faremo una vìsita al Casinò.»

« Splèndida idea! E speriamo di vìncere un sacco di soldi! »

Insert quello, quel, quella, etc.:

(11)

1. Non conosco — ragazza.
2. — ragazzo è un mio amico.
3. Voglio prèndere — autobus.
4. Chi sono — ragazzi?
5. Chi sono — studenti?

6. — orologio è di mio padre.
7. — portasigarette è di mio zio.
8. Non mi piàcciono — tuoi amici.
9. Conoscete — signora?
10. — attori sono molto bravi.

Insert bello, bel, bella, etc.:

(12)

1. Sei proprio una — ragazza, Marìa.
2. Antonio è un — ragazzo.
3. Il signor Bruni è un — uomo.
4. Chi è quella — donna?
5. Che — occhi!

6. Che — viso!
7. Che — figura!
8. Che — bambini!
9. Che — bambine!
10. Che — uòmini!

Insert buono, buon, buona, etc.:

(13)

1. Che — uomo!
2. Che — donna!
3. — Natale, ragazzi!
4. — Pasqua, ragazze!
5. Hai fatto — viaggio, Marìa?

6. Ha fatto — affari, signor Rossi?
7. Ti àuguro — notte.
8. Esse sono — amiche.
9. Noi siamo — amici.
10. — anno a tutti!

Insert **grande, gran, grand'**, etc.:

(14)

1. Parigi è una — città.
2. La commèdia è stata un — successo.
3. Un — scultore? Henry Moore.
4. È stata una — occasione.
5. Sei un — bugiardo, Enrico!

6. Carlo, sei un — uomo!
7. Marìa, sei una — donna!
8. Tu vuoi fare — cose.
9. Le — piogge cominceranno presto.
10. È stato un — sbaglio.

Translate into Italian:

(15)

1. Who is that man?
2. Who is that woman?
3. I don't know those boys.
4. I don't know those men.
5. I don't know those girls.

6. Do you know that boy?
7. I wasn't at home that evening.
8. Were you at home at that time?
9. I don't like those friends of yours.
10. I don't know those women.

(16)

1. Do you know that lovely girl?
2. Who is that handsome man?
3. Maria has two beautiful eyes.
4. What a (*Che*) nice flat!
5. What a lovely song!

6. It was (*C'era*) fine weather.
7. What a fine picture!
8. It was a nice surprise for me.
9. She is a lovely girl.
10. She has lovely hair.

(17)

1. A good friend is very rare.
2. Did you have a good journey, Mr Brown?
3. Carlo and Paolo are good friends.
4. We received some good news from Rome.
5. He has been a good husband to (*per*) her.

6. She will be a good wife to (*per*) him.
7. This is a good opportunity for them.
8. He is a good man.
9. A merry Christmas to everybody!
10. Good luck, my good friend!

(18)

1. I want to buy a big car.
2. She bought a large mirror.
3. Rome is a large city.
4. We rented a large flat.
5. We do business on a (*su*) large scale.

6. Raffaello is a great painter.
7. Michelangelo is a great sculptor.
8. It has been a grand occasion.
9. He was a great statesman.
10. You are a big liar!

(19)

1. May I have a cup of tea?
2. There are no tea-cups, I'm afraid.
3. Have you seen my tooth-brush, Maria?
4. I've bought a new cigarette lighter.
5. I've bought a set of wine-glasses.
6. We often go to the horse-races.
7. That was a great race-horse.
8. Is there a youth hostel in this town?
9. That man had a heart attack.
10. That man is a rich business man.

(20)

1. We took the Edinburgh train.
2. We arrived by the night train.
3. Have you read the morning papers, Antonio?
4. I left my suit-case in the cloak-room.
5. Where is the ticket-office?
6. We had lunch in the dining-car.
7. I must go to the police station now.
8. The information office is not open.
9. A goods train has just arrived.
10. The dining-car was full.

MARITI E MOGLI

« Caro, c'è troppo sale nella minestra? »
« No, c'è troppo poca minestra nel sale.»

« Il pròssimo mese festeggeremo le nozze d'argento, caro.»
« Se aspettiamo altri cinque anni, festeggeremo la fine della guerra dei trent'anni, cara.»

« Una pelliccia nuova?   Ma quella vecchia è ancora in buone condizioni! »
« Lo vedi?   Tu stesso riconosci che è vecchia! »

Lesson 19

Ordinal Numbers — Fractions — Iterative Numbers — Multiplicative Numbers — Distributive Numbers — Days of the Week and Months of the Year — Prepositions of Time — Age — Irregular Verbs: nascere, morire, compire — Word Study: Uses of presto — Uses of fra (tra)

ORDINAL NUMBERS

1st	primo	21st	ventunèsimo
2nd	secondo	22nd	ventiduèsimo
3rd	terzo	23rd	ventitreèsimo
4th	quarto	24th	ventiquattrèsimo
5th	quinto	25th	venticinquèsimo
6th	sesto	26th	ventiseièsimo
7th	sèttimo	27th	ventisettèsimo
8th	ottavo	28th	ventottèsimo
9th	nono	29th	ventinovèsimo
10th	dècimo	30th	trentèsimo
11th	undicèsimo (undècimo)	40th	quarantèsimo
12th	dodicèsimo (duodècimo)	50th	cinquantèsimo
13th	tredicèsimo	60th	sessantèsimo
14th	quattordicèsimo	70th	settantèsimo
15th	quindicèsimo	80th	ottantèsimo
16th	sedicèsimo	90th	novantèsimo
17th	diciassettèsimo	100th	centèsimo
18th	diciottèsimo	1000th	millèsimo
19th	diciannovèsimo	1,000,000th	milionèsimo
20th	ventèsimo		

OBSERVATIONS

1. Ordinal numbers, being adjectives, vary according to the number and gender of the noun they qualify (primo, prima, primi, prime).

Non è la prima volta.   It is not the first time.

Per la centèsima volta.	For the hundredth time.
Il ventèsimo capìtolo.	The twentieth chapter.
Essi fùrono i primi.	They were the first.

2. In the case of *dates*, ordinal numbers are only used for the first day of the month. Cardinal numbers preceded by the definite article are used for the remaining days of the month.   The preposition *on* is never translated before dates.

Qual'è la data di oggi? ⎫ Quanti ne abbiamo oggi? ⎭	What is today's date?
È il primo (di) Aprile.	It is the first of April.
È il due (di) Aprile.	It is the second of April.
Il tre (di) Aprile ero a Parigi.	On the third of April I was in Paris.

3. *Henry VIII*, *Elizabeth II*, etc., are written, as in English, with Roman figures and read **Enrico ottavo**, **Elisabetta seconda**, etc.

Instead of **undicèsimo, dodicèsimo, tredicèsimo**, etc., the forms **decimoprimo, decimosecondo, decimoterzo**, etc., may be used in reference to sovereigns, popes and centuries.

Giovanni decimoterzo	John XIII
Il sècolo decimonono	The XIX century

FRACTIONS

In fractions, the masculine (singular or plural) form of the cardinal numbers is used—except for $\frac{1}{2}$, which is **un mezzo** (similarly, $\frac{3}{2}$ is **tre mezzi**, etc.).

un terzo	one-third ($\frac{1}{3}$)
due terzi	two-thirds ($\frac{2}{3}$)
un ottavo	one-eighth ($\frac{1}{8}$)
tre quarti	three-quarters ($\frac{3}{4}$)

ITERATIVE NUMBERS

Iterative numbers are obtained in Italian with **volta, volte** preceded by cardinal numbers.

una volta	once
due volte	twice
tre volte	three times (thrice)
dieci volte	ten times
cento volte	a hundred times

MULTIPLICATIVE NUMBERS

Double (twofold), *triple (threefold)*, *quadruple (fourfold)*, *quintuple (fivefold)*, etc., are in Italian doppio, triplo, quàdruplo, quìntuplo, etc. *Twice as much*, *three times as much*, etc., are translated by il doppio, il triplo, etc.

Un doppio Scotch, per favore.	A double Scotch, please.
La Tripla Alleanza fu formata nel 1668.	The Triple Alliance was formed in 1668.
Io ho pagato il doppio.	I've paid twice as much.

DISTRIBUTIVE NUMBERS

ad uno ad uno	one by one (in ones)
a due a due	two by two (in twos)
a tre a tre	three by three (in threes)
a centinaia	by the hundred
a migliaia	by the thousand
a milioni	by the million

NOTE: *Out of* (or *in a*) followed by a number is su.

una persona su dieci	one person out of ten
une persona su cento	one person in a hundred

DAYS OF THE WEEK AND MONTHS OF THE YEAR

lunedì	Monday
martedì	Tuesday
mercoledì	Wednesday
giovedì	Thursday
venerdì	Friday
sàbato	Saturday
doménica	Sunday

gennaio	January	maggio	May	settembre	September
febbraio	February	giugno	June	ottobre	October
marzo	March	luglio	July	novembre	November
aprile	April	agosto	August	dicembre	December

OBSERVATIONS

1. Both the days of the week and the months are written with a small letter.

2. Days and months are all masculine—except for **doménica**, which is feminine.

3. *On Monday*, etc., is expressed without a preposition in Italian—simply by **lunedì**, etc.; for *on Mondays*, etc., (indicating recurrence), either the definite article or **di** is used with the singular (there is no plural form)—**il lunedì** or **di lunedì**, etc.

Doménica andremo al lago.	On Sunday we will go to the lake.
La doménica (Di doménica) andiamo sempre al lago.	On Sundays we always go to the lake.
Incontrai Antonio sàbato mattina.	I met Antonio on Saturday morning.

4. *Last*, preceding the days of the week, is translated by **scorso** or **passato**, and *next* by **pròssimo** or **venturo**. Such adjectives are normally placed after the day of the week, and in this case they require no article. If they are placed before the day, they use the definite article (with the exception of *venturo*).

Doménica pròssima andremo in campagna.	Next Sunday we'll go to the country.
Ho incontrato Roberto lo scorso sàbato (sàbato scorso).	I met Robert last Saturday.

5. With the months of the year the preposition **in** is used to express *in* March, etc.

In agosto andremo in vacanza.	In August we will go on holiday.
In novembre il tempo è brutto.	In November the weather is bad.

PREPOSITIONS OF TIME

A	is used before nouns indicating an hour, a stage or a period.

A che ora?	At what time?
Alle sette in punto.	At seven sharp.
A mezzogiorno.	At midday.
A mezzanotte.	At midnight.
A Natale.	At Christmas.
A Pasqua.	At Easter.

In	is used with months, seasons and years.

In marzo.	In March.
In ottobre.	In October.
Nell'estate.	In summer.
Nel 1960.	In 1960.

NOTE the following:

il mattino	⎫		il pomeriggio	⎫	
al mattino	⎬ in the morning		al pomeriggio	⎬ in the afternoon	
di mattino	⎭		di pomeriggio	⎭	
la sera	⎫		la notte	⎫	
alla sera	⎬ in the evening		alla notte	⎬ by night, at night	
di sera	⎭		di notte	⎭	

Per corresponds to both *for* and *by*. When it stands for *for*, it can be omitted.

Mi parlò (per) un'ora.	He talked to me for an hour.
Saremo a casa per le sette.	We will be home by seven o'clock.
Il vestito sarà pronto per domani.	The dress will be ready by tomorrow.

Fra corresponds to *in* used with reference to the future.

Partirò fra una settimana.	I'll be leaving in a week.
Saremo di ritorno fra un mese.	We'll be back in a month.

Circa a corresponds to *about*. It may be replaced by the adverbial form **circa** (*approximately*) which follows the noun.

Circa alle cinque (Alle cinque circa).	About five o'clock.
Circa a mezzogiorno.	About midday.

Durante corresponds to *during*.

Durante tutto quel tempo.	During all that time.
Durante quei dieci mesi.	During those ten months.

AGE

The verb **avere** is used to express age.

Quanti anni hai (ha)?	How old are you?
Che età hai (ha)?	What is your age?
Ho diciannove anni.	I'm nineteen (years old).
Ho trent'anni.	I'm thirty.
Avevo ventun anni allora.	I was twenty-one then.
Quanti anni ha Marìa?	How old is Maria?
Che età ha Marìa?	What's Maria's age?
Ha vent'anni.	She's twenty.

OBSERVATIONS

1. Note the following expressions concerning *age*:

èssere minorenne	to be under age
èssere sotto i vent'anni	to be in one's teens
èssere maggiorenne	to be of age
diventare maggiorenne	to come of age
èssere sui trent'anni (sulla trentina)	to be in one's thirties
èssere sui quarant'anni (sulla quarantina)	to be in one's forties
dimostrare la propria età	to look one's age
all'età di . . .	at the age of . . .
dell'età di . . .	aged . . .

2. *A man (woman, etc.) of . . ., or a . . . year-old man (woman, etc.)* is in Italian un uomo (una donna, etc.) di . . . anni.

Sembra un uomo di quarant'anni.   He looks like a man of forty.

3. *To be born* is nàscere (irregular verb). *I was born*, etc., is sono nato, etc., more often used in speaking than the past definite nacqui, nascesti, nacque, etc.

Quando sei nato?	When were you born?
Sono nato nel 1940.	I was born in 1940.
Quei due gemelli sono nati (nàcquero) nel 1960.	Those twins were born in 1960.

4. Compire means *to reach a precise age*.

Ho compiuto vent'anni ieri.   I was twenty yesterday.

Compire gli anni means *to have a birthday*.

Ho compiuto gli anni ieri.   It was my birthday yesterday.

IRREGULAR VERBS

Nàscere (*to be born*)
Past Definite: nacqui, nascesti, nacque, nascemmo, nasceste, nàcquero.
Past Participle: nato.

Morire (*to die*)
Present Indicative: muoio, muori, muore, moriamo, morite, muòiono.
Future: morrò, morrai, morrà, morremo, morrete, morranno.
       morirò, morirai, morirà, moriremo, morirete, moriranno.
Past Participle: morto.

Compire (còmpiere) (*to accomplish, to complete*)
Present Indicative: compio, compi, compie, compiamo, compite, còmpiono.
   Past Participle: compiuto

WORD STUDY

USES OF **presto**

(1) *early*

Mi alzo sempre molto presto.	I always get up very early.
Perchè non vai a letto presto?	Why don't you go to bed early?

In this use **di buon'ora** is a synonym of **presto**.
Early in + a month is **ai primi di** or **al principio di**.

Sarò a Firenze ai primi (al principio) di Agosto.	I'll be in Florence early in August.

NOTE: *Early*, as an adjective, is normally **primo**.

Arriverò nel primo pomeriggio.	I'll arrive in the early afternoon.
Partiremo con il primo treno.	We are leaving by the early train.

(2) *soon*

In this case **fra breve** (*in a short time*) and **poco dopo** (*soon after*) are synonyms of **presto**.

Scriverò presto.	I'll write soon.
Conosceremo presto (fra breve) i risultati.	We'll soon know the results.
Partì presto (poco dopo).	He soon left.

NOTE: *Sooner or later* is **presto o tardi**.

(3) *quick(ly)*

Presto!	Quick! (Quickly!)

To be quick is **fare presto**.

Dovete fare presto.	You must be quick.

USES OF **fra (tra)**

(1) *between*

Telefonerò fra le cinque e le sei.	I'll phone between five and six.
Potete venire fra le tre e le quattro.	You may come between three and four.

(2) *among(st)*

Marìa era fra i suoi amici.	Maria was among her friends.
Hanno diviso il danaro fra loro.	They shared the money among them.

(3) *amid(st)*

Abbiamo visto una testa fra le onde.	We saw a head amid the waves.
Continuò a parlare fra molte interruzioni.	He continued to speak amid many interruptions.

(4) *in*

Partirò fra un mese.	I will leave in a month.
Sarò lì fra un minuto.	I will be there in a minute.

VOCABULARY

l'animale	animal	l'influenza	influence; influenza
l'arca	ark	il leone	lion
la bionda, la	blonde	il materiale	material
biondina		il mercato	market
il calcio	football; kick	il pennello	paint-brush
il capìtolo	chapter	il pesce	fish
il colore	colour	il petto	breast, chest
il compleanno	birthday	il piacere	pleasure
la costellazione	constellation	il pontéfice	pontiff
la felicità	happiness	lo scorpione	scorpion
il gemello	twin	il sècolo	century
l'individuo	individual, fellow		
abbandonare	to abandon	fare le cómpere	to do the shopping
abdicare	to abdicate	(gli acquisti)	
andare a fare (le)	to go shopping	richièdere	to require, to request
cómpere (gli		sembrare	to seem, to look (like)
acquisti)		separare	to separate, to part
confóndere	to confuse, mix up		
attuale	present	ghiotto	greedy, gluttonous
brutto	ugly, bad	insignificante	insignificant
deciso	determined	presente	present
delizioso	delightful, delicious	slanciato	slim, slender
doloroso	painful		
a doppio petto	double-breasted	perfettamente	perfectly, quite
incessantemente	incessantly	semplicemente	simply
inoltre	besides, moreover	terribilmente	terribly

EXERCISES

Translate into English

(1)

1. Abbiamo studiato la diciannovèsima lezione.
2. Questa è la mia ventèsima lezione d'italiano.
3. Chi è il primo?
4. Il secondo sei tu, Antonio.

5. È la terza volta che ti chiamo, Pierino.
6. Noi viviamo nel ventèsimo sècolo.
7. Elisabetta II è l'attuale regina d'Inghilterra.
8. Giovanni tredicèsimo (decimoterzo) fu un grande pontéfice.
9. Enrico VIII ebbe sei mogli.
10. Edoardo VIII abdicò.

(2)

1. Qual'è la data di oggi?
2. Oggi è il primo di febbraio.
3. Domani è il due di febbraio.
4. Dopodomani è il tre di febbraio.
5. Siamo partiti il cinque di marzo.
6. Arriveremo a Roma il quìndici di aprile.
7. Il venticinque di ottobre è il mio compleanno.
8. Antonio compie gli anni il trenta di dicembre.
9. Le vacanze di Natale incomìnciano il ventitrè di dicembre.
10. Finìscono l'otto di gennaio.

(3)

1. Ho bevuto un quarto di vino.
2. Ho speso un terzo del mio danaro.
3. Una volta spendevi di meno, cara.
4. Questa settimana sono stata due volte al cìnema.
5. Ho comprato un àbito a doppio petto.
6. Gli animali entràrono nell'arca a due a due.
7. I tifosi di calcio arrivàrono a migliaia.
8. I telegrammi arrivàrono a centinaia.
9. Una persona su dieci ha l'influenza in questi giorni.
10. Venti persone su cento morìrono.

(4)

1. Lunedì è giorno di mercato.
2. Martedì pròssimo saremo a Firenze.
3. Doménica andremo in campagna.
4. La doménica andiamo sempre in campagna.
5. Incontrai Roberto sàbato pomeriggio.
6. Il sàbato mattino vado sempre a fare le cómpere (gli acquisti).
7. Non lavoro mai la (di) doménica.
8. Ho visto una bella commèdia venerdì sera.
9. Sàbato scorso andai a Roma.
10. La scorsa doménica andammo al lago.

(5)

1. Sono arrivata a casa alle sette esatte.
2. A quel tempo frequentavo l'università.
3. Abbiamo pranzato a mezzogiorno.
4. Il corso è cominciato in ottobre.
5. Prenderò una lunga vacanza in agosto.
6. Visitai la Scozia per la prima volta nel 1960.
7. Non fumo al mattino.
8. Di sera guardiamo sempre la televisione.
9. Non dormi di notte, Marìa?
10. Faccio sempre un sonnellino al pomeriggio.

(6)

1. Voglio rimanere a Firenze (per) una settimana.
2. Abbiamo parlato (per) un'ora di sport.
3. Sarai a casa per le otto?
4. La traduzione sarà finita per domani.
5. Ritornerò a Londra fra una settimana.
6. Lascerò l'Italia fra due giorni.
7. Arrivammo a Roma circa a mezzanotte.
8. Èrano circa le sette quando arrivò Tom.
9. Partiamo per Roma alle otto circa.
10. Dov'era Lei durante la guerra, signor Bruni?

(7)

1. Quanti anni hai?
2. Ho vent'anni.
3. Quanti anni ha tua sorella?
4. Ha diciott'anni.
5. Io sono ancora minorenne, e tu?
6. Io sarò maggiorenne fra un anno.
7. Quell'uomo è sulla quarantina (sui quarant'anni).
8. Non dimostra la sua età.
9. Quando compi gli anni, Antonio?
10. Compirò i vent'anni il due di maggio.

(8)

La doménica è un gran giorno per me; in questo giorno non lavoro, non parlo, non rispondo al telèfono, non sono in casa per nessuno. Faccio solo una cosa, dipingo. Sì, sono un pittore della doménica, e nessuno può immaginare la mia felicità quando finalmente arriva la doménica, dopo una lunga noiosa settimana di lavoro.

Il lunedì è un giorno che odio: abbandonare i miei pennelli per ritornare al mio lavoro d'ufficio richiede tutta la mia forza d'ànimo. Il ricordo della doménica passata è ancora presente nella mia mente, e la nostalgìa dei pennelli è dolorosa.

Il martedì va un po' meglio; uno può cominciare a contare i giorni che lo sepàrano dalla pròssima doménica, solo ancora quattro giorni di triste lavoro.

Il mercoledì e il giovedì sono giorni molto lunghi, non pàssano mai, una vera tortura per un pittore della doménica. Poi arriva il venerdì, e questo non è poco; io sono terribilmente ghiotto di pesce, e al venerdì mangio sempre pesce.

Finalmente arriva il sàbato: nel pomeriggio esco a fare acquisti, compro colori, tele e altro materiale per dipìngere, poi ritorno a casa. Non esco più fino al lunedì mattino, continuo a dipìngere incessantemente, perfettamente felice.

(9)

« Quando compi gli anni, Carlo? »

« Il venti del mese pròssimo, Andrea.»

« Allora sei nato sotto la costellazione del Leone. Gli individui nati sotto questa costellazione sono tipi decisi, fortunati in amore . . .»

« Io non sono molto fortunato in amore, Andrea. Ricordi Làura, quella biondina di diciott'anni che mi piaceva molto? Non ho avuto molta fortuna, ora Làura è la fidanzata di Riccardo, essa ha preferito lui a me.»

« Ma tu sei stato fortunato a pèrdere quella ragazza, Carlo. Era così insignificante, e inoltre aveva una lingua terrìbile. Devi crédermi, Carlo, sei stato fortunato a non avere successo con quella ragazza.»

« Se lo dici tu, Andrea. Ti ho detto che darò una festa di compleanno? Tu verrai, non è vero? Il venti del mese pròssimo.»

« Verrò con molto piacere, Carlo. Se permetti, io verrò con Mina, è una ragazza semplicemente deliziosa: vent'anni, bruna, slanciata, elegante, spiritosa . . .»

« Tu sotto che costellazione sei nato, Andrea? »

« Sotto la costellazione dello Scorpione, Carlo.»

« Forse prima hai confuso la costellazione del Leone con quella dello Scorpione, non credi? »

Translate into Italian:

(10)

1. This is my first journey abroad (*all'èstero*).
2. I went to Rome for the second time last year.
3. Antonio called me for the third time.
4. Have you studied the tenth lesson, Miss Smith?
5. The eighteenth century was a great century.
6. Anne Boleyn was the second wife of Henry VIII.
7. Edward VIII abdicated in favour of his brother George.
8. The second World War finished in 1945.
9. Have you seen "King Henry V" by (*di*) Shakespeare?
10. No, but I have seen "King Henry IV".

(11)

1. What is the date today?
2. It is the first of November.
3. I will leave on the 4th of May.
4. Maria will arrive on the 10th of July.
5. The 21st of May is my birthday.
6. The English course will start on the 8th of October.
7. The 4th of July is Independence Day in America.
8. We are going to leave for Rome on the 13th of March.
9. The 25th of December is Christmas.
10. The holidays will finish on the 8th of January.

(12)

1. We go to the cinema twice a week (*alla settimana*).
2. You drank less once, dear.
3. I've only had a double Scotch, dear.
4. The guests arrived in twos.
5. Letters arrived by the hundred.
6. One person out of ten arrives late.
7. Where were you on Monday, Mr Brown?
8. I'm always in town on Mondays.
9. I met Carlo on Tuesday.
10. I always go to the cinema on Tuesday evenings.

(13)

1. We went to the lake last Sunday.
2. We will go to the seaside next Sunday.
3. I wrote to Maria last Thursday.
4. We will give a party next Saturday.
5. Maria will come to our house next Friday.
6. She did not go to town last Wednesday.
7. We always eat fish on Fridays.
8. I always go shopping on Saturday mornings.
9. Antonio went to Milan on Monday afternoon.
10. I never work on Saturdays.

(14)

1. I always go to bed at midnight.
2. We returned home at eleven last night.
3. At what time are you leaving, Tom?
4. I always spend a couple of weeks in (*a*) Capri in winter.

5. When were you born, Antonio?
6. I was born in 1937.
7. I never go out in the evening.
8. Antonio talked with Maria for an hour.
9. She did not say a word during the whole evening.
10. I'll return to London in a month.

(15)

1. How old are you, Carlo?
2. I'm twenty years old.
3. How old is your brother?
4. He'll be thirty next month.
5. I was twenty-seven when I started to paint.
6. My uncle is in his forties.
7. He doesn't look his age.
8. My grandfather will be seventy in a week.
9. My grandmother died at the age of ninety.
10. Laura is still under age.

I DIECI ANNI MIGLIORI

I dieci anni migliori della vita di una donna? Dai vent'otto ai trenta.

LA STESSA ETÀ

A un ballo una signora dice ad un vecchio signore: « Ma, signore, Lei è troppo vecchio per ballare con me! » Il vecchio signore protesta: « Lei non diceva così, quando avevamo la stessa età, signora! »

Lesson 20

Relative Pronouns — Correlative Pronouns — Interrogative Pronouns and Adjectives — Translation of what about . . . ? (How about . . . ?) — *Exclamatory che — Irregular Verb : giùngere — Word Study : How to translate* that — *Uses of quello che*

RELATIVE PRONOUNS

che (sub. or dir. obj.)	who(m), which, that
(a) **cui** (obj. of preposition)	(to) whom, (to) which
il (la), i (le) cui	whose
il (la) quale, i (le) quali (subj., obj. or obj. of preposition)	who(m), which, that

OBSERVATIONS

1. All relative pronouns can be used for persons, animals or things.

2. **Che** (invariable) can be used in all cases except after a preposition. **Il quale,** etc., is used in place of **che** only to avoid ambiguity. The relative pronoun may never be omitted, as is sometimes done in English.

La signora che ha telefonato.	The lady who has phoned.
La signora che tu conosci bene.	The lady (whom) you know well.
Il libro che ho letto.	The book (that) I've read.
La moglie del dottore, la quale ha appena telefonato.	The doctor's wife, who has just phoned.
La moglie del dottore, il quale ha appena telefonato.	The wife of the doctor, who has just phoned.

3. **Cui** (invariable) is always preceded by a preposition. The forms **del quale, della quale,** etc., **al quale, alla quale,** etc., are rarely used.

La penna con cui scrivo.	The pen with which I'm writing.
Il ragazzo con cui esco.	The boy with whom I go out.
La ragazza a cui scrivo.	The girl to whom I write.
La persona da cui (dalla quale) ricevetti questa lèttera.	The person from whom I received this letter.

4. *Whose* + noun may be translated either by **il (la, i, le) cui** + noun, or by **il (la, i, le)** + noun + **del quale, della quale, dei quali** or **delle quali.**

La signora la cui figlia è mia amica.	The lady whose daughter is my friend.
Lo scrittore i cui libri io ammiro.	The writer whose books I admire.
Ecco un uomo la vita del quale e felice.	Here's a man whose life is happy.

CORRELATIVE PRONOUNS

ciò che quello che }	what	chi	he who(m), she who(m), etc.
		colui che	he who(m), him who(m), the man who(m)
tutto ciò che tutto quello che }	all that	colei che	she who, etc.
		coloro che	they (those) who, etc.

Ciò che and **quello che** are interchangeable.

Chi is invariable; **colui che, colei che, coloro che** are used only to avoid ambiguity. **Chi** is always followed by the third person singular of the verb.

Ciò che (Quello che) dici è assurdo.	What you are saying is absurd.
Questo è tutto quello che (tutto ciò che) posso fare.	This is all (that) I can do.
Colui che (Chi) ha telefonato era lo zio.	He (the man) who phoned was Uncle.
Colei che (Chi) intendi dire è mia sorella.	She whom you mean is my sister.
Chi rompe paga.	(He) who breaks pays.
Chi cerca trova.	(He) who seeks finds.

INTERROGATIVE PRONOUNS AND ADJECTIVES

PRONOUNS	ADJECTIVES
Chi? Who? Whom? **Di chi?** Whose? Of whom? **Che cosa?** **Che?** } What? **Cosa?** **Quale** (*pl.* **Quali**)? Which? **Quanto?** How much?	**Che?** **Quale(i)?** } Which? What? **Quanto, (-a, -i, -e)?** How much? How many?

Chi?, used only to refer to persons, is subject, direct or indirect object.

Di chi? corresponds both to *whose?* and to *of whom?*. When it indicates possession, it is followed immediately by **èssere.**

Chi è Lei? (**Chi sei?**)	Who are you?
Chi desìdera vedere, signore?	Whom do you want to see, sir?
Con chi desìdera parlare, signora?	With whom do you want to speak, madam?
Di chi è questa automòbile?	Whose car is this?
Di chi parlate, ragazze?	Whom are you talking about, girls?

Che? and **Cosa?** are colloquial forms of **Che cosa?**

Che (cosa) desìdera, signora?	What do you want, madam?
Che (cosa) fa tuo padre?	What does your father do?

Quanto can be used as an adjective or pronoun.

Quanto costa questo libro?	How much does this book cost?
Quant'è? (**Quanto fa?**)	How much is it?
Quanto (tempo) siete rimasti a Parigi?	How long did you stay in Paris?
Quanti anni hai?	How old are you?

The difference between the adjectives **Che?** and **Quale?** is that the latter implies a choice between two or more alternatives.

Che libro leggi, Antonio?	What book are you reading, Antonio?
Quale libro è più interessante?	Which book is more interesting?
Quale è la tua màcchina, Roberto?	Which is your car, Robert?

Note the following idiomatic expressions with **Che?**:

Che (cosa) danno?	What's on?
Che (cosa) succede?	What's up? (What's going on?)

Che (cosa) ti succede?	What's the matter with you?
Che cosa hai (ha)?	What's the matter with you (him)?
Che diàvolo (diàmine) . . .?	What on earth . . .?
Che (cosa) danno al Rialto?	What's on at the Rialto?
Che (cosa) le succede, signora?	What's the matter (with you), madam?
Che (cosa) ha Antonio?	What's the matter with Antonio?
Che diàvolo (diàmine) fai?	What on earth are you doing?

NOTE the following expressions:

A chi tocca?	Whose turn is it?
A che scopo?	What for?
Per che cosa?	What for?
E con ciò?	So what?
Com'è . . .?	What is . . . like?

TRANSLATION OF *What about . . .? (How about . . .?)*

What (how) about . . .? can be translated in two ways:

(1) Che ne dici (dice, dite) di + noun or infinitive, when it expresses a proposal.

Che ne dici di un caffè, Marìa?	What about a coffee, Maria?
Che ne dite di andare al cìnema, ragazzi?	What about going to the cinema, boys?

(2) E + noun, when someone inquires about something or someone.

E tu? (E Lei? E voi?)	What about you?
E il danaro che mi devi?	What about the money you owe me?

EXCLAMATORY *che*

Che can be used in exclamations:

(1) before a noun, to translate *What (a) . . .!*

Che ragazza!	What a girl!
Che pazienza!	What patience!
Che begli occhi!	What lovely eyes!
Che peccato!	What a pity!
Che seccatura! (Che noia!)	What a nuisance!

(2) before an adjective to translate *How . . .!*

Che bello!	How nice!
Che gentile!	How kind!
Che terrìbile!	How terrible!
Che ridìcolo! (Che buffo!)	How funny!

IRREGULAR VERB

Giùngere (*to arrive*; *to join*)
Past Definite: giunsi, giungesti, giunse, giungemmo, giungeste, giùnsero.
Past Participle: giunto.

NOTE: Raggiùngere (*to reach*), congiùngere (*to join*) and aggiùngere (*to add*) follow the same pattern of conjugation.

WORD STUDY

HOW TO TRANSLATE *that*

(1) che (conjunction)

Sai che parto?	Do you know (that) I'm leaving?
So che Antonio è arrivato.	I know (that) Antonio has arrived.

The conjunction che is never omitted in Italian.

(2) che (relative pronoun)

L'uomo che amo.	The man I love.
La signora che telefonò è mia zia.	The lady who phoned is my aunt.

The relative pronoun che can be replaced by il quale, la quale, i quali, le quali, for clarity. It is used as subject or direct complement, and is never omitted.

(3) quello, quella

Quello and quella are demonstrative adjectives and pronouns. Their plural (quelli, quelle) correspond to *those*. As adjectives, they also have the modified forms quel, quell', quei and quegli.

Quella è la mia auto.	That is my car.
Quell'auto è mia.	That car is mine.
Quel mio libro.	That book of mine.
Quei miei amici.	Those friends of mine.
Quegli zii di Marìa.	Those uncles of Maria's.

(4) ciò, questo

Ciò and questo correspond to *that* used in the neuter sense of *that thing* and not referring to a specific noun.

Chi ti ha detto ciò (questo)?	Who told you that?
Questo non mi piace.	I don't like that.

NOTE: In the following idiomatic uses, *that* is translated in different ways.

That's good!	Così va bene!
That's right!	Ecco! Giusto!

That's all!	Ecco tutto!	Questo è tutto!
That's enough!	Basta così!	
That's wonderful!	È meraviglioso!	
That's awful!	È terrìbile!	

USES OF quello che

(1) *what*

A synonym of **quello che** in this case is **ciò che**.

Puoi fare quello che (ciò che) vuoi.	You may do what you like.
Voglio raccontarvi quello che (ciò che) ho visto.	I want to tell you what I saw.

(2) *the one(s) which*

In this case **quello** is variable.

Questo libro non è quello che volevo.	This book is not the one I wanted.
Queste scarpe non sono quelle che desideravo.	These shoes are not the ones I wanted.

NOTE:

1. **Quello che** is used in two other cases:

(*a*) when the thing possessed is omitted after a possessive case. **Quello** is variable in this case.

Questo non è il mio cappello: è quello di Antonio.	This is not my hat: it is Antonio's.
Non trovo la mia penna: userò quella di mio fratello.	I can't find my pen: I'll use my brother's.

(*b*) after a comparative, when *than* is followed by a verb. **Quello** is invariable in this case.

È più tardi di quello che pensavo.	It is later than I thought.
Ho imparato più di quello che speravo.	I learnt more than I hoped.

2. *The* + adjective + *one(s)*, referring to something mentioned before, is translated by **quello** + adjective. **Quello** is variable in this case.

« Qual'è la tua auto? » « Quella rossa.»	"Which is your car?" "The red one."
« Che scarpe vuoi? » « Quelle nere, per favore.»	"Which shoes do you want?" "The black ones, please."

VOCABULARY

l'arrivo	arrival	il cane barbone,	poodle
l'arte	art	il barboncino	
l'atmosfera	atmosphere	la coda	tail; queue

la colpa	fault	il modo	manner, way
la confusione	mess, confusion	l'omino	small man
il conte	count	l'òpera	work (of art), opera
la contessa	countess	l'ospedale	hospital
il coraggio	courage	il padrone	master, boss
il dettaglio	detail	la parte	part
il diàvolo	devil	il passatempo	pastime, hobby
l'elmetto	helmet	la pelliccia	fur, fur coat
l'entusiasmo	enthusiasm	la pietra	stone
l'espressione	expression	la polizìa	police
la fotografìa	photo(graph); photo-graphy	la rissa	brawl, riot
		lo scontro	crash
il francobollo	(postage) stamp	lo scopo	aim, purpose
la frase	phrase, sentence	la seccatura	nuisance, bother
la gallerìa	gallery	il segretario, la segretaria	secretary
la gioia	joy		
l'incidente	accident	la simpatìa	sympathy, liking
l'informazione	information	la sorta	sort
il luogo	place, spot	la tenerezza	tenderness

abbaiare	to bark	leccare	to lick
assistere a	to witness	mostrare	to show
carezzare	to caress, to stroke	ottenere	to obtain, to get
collezionare	to collect	rappresentare	to represent
cozzare	to collide	riempire (di)	to fill (with)
dare il benvenuto a	to welcome	rimanere in casa	to stay in
		salvare	to save, to rescue
dimenare	to wag	scagliare	to fling, to throw
esporre	to exhibit, to expose	spégnere	to switch off, to put out
fare festa (a)	to welcome warmly		
fare una domanda	to ask a question	succédere	to happen, to occur
interrogare	to question, to inter-rogate	toccare	to touch
		usare	to use

assurdo	absurd	moderno	modern
avventuroso	adventurous	morto	dead
centenario	centenarian; centen-ary	particolare	particular
		sano	sound, healthy
desideroso (di)	eager (for)	sbadato	careless, thoughtless
disgustoso	disgusting	sciocco	silly, foolish
fàcile	easy	sociévole	sociable

al mìnimo	at least, as a minimum	lontano	far away
anzi	on the contrary	piano	slowly, softly
di seconda mano	second-hand	quasi	almost, nearly
disperatamente	desperately	relativamente	comparatively
eccessivamente	excessively	via	away, off
laggiù	over there	vistosamente	showily

EXERCISES

Translate into English :

(1)

1. Il vecchio signore che ci ha salutato è un conte.
2. La ragazza che parla con Antonio è Marìa.
3. Il libro che mi hai regalato è molto interessante.
4. L'automòbile che Carlo ha comprato è di seconda mano.
5. Le sigarette che fumo sono le Player's.
6. La ragazza che hai portato alla festa è molto graziosa.
7. Le ragazze che vedi laggiù sono le mie cugine.
8. Questo è l'uomo che mi salvò la vita.
9. Le rose che mi hai mandato sono magnìfiche.
10. Il signore che ha telefonato è Mr Brown.

(2)

1. L'uomo a cui parlai al telèfono è il signor Rossi.
2. L'autobus con cui vengo a scuola è il 33.
3. La ragazza con cui Andrea arrivò è Làura.
4. A mia moglie non piace la casa in cui viviamo.
5. Ieri incontrai Tom, da cui ho saputo del tuo arrivo.
6. La signorina con cui hai parlato è la mia segretaria.
7. La penna con cui scrivi è la mia.
8. Questo è il punto su cui devi insistere, Antonio.
9. La festa a cui andammo ieri fu molto noiosa.
10. Le sere in cui non ho niente da fare leggo un libro.

(3)

1. E. Waugh, di cui ho letto tutti i romanzi, è il mio scrittore preferito.
2. Mio fratello, il cui passatempo è collezionare farfalle, è in campagna ora.
3. Questo è il pittore le cui òpere sono esposte alla Gallerìa d'Arte Moderna.
4. Marìa, la madre della quale ha appena telefonato, verrà qui fra qualche minuto.
5. Carla veste molto vistosamente, il che è di cattivo gusto.
6. Antonio disse che aveva fretta, il che non era vero.
7. Io posso fare ciò che (quello che) voglio, capito?
8. Farò tutto quello che posso per aiutarti.
9. Chi non lavora non mangia.
10. Chi cerca trova, e chi rompe paga.

(4)

1. Scusi, ma Lei chi è?
2. Chi è quella ragazza?
3. Con chi desìdera parlare, signore?
4. Chi non conosce Enrico?
5. A chi telèfoni, cara?

6. Con chi sei andata al cìnema, Marìa?
7. Di chi parlate, ragazze?
8. Di chi è questo libro?
9. Di chi sono questi guanti?
10. A chi tocca?

(5)

1. Chi di voi conosce quest'uomo?
2. Che ora è? Che ore sono?
3. Qual è la data di oggi?
4. Qual è la tua bicicletta? Quella rossa?
5. Che disco desìderi per il tuo compleanno?

6. Con che penna scrivi, Antonio?
7. Con quale autobus sei arrivato?
8. Che (cosa) desìdera, signora?
9. Che cosa beve, signorina?
10. Che cosa vuoi, Marìa?

(6)

1. Che cosa danno all'Odeon?
2. Che cosa succede qui, ragazzi?
3. Che diàmine (diàvolo) voleva quell'uomo?
4. Che ti succede, Marìa?
5. Che cosa ha tua sorella, Antonio?

6. Com'è la moglie di Carlo?
7. Che cosa ne dici di un buon film, Marìa?
8. Che ne dite di una bottiglia, ragazzi?
9. Che ne dici di spégnere il televisore?
10. Che ne dice di fare quattro passi, signorina?

(7)

1. Che occhi!
2. Che classe!
3. Che bocca!
4. Che noia!

5. Che sorpresa!
6. Che bella sera!
7. Che luna meravigliosa!

8. Che notte!
9. Che bello!
10. Che brutto!

(8)

Ieri sera, mentre ritornavo a casa, vidi un cane barbone che abbaiava disperatamente. Gli andai vicino, lo carezzai, e il cane, che non sembrava avere nessun padrone, cominciò a dimenare la coda e a leccarmi la mano, il che mi riempì di tenerezza e di simpatìa per il pòvero animale abbandonato.

I cani che mi piacciono in modo particolare sono i barboncini, e così decisi di portare a casa il mio nuovo amico.

Mia madre, che non aspettava un òspite così insòlito, non mostrò nessun entusiasmo per il barboncino, anzi usò alcune espressioni non troppo gentili per dare il benvenuto al nostro òspite.

Ma il barboncino, che era molto socièvole, cominciò a fare un sacco di feste a mia madre, la quale non trovò il coraggio di mandarlo via.

Il barboncino, a cui abbiamo dato il nome di Fido, ora fa parte della famiglia.

(9)

C'è stato un incidente in via Roma.

« Di chi è la colpa? Chi era l'uomo che è stato portato all'ospedale? Chi ha chiamato la polizìa? Quale màcchina ha cozzato contro l'altra? Chi è il morto? Che spettàcolo terrìbile! » Queste érano le frasi che potévano èssere udite sul luogo dell'incidente: c'era chi sapeva tutto sullo scontro, e chi desiderava conòscere tutti i dettagli dell'incidente. Un vìgile, il cui elmetto sembrava eccessivamente grande per una testa come la sua, faceva domande a chi aveva assistito all'incidente. Quando io arrivai, egli interrogava un omino vestito di nero che sembrava sapere tutto sullo scontro: era una di quelle persone che è fàcile trovare sui luoghi di incidenti, scontri o risse, e che rappresèntano la gioia dei vìgili desiderosi di informazioni.

(10)

« Pronto, chi parla? »

« Qui è il signor Scotti. Posso parlare con il signor . . .? »

« Mi spiace, non è in casa. Desiderava qualcosa? »

« Volevo parlargli di affari, signora. Con chi parlo, scusi? »

« Io sono la nonna.»

« Che cosa? Non mi aveva mai detto che aveva ancora la nonna! »

« Che idea ridìcola! Mio nipote non è obbligato a dire a tutti che ha ancora la nonna. Lei non ha più la nonna? »

« Chi, io? No, signora, l'ho perduta molto tempo fa.»

« Che peccato! Una nonna dà atmosfera alla casa, non crede? »

« È vero, ma Lei deve capire la mia sorpresa. Lei è centenaria, signora? »

« Che insolente! Parlare in questo modo a una signora ancora relativamente giòvane! »

« Ma se Lei è la nonna di Enrico, che ha quasi sessant'anni, Lei deve avere cento anni al minimo! »

« Ma il nome di mio nipote è Arturo, non Enrico! »

« Ma che nùmero ha Lei, scusi? »

« 43251.»

« Oh, che sbadato! Io volevo il 43351. Mi scusi tanto, signora! »

Supply a suitable relative pronoun (with or without preposition):

(11)

1. L'uomo — abbiamo incontrato è mio zio.
2. La signora — ha telefonato è mia madre.

3. Il libro — è sul tàvolo non è mio.
4. L'automòbile — hai comprato è molto bella.
5. La ragazza — sono andato al cìnema è molto simpàtica.
6. Il ragazzo — hai parlato al telèfono è mio cugino.
7. L'autobus — sono venuto qui è il 33.
8. Il ragazzo — voi parlaste è un mio amico.
9. La città — io vengo è Roma.
10. La signora — il signor Bruni arrivò è sua moglie.

Supply a suitable correlative pronoun:

(12)

1. Questo è — so.
2. Posso mangiare — voglio?
3. Non potete fare — desiderate, ragazze.
4. Farò — tu vorrai.
5. — rompe paga.

6. — cerca trova.
7. — chiede ottiene.
8. — non lavora non mangia.
9. — va piano va sano e va lontano. (*Slow but sure.*)
10. — è senza peccato scagli la prima pietra.

Supply a suitable interrogative pronoun:

(13)

1. — ha telefonato?
2. — ha detto questo?
3. — avete invitato alla festa?
4. Con — sei andata a teatro, Marìa?
5. Con — treno sei arrivato, Antonio?

6. — ora è?
7. — desìdera, signore?
8. — film ha visto, signor Bruni?
9. — danno alla televisione stasera?
10. — ne dici di bere qualcosa?

Translate into Italian:

(14)

1. The lady who phoned is my aunt.
2. The doctor who visited my father is very clever.
3. The girl who came here this morning is my sister.
4. The film that we saw last night was very interesting.
5. The girls whom you invited to the party were very silly.
6. The dog that you found is very sociable.
7. The translation we did was very difficult.
8. The novel you bought is very good.
9. The lady we visited was very kind.
10. "The man I love" is a beautiful song.

(15)

1. The music I was listening to was delightful.
2. The pen you are writing with is not yours.
3. The man to whom you spoke on the (*al*) phone is my uncle.
4. The lady with whom Mr Brown arrived is his wife.
5. The town I come from is Florence.
6. The boy I went to the cinema with is Carlo.
7. The party we went to was very amusing.
8. The girl with whom you danced was very pretty.
9. I don't like the flat they live in.
10. The girl Antonio came here with is my cousin.

(16)

1. This is Carlo, whose hobby is collecting stamps.
2. This is the girl whose name I always forget.
3. This is the lady whose photo was in (*su*) all the newspapers.
4. That is the man whose life was so adventurous.
5. What you did was awful.
6. I don't understand what you mean.
7. You can't do what you like.
8. We like those who like us.
9. Who breaks pays.
10. Who seeks finds.

(17)

1. Who were those ladies?
2. Who broke the glass?
3. Who doesn't speak English?
4. Who's speaking?
5. Whom did you invite to lunch?
6. Who do you think you are (*di èssere*), sir?
7. Whom did you meet at the club, madam?
8. Who knows her?
9. Whom did you want to see, madam?
10. Whom did you go on holiday with?

(18)

1. Whose car is this?
2. Whose shoes are these?
3. Whose beautiful fur coat is this?
4. What is your name, sir?
5. What sort of books do you read?
6. Which of these hats do you prefer, madam?
7. What car do you want to buy, Antonio?
8. What newspapers do you read?
9. What kind of films do you like, Maria?
10. Which of these is your pencil?

(19)

1. What are you reading, Tom?
2. What did you do last night?
3. What's on at the Odeon?
4. What's going on here?
5. What's the matter with you, Tom?

6. What on earth do you want from me?
7. What did you go there for?
8. What about a glass of brandy?
9. What about spending the evening with them?
10. What about staying in tonight?

(20)

1. What a mistake!
2. What a funny face!
3. What a lovely girl!
4. What a handsome man!
5. What a pity that you weren't here!

6. What a mess!
7. What patience!
8. How disgusting!
9. How kind of her (*da parte sua*)!
10. How amusing!

LA VOCE DEL SANGUE

Un prestigiatore chiama dal pubblico un bambino, che è suo figlio, a cui ha raccomandato di non rivelare la sua identità.

« Vieni tu, piccino. Mi conosci? »

« No, papà.»

TEMA IN CAMPAGNA

In una scuola di campagna la maestra ha dato un tema: « Che cosa nùtrono per voi i vostri genitori? »

Un alunno comincia così il suo tema: « I nostri genitori nùtrono per noi un grosso maiale.»

Lesson 21

Prepositions for Position — Prepositions for Motion — Verbs of Motion — Combined Personal Pronouns — Agreement of Past Participles with Direct Object Pronouns — Irregular Verbs: aprire, chiùdere — Word Study: Uses of casa — Uses of arrivare

PREPOSITIONS FOR POSITION

(1) **a (al, allo, alla, etc.)**

Èssere a scuola, a casa (in casa), alla finestra, al parco.
To be at school, at home (in), at the window, in the park.

(2) **in (nel, nello, nella, etc.)**

Èssere in giardino, in cucina, in città, in letto (a letto), in chiesa.
To be in the garden, in the kitchen, in town, in bed, in church.

Note that, while English *in* is mostly used with the definite article, the use of **nel, nello, nella, nei**, etc., is rare.

NOTE: *In* and *at*, preceding nouns of towns and cities, are always translated by **a**.

vìvere a Roma	to live in Rome
abitare a Oxford	to live at Oxford

PREPOSITIONS FOR MOTION

(1) Motion *from* a place is expressed by:
da (dal, dallo, dalla, etc.)

Veniamo dalla Spagna.	We come from Spain.
Vengo da casa.	I've come from home.
Partimmo da Roma.	We set out from Rome.

(2) Motion *to* a place can be expressed by:
a (al, allo, alla, etc.), in (nel, nello, nella, etc.), da (dal, dallo, dalla, etc.).

A is normally used before nouns of towns and cities, and the terms **casa, scuola, cìnema, teatro, parco,** etc., without any sense of penetration.

In is normally used before nouns of countries and regions, the terms **città** and **campagna,** and with enclosed places (**giardino, parco,** etc.) when penetration is not implied.

Da is used before direct object personal pronouns, and nouns of persons (common and proper).

Sei stato a Venezia?	Have you been to Venice?
Va a casa, signora?	Are you going home, madam?
Venite a teatro con noi?	Are you coming to the theatre with us?
Sono stata al cìnema.	I've been to the pictures (cinema).
Stamattina siamo andati al parco.	This morning we went to the park.
Sei stato in Francia?	Have you been to France?
Noi andiamo in Sicilia.	We are going to Sicily.
Vieni in città, Marìa?	Are you coming to town, Maria?
Non andate mai in campagna?	Don't you ever go to the country?
Volete venire in giardino, bambini?	Will you come into the garden, children?
Perchè non vai da lei, Antonio?	Why don't you go to her, Antonio?
Ieri sera andammo da Roberto.	Last night we went to Robert's.
Vieni dalla nonna?	Are you coming to Grandmother's?
Sono stata dal parrucchiere.	I've been to the hairdresser's.

(3) Motion *through* or *across* a place is expressed by:
   per, attraverso.

Siamo passati per (attraverso) il parco.	We passed through the park.
Sono entrato per (attraverso) la finestra.	I've come in through the window.
Siamo andati per la campagna.	We went across country.

NOTE: Da + direct object pronouns and nouns of persons can also express position.

Ero dalla nonna.	I was at Grandmother's.
Ho incontrato Marìa dal parrucchiere.	I met Maria at the hairdresser's.
Ho passato la sera da loro.	I spent the evening at their house.

VERBS OF MOTION

$$\textbf{entrare} \begin{cases} \text{to go in(to)} \\ \text{to come in(to)} \\ \text{to get in(to)} \end{cases}$$

Entrare also translates *to enter.*

Perchè non entri?	Why don't you come in? (Why don't you get in?)

La signora entrò nel negozio.	The lady went into the shop.
La polizìa entrò nella casa.	The police entered the house.

$$\text{uscire} \begin{cases} \text{to go out} \\ \text{to come out} \\ \text{to get out} \end{cases}$$

To go out, to come out and *to get out* can also be translated by **andare fuori** and **venire fuori**. *To go out of* is **uscire da**.

Stasera non esco. (**Stasera non vado fuori**.)	I'm not going out tonight.
Esci con me, cara? (**Vieni fuori con me, cara?**)	Are you coming out with me, dear?
Sono uscito dal cìnema alle otto.	I came out of the cinema at eight.
Esco dall'ufficio alle cinque.	I come out of the office at five.

$$\text{ritornare} \begin{cases} \text{to go back} \\ \text{to come back} \\ \text{to get back} \end{cases}$$

Ritornare translates also *to return*. *To come back* is also translated by **tornare indietro** in the spoken language. *To be back* is **èssere di ritorno**.

Antonio è ritornato molto tardi.	Antonio came back very late.
A che ora sei ritornato a casa?	At what time did you go back home?
Ritornerà a Roma, signorina?	Will you return to Rome, miss?
Voglio ritornare all'albergo.	I want to get back to the hotel.
Saremo di ritorno alle nove.	We'll be back at nine o'clock.

$$\text{salire} \begin{cases} \text{to go up (upstairs)} \\ \text{to come up (upstairs)} \end{cases}$$

Upstairs is **di sopra**. *To get up* is **alzarsi**.

Perchè non sali?	Why don't you come up (upstairs)?
Siamo saliti in cima al grattacielo.	We went up to the top of the skyscraper.
Mi alzo sempre molto tardi.	I always get up very late.
Antonio è di sopra.	Antonio is upstairs.

$$\text{scéndere} \begin{cases} \text{to go down (downstairs)} \\ \text{to come down (downstairs)} \end{cases}$$

Discéndere is a synonym for **scéndere**. *Downstairs* is **di sotto, a basso**.

Perchè non scendi?	Why don't you come down (downstairs)?
Scendo (Discendo) fra un minuto.	I'm going down in a minute.
C'è una màcchina a basso.	There's a car downstairs.

COMBINED PERSONAL PRONOUNS

INDIRECT OBJECT ↓	lo	la	li	le ←OBJECT DIRECT
mi	me lo	me la	me li	me le
ti	te lo	te la	te li	te le
gli, le	glielo	gliela	glieli	gliele
ci	ce lo	ce la	ce li	ce le
vi	ve lo	ve la	ve li	ve le
gli	glielo	gliela	glieli	gliele

Personal pronoun objects generally precede the verb. When a verb is accompanied by two personal pronouns, the indirect object pronoun precedes the direct object and undergoes a modification (the final -i changes into -e). Furthermore, the indirect object pronouns gli and le (*to him* and *to her*) are replaced by glie-, and the direct object pronouns make one word with them (glielo, gliela, glieli, gliele).

Me lo ha mandato.	He has sent it to me (*it* stands for a masculine object).
Te lo ha mandato?	Has he sent it to you?
Glielo ha mandato, signore?	Have you sent it to him (to her), sir?
Perchè non ce lo mostri?	Why don't you show it to us?
Ve lo mostrerò domani.	I'll show it to you tomorrow.

OBSERVATIONS

1. When gli stands for the third person plural, loro can be used as a substitute, but must follow the verb.

Glielo mostrerò. }
Lo mostrerò loro. } I will show it to them.

2. When the partitive ne is used with an indirect object pronoun, the combined pronouns are me ne, te ne, gliene, ce ne, ve ne, gliene.

Me ne manda sempre da Londra.	He always sends me some from London.
Non gliene dai?	Don't you give him (her) some?

3. Lo, la and ne can be elided before the verb avere.

Me l'ha mandato.	He has sent it to me.
Glien'ho mandato.	I've sent him (her) some.

4. When combined pronouns appear in a sentence containing any form of potere, dovere and volere + a dependent infinitive, they may either precede these verbs, or be attached to the infinitive to form one word.

Ti voglio presentare un amico.⎫
Voglio presentarti un amico. ⎭   I want to introduce a friend of mine to you.

Te lo voglio presentare.⎫
Voglio presentàrtelo. ⎭   I want to introduce him to you.

AGREEMENT OF PAST PARTICIPLES WITH DIRECT OBJECT PRONOUNS

When the direct object pronoun of a verb in the perfect (or pluperfect) is a third person pronoun (lo, la, li and le), the past participle agrees with it in gender and number.

L'ho sempre visto.	I've always seen him.
L'ho sempre vista.	I've always seen her.
Li ho sempre visti.	I've always seen them (boys or men).
Le ho sempre viste.	I've always seen them (girls or women).

OBSERVATIONS

1. With the third person *formal* pronouns (Lo, La), the past participle agrees with either Lo or La.

L'ho chiamata, signora!	I've called you, madam!
L'ho chiamato, signore!	I've called you, sir!

2. When the direct object is a first or second person pronoun the agreement with the past participle is optional.

Ci hanno visto (visti, viste).	They've seen us.
Non vi hanno chiamato (chiamati, chiamate)?	Haven't they called you?
Ti ho chiamato (chiamata), cara.	I've called you, dear.

IRREGULAR VERBS

Aprire (*to open*)

Past Definite: apersi (aprii), apristi, aperse (aprì), aprimmo, apriste, apérsero (aprìrono).
Past Participle: aperto.

Chiùdere (*to close, to shut*)

Past Definite: chiusi, chiudesti, chiuse, chiudemmo, chiudeste, chiùsero.
Past Participle: chiuso.

WORD STUDY

USES OF **casa**

(1) *house*

Abbiamo una casa in campagna.	We have a house in the country.
Voglio comprare una casa.	I want to buy a house.
Ho passato il pomeriggio a casa sua.	I spent the afternoon at his (her) house.

NOTE:

country house	**casa di campagna**
housewife	**massaia**
housekeeper	**direttrice di casa**
House of Commons	**Càmera dei Comuni**
House of Lords	**Càmera dei Lord**

(2) *home*

Questa è la mia casa.	This is my home.
Non ho nè casa nè parenti.	I have neither home nor relations.

NOTE:

èssere a casa (in casa)	to be at home (in, indoors)
rimanere a casa (in casa)	to stay in (indoors)
fatto in casa	home-made
nostalgìa di casa	homesickness

USES OF **arrivare**

Arrivare is followed by the preposition **in** when referring to countries, regions or counties, and by **a** in all other cases.

(1) *to arrive*

Quando siete arrivati in Inghilterra?	When did you arrive in England?
Arriveremo a Roma domani sera.	We will arrive in Rome tomorrow evening.
Sono appena arrivato a casa.	I have just arrived home.

(2) *to get (to)*

Arriveremo a Londra alle otto.	We will get to London at eight.
Quando sei arrivato a casa?	When did you get home?

(3) *to reach*

To reach can also be translated by **raggiùngere**, which takes a direct object.

Arrivammo a Parigi di sera.	We reached Paris in the evening.
Arrivammo a (Raggiungemmo) Londra alle nove.	We reached London at nine.

VOCABULARY

il bosco	wood, forest	l'incontro	encounter, meeting
il burlone	joker, jester	l'Olanda	Holland
il centro	centre	il parco	park
la chiesa	church	la qualità	quality
la cima	top	il risultato	result
il compagno di scuola	schoolfriend	la sera, la serata	evening
		il servizio	service
il gènere	kind; gender	la Sicilia	Sicily
il grattacielo	skyscraper		

festeggiare	to celebrate	ritenere	to regard, to consider, to deem
guardare fuori	to look out		
prèndere posto	to take a seat	scappare	to escape, to flee
presentare	to introduce	scherzare	to joke
ricordare	to remember		

basso	short, low	grasso	fat
calvo	bald	insopportàbile	unbearable
disastroso	disastrous	sbagliato	wrong
emozionante	thrilling		

di mezza età	middle-aged	nemmeno	not even
facilmente	easily	Venezia	Venice
fuori da	out of		

EXERCISES

Translate into English:

(1)

1. Sei ancora a letto, Antonio?
2. I ragazzi sono ancora a scuola?
3. Ho incontrato un vecchio amico al cìrcolo.
4. Marìa era alla finestra.
5. Il signor Rossi è in casa, signora?
6. Le ragazze sono in giardino.
7. Gli òspiti èrano in salotto.
8. La cuoca era in cucina.
9. Lei àbita a Roma, signore?
10. Abbiamo passato due giorni a Venezia.

(2)

1. Sono appena ritornata dall'Italia.
2. Lei da dove viene, signora?
3. Vengo da Nuova York.
4. Siamo partiti da Firenze ieri mattina.
5. Lo zio era appena ritornato da Capri.
6. Ieri sera siamo andati al cìnema.

7. Andate spesso a teatro?
8. Perchè non sei andato a scuola, Pierino?

9. Sono arrivato a casa molto tardi.
10. Perchè non venite a casa nostra?

(3)

1. Quest'estate andremo in Francia.
2. Non sono mai stato in Olanda.
3. Ieri sono stato in campagna.
4. Vieni in città con me, Marìa?
5. Perchè non andate in giardino, bambini?

6. Andai da lei una settimana fa.
7. I bambini sono andati dai nonni.
8. La mamma è andata dalla signora Rossi.
9. Il ladro scappò attraverso la finestra.
10. Sono entrato per la porta di servizio.

(4)

1. Non vuole entrare, signorina?
2. Siamo entrati nel teatro alle dieci.
3. Stasera non ho intenzione di uscire.
4. Sono uscito dal cìnema alle otto.
5. Ritorneremo a Londra alla fine del mese.

6. Perchè non ritorni da lei?
7. Perchè non sali un momento, Antonio?
8. Antonio è salito sul tetto.
9. Scenderò fra un minuto.
10. Marìa è scesa a basso.

(5)

1. Antonio mi ha mandato un telegramma.
2. Me lo ha mandato ieri.
3. Gli hai dato il danaro, Enrico?
4. Sì, glielo ho dato ieri.
5. Hai detto a Marìa che sono qua?

6. Sì, glielo ho detto poco fa.
7. Ci mostrerai i tuoi quadri, zio?
8. Ve li mostrerò domani, se avrò tempo.
9. Ti ho detto che parto domani?
10. No, non me l'hai detto.

(6)

1. Voglio regalarti un libro.
2. Voglio regalàrtelo.
3. Te lo voglio regalare.
4. Posso offrirle un caffè, signorina?
5. Posso offrìrglielo?

6. Glielo posso offrire?
7. Voglio mandare dei fiori a Marìa.
8. Le voglio mandare dei fiori.
9. Voglio mandàrglieli.
10. Glieli voglio mandare.

(7)

1. Ho sempre aiutato quell'uomo.
2. L'ho sempre aiutato.
3. Ho sempre aiutato quella donna.
4. L'ho sempre aiutata.
5. L'ho visto spesso con quella ragazza.

6. L'ho vista spesso con quel ragazzo.
7. Vi ho visti spesso al parco, ragazzi.
8. Vi ho viste spesso al parco, ragazze.
9. Non l'avevo visto, signore!
10. Non l'avevo vista, signora.

(8)

Sono appena ritornato a casa, sono stato al cìnema. Qùesta settimana sono stato tre volte al cìnema, ho visto tre film polizieschi; è un gènere di film che mi è sempre piaciuto molto.

Sono uscito alle sette, ho preso un autobus e sono arrivato nel centro della città in pochi minuti. Ho pranzato in un pìccolo ristorante vicino al cìnema, ho bevuto un buon caffè in un bar molto elegante, e alle otto e mezza sono entrato nel cìnema. Ho preso posto vicino a un signore molto grasso, uno di quelli che rìdono sempre al momento sbagliato e che io detesto. Il film era molto emozionante, e mi è piaciuto particolarmente.

Fuori del cìnema ho incontrato Carlino. Carlino è un vecchio compagno di scuola, ma ora lo vedo molto raramente, e così, per festeggiare il nostro incontro, siamo entrati in un bar per bere qualcosa. Abbiamo ricordato i vecchi tempi, e poi io ho salutato Carlino e sono ritornato a casa.

(9)

« Buona sera, signor Bianchi.»

« Buona sera, signore. Sono molto spiacente, ma non ricordo il Suo nome: a dire la verità, non ricordo nemmeno il suo viso. Dove l'ho conosciuto, signore? »

« Lei vuole scherzare, signor Bianchi: infatti l'ho sempre ritenuto un gran burlone. Lei conosce i signori Govi? »

« I signori Govi? Non credo di conòscere gente con questo nome. Govi, no, non li ho mai conosciuti, mi spiace.»

« Non ricorda dove ha passato la sera di sàbato scorso, signor Bianchi? »

« La sera di sàbato scorso? No, non ricordo. Vede, signore, per me il sàbato è un giorno come un altro, lavoro dalla mattina alla sera, poi di sòlito rimango in casa a guardare la televisione o vado al cìnema con mia moglie.»

« Non ricorda se sàbato scorso è andato a trovare qualcuno con sua moglie? »

« Sàbato scorso, ha detto? Ah, adesso ricordo! Sì, sàbato scorso siamo usciti, siamo andati a passare la sera a casa di . . . non ricordo il nome di quella gente: una coppia di mezz'età, lui era basso, grasso e calvo, con una voce insopportàbile. Cercava di èssere spiritoso, ma con risultati disastrosi. E sua moglie era un tipo *snob*, molto antipàtica, devo dire. Il cognac era di qualità cattiva, e Lei può facilmente capire che non è stata una serata particolarmente divertente per me. Ma dove va, scusi? »

« Ho un appuntamento d'affari. Buon giorno, signore.»

« Arrivederla . . . ma non mi ha ancora detto il Suo nome . . .»

« Govi, signore . . . .»

Insert a, in, da *or* per *:*

(10)

1. Sono arrivata — casa alle otto.
2. Ho incontrato Carlo — cìrcolo.
3. Poi sono andato — casa sua a bere qualcosa.
4. Antonio è già — letto?
5. Le ragazze sono — giardino.
6. Le piace abitare — campagna, signora?
7. Oggi non siamo andati — scuola.
8. Quando andate — città?
9. Ho visto tua madre — chiesa.
10. Preferisco vìvere — Londra che — Milano.

(11)

1. Ero appena ritornato — cìnema.
2. Sono appena arrivata — Parigi.
3. Noi veniamo — Spagna.
4. Vieni con me — dottore?
5. Sei andata — lui oggi?
6. Oggi siamo andati — Antonio.
7. I bambini sono andati — nonni.
8. Sei stata — parrucchiere, Marìa?
9. Il ladro scappò — la finestra.
10. Ho passeggiato — il bosco.

Translate into Italian:

(12)

1. Maria was still in bed.
2. The cook was in the kitchen.
3. Antonio was not at home at seven.
4. My uncle lives in the country.
5. We prefer to live in town.
6. Are the boys still at school?
7. I met Carlo at the station.
8. At what time did you arrive home, sir?
9. Mr Rossi spent the evening at the pub.
10. His wife was at the window.

(13)

1. She went to the window and looked out.
2. The boys have gone to the pictures.
3. The maid has gone to the door.
4. Last year I went to Rome.
5. Have you been to Florence?
6. We will go to France next year.
7. We are going to the country for the week-end.
8. Are you going to town, Maria?
9. May I go into the garden, mother?
10. We went into the park.

(14)

1. I went to him yesterday.
2. I've been to my uncle's.
3. We went to Mr Brown's last night.
4. We spent the evening at Grandmother's.
5. Are you coming to Maria's?

6. Have you been to the doctor's?
7. I'll call at the tobacconist's.
8. We just arrived from Milan.

9. They returned from Italy a week ago.
10. The burglar came in through the window.

(15)

1. Why don't you come in, madam?
2. Antonio came into the shop with Maria.
3. We aren't going out tonight.
4. She came out of the shop with him.
5. Are you going back to London, Tom?

6. At what time did you come back, madam?
7. We went downstairs with her.
8. Maria is coming down in a minute.
9. Why don't you go upstairs?
10. Are you going up, sir?

(16)

1. Antonio sent me a book.
2. He sent it to me.
3. I sent him the money.
4. I sent it to him.
5. I will show you my room.

6. I will show it to you.
7. Antonio gave her two books.
8. Antonio gave them to her.
9. Have you told her?
10. Yes, I've told her.

(17)

1. I want to send her a box of chocolates.
2. I want to send it to her.
3. Shall I send him the money?
4. Shall I send it to him?
5. Father doesn't want to buy me a typewriter.

6. He doesn't want to buy it for me.
7. I've always seen that woman.
8. I've always seen her.
9. Have you called him?
10. Have you called her?

Fra amici

« Perchè lavi i pavimenti? Hai licenziato la cameriera? »
« No, l'ho sposata.»

« Cercavo la donna ideale, ma quando l'ho trovata, non ho potuto sposarla.»
« Perchè? »
« Cercava anche lei l'uomo ideale.»

Lesson 22

Present Conditional — Imperfect Subjunctive of èssere and avere — Verbs with Irregular Conditionals: porre, fare, dare, stare, dire, sapere, dovere, potere, volere, vìvere, vedere, rimanere, tenere, bere, andare, venire, èssere, avere — Word Study: Uses of se

PRESENT CONDITIONAL

1

parlerei	I would speak
parleresti	you would speak
parlerebbe	he, she would speak
parleremmo	we would speak
parlereste	you would speak
parlerèbbero	they would speak

2	3
leggerei	partirei
leggeresti	partiresti
leggerebbe	partirebbe
leggeremmo	partiremmo
leggereste	partireste
leggerèbbero	partirèbbero

The conditional is obtained from the infinitive in the following way:

1st and 2nd Conjugations: by replacing -are or -ere with -erei, -eresti, -erebbe, -eremmo, -ereste, -erèbbero.

3rd Conjugation: by replacing -ire with -irei, -iresti, -irebbe, -iremmo, -ireste, -irèbbero.

Dormirei tutto il giorno.	I would sleep all day.
Mangerei qualcosa.	I would eat something.
Mi piacerebbe vìvere a Roma.	I should like to live in Rome.

Non mangeresti un panino?	Wouldn't you eat a roll?
Non prenderesti una tazza di tè ora?	Wouldn't you have a cup of tea now?
Preferirei un bicchiere di whisky.	I'd prefer a glass of whisky.
Io non direi certe cose.	I wouldn't say certain things.
Non ti crederèbbero mai.	They would never believe you.

As in English the conditional is usually linked to an *if* clause. In Italian the *if* clause (se . . .) requires the imperfect subjunctive.

IMPERFECT SUBJUNCTIVE OF *èssere* AND *avere*

se fossi	if I were	se avessi	if I had
se fossi	if you were	se avessi	if you had
se fosse	if he, she, it were	se avesse	if he, she, it had
se fóssimo	if we were	se avéssimo	if we had
se foste	if you were	se aveste	if you had
se fóssero	if they were	se avéssero	if they had

Se avessi denaro, comprerei un'automòbile.	If I had money, I should buy a car.
Verrei con te, se avessi tempo.	I would come with you, if I had time.
Se egli avesse una casa, sarebbe felice.	If he had a home, he would be happy.
Se fossi ricco, farei un lungo viaggio.	If I were rich, I would go on a long trip.
Se il tempo fosse bello, usciremmo.	If the weather were fine, we would go out.
Se fóssimo liberi, andremmo a quella festa.	If we were free, we would go to that party.
Se io fossi in te, non ci andrei.	If I were you, I wouldn't go there.

VERBS WITH IRREGULAR CONDITIONALS

Porre: porrei, porresti, etc.	Vìvere: vivrei, vivresti, etc.
Fare: farei, faresti, etc.	Vedere: vedrei, vedresti, etc.
Dare: darei, daresti, etc.	Rimanere: rimarrei, rimarresti, etc.
Stare: starei, staresti, etc.	Tenere: terrei, terresti, etc.
Dire: direi, diresti, etc.	Bere: berrei, berresti, etc.
Sapere: saprei, sapresti, etc.	Andare: andrei, andresti, etc.
Dovere: dovrei, dovresti, etc.	Venire: verrei, verresti, etc.
Potere: potrei, potresti, etc.	Èssere: sarei, saresti, etc.
Volere: vorrei, vorresti, etc.	Avere: avrei, avresti, etc.

WORD STUDY

USES OF **se**

(1) *if*

Se io fossi in te, non partirei.	If I were you, I wouldn't leave.
Sai se Marìa è in casa?	Do you know if Maria is in?

NOTE:

anche se	even if
nemmeno se	not even if
come se	as if, as though

Anche se avessi il danaro, non comprerei quell'auto.	Even if I had the money, I wouldn't buy that car.
Egli agì come se fosse a casa sua.	He acted as if (though) he were at home.

(2) *whether*

Ero in dubbio se andare o no.	I was in doubt as to whether to go or not.
Non sapevamo se andare o stare.	We didn't know whether to go or stay.

VOCABULARY
(This Vocabulary applies also to Lesson 23.)

il caso	case, chance	il piatto	dish, plate
il cliente	client, customer	la pìllola	pill
il consiglio	advice	la pinta	pint
l'esemplare	specimen	la possibilità	possibility
il giardino zoolò-gico (lo zoo)	zoological garden, zoo	la razza	race, breed
		il rimedio	remedy
l'impegno	engagement	il tè al limone	lemon tea
l'impiego	job	il tema	essay
la lavagna	blackboard	il veterinario	veterinary surgeon
il mal di testa	headache	il visone	mink
approvare	to approve (of)	interessare	to interest
asciugare	to wipe, to dry	prescrìvere	to prescribe
avere il mal di testa	to have a headache	respirare	to breathe
		scégliere	to choose
cancellare	to rub out	sméttere (di + infin.)	to stop (+ *present participle*)
consigliare	to advise		
dare un'occhiata (a)	to have a look (at)	tacere	to be silent
		tagliare	to cut
dire sciocchezze	to talk nonsense	tradurre	to translate
fare del proprio meglio	to do one's best		

forte	strong	**puro**	pure
libero	free	**stesso**	same
orgoglioso	proud	**umano**	human

a voce bassa	in a low voice	specialmente	(e)specially
a voce alta	in a loud voice		

EXERCISES

Translate into English :

(1)

1. Io non direi nulla a Carlo.
2. E tu che cosa faresti?
3. Io non farei niente.
4. Mi piacerebbe comprare una pelliccia di visone.
5. Pàolo dormirebbe tutto il giorno.

6. Non mangeresti un panino, Antonio?
7. Non mi presteresti una sterlina?
8. Essi non farèbbero mai una cosa sìmile (*such a thing*).
9. Voi fareste una cosa sìmile?
10. Tu sposeresti una donna sìmile?

(2)

1. Non mangeresti un panino, ora?
2. Io preferirei bere qualcosa.
3. Che cosa faresti tu?
4. Io non gli direi nulla.
5. Non faresti una partita a tennis?

6. Preferirei lèggere il mio giornale.
7. Ti piacerebbe venire con noi?
8. Mi piacerebbe molto fare un viaggio.
9. Essi non lavorerèbbero mai.
10. Tu non faresti lo stesso?

(3)

1. Sarei un uomo felice, se avessi molto danaro.
2. Ora saremmo a casa, se avéssimo preso quell'autobus.
3. Non avrei questa bella casa, se non avessi lavorato molto.
4. Avremmo una bella automòbile, se fóssimo ricchi.
5. Carlo non sarebbe ubriaco, se non avesse bevuto tanto.
6. Io sarei più gentile, se fossi in te.
7. Io non andrei fuori con questo tempo, se fossi in lei.
8. Io non la sposerei, se fossi in lui.
9. Andremmo in città, se avéssimo tempo.
10. Verrei con voi, se non avessi un impegno.

(4)

« Che cosa farai domani pomeriggio, Arturo? »
« Andrò a fare una gita in campagna con Carlo e Enrico.   Tu non vieni con noi? »
« Non so se mio padre mi lascerà venire, Arturo.»

« Se io fossi in te, farei del mio meglio per convìncere tuo padre a lasciarti venire con noi. Io studierei tutto il pomeriggio, e poi andrei da lui e gli direi: Dà un'occhiata a quello che tuo figlio ha fatto in tutte queste ore di duro lavoro; se io fossi un padre, sarei molto orgoglioso di un figlio come me. E avrei studiato di più, se non avessi aiutato la mamma a asciugare i piatti dopo colazione. Ho anche fatto un tema: è qui, lèggilo, papà e dimmi che cosa ne pensi. Ah . . . vedo che sei soddisfatto di tuo figlio . . . Sai, papà, domani pomeriggio i miei amici faranno una gita in campagna. Non ritorneremmo tardi e respireremmo aria pura per qualche ora, il che mi farebbe molto bene, non credi? Làsciami andare in campagna con i miei amici, papà! »

Replace the infinitive with the correct form of the conditional:

(5)

1. Io non (comprare) quell'automòbile.
2. Tu (comprare) un'automòbile di seconda mano?
3. Io non (partire) il venerdì.
4. Perchè non (partire) il venerdì, Antonio?
5. Io (dormire) tutto il giorno.
6. Tu non (lavorare) mai.
7. Le (piacere) andare al cìnema, signorina?
8. Io non (andare) a vìvere in campagna.
9. Dove (andare) tu a passare le vacanze?
10. Io le (passare) in Francia.

(6)

1. Io (passare) la sera a casa, e tu?
2. Io (andare) al cìnema.
3. Tua sorella (venire) con noi?
4. No, essa (restare) a casa.
5. Mi (piacere) uscire questa sera.
6. Dove ti (piacere) andare?
7. Antonio non vi (crédere).
8. Io non gli (dire) nulla.
9. Che cosa (fare) tu?
10. Io (andare) da lui e gli (dire) tutto.

Replace the infinitive with the correct form of the imperfect subjunctive:

(7)

1. Se io (èssere) in te, non lavorerei tanto.
2. Se tu (èssere) in me, che cosa faresti?
3. Se egli (èssere) qui, non approverebbe.
4. Se noi (èssere) ricchi, vivremmo in una bella casa.
5. Se io (èssere) in lei, non sposerei quell'uomo.
6. Se io (avere) il tuo danaro, sarei un uomo felice.
7. Se noi (avere) la possibilità, ti aiuteremmo.
8. Se essi (avere) aspettato, mi avrèbbero visto.
9. Se tu (avere) studiato di più, avresti passato l'esame.
10. Se voi (avere) lavorato di più, non sareste così pòveri.

Translate into Italian:

(8)

1. I would buy a car, if I had the money.
2. I would work less, if I could (*se potessi*).
3. I would spend my holidays in Rome, if I could.
4. Wouldn't you eat a sandwich, Antonio?
5. Wouldn't you work less?
6. Wouldn't you spend the evening at home, dear?
7. Wouldn't you sleep a little?
8. Wouldn't you read your newspaper now?
9. I would like to dine out tonight.
10. Wouldn't you like to come with me?

(9)

1. I would return home now, if I could (*se potessi*).
2. Wouldn't you go to that party, Maria?
3. Wouldn't you drink something, sir?
4. We would come with you, if we could (*se potèssimo*).
5. They would go to the pictures, if they were free.
6. We would go to the pictures every day, if we could (*se potèssimo*).
7. Would you like to go abroad, Antonio?
8. I would be glad to come with you.
9. Wouldn't you go abroad, if you could (*se potessi*)?
10. I would come with you, if I were free.

(10)

1. I would go to the pictures, if I had time.
2. They would buy that car, if they had the money.
3. What would you do, if you had a lot of money?
4. I would read, if I had a book.
5. I would buy a fur coat, if I were rich.
6. I wouldn't go out, if I were you.
7. She would go out, if she weren't tired.
8. I would look for a job, if I were he.
9. They would come with us, if they were free.
10. I wouldn't marry that man, if I were she

DIPENDE

« Se tu avessi due castelli, me ne regaleresti uno? »
« Sì.»

« Se tu avessi due milioni, me ne regaleresti uno ? »

« Sì. »

« E se tu avessi due biglietti da diecimila, me ne daresti uno ? »

« No. »

« Perchè ? »

« Perchè ho due biglietti da diecimila. »

SINCERITÀ

« Carlo, tu non mi vuoi sposare perchè ho due milioni di dote, non è vero ? »

« No, tesoro.   Ti sposerei anche se tu ne avessi solo uno. »

Lesson 23

Conditional Perfect — Imperative — Word Study : Uses of permèttere — Uses of lasciare

CONDITIONAL PERFECT

avrei parlato	I would have spoken
avresti parlato	you would have spoken
avrebbe parlato	he, she would have spoken
avremmo parlato	we would have spoken
avreste parlato	you would have spoken
avrèbbero parlato	they would have spoken
sarei andato(-a)	I would have gone
saresti andato(-a)	you would have gone
sarebbe andato(-a)	he, she would have gone
saremmo andati(-e)	we would have gone
sareste andati(-e)	you would have gone
sarèbbero andati(-e)	they would have gone

The conditional perfect is obtained with the present conditional of **avere** or **èssere**, followed by the past participle. For the verbs requiring **èssere**, please see Lesson 9.

Avrei mangiato tutte quelle pere.	I would have eaten all those pears.
Avresti pranzato con me?	Would you have dined with me?
Lei avrebbe fatto come me, signora?	Would you have done as I did, madam?
Sarei venuto prima.	I would have come before.
Saremmo andati con loro.	We would have gone with them.
Essi sarèbbero venuti a casa nostra.	They would have come to our house.

OBSERVATIONS

1. The present conditional in a dependent noun clause (Future in the Past) in English corresponds to the conditional perfect in Italian.

Ha promesso che sarebbe venuto alle cinque.	He promised he would come at five.
Bob ha detto che sarebbe ritornato presto.	Bob said he would come back soon.
Speravo che sareste venute, ragazze.	I hoped you would come, girls.

2. *If I (you*, etc.) *had* + past participle is translated by **se io (tu,** etc.) **avessi** or **se io (tu,** etc.) **fossi** + past participle.

Se io avessi avuto tempo, sarei uscito.	If I had had time, I would have gone out.
Se tu avessi studiato, avresti passato l'esame.	If you had studied, you would have passed the exam.
Se fossi andato in città, ti avrei telefonato.	If I had gone to town, I would have phoned you.
Se essi fóssero venuti qui, ti avrei informato.	If they had come here, I would have informed you.

3. The expression . . . *had better* is rendered by the present conditional of **fare meglio a** + infinitive.   The present conditional of **preferire** translates . . . *would rather*.

Faresti meglio a partire ora.	You had better leave now.
Quella signora farebbe meglio a tacere.	That lady had better be silent.
Preferirei andare al cìnema.	I would rather go to the cinema.
Preferiremmo rimanere a casa.	We would rather stay at home.

IMPERATIVE

	Parla!	Speak!
	Parli!	Speak! (*polite form*)
	Parliamo!	Let us speak!
	Parlate!	Speak!
	Pàrlino!	Speak! (*polite form*)
Vedi!	**Parti!**	**Finisci!**
Veda!	**Parta!**	**Finisca!**
Vediamo!	**Partiamo!**	**Finiamo!**
Vedete!	**Partite!**	**Finite!**
Vèdano!	**Pàrtano!**	**Finìscano!**

The polite forms of the imperative are actually the third persons singular and plural of the present subjunctive.   The same forms are used for third-person commands—usually preceded by **che**.

For a complete treatment of the Subjunctive, which it would be premature to deal with here, see Lesson 34.

Entra! Entri! Entrate!	Come in!
Chiudi la porta, Antonio!	Shut the door, Antonio!
Apri la finestra, per favore	Open the window, please.
Beviamo qualcosa.	Let's drink something.
Che nessuno entri!	Let nobody come in!
Che mangi quello che vuole!	Let him eat what he wants!

OBSERVATIONS

1. The negative command for the second person singular (tu) is the infinitive preceded by **non**. For the other forms, including the polite forms, the negative imperative is obtained by placing **non** before the affirmative forms.

Non entrare, Antonio!	Don't come in, Antonio!
Non entri, signore!	Don't go (come) in, sir!
Non entrate, ragazzi!	Don't go (come) in, boys!
Che Marìa non entri!	Don't let Maria come (go) in!

2. Pronoun objects follow the imperative and are attached to it. In the case of polite forms, however, where the present subjunctive is used, the pronouns precede the imperative.

Cómprala.	Buy it.
Compriàmola.	Let's buy it.
Parlàtegli.	Speak to him.
Parlàtele.	Speak to her.
Màndamelo.	Send it to me.
Non mandarlo.	Don't send it.
Non mandàrglielo.	Don't send it to him.
Non dirmi nulla.	Don't tell me anything.
Non mi dica nulla, signore.	Don't tell me anything, sir.

3. Dare, fare and dire, when used in the second person singular of the imperative (dà, fa, dì) and followed by a personal pronoun, double the first consonant of the pronoun, except when that pronoun is gli.

Dammi quel libro, per favore.	Give me that book, please.
Dàmmelo, per favore.	Give it to me, please.
Dimmi che cosa vuoi.	Tell me what you want.
Fammi un favore.	Do me a favour.
Facci del tè, per favore.	Make us some tea, please.
Digli che cosa sai.	Tell him what you know.
Dagli del danaro.	Give him some money.

4. The English construction *come and see*, *go and buy*, etc. (where the first imperative is that of a verb of action) is rendered by the imperative of the verb of motion followed by a (or ad before a vowel) + the infinitive of the second verb.

Vieni a vedere che cosa ho comprato.	Come and see what I bought.
Andiamo a vedere quel film.	Let's go and see that film.
Va ad aprire la porta, per favore.	Go and open the door, please.

WORD STUDY

USES OF permèttere

Permèttere requires an indirect object (permèttere a) and di before the following infinitive.

(1) *to allow, to permit*

La mamma non ha permesso a Pierino di uscire.	Mother did not allow (permit) Pierino to go out.
Non mi hanno permesso di venire qui.	They did not allow (permit) me to come here.
Mi permetta di presentarle mia moglie.	Allow (Permit) me to introduce my wife (to you).

(2) *to let*

A synonym of permèttere is lasciare. The construction is in this case: lasciare + infinitive + direct object (noun).

Non le hanno permesso di venire qui.	They did not let her come here.
La mamma lasciò uscire Pierino.	Mother let Pierino go out.
Non mi hanno lasciato venire.	They didn't let me come.
Làsciami venire con te.	Let me come with you.

NOTE: Permèttere and lasciare can also be followed by che + subjunctive (see Lesson 34).

Lascia che io venga con te.	Let me come with you.
Non lasciàrono che egli uscisse.	They did not allow him to go out.

USES OF lasciare

(1) *to let*

Perchè non mi lasci parlare?	Why don't you let me speak?
Lascerà venire sua figlia alla festa, signora?	Will you let your daughter come to the party, madam?

NOTE: *To let*, used in the sense of *to rent out*, is affittare, dare in affitto.

Affittate càmere? (Date càmere in affitto?)	Do you let rooms?

(2) *to leave*

Ho lasciato l'ombrello a casa.	I left my umbrella at home.
Quando lascerete Londra?	When will you leave London?

NOTE: *To leave for* is **partire per.** *To leave (let) alone* is **lasciare stare, lasciare in pace.**

Partirò per Roma domani.	I will leave for Rome tomorrow.
Lascia stare quel cane!	Leave that dog alone!
Làsciami in pace, per favore!	Leave me alone, please!

VOCABULARY

See Vocabulary to Lesson 22, p. 228.

EXERCISES

Translate into English:

(1)

1. Io non avrei detto niente.
2. Io avrei fatto lo stesso.
3. Tu avresti comprato quell'automòbile?
4. Io avrei tenuto quella vecchia.
5. Noi non avremmo speso tutto quel denaro.
6. Io non sarei andato a quella festa.
7. Saresti venuto in città con noi?
8. Noi non saremmo usciti a quell'o-ra.
9. Sareste usciti con quel tempo?
10. Io sarei rimasto a casa.

(2)

1. Andrei al cìnema, se avessi tempo.
2. Sarei andato al cìnema, se avessi avuto tempo.
3. Verrei con te, se fossi lìbero.
4. Sarei venuto con te, se fossi stato lìbero.
5. Comprerei una màcchina, se avessi il denaro.
6. Avrei comprato una màcchina, se avessi avuto il denaro.
7. Io andrei al cìnema, se fossi in te.
8. Sarei andato al cìnema, se fossi stato in te.
9. Io non gli direi nulla, se fossi in lei.
10. Non gli avrei detto nulla, se fossi stato in lei.

(3)

1. Il Signor Bruni ha detto che sarebbe venuto qui alle otto.
2. Antonio ha telefonato che sarebbe stato qui per le sette.
3. Ti avevo detto che non sarei venuto.

4. Non avevi promesso che saresti venuto alla mia festa?
5. Chi aveva detto che sarei venuto?
6. Avevi promesso che ci avresti aiutato.
7. Faresti meglio a non dire certe cose.
8. Faresti meglio a bere meno (di meno).
9. Giovanni farebbe meglio a lavorare di più.
10. Io preferirei lavorare di meno.

(4)

1. Apri la porta, Carlo!
2. Apra la porta, signorina, per favore!
3. Chiudi la finestra, Carlo!
4. Chiuda la finestra, per favore!
5. Vieni qui sùbito, Pierino!
6. Venga con me, signora!
7. Mangia qualcosa, Marìa!
8. Mangiate qualcosa, ragazze!
9. Mangiamo qualcosa, ragazzi!
10. Beviamo qualcosa!

(5)

1. Bevi il tuo latte, Pierino!
2. Mangia il biscotto, Pierino!
3. Venga alla lavagna, signorina!
4. Scriva quello che le ho detto!
5. Ora cancelli quello che ha scritto, per favore!
6. Traduci questa frase, Carlo!
7. Traduca questa frase, signorina!
8. Smetti di chiacchierare, Carlo!
9. Smetta di chiacchierare, signorina!
10. Smettete di chiacchierare, ragazzi!

(6)

1. Apri la finestra, Carlo!
2. Non aprire la finestra, Carlo!
3. Non apra la porta, signorina!
4. Non aprite la porta!
5. Chiudi la finestra, Antonio!
6. Non chiùdere la finestra, Antonio!
7. Non chiuda la finestra, signorina!
8. Chiudiamo le finestre!
9. Non dire sciocchezze, Carlo!
10. Non dica sciocchezze, signorina!

(7)

1. Màndami una cartolina da Roma!
2. Mi mandi una cartolina da Roma!
3. Mandiàmogli una cartolina!
4. Mandiàmole una cartolina!
5. Aiùtami, per favore!
6. Mi aiuti, per favore!
7. Dammi quella penna, per favore!
8. Fammi un favore!
9. Vieni a vedere che cosa ho comprato!
10. Andiamo a vedere quel film!

(8)

« Mi scusi, Lei è dottore? »

« No, signore, io sono veterinario, mi spiace.»

« Che peccato! Comunque, che cosa prescriverebbe Lei a un cavallo che ha il mal di testa? »

« Dipende, mio caro signore. Se il cavallo che ha il mal di testa avesse mangiato troppo, prescriverei una buona pinta di tè al limone: il tè al limone è un eccellente rimedio in questi casi, mi creda, signore! »

« E se lo stesso cavallo avesse bevuto troppo? »

« In questo caso prescriverei un caffè molto forte, e inoltre consiglierei di bere un poco meno, specialmente al mattino. L'alcool taglia le gambe, e le gambe sono tutto per un cavallo. Lei si interessa di cavalli, signore? »

« No, ho solo un terrìbile mal di testa. Che cosa ne dice di una pìllola? »

« Io non prescrivo mai pìllole ai miei clienti, signore! Nessuno di essi crederebbe a un rimedio così banale! »

« E allora mi dica che cosa devo fare io che ho un terrìbile mal di testa? »

« Non mi faccia pèrdere tempo, signore! Io sono veterinario, e non ho tempo per esemplari della razza umana. Cerchi un dottore, arrivederla, signore! »

Replace the infinitive with the correct form of the conditional:

(9)

1. Tu (avere) comprato quell'automòbile?
2. Io (avere) scelto un altro tipo.
3. Lei che cosa (avere) fatto, signore?
4. Io (avere) fatto lo stesso.
5. Credi che Carlo (avere) pagato?
6. Pensi che Carlo (èssere) venuto con noi?
7. Io non (èssere) partito.
8. Io (èssere) rimasto a casa.
9. Lei non (èssere) ritornata là, signorina?
10. Voi (èssere) rimasti a casa?

Replace the infinitive with the correct form of the imperative:

(10)

1. (Ascoltare) i miei consigli, Carlo!
2. (Chiùdere) la finestra, Enrico!
3. (Chiùdere) la porta, signorina!
4. (Mangiare) il tuo panino, Pierino!
5. (Bere) la tua aranciata, Pierino!
6. (Parlare) italiano, ragazzi!
7. (Parlare) italiano, signorine!
8. (Dormire) un poco, figlio mio!
9. (Rispóndere) alla signora, Pierino!
10. (Raccontare) quello che è successo, Carlo!

Replace the infinitive with the correct form of the conditional, subjunctive or imperative :

(11)

« Che cosa farai domani pomeriggio, Arturo ? »

« Andrò a fare una gita in campagna con Carlo e Enrico.   Tu non vieni con noi ? »

« Non so se mio padre mi lascerà venire, Arturo.»

« Se io (èssere) in te, (fare) del mio meglio per convìncere tuo padre a lasciarti venire con noi.   Io (studiare) tutto il pomeriggio, e poi (andare) da lui e gli (dire): (Dare) un'occhiata a quello che tuo figlio ha fatto in tutte queste ore di duro lavoro; se io (èssere) un padre, (èssere) molto orgoglioso di un figlio come me.   E (avere) studiato di più, se non (avere) aiutato la mamma a asciugare i piatti dopo colazione. Ho fatto anche un tema: è qui, (lèggere) —lo, papà, e (dire) —mi che cosa ne pensi. »

« Ah . . . vedo che sei soddisfatto di tuo figlio . . . Sai, papà, domani pomeriggio i miei amici faranno una gita in campagna.   Non (ritornare) tardi e (respirare) aria pura per qualche ora, il che mi (fare) molto bene, non credi?   (Lasciare) —mi andare in campagna con i miei amici, papà! »

Translate into Italian :

(12)

1. I wouldn't have bought that car.
2. Would you have paid all that money?
3. I wouldn't have invited that girl to our party.
4. We would have drunk the whole bottle.
5. She would have eaten all the sandwiches.
6. I would have gone to town.
7. I would have returned after ten minutes.
8. She wouldn't have left.
9. Would you have come with me?
10. They would have arrived at once.

(13)

1. I would have bought that car if I had had the money.
2. I would have phoned you if I had had the time.
3. I would have come if I had been free.
4. They would have left if they had been free.
5. Maria would have come if she hadn't been so busy (*occupata*).
6. We would have helped you if we could (*se avèssimo potuto*).
7. What would you have done if you had been in my shoes (*nei miei panni*)?
8. Where would you have gone, Pietro?
9. What would you have done?
10. By what time would you have left, sir?

(14)

1. Antonio said that he would arrive here at midday.
2. He said he would buy that car.
3. Maria promised she would be here by (*per le*) seven.
4. They wrote that they would leave tomorrow.
5. You said you would arrive very soon.
6. You had better talk less (*di meno*).
7. You had better study more (*di più*).
8. You had better rest a few days.
9. I would rather take a taxi.
10. I would rather not go out tonight.

(15)

1. Open the window, Antonio!
2. Shut the door, please!
3. Come in, Maria!
4. Come in, Mr Brown!
5. Eat something, my son!
6. Please write your name here, sir.
7. Put the parcel on the table, please.
8. Go back home, boys!
9. Come here, George!
10. Come here, girls!

(16)

1. Speak Italian, Miss Brown.
2. Let's speak Italian now.
3. Take a bus and go back home, Antonio.
4. Please wait downstairs, madam.
5. Let's wait ten minutes.
6. Please go back to your seat.
7. Let's go back to the club.
8. Take one of my cigarettes, Maria.
9. Let's smoke a cigarette.
10. Eat something with me, will you?

(17)

1. Speak in a low voice, Antonio!
2. Don't speak in a loud voice!
3. Let's speak in a low voice.
4. Open the door, please!
5. Don't open the door, please!
6. Let's not open the door.
7. Shut the window, please!
8. Don't shut the window, Maria!
9. Don't shut the window, Miss!
10. Let's shut the window.

(18)

1. Bring me a cup of tea, will you?
2. Buy me a packet of cigarettes, please.
3. I am innocent, believe me!
4. Listen to me, Mr Brown!
5. Listen to me, Maria!
6. Let's listen to him.
7. Tell me the truth, Antonio!
8. Give me that book, please.
9. Let's give him some money.
10. Let's buy her a box of chocolates.

(19)

1. Give him a book, will you?
2. Don't give him anything.
3. Do me a favour, please.
4. Don't tell me you have no money!
5. Give him some money, please!
6. Don't give him any money, Mr Brown!
7. Come and see what I bought.
8. Let's go and talk to him.
9. Come and see me sometime (to see = *trovare*).
10. Let's go and see the zoo.

Lesson 24

Irregular Nouns — Irregular Plurals — Irregular Verbs: cadere, córrere — Word Study: How to translate people — *Uses of* strada — *Uses of* posto

IRREGULAR NOUNS

(1) Nouns singular in English and plural in Italian:

The following English nouns, which are used with third-person singular verbs in English, are actually plural in Italian, and therefore require the plural forms of the verb.

business	**affari**	luggage (baggage)	**bagagli**
news	**notizie**	furniture	**mòbili**
hair	**capelli**	nonsense	**sciocchezze**
advice	**consigli**	produce	**prodotti**
information	**informazioni**		

Gli affari sono affari.	Business is business.
I capelli di Gianna sono biondi.	Gianna's hair is fair.
Quali sono le notizie?	What is the news?
I tuoi consigli sono stati preziosi.	Your advice has been valuable.
Le informazioni èrano esatte.	The information was correct.
Dove sono i Suoi bagagli, signora?	Where is your luggage (baggage), madam?
Questi mòbili sono molto vecchi.	This furniture is very old.
Queste sono sciocchezze.	This is nonsense.
I prodotti sono scarsi.	Produce is scarce.

NOTE: *Luggage* and *furniture* can also be translated by **bagaglio** and **mobilia**, both requiring the verb in the singular; *business*, used in the sense of *commercial concern*, is **azienda** (pl. **aziende**).

A piece of business, of advice, of information, of news, of luggage, of furniture are translated, respectively, by **un affare, un consiglio, un' informazione, una notizia, un bagaglio, un mòbile**; all of them, when used in the singular, require the verb in the singular.

Ho comprato della vecchia mobilia (dei vecchi mòbili).	I bought some old furniture.

Dov'è il mio bagaglio? (Dove sono i miei bagagli?)	Where is my luggage?
Ho comprato un vecchio mòbile.	I bought an old piece of furniture.
Questa è una bella notizia.	This is a wonderful piece of news.
Antonio mi ha dato un buon consiglio.	Antonio gave me a good piece of advice.

(2) Nouns plural in English and both singular and plural in Italian:

The following English nouns can be rendered either by a singular or a plural noun in Italian.

goods	merce, merci
riches	ricchezza, ricchezze
thanks	ringraziamento, ringraziamenti (grazie)
winnings	vìncita, vìncite

La merce è di qualità inferiore. Le merci sono di qualità inferiore. }	The goods are of an inferior quality.
La ricchezza di quell'uomo è immensa. Le ricchezze di quell'uomo sono immense. }	The riches of that man are immense.
La mia vìncita è stata modesta. Le mie vìncite sono state modeste. }	My winnings have been modest.

NOTE: *Wages* is salario (singular) in Italian. *People* is gente, a collective noun, requiring the verb in the singular; when preceded by a number, it becomes persone and requires the verb in the plural.

Il salario di quell'uomo è molto basso.	The wages of that man are very low.
C'è molta gente?	Are there many people?
Ci sono solo tre persone.	There are only three people.

(3) Plural nouns for objects made up of two parts:

The following nouns referring to single articles, each composed of two parts, are plural and require the verb in the plural.

occhiali	glasses, spectacles
calzoni, brache	trousers
bretelle	braces
fòrbici	scissors

Dove sono le mie bretelle?	Where are my braces?
Non trovo i miei occhiali.	I can't find my glasses.
Dammi le fòrbici, per favore.	Give me the scissors, please.

(4) Nouns with two plural forms of different meanings:

SINGULAR		PLURAL	
il gesto	gesture	i gesti	gestures
		le gesta	deeds

il muro	wall	**i muri**	walls
		le mura	walls of a town
il membro	member	**i membri**	members
		le membra	limbs
il frutto	fruit	**i frutti**	fruits
		le frutta	fruit (in general)

(5) Nouns with two completely different meanings in English (sometimes in the plural only) requiring two different translations in Italian:

colour	**colore**	colours	{ **colori** (hues) { **bandiera** (flag)
custom	**costume**	customs	{ **costumi** (habits) { **dogana** (duties)
spectacle	**spettàcolo**	spectacles	{ **spettàcoli** (shows) { **occhiali** (glasses)
draught	{ **corrente d'aria** { (current of air) { **sorso** (sip)	draughts	{ **correnti d'aria** { (currents of air) { **(giuoco della) dama** { (game)
arm	{ **braccio** (limb) { **arma** (weapon)	arms	{ **braccia** (limbs) { **armi** (weapons)

IRREGULAR PLURALS

(1) Nouns changing gender in the plural:

l'uovo	egg	**le uova**
il paio	couple	**le paia**
il miglio	mile	**le miglia**
il centinaio	hundred	**le centinaia**
il migliaio	thousand	**le migliaia**
il dito	finger, toe	**le dita**
il braccio	arm	**le braccia**
il labbro	lip	**le labbra**
il ciglio	eye-lash	**le ciglia**
il ginocchio	knee	**le ginocchia**
l'osso	bone	**le ossa**
il corno	horn	**le corna**
il lenzuolo	sheet	**le lenzuola**

NOTE: **Dito** has also the plural **diti**, used only for *toes*; **braccio** has also the plural **bracci** when it does not refer to limbs (e.g. **i bracci di un candelabro**); **ciglio** has also the plural cigli, when it is used to mean *edge*, *verge* or *brink*; osso has the plural ossa when it refers to a dead body, otherwise the plural is ossi.

Ginocchio and lenzuolo also have the plural ginocchi and lenzuoli.

(2) Nouns with irregular plurals:

l'uomo	man	gli uòmini
la moglie	wife	le mogli
il bue	ox	i buoi
il dio	god	gli dei
l'ala	wing	le ali
la mano	hand	le mani
mille	thousand	mila

(3) Plurals of masculine nouns ending in -a:

Some masculine nouns end in -a. They form their plural with -i.

il poeta	poet	i poeti
il duca	duke	i duchi
il papa	pope	i papi
il monarca	monarch	i monarchi
il dramma	drama, play	i drammi

(4) A few nouns ending in -a are either masculine or feminine according to whether they denote a male or a female person. In the plural they take -i if masculine and -e if feminine.

l'artista	artist(e)	gli artisti / le artiste
l'atleta	athlete	gli atleti / le atlete
il musicista / la musicista	musician	i musicisti / le musiciste
il pianista / la pianista	pianist	i pianisti / le pianiste

NOTE: A few nouns ending in -a are feminine although they denote *male persons*. Their plural is in -e.

la guida	guide	le guide
la guardia	guard	le guardie
la sentinella	sentry	le sentinelle

Nouns stressed on the final -a are feminine and invariable.

la città	city, town	le città
la bontà	goodness	le bontà

(5) Plural of nouns ending in -io:

Nouns ending in -io make their plural in two ways:

(a) by changing -io into -ii, when the -i of the singular is stressed.

lo zio	uncle	gli zii
il ronzìo	buzz	i ronzii
il mormorìo	murmur	i mormorii

(b) by changing -io into -i, when the -i of the singular is not stressed.

l'occhio	eye	gli occhi
il figlio	son	i figli
il bacio	kiss	i baci

NOTE: A few nouns in -io, with the -i unstressed, require a second -i to distinguish them from other words of different meaning.

il tempio	temple	i tempii (tempi = times)
il principio	principle	i principii (prìncipi = princes)
l'assassinio	assassination	gli assassinii (assassini = assassins)

(6) Plural of nouns ending in -cia and -gia:

Nouns ending in -cia and -gia make their plural in -cìe and -gìe when the -i of the singular is stressed, and in -ce and -ge when the -i of the singular is not stressed.

la bugìa	lie	le bugìe
la nostalgìa	nostalgia	le nostalgìe
la farmacìa	chemist's shop	le farmacìe
la pioggia	rain	le piogge
la doccia	shower	le docce
la mancia	tip	le mance

(7) Plural of masculine nouns ending in -co and -go:

Nouns (and adjectives) in -co and -go consisting of two syllables form their plural in -chi and -ghi.

il fuoco	fire	i fuochi
il luogo	place	i luoghi

Exceptions:	il porco	pig	i porci
	greco	Greek	greci

Nouns (and adjectives) in -co and -go of more than two syllables form their plural in -chi and -ghi if the -co and -go are preceded by a consonant.

l'albergo	hotel	gli alberghi
il vigliacco	coward	i vigliacchi
il fuggiasco	fugitive	i fuggiaschi

If the -co and -go are preceded by a vowel, they form their plural in -ci and -gi.

l'amico	friend	gli amici
lo stòmaco	stomach	gli stòmaci
il mònaco	monk	i mònaci
magnìfico	magnificent	magnìfici

There are, however, a few exceptions both among nouns and adjectives. The following are the commonest.

il càrico	load	i càrichi
il catàlogo	catalogue	i catàloghi
il diàlogo	dialogue	i diàloghi
l'impiego	job	gli impieghi
l'òbbligo	obligation	gli òbblighi
antico	ancient	antichi
ubriaco	drunk	ubriachi

IRREGULAR VERBS

Cadere (*to fall*)
Past Definite: caddi, cadesti, cadde, cademmo, cadeste, càddero.
Future: cadrò, cadrai, cadrà, cadremo, cadrete, cadranno.

NOTE: Accadere (*to happen*) and decadere (*to decay*) follow the same pattern of conjugation.

Córrere (*to run*)
Past Definite: corsi, corresti, corse, corremmo, correste, córsero.
Past Participle: corso

NOTE: Concórrere (*to compete*), decórrere (*to elapse*), ricórrere (*to have recourse*) and accórrere (*to rush*) follow the same pattern of conjugation.

WORD STUDY

HOW TO TRANSLATE *people*

(1) gente
Gente is singular and requires the verb in the third person singular, unlike *people* in English.   Gente is feminine.

Quanta gente c'era?	How many people were there?
C'era poca gente.	There were few people.
Conosco molta gente.	I know a lot of people.

(2) **persone**

Persone is the plural of **persona**; it translates *people* when the latter is preceded by a number. It is a synonym for **gente** and can always replace it.

C'èrano tre persone.	There were three people.
Due persone morìrono nell'incidente.	Two people died in the accident.
Quante persone c'érano?	How many people were there?

(3) **pòpolo**

Pòpolo translates *people* when the latter is used in the sense of *race* or *nation*. It can be used both in the singular (**pòpolo**) and in the plural (**pòpoli**).

I Celti érano un popolo guerriero.	The Celts were a warlike people.
Ci fu una conferenza di tutti i pòpoli di lingua inglese.	There was a conference of all the English-speaking peoples.

USES OF **strada**

(1) *street*

A synonym of **strada** is **via**.

Ho incontrato Antonio in strada (per strada).	I met Antonio in the street.
Questa strada è molto rumorosa.	This street is very noisy.
Lei àbita in questa via?	Do you live in this street?
Àbito in via Garibaldi.	I live in Garibaldi Street.

(2) *road*

Mi piàcciono le strade di campagna.	I like country roads.
Andiamo per quella strada.	Let's go by that road.
Che bella strada!	What a fine road!

(3) *way*

Non conoscevo la strada.	I didn't know the way.
Ero sulla strada di scuola.	I was on the way to school.
C'è molta strada per arrivare alla stazione?	Is it a long way to the station?
Che strada fai?	Which way are you going?

NOTE: Other meanings of *way* are **modo** (*manner*) and **parte** (*direction*).

Devi fare in questo modo.	You must do it this way.
Da che parte vai?	Which way are you going?
Da questa parte, prego.	This way, please.

Uses of posto

(1) *place*

Questo non è il tuo posto.	This isn't your place.
Voglio trovare un posto quieto dove passare le mie vacanze.	I want to find a quiet place where to spend my holidays.

(2) *seat*

Questo posto è occupato?	Is this seat taken?
Ho prenotato un posto d'àngolo su questo treno.	I've reserved a corner seat on this train.

(3) *room*

C'è posto?	Is there any room?
Non c'è posto, mi spiace.	There's no room, I'm sorry.

(4) *spot*

Questo è il posto dove sbarcò Guglielmo il Conquistatore.	This is the spot where William the Conqueror landed.
Trovammo un bel posto per accamparci.	We found a lovely spot to camp.

NOTE: Another meaning of *spot* is **macchia** (*stain*), or **punto**.

Non c'è macchia nella reputazione di quell'uomo.	There's no spot on that man's reputation.
Questo è il suo punto débole.	This is his weak spot.

(5) *post, job*

Trovai un posto come insegnante.	I found a post as a teacher (a teaching post).
Cerco un posto.	I'm looking for a post.

VOCABULARY

l'anniversario	anniversary	il perìodo	period
l'attenzione	attention	il pezzo	piece
il contadino	peasant	la preoccupazione	preoccupation, worry
la ditta	firm	il prestigio	prestige
il duca	duke	la promozione	promotion
la duchessa	duchess	il pùgile	boxer, pugilist
l'eccezione	exception	il resto	rest, remainder
l'esempio	example, instance	il ricevimento	reception, party
l'infarto	coronary thrombosis	la riunione	reunion, meeting
l'inferno	hell	lo stadio	stadium
l'invasore	invader	lo stipendio	salary
il marchese	marquis	l'uragano	hurricane
la marchesa	marchioness	vita da cani	dog's life
il matrimonio	marriage, wedding		

accumulare	to heap up, to amass	invidiare	to envy
applaudire	to applaud	sopportare	to bear, to suffer
diventare,	to become, to get, to	stare lontano (da)	to keep away (from)
divenire	grow	stirare	to iron, to press
biondo	blond, fair	immenso	immense, huge
caro	dear, expensive	inferiore	inferior
comune	common	perfetto	perfect
dinàmico	dynamic, energetic	preciso	precise
eccezionale	exceptional	probàbile	probable, likely
egoista	selfish, egoist (*n*.)	ùltimo	last, latest
famoso	famous	ùtile	useful
fiacco	slack		
a lungo	for a long time	contro	against
a cavallo	on horseback	va bene,	all right, O.K.
ad (per) esempio	for instance, for example	d'accordo	

EXERCISES

Translate into English:

(1)

1. Come vanno gli affari, Andrea?
2. I miei affari non vanno molto bene, Carlo.
3. Quali sono le notizie? (Che notizie ci sono?) (Che c'è di nuovo?)
4. Le notizie non sono molto buone, ho paura.
5. I tuoi capelli non érano neri una volta, Lucìa?
6. I tuoi consigli mi sono stati molto ùtili.
7. Vorrei delle informazioni su quella ditta.
8. Ho lasciato i miei bagagli alla stazione.
9. Questi mòbili sono molto belli.
10. Perchè continui a dire sciocchezze?

(2)

1. Dov'è il Suo bagaglio, signora?
2. Ho una buona notizia per Lei, signor Bruni.
3. Voglio comprare della mobilia moderna.
4. Dove hai trovato questo vecchio mòbile?
5. Vuoi un consiglio, Arturo?
6. Vorrei un'informazione, per favore.
7. Lei ha fatto un eccellente affare, signore.
8. Il signor Bianchi dirige due aziende.
9. Lei ha un solo bagaglio, signorina?
10. No, ho tre bagagli.

(3)

1. È arrivata la merce?
2. È arrivato un treno merci.
3. Le ricchezze non danno la felicità.
4. La ricchezza non dà la felicità.
5. Che cosa dirà la gente?
6. Due persone hanno telefonato per Lei, signore.
7. Il salario di quell'operaio non è molto alto.
8. Io porto sempre le bretelle.
9. Non trovo i miei occhiali.
10. Vuole passarmi le fòrbici, signorina?

(4)

1. Non mi piace il colore del tuo cappello.
2. Il rosso e il nero sono i miei colori preferiti.
3. La bandiera italiana è bianca, rossa e verde.
4. Dove sono gli uffici della dogana, scusi?
5. I costumi dei pòpoli primitivi mi hanno sempre interessato.
6. Chiudi la porta!   C'è una corrente d'aria.
7. Vuoi giuocare a dama con me, Antonio?
8. Antonio prese Marìa per un braccio.
9. La donna aveva un bambino in braccio.
10. Milioni di uòmini èrano sotto le armi.

(5)

1. Vuoi un uovo, Antonio?
2. Ho comprato due dozzine di uova fresche.
3. Ho comprato un paio di scarpe per l'inverno.
4. Ho bisogno di due paia di scarpe.
5. C'era un bue nel prato.
6. C'èrano due buoi nel prato.
7. La stazione è a un miglio da qui.
8. Abbiamo camminato cinque miglia.
9. Le braccia di quel pùgile èrano molto lunghe.
10. Gli uòmini uscìrono con le loro mogli.

(6)

1. Non conosco questo poeta.
2. Dante e Petrarca, due grandi poeti.
3. Il duca non era a casa.
4. Al ricevimento c'èrano duchi e marchesi.

5. Quello è un grande atleta.
6. Gli atleti e le atlete entràrono nello stadio.
7. Mio nonno era un grande artista.
8. Tutti applaudìrono la grande artista.
9. La pianista suonò un pezzo famoso.
10. Il pianista suonò molto bene.

(7)

1. Sento molta nostalgìa per la mia casa.
2. Ci sono due farmacìe in questo paese.
3. La pioggia continua a cadere.
4. Questo è il perìodo delle grandi piogge.
5. Ho fatto una bella doccia.
6. Dove sono le docce, scusi?
7. È arrivato lo zio?
8. Gli zii non sono ancora arrivati.
9. Che magnìfici occhi!
10. Non dimenticherò mai i tuoi baci.

(8)

« Gli uòmini sono dei perfetti egoisti, mia cara.»
« Lo credi davvero? »
« Mio marito, ad esempio, lo è. Lui pensa solo ai suoi affari, e consìdera scioc-chezze tutto il resto. Prima gli affari, sempre, e va bene! Ma dopo gli affari, che cosa è veramente importante per lui? Io, sua moglie, forse? No! I suoi amici vèngono sùbito dopo i suoi affari. — Caro, — gli dico, — mi porti al cìnema questa sera? — Impossìbile, cara, — risponde lui — questa sera pranzo fuori con gli amici. Festeggiamo Arturo, che ha avuto una promozione, non posso portarti con noi, è una riunione per uòmini. Un' altra sera, cara, mi spiace —. E quella famosa altra sera non arriva mai. Vuoi un consiglio, mia cara? Non sposare nessun uomo, sarai sempre lìbera di fare quello che vuoi, e non avrai un marito egoista da sopportare.»
« Ma, cara, tu dimèntichi che io sono sposata! »
« Che sbadata! Dimenticavo che hai sposato Pàolo, che io immàgino egoista come tutti i mariti, naturalmente.»
« Pàolo deve èssere un'eccezione, allora. È pieno di attenzioni per me, mi lascia sola molto raramente, mi manda sempre delle rose rosse il giorno dell'anniversario del nostro matrimonio, mi porta sempre al cìnema o a teatro. In una parola mi adora, e io adoro lui, devo dire.»
« Non avrei mai pensato che Pàolo sarebbe stato un marito perfetto. Lo ricordo come un perfetto scàpolo, allegro e dinàmico.»

« È ancora allegro e dinàmico, mia cara. Inoltre è innamorato di me, e è felice di stare con me.»

« Sei stata fortunata, cara. Io non ho avuto la stessa fortuna, devo dire.»

(9)

« Come vanno gli affari, signor Rossi? »

« Male, male, signor Bruni! Vuole un consiglio? Stìa lontano dagli affari, o avrà un sacco di guai e la Sua vita sarà un inferno. Vuole un esempio? Lei órdina della merce, e questa non arriva mai. Quando finalmente la merce arriva, Lei vede che non è quella che aspettava, e deve mandarla indietro: è una vita da cani! Tutti pènsano che chi è in affari accùmula ricchezze e prestigio: falso! Per gli uòmini d'affari ci sono solo guai e un probàbile infarto. Mi creda, signor Bruni, è meglio lavorare in un ufficio, come un comune impiegato. Lo stipendio non sarà molto alto, ma uno è lìbero da preoccupazioni quando lascia l'ufficio. Lei ha notato che i miei capelli sono diventati molto pochi negli ùltimi anni, e che io sono quasi calvo? Segua il mio consiglio, signor Bruni, stìa lontano dagli affari, così Lei vivrà a lungo e con tutti i Suoi capelli! »

Translate into Italian:

(10)

1. Business is very slack at present.
2. We do business with that firm.
3. What's the news?
4. Have you heard the news, Mr Brown?
5. Your advice has been valuable.
6. Your hair is getting grey, old man (*vecchio mio*)!
7. I want some precise information.
8. I've bought some old furniture.
9. Where is my luggage?
10. Don't talk (*dire*) nonsense, please!

(11)

1. Business is business.
2. The latest news is very bad (*brutte*).
3. I've got an interesting piece of news.
4. I don't like this old furniture.
5. Where did you buy this old piece of furniture?
6. Where can I put my luggage?
7. Do you have only one piece of luggage, sir?
8. Thank you for your advice, madam.
9. Thank you for your valuable piece of advice.
10. Excuse me, sir, where is the information office?

(12)

1. These goods are too expensive.
2. I don't envy you your riches, sir.
3. Many thanks for your kindness, madam.
4. My wages aren't very high.
5. There were many people in the street.
6. I saw three people in the street.
7. Have you ironed my trousers, dear?
8. Do you always wear glasses, miss?
9. Where did you put the scissors, Maria?
10. I bought a pair of yellow braces.

(13)

1. What is the natural colour of your hair, Maria?
2. The ship was sailing under false colours.
3. That country's customs are very interesting.
4. Have you passed the customs, madam?
5. There's a draught here: let's shut the window.
6. Do you play draughts, Antonio?
7. She received me with (*a*) open arms.
8. They took up (*présero le*) arms against the invaders.
9. It was a poor spectacle.
10. Why don't you put on your spectacles, dear?

(14)

1. I know all the poets of our time.
2. That man thinks he is (*di èssere*) a great artist.
3. That woman is an artist.
4. That girl comes of (*da*) a family of artists.
5. Her father was a musician, and her mother a ballerina.
6. That man is a famous pianist.
7. That athlete is exceptional.
8. There were many athletes from different countries.
9. I've seen two guards on horseback.
10. Two guides came with us.

(15)

1. I always eat eggs in the morning.
2. The men arrived with their wives.
3. The peasant bought two oxen at the market.
4. How many miles is it (*ci sono*) to Milan?
5. We walked a mile in the afternoon.
6. You haven't bought another pair of shoes, have you?
7. A woman must have at least ten pairs of shoes, dear.

8. I received about a hundred letters from my fans.
9. Hundreds of men applauded the famous artiste.
10. Thousands of people were waiting outside the theatre.

(16)

1. Why do you always tell lies, darling?
2. We went out in (*sotto*) the rain.
3. Rains and hurricanes never stop in this country.
4. Maria has beautiful eyes.
5. We will have a lot of children, darling.
6. My kisses are all for you, dear.
7. We had a lot of troubles with the customs.
8. Are you in trouble (*nei guai*)?
9. I have two uncles and three aunts.
10. Tips are not allowed in this country.

Lesson 25

Reflexive Verbs — Reflexive Pronouns dependent on Prepositions
— Reflexive Pronouns used in Apposition — Reciprocal Pronouns
— Irregular Verbs: muòvere (-rsi), sedere (-rsi) —
Word Study: Uses of stesso — Uses of ci and vi — Uses of solo

REFLEXIVE VERBS

lavarsi (*to wash oneself*)
mi lavo
ti lavi
si lava
ci laviamo
vi lavate
si làvano

Reflexive pronouns are the same as direct object personal pronouns, except in the third person (si for both singular and plural); also their position is the same.

Italian reflexive verbs, correspond to three large groups of English verbs:

(1) English reflexive verbs, such as:

divertirsi	to enjoy oneself, to amuse oneself
farsi male	to hurt oneself
ràdersi	to shave oneself
servirsi (di)	to help oneself (to)
svestirsi	to undress oneself
uccidersi	to kill oneself
vendicarsi	to avenge oneself
vestirsi	to dress oneself

(2) Intransitive and transitive verbs, such as:

accòrgersi di	to realize
addormentarsi	to go to sleep, to fall asleep

affrettarsi	to hasten, to make haste, to hurry
alzarsi	to get up, to rise, to stand up
ammalarsi	to become ill, to fall ill
avviarsi	to make for
avvicinarsi a	to approach, to come near(er)
esercitarsi in	to practise
fermarsi	to stop
inchinarsi	to bow
informarsi (di)	to inquire (about)
inginocchiarsi	to kneel
innamorarsi (di)	to fall in love (with)
lamentarsi (di)	to complain (about)
muòversi	to move
pentirsi	to repent
pettinarsi	to do one's hair
precipitarsi	to rush
preoccuparsi (di)	to worry (about)
riferirsi	to refer
rivòlgersi	to apply
sbagliarsi	to be mistaken
scusarsi (di)	to apologize (for)
sedersi	to sit down
sentirsi	to feel
separarsi (da)	to part (from, with)
suicidarsi	to commit suicide
svegliarsi	to awake
vergognarsi	to be ashamed

(3) *To get* + past participle or adjective, such as:

abbronzarsi	to get tanned
abituarsi (a)	to get used (accustomed) (to)
annoiarsi	to get bored
arrabbiarsi	to get angry
asciugarsi	to get dry
bagnarsi	to get wet
fidanzarsi	to get engaged
pèrdersi	to get lost
prepararsi	to get ready
raffreddarsi	to get cold
scaldarsi	to get warm
seccarsi	to get annoyed
spaventarsi	to get scared

sposarsi	to get married
stancarsi	to get tired

OBSERVATIONS

1. The reflexive and non-reflexive forms of some verbs—a very few—can be used more or less interchangeably.

ricordarsi di ⎱ ricordare ⎰	to remember
dimenticarsi di ⎱ dimenticare ⎰	to forget
riposarsi ⎱ riposare ⎰	to rest
rifiutarsi di ⎱ rifiutare di ⎰	to refuse
Ti ricordi di quella volta? ⎱ Ricordi quella volta? ⎰	Do you remember that time?
Non dimenticarti di me. ⎱ Non dimenticarmi. ⎰	Don't forget me.
Egli (si) rifiutò di obbedire.	He refused to obey.

2. All reflexive verbs are conjugated with èssere—e.g. alzarsi (*to get up, to stand up*):

mi sono alzato (alzata)
ti sei alzato (alzata)
si è alzato (alzata)
ci siamo alzati (alzate)
vi siete alzati (alzate)
si sono alzati (alzate)

3. Italian often uses the definite article with parts of the body and articles of clothing, where the English would use a possessive adjective. In such cases a reflexive verb can be used to show possession.

(Mi) lavo le mani.	I wash my hands.
Non (ti) metti il cappotto?	Aren't you putting on your overcoat?
Léva(ti) la giacca, Antonio.	Take off your coat, Antonio.
Devo cambiar(mi) la camicia.	I must change my shirt.

REFLEXIVE PRONOUNS DEPENDENT ON PREPOSITIONS

English reflexive pronouns not dependent on verbs but on prepositions (e.g. *to be satisfied with oneself*) are translated into Italian by the following pronouns:

sé (*or* se stessi)   oneself

me (*or* me stesso, me stessa)	myself
te (*or* te stesso, te stessa)	yourself
sé (*or* se stesso)	himself
sé (*or* se stessa)	herself
sé (*or* se stesso, se stessa)	itself
noi (*or* noi stessi, noi stesse)	ourselves
voi (*or* voi stessi, voi stesse)	yourselves
sé (*or* se stessi, se stesse)	themselves

Marìa è molto soddisfatta di sé (di se stessa).	Maria is very pleased with herself.
Quella ragazza parla sempre di sé (di se stessa).	That girl always talks about herself.
Perchè non credi in te (in te stesso)?	Why don't you believe in yourself?

REFLEXIVE PRONOUNS USED IN APPOSITION

When a reflexive pronoun is used in apposition to a noun or pronoun (e.g. *I myself*, *Maria herself*), it is rendered by **stesso, stessa**, etc., which usually comes immediately after the noun or pronoun it refers to.

Essa stessa ci ha invitato.	She invited us herself.
Antonio stesso ammette questo.	Antonio admits this himself.
Andrò da lui io stesso.	I'll go to him myself.
Perchè non glielo dici tu stesso?	Why don't you tell him yourself?

NOTE: *By myself, by yourself, by ourselves*, etc., corresponding to *alone*, are translated by **da solo, da sola, da soli,** and **da sole**, according to the gender and number of the noun or pronoun referred to.

Lei àbita da sola, signorina?	Do you live by yourself (alone), miss?
Vado sempre al cìnema da solo.	I always go to the pictures by myself.
Uscite da sole, ragazze?	Are you going out by yourselves, girls?

RECIPROCAL PRONOUNS

Verbs are sometimes used reflexively to express a reciprocal action. The reflexive pronoun is then to be translated by *each other* or *one another*. Note that any verb used reflexively is conjugated with **èssere** in the perfect.

Ci amiamo molto.	We love each other very much.
Essi si scrìvono ogni giorno.	They write to each other every day.
Perchè vi odiate?	Why do you hate each other?

Si rispèttano.   They respect one another.
Si sono sempre rispettati.   They have always respected one another.

NOTE the following verbs expressing a reciprocal action:

vedersi, incontrarsi	to see each other, to meet
conòscersi	to meet, to make each other's acquaintance
separarsi	to part (from each other)
salutarsi	to greet one another, to say good-bye (to each other)
baciarsi	to kiss

Ci vediamo ogni giorno.	We meet every day.
Quando ci vediamo?	When shall we meet?
Si sono conosciuti al mare.	They met at the seaside.
Si separàrono per sempre.	They parted for ever.
Le due signore si salutàrono e si lasciàrono.	The two ladies said good-bye and left each other.

IRREGULAR VERBS

Muòvere (-rsi) (*to move*)
Present Indicative: muovo (movo), muovi (movi), muove (move), moviamo, movete, muòvono (mòvono).
Past Definite: mossi, movesti, mosse, movemmo, moveste, mòssero.
Past Participle: mosso.

NOTE: **Promuòvere** (*to promote*), **commuòvere** (*to move, to touch*) and **rimuòvere** (*to remove*) follow the same pattern of conjugation.

Sedere (-rsi) (*to sit, to sit down*)
Present Indicative: siedo (seggo), siedi, siede, sediamo, sedete, siédono (séggono).

WORD STUDY

USES OF stesso

(1) *same*
As following *same* in English is translated by di.

Danno lo stesso film di ieri.	They are showing the same film as yesterday.
Non sei lo stesso di una volta.	You are not the same as once upon a time.

A synonym of stesso here is medésimo.

(2) *oneself*
Stesso is in this case placed after a pronoun or a noun, as an apposition.

Io stesso le parlerò.	I'll speak to her myself.
Mi ha telefonato Marìa stessa.	Maria herself phoned me.

(3) *all one, all the same*

Such English forms are translated either by **stesso** or **la stessa cosa**. *To*, following *same*, is translated by **per**.

È lo stesso (la stessa cosa) per me.	It is the same to me.
Per voi è lo stesso (la stessa cosa)?	Is it the same to you?

USES OF ci AND vi

(1) *us* and *you*

Ci and vi are in this case direct or indirect object pronouns.

Ci hanno offerto dei pasticcini.	They offered us some cakes.
Non ci hanno visto (visti).	They haven't seen us.
Vi abbiamo visto (visti).	We've seen you.
Vi parlo come amico.	I'm talking to you as a friend.

(2) *ourselves* and *yourselves*

Ci and vi are in this case reflexive pronouns.

Ci siamo divertiti molto.	We enjoyed ourselves a lot.
Vi siete divertite, ragazze?	Have you enjoyed yourselves, girls?

(3) *each other, one another*

Ci and vi are in this case reciprocal pronouns.

Ci scriviamo una volta alla settimana.	We write to each other once a week.
Vi amate davvero?	Do you really love each other?
Ci siamo sempre aiutati.	We've always helped one another.

(4) *there*

Ci and vi are in this case adverbs corresponding to **lì** or **là**. Vi is seldom used.

C'era un uomo con lei.	There was a man with her.
C'ero anch'io. (Ero là anch'io.)	I was there too.
Ci andai anch'io.	I went there too

(5) *it*

Ci and vi are in this case personal pronouns. This use is confined to a few verbs, such as **pensare**, **crédere** and **giurare**. Vi is seldom used.

Non ci credo.	I don't believe it.
Ci penso io.	I'll see about it (myself).
Non posso giurarci.	I can't swear it.

USES OF solo

(1) *only*

Solo is both an adverb and an adjective. Synonyms of **solo**, used as an adverb, are **solamente** and **soltanto**. Ùnico is a synonym of **solo**, used as an adjective.

Ha solo (solamente, soltanto) dieci anni.	He is only ten years old.
Ho passato solo una settimana in Italia.	I spent only a week in Italy.
Questa è la mia sola (ùnica) speranza.	This is my only hope.

(2) *just*

Solo translating *just* is an adverb; synonyms are **solamente** and **soltanto**.

Solo (solamente, soltanto) un minuto, per favore.	Just a minute, please.
Solo (solamente, soltanto) una goccia, prego.	Just a drop, please.

(3) *by oneself*

Solo translating *by oneself* is an adjective and can be preceded by **da**.

È venuta sola (da sola).	She came by herself.
Hai fatto questa traduzione da solo (da sola)?	Have you done this translation by yourself?

(4) *alone*

Solo translating *alone* is an adjective and can be preceded by **da**.

Essa vive sola (da sola).	She lives alone.
È partito solo.	He left alone.

(5) *lonely*

Solo translating *lonely* is an adjective. A synonym is **malincònico**.

Mi sento sola (malincònica).	I feel alone.
La sua vita è stata molto sola (malincònica).	His life has been very lonely.

VOCABULARY

l'agenzìa	agency	il lattaio	milkman
l'àngolo	corner	la morte	death
l'avidità	greed, avidity	l'orecchia	ear
la cerimonia	ceremony	(l'orecchio)	
la compiacenza	complacency	il panettiere	baker
il cortile	courtyard	il pappagallo	parrot
il dormiglione (la dormigliona)	late riser	il sìndaco	mayor
		il védovo	widower
la fiducia	confidence, trust	la védova	widow
la folla	crowd	la zuppa	soup
abbracciare	to embrace, to hug	giudicare	to judge
ammèttere	to admit	grattare	to scratch
assassinare	to assassinate, to murder	lavarsi i denti	to brush one's teeth
		levarsi	to take off
avviarsi	to make for	mèttersi	to put on
divagare	to wander, to digress	procèdere	to proceed

rispettare	to respect	stirarsi	to stretch (oneself)
rompersi il collo	to break one's neck	stringersi la mano	to shake hands
soffiarsi il naso	to blow one's nose		

curioso	curious	soddisfatto (di)	satisfied, pleased
pesante	heavy		(with)
leggero	light, slight		

abbondantemente	abundantly	pazzamente	madly
attentamente	attentively, carefully	pensosamente	thoughtfully
disperatamente	desperately	tristemente	sadly
immensamente	immensely	verso	towards

EXERCISES

Translate into English :

(1)

1. Ti diverti, cara?
2. Ci divertiamo molto in questa città.
3. Mi rado ogni mattina.
4. Perchè non ti servi di frutta, Marìa?
5. Ora devo vestirmi.
6. Ora mi svesto e vado a letto.
7. Perchè non ti lavi, Pierino?
8. Quell'uomo voleva uccidersi.
9. Perchè vuole vendicarsi, signora?
10. Non farti male, Pierino!

(2)

1. Non mi addormento mai prima di mezzanotte.
2. Dobbiamo affrettarci, o faremo tardi.
3. A che ora vi alzate al mattino, ragazze?
4. Non posso fermarmi, ho fretta.
5. Non avvicinarti, Antonio!
6. Se ti ammali, siamo rovinati.
7. Egli si informò della situazione.
8. Mi sono innamorato di quella ragazza.
9. Perchè si lamenta sempre, signorina?
10. Non mi pento di ciò che ho fatto.

(3)

1. Lei non deve preoccuparsi, signora Rossi.
2. A chi devo rivolgermi, scusi?
3. Ti sbagli, mio caro!
4. Voglio scusarmi per ieri sera.
5. Perchè non si siede, signor Bruni?
6. Siéditi, Antonio, e ripòsati un poco.
7. Oggi non mi sento molto bene.
8. Non voglio separarmi da lei.
9. Stamattina mi sono svegliata alle sette.
10. Non ti vergogni, Pierino?

(4)

1. Quando si è sposato Lei, signor Rossi?
2. Ci siamo fidanzati un mese fa.
3. Io mi annoio sempre ai concerti.

4. Non capisco perchè tu ti secchi.
5. Antonio si ubriacò a quella festa.
6. La città è nuova per me e mi perdo sempre.

7. Non mi sono ancora abituata a questa città.
8. Come ti sei abbronzata al mare!
9. Prepàrati, Marìa, dobbiamo uscire.
10. Perchè ti arrabbi, Marìa?

(5)

1. Ti sei lavato le mani, Pierino?
2. Perchè non ti metti un àbito pesante?
3. Perchè ti soffi sempre il naso così forte?
4. Si levi il cappotto, signore.
5. Marìa si è messa l'àbito rosso.
6. Ti romperai il collo!
7. Mi cambio la camicia e vengo con te.
8. Egli non ha fiducia in se stesso.
9. Tu sei sempre soddisfatto di te stesso.
10. Quella ragazza parla sempre di sè (stessa).

(6)

1. Antonio stesso venne alla porta.
2. Glielo dirò io stessa.
3. Carlo stesso non credeva alle sue orecchie.
4. Noi stessi la informeremo della faccenda.
5. Il sìndaco stesso sarà presente alla cerimonia.
6. Sei venuta da sola, Marìa?
7. Ho passato tutta la doménica da solo.
8. I due bambini sono rimasti a casa da soli.
9. Carlo è partito da solo per un lungo viaggio.
10. Perchè passeggia sempre da sola, signorina?

(7)

1. Antonio e Marìa si àmano.
2. Si védono ogni giorno.
3. Si guàrdano con amore.
4. Si adòrano, in una parola.
5. Si bàciano sotto la luna.

6. Noi ci siamo incontrati ad una festa.
7. Ci siamo piaciuti sùbito.
8. Ci siamo capiti sùbito.
9. Ci amiamo disperatamente.
10. Ma ora dobbiamo separarci per sempre.

(8)

Quando Pierino si sveglia al mattino, apre gli occhi per un momento, poi li chiude e si addormenta di nuovo. Quando la mamma lo chiama per la seconda volta, Pierino si alza senza entusiasmo, si mette le ciabatte e va in bagno. Si lava il viso e le mani, si guarda nello specchio con compiacenza, poi si lava i denti. Ritorna nella sua càmera e comincia a vestirsi: si mette la cravatta davanti allo specchio, poi si pèttina con grande cura.

A questo punto si accorge che è molto tardi, e si precìpita in cucina per la prima colazione; si siede a tavola, si serve abbondantemente di cioccolata e biscotti e mangia con grande avidità. Poi si stira pigramente, si mette in tasca un panino, saluta la mamma e si avvìa tristemente verso la scuola.

(9)

Gina e Carla si sono appena incontrate in strada: si sono strette la mano con un bel sorriso e hanno cominciato a guardarsi attentamente i vestiti. Non si sono viste per mesi, e hanno molte cose da dirsi. A dire la verità le due ragazze non sono vere amiche e non si piacciono molto, ma quando si incóntrano, si pàrlano con simpatìa ed entusiasmo.

Ora si raccóntano che cosa hanno fatto durante le vacanze; allora si èrano mandate delle cartoline con frasi che dicévano che si divertìvano immensamente: frasi di questo tipo: « Qui mi diverto pazzamente, il tempo è splèndido, i ragazzi sono incantévoli. Arrivederci a presto.» Oppure: «Tutto meraviglioso, il posto, l'albergo, la gente, il mare. Mi sento felice, vorrei fermarmi qui per sempre. Ti abbraccio.»

Le due ragazze si sorrìdono per l'ùltima volta, si salùtano affettuosamente, si bàciano e poi si sepàrano.

(10)

« Allora, signor Rossi, vuole dirmi dov'era la mattina del 4 agosto? Lei deve cercare di ricordarsi di ogni pìccolo dettaglio di quella famosa mattina, quando la signorina Verdi fu assassinata.»

« Quella mattina mi sono svegliato alle sette, signor Commissario . . ..»

« Lei si sveglia sempre alle sette? »

« Sì, signor Commissario. Alle sette in punto Birba mi sveglia . . ..»

« E chi è Birba, scusi? »

« Birba è il mio pappagallo, signor Commissario. Mi sveglia sempre alle sette in punto con queste parole: — È ora di alzarsi, dormiglione! — Mia moglie gli ha insegnato queste parole prima di morire. Sa, io sono védovo, signor Commissario: ci eravamo sposati nel 1941 . . ..»

« Va bene, va bene! Procediamo con quella famosa mattina.»

« Mi sono svegliato alle sette, come le dicevo, e mi sono alzato sùbito: ho bevuto una tazza di caffè . . ..»

« Lei si fa il caffè da solo, signor Rossi? »

« Sì, signor Commissario, io vivo da solo, dopo la morte della mia pòvera moglie.»

« Continui.»

« Dopo il caffè, sono andato in bagno . . . Lei vuole tutti i dettagli, signor Commissario? »

« Non quelli insignificanti, naturalmente. Continui.»

« Poi ho cominciato a ràdermi, e, mentre mi radevo, guardavo dalla finestra.»

« Ha visto qualcosa di insòlito dalla finestra? »

« Se non mi sbaglio ricordo di aver visto Giovanni . . ..»

« E chi è Giovanni? »

« È il ragazzo del lattaio, signor Commissario.»

« Continui.»

« Allora, ho visto Giovanni e Anna . . ..»

« E chi è Anna? »

« Anna è la figlia del panettiere, signor Commissario.»

« Continui.»

« Ho visto Giovanni e Anna che si baciàvano in un àngolo del cortile.»

« Alle sette del mattino? »

« Si àmano molto, signor Commissario. Anche Lei è stato giòvane, non è vero?»

« Non divaghiamo. Non ha visto niente altro? »

« No, non credo, signor Commissario.»

« Qualcuno l'ha visto mentre Lei si radeva, signor Rossi? »

« Sì, una mia vicina, la signora Scotti, che àbita in un appartamento di fronte al mio. È un tipo molto curioso . . ..»

« Va bene. Interrogherò anche la signora Scotti. Lei può andare ora, signor Rossi.»

« Grazie, signor Commissario, e arrivederla! »

Replace the infinitive with the correct form of the present:

(11)

1. Io (ràdersi) in cinque minuti.
2. Noi (divertirsi) molto.
3. Antonio (svegliarsi) alle sette in punto.
4. Mia madre (alzarsi) alle 6,30.
5. Voi (lamentarsi) sempre.
6. Essi (preoccuparsi) sempre di tutto.
7. Come (sentirsi) la nonna oggi?
8. Io non (ricordarsi) di quello che è successo.
9. Tu non (vergognarsi) di quello che hai fatto?
10. Il ragazzo (rifiutarsi) di obbedire.

Replace the infinitive with the correct form of the perfect:

(12)

1. Io (divertirsi) molto.
2. A che ora (alzarsi), Pierino?
3. Noi (fermarsi) a un bar per un'ora.
4. Antonio (innamorarsi) di Marìa.
5. Essi (sbagliarsi) nel giudicare quell'uomo.
6. Noi (separarsi) alle otto.
7. Io (svegliarsi) alle quattro stamattina.
8. Antonio (annoiarsi) molto a quella festa.
9. Noi (abituarsi) ad andare a letto presto.
10. Essi (sposarsi) un mese fa.

Replace the infinitive with the correct form of the present or perfect:

(13)

1. Essi (amarsi) molto.
2. Le due ragazze non (piacersi) molto.
3. Noi (scriversi) spesso.
4. Essi (conoscersi) al mare l'anno scorso.
5. Quei due uòmini (odiarsi).

6. Voi (vedersi) spesso?
7. Noi (incontrarsi) sempre al cìrcolo.
8. Essi (lasciarsi) alle otto ieri sera.
9. Noi (raccontarsi) sempre tutto.
10. Quelle persone (rispettarsi).

Replace the infinitive with the correct form of the required tense:

(14)

Gina e Carla (incontrarsi) in strada, (stringersi) la mano con un bel sorriso e hanno cominciato a guardarsi attentamente i vestiti.   Non (vedersi) per mesi, e hanno molte cose da dirsi.   A dire la verità le due ragazze`non sono vere amiche, e non (piacersi) molto, ma quando (incontrarsi), (parlarsi) con simpatìa ed entusiasmo.

Ora (raccontarsi) che cosa hanno fatto durante le vacanze: allora (mandarsi) delle cartoline con frasi che dicévano che (divertirsi) immensamente: frasi di questo tipo: « Qui (divertirsi) pazzamente, il tempo è splèndido, i ragazzi sono incantévoli. Arrivederci a presto.»   Oppure: « Tutto è meraviglioso, il posto, l'albergo, la gente, il mare.   (Sentirsi) felice, vorrei (fermarsi) qui per sempre.   Ti abbraccio.»   Le due ragazze (sorrìdersi) per l'ùltima volta, (salutarsi) affettuosamente, (baciarsi) e poi (separarsi).

Translate into Italian:

(15)

1. I'm enjoying myself a lot here.
2. Why don't you help yourself?
3. Do you shave every morning, sir?
4. I have to dress myself now.
5. Don't hurt yourself, Tom!

6. I always get up at seven o'clock.
7. You have to hurry up now.
8. I never go to sleep before midnight.
9. I always stop at that bar.
10. Why don't you come nearer, Tom?

(16)

1. She always falls in love with everybody.
2. Why are you always complaining, Tom?
3. You mustn't worry, sir.
4. You are mistaken, my dear.
5. I want to apologize for what I did.

6. Why doesn't Maria apply at an agency?
7. Sit down, please!
8. Stand up, please!
9. I don't feel very well today.
10. I don't remember the name of that town.

(17)

1. Did you enjoy yourself, Maria?
2. Did you enjoy yourselves, girls?
3. I got up at six o'clock this morning.
4. The poor man became ill and died.
5. We stopped at that bar for five minutes.
6. Did you fall in love with that boy?
7. I was referring to that day.
8. Did Antonio apologize?
9. At what time did you wake up this morning, Tom?
10. They refused to come here.

(18)

1. We got married a year ago.
2. I got tired of waiting.
3. That man always gets drunk.
4. The child got lost in the crowd.
5. Why don't you get ready, dear?
6. It was raining and we got wet.
7. Why do you get angry, sir?
8. The soup is getting cold.
9. The children got scared.
10. Mr Rossi got drunk last night.

(19)

1. I haven't washed my hands.
2. Why don't you put on your hat?
3. Why don't you take off your overcoat?
4. Why don't you wash your face?
5. Why don't you brush your teeth?
6. Maria put on her new dress.
7. You will break your neck!
8. May I take off my coat?
9. Why don't you blow your nose, Pierino?
10. Antonio scratched his head thoughtfully.

(20)

1. I will go there myself.
2. Mr Brown came here himself.
3. Mrs Brown answered the phone herself.
4. They told me this themselves.
5. I've paid all that money myself.
6. Are you going there by yourself, Maria?
7. She arrived here by herself.
8. Did Antonio go out alone?
9. We stayed in alone.
10. They dined by themselves.

(21)

1. Do you think they love each other? (*che si amino*)
2. They like each other a lot, I suppose.
3. Where do they usually meet?
4. They hate one another.
5. Do you sometimes help each other?
6. Those two girls don't understand each other.
7. We sent each other post cards.
8. They write to each other every day.
9. We parted at seven o'clock.
10. They kissed when they met.

IL PRIMO PENSIERO

« Signorina, il mio primo pensiero quando mi sveglio al mattino è per Lei.»
« Anche il suo amico Pàolo mi ha detto la stessa cosa.»
« Sì, ma io mi sveglio un'ora prima di lui.»

BARZELLETTE A GETTO CONTINUO

Un tale che racconta barzellette a getto continuo passa la sera a casa di un amico, naturalmente raccontando un'infinità di barzellette.   A mezzanotte decide di andare a casa e si avvìa verso la porta.   Alla porta si volta e dice all'amico: «Buona notte.» L'amico, con aria sconcertata, gli dice: « Questa non l'ho capita.»

Lesson 26

*Modal verbs : potere, dovere, volere — Irregular Verbs :
accèndere, spégnere — Word Study : How to translate* to mean
— Uses of portare — Uses of accèndere

MODAL VERBS

potere

Can (could) and *may (might)* are rendered by the verb **potere** (see Appendix, page 444).

Dove posso trovare un buon albergo?	Where can I find a good hotel?
Posso uscire un momento?	May I go out a moment?
Non potemmo pagare i nostri débiti.	We could not pay our debts.
Non potevamo vìvere in quella città.	We could not live in that town.
Potrebbe dirmi l'ora?	Could you tell me the time?
Antonio potrebbe arrivare domani.	Antonio might arrive tomorrow.
Se potessi, ti aiuterei.	If I could, I would help you.

OBSERVATIONS

1. When *can* (or *could*) precedes an infinitive to show ability, it must be translated by **sapere**.

Sai giuocare a tennis?	Can you play tennis?
Lei sa guidare, signora?	Can you drive, madam?
Non sapeva sciare.	He could not ski.

2. **Potere** translates *to be able* and *to be allowed*, which can also be translated by **èssere capace di** and the impersonal expression **èssere permesso di**, respectively.

Non potrò venire domani.	I will not be able to come tomorrow.
Non sono potuta uscire.	I have not been able (allowed) to go out.
Non sei capace di guidare?	Can't you drive?
Non mi è stato permesso di partire.	I haven't been allowed to leave.

3. The auxiliary verb used to form the compound tenses of **potere** is normally **avere**, except when the verb following **potere** requires **èssere** in its compound tenses (see Lesson 9).

Non ho potuto parlare a quella persona.	I couldn't speak to that person.
Non abbiamo potuto vedere quel film.	We weren't able to see that film.
Non ho potuto pagare i miei dèbiti.	I wasn't able to pay my debts.
Non sono potuta andare da loro.	I couldn't go to them.
Marìa non era potuta uscire.	Maria had not been able to go out.

4. *I could* (*might*) *have* + past participle is in Italian **avrei** (**sarei**) **potuto** + infinitive.

Avrei potuto parlargli ieri.	I could have spoken to him yesterday.
Sarei potuto (potuta) andare là.	I could have gone there.

5. The imperfect subjunctive of **potere** is used in such *if* clauses as the following:

Se potessi andare a Roma, sarei felice.	If I could go to Rome, I would be happy.
Se potèssero, mi aiuterèbbero.	They would help me, if they could.

---

dovere

Must, *shall*, *should* and *ought to* are rendered by the verb **dovere** (see Appendix, page 439).

Ora devo andare.	I must go now.
Devi andare così presto?	Must you go so soon?
Devo aprire la finestra?	Shall I open the window?
Dobbiamo chiamare un tassì?	Shall we call a taxi?
Che cosa dovrei fare?	What should I do? (What ought I to do?)
Dovresti studiare di più.	You ought to study more.
Se dovesse venire Antonio, dìtegli che non sono in casa.	If Antonio should come, tell him I'm not in.

OBSERVATIONS

1. Whenever *to have* and *to be* are followed by an infinitive they must be translated by **dovere**. *I was to*, *you were to*, etc., are always translated by the imperfect indicative of **dovere** (dovevo, dovevi, doveva, etc.).

Ora devo andare.	I have to go now.
Ho dovuto dire la verità.	I've had to tell the truth.
Dovremo lavorare di più.	We'll have to work more.
Dobbiamo vederci alle tre.	We are to meet at three.

Dovevamo vederci alle tre.	We were to meet (or to have met) at three.
Il lavoro deve essere fatto sùbito.	The work is to be done at once.

2. *To owe* is translated by **dovere**.

Quanto Le devo?	How much do I owe you?
Mi deve cento lire, signora.	You owe me a hundred lire, madam.
Mi dovévano molto danaro.	They owed me a lot of money.

3. *To be due* (referring to expected arrival) is **dover arrivare**, or simply **arrivare**.

Il treno deve arrivare (arriva) alle cinque esatte.	The train is due at 5 precisely.
L'aèreo doveva arrivare (arrivava) alle 7,35.	The plane was due at 7.35.

4. For the use of auxiliary verbs with **dovere** and the translation of *should have* + past participle, the same rules apply as for **potere**.

Ho dovuto vederlo.	I've had to see him.
Sono dovuta andare fuori.	I've had to go out.
Avrei dovuto parlargli allora.	I should have spoken to him then.
Sarei dovuta andare da lui.	I should have gone to him.

5. The imperfect subjunctive of **dovere** is used in such *if* clauses as the following:

Se io dovessi morire, che cosa faresti?	If I should (were to) die, what would you do?
Se dovesse piòvere, non partiremmo.	If it should rain, we wouldn't leave.

volere

Will, would, to want and *to like* are rendered by the verb **volere** (see Appendix, p. 453).

Che cosa vuoi fare?	What do you want to do?
Voglio andare a Roma.	I want to go to Rome.
Vòllero rimanere a casa.	They wanted to stay at home.
Volévano partire sùbito.	They wanted to leave at once.
Vorrei andare a Roma.	I would like to go to Rome.
Vorrei sapere una cosa.	I would like to know one thing.

OBSERVATIONS

1. *Will have* and *would have* followed by a noun are translated by **volere** + noun, or **prèndere** (in colloquial Italian).

Che cosa vuoi (prendi)?	What will you have?
Prendo una birra, grazie.	I will have a beer, thanks.
Non volete (prendete) una tazza di tè?	Won't you have a cup of tea?

2. *To wish* is translated by volere in the conditional in the following construction:

Vorrei èssere un milionario.	I wish I were a millionaire.
Vorrei avere un'automòbile.	I wish I had a car.
Vorrei poter viaggiare.	I wish I could travel.
Vorrei saper parlare molte lingue.	I wish I could speak many languages.
Vorrei sapere ciò che accadrà.	I wish I knew what is going to happen.

3. When *to want*, *to like*, *will have* or *would have* are followed by a direct object plus infinitive, volere is followed in Italian by che followed by the subjunctive (see Lesson 34).

4. For the use of auxiliary verbs with volere and the translation of *would have* + past participle, the same rules apply as for potere and dovere.

Non ho voluto parlare con lui.	I haven't wanted to speak with him.
Non siamo voluti andare con loro.	We haven't wanted to go with them.
Io sarei voluta partire ieri.	I would have left yesterday.
Io non avrei voluto parlargli.	I wouldn't have spoken to him.

5. The imperfect subjunctive of volere is used in such *if* clauses as the following:

Se tu volessi, potresti aiutarmi.	If you wanted, you could help me.
Se volèssero venire, portàteli.	If they should want to come, bring them.

IRREGULAR VERBS

Accèndere (*to light, to switch on*)
Past Definite: accesi, accendesti, accese, accendemmo, accendeste, accésero.
Past Participle: acceso.

Spégnere (*to put out, to switch off*)
Present Indicative: spengo, spegni, spegne, spegnamo, spegnete, spèngono.
Past Definite: spensi, spegnesti, spense, spegnemmo, spegneste, spènsero.
Past Participle: spento.

WORD STUDY

How to translate *to mean*

(1) voler dire, significare

Che cosa vuol dire (signìfica) questa parola?	What does this word mean?
Dovresti sapere che cosa signìfica.	You should know what it means.

(2) voler dire, intènder dire

Che cosa intende (vuole) dire, signore?	What do you mean, sir?
Intendeva (voleva) dire che vuole partire?	Did you mean (to say) you wanted to leave?

(3) intèndere, aver intenzione di

Non intendevo (avevo intenzione di) offenderti.	I didn't mean to offend you.
Intendevo (avevo intenzione di) partire ieri, ma poi ho cambiato idea.	I meant to leave yesterday, but then I changed my mind.

USES OF portare

(1) *to bring*

Cameriere, mi porti una tazza di caffè, per favore.	Waiter, bring me a cup of coffee, please.
Ti porterò un ricordo dall'Italia.	I'll bring you a souvenir from Italy.

(2) *to take*

Vuoi portare via queste tazze, per favore?	Will you take these cups away, please?
Mi porti al cìnema, tesoro?	Are you taking me to the cinema, darling?

NOTE: Another meaning of *to take* is prèndere, when *to take* stands for *to catch, to get hold of* or *to achieve*. When it stands for *to accompany*, a synonym of portare is accompagnare.

Prendo il treno ogni mattina.	I take the train every morning.
Vorrei prendere una làurea.	I would like to take a degree.
Devo accompagnarti alla stazione?	Shall I accompany you to the station?

(3) *to carry*

Il facchino portò la valigia al treno.	The porter carried the suitcase to the train.
Non posso portare di sopra questo baule da solo.	I can't carry this trunk upstairs by myself.

(4) *to wear*

Perchè porti sempre il cappello?	Why do you always wear a hat?
Dovresti portare gli occhiali da sole.	You should wear sun-glasses.

NOTE: A synonym of portare is in this case indossare, provided *to wear* is followed by an article of clothing.

Indossava un àbito scuro.	He was wearing a dark suit.

(5) *to bear*

La lèttera portava un indirizzo sbagliato.	The letter bore a wrong address.

NOTE: *To bear*, used in the meaning of *to suffer* or *to stand*, is translated by **sopportare**, **tollerare**.

Essa non sopporta bene il dolore.	She doesn't bear pain well.
Non lo posso sopportare (tollerare).	I can't bear him.

USES OF **accèndere**

(1) *to turn on, to switch on, to put on*

Devo accèndere la luce?	Shall I switch on the light?
Hai acceso la radio?	Have you turned the radio on?

The opposite of **accèndere** is **spégnere** (*to turn off, to switch off, to put off* or *out*).

Ho dimenticato di spégnere il gas.	I forgot to turn off the gas.
Devo spégnere la sigaretta?	Shall I put out my cigarette?

(2) *to light*

Accese una sigaretta.	He lit a cigarette.
Perchè non accendi il fuoco?	Why don't you light the fire?

NOTE: *On* and *off* or *out* referring to light, etc., are **acceso** and **spento**, respectively.

La luce era ancora accesa.	The light was still on.
La làmpada era spenta.	The lamp was out.

VOCABULARY

la conferenza	lecture	la ragione	reason
la convinzione	conviction	il ragionamento	reasoning
il diàlogo	dialogue	la salute	health
il direttore	manager, director	lo spillo	pin
il dovere	duty	il tacco	heel
l'ingratitùdine	ingratitude	il tacco a spillo	stiletto heel
il milionario	millionaire	la tasca	pocket
il passaporto	passport	il tono	tone
la posizione	position	l'uscita	exit
il problema	problem	il visone	mink
acquistare	to purchase	dire stupidàggini	to talk nonsense
andare a pescare	to go fishing	(sciocchezze)	
avere cura	to take care	consigliare	to advise
cambiare idea	to change one's mind	disturbare	to disturb, to trouble
dire parolacce	to swear	entusiasmare	to enrapture, to carry away

ereditare	to inherit	occuparsi (di)	to attend (to), to see (to)
esprìmere	to express		
evitare	to avoid	prèndere un (il)	to catch a cold
fare a meno di	to do without	raffreddore	
frìggere	to fry	riservare	to reserve, to keep
funzionare	to function, to work	sciare	to ski
impiegare	to employ, to take (time)	scrìvere a màcchina	to type
imprecare	to swear	spaccare	to split
ingrassare	to grow fat	spaccare il minuto	to be dead right (clocks, watches)
méttere fine (a)	to put an end (to)		
migliorare	to improve	spiegare	to explain
		sprecare	to waste
chiaro	clear	indelicato	indelicate
còmodo	comfortable	mezzo	middle, half
evidente	evident	sociale	social
esattamente	exactly	unicamente	uniquely, only
evidentemente	evidently	volentieri	willingly, gladly
improvvisamente	suddenly		

EXERCISES

Translate into English :

(1)

1. Non posso fermarmi molto, ho molta fretta.
2. Puoi prestarmi mille lire, Antonio?
3. Pàolo non può uscire oggi, ha il raffreddore.
4. Non potete fare silenzio, ragazzi?
5. Non pòssono èssere già le sette!
6. In che posso servirla, signora?
7. Lei sa parlare francese, signor Bruni?
8. Io non so nuotare, e tu?
9. Sai scrìvere a màcchina, Marìa?
10. Non sapete guidare?

(2)

1. Potresti dirmi l'ora, Antonio?
2. Scusi, potrebbe dirmi dov'è la stazione?
3. Io non potrei pagare tutto quel danaro.
4. Non ho potuto parlare al signor Bruni della faccenda.
5. Non abbiamo potuto pagare i nostri dèbiti.
6. Non sono potuta venire prima, mi spiace.
7. Non sono potuto uscire ieri sera.
8. Essi non potérono venire alla festa.
9. Se tu potessi aiutarmi, so che lo faresti.
10. Se potessi aiutarti, lo farei volentieri.

(3)

1. Posso uscire un momento, per favore?
2. Possiamo vedere il signor Bruni?
3. Posso accompagnarla, signorina?
4. Pàolo può arrivare tardi all'appuntamento.
5. Le ragazze pòssono aver perduto il treno.
6. Lo zio può aver avuto un incidente.
7. Il tuo orologio può èssere avanti, non credi?
8. Il mio orologio potrebbe èssere indietro, non credi?
9. La situazione potrebbe cambiare improvvisamente.
10. Potrèbbero aver cambiato idea.

(4)

1. Ora devo andare, è piuttosto tardi per me.
2. Non dimenticare che dobbiamo andare alla stazione.
3. Non devi parlare così forte, Pierino.
4. Non dovete dire parolacce, ragazzi.
5. Non devi sprecare il tuo tempo, Carlo.
6. Che cosa devo fare adesso?
7. Dove devo méttere questi fiori, cara?
8. Come devo cucinare le uova?
9. Le devo frìggere o bollire?
10. Devo comprarti qualcosa, Marìa?

(5)

1. Dovrò mangiare meno, o ingrasserò ancora.
2. Che cosa dovremo fare?
3. Ho dovuto dirle la verità.
4. Ieri sera ho dovuto lavorare fino a tardi.
5. Stamattina sono dovuta alzarmi molto presto.
6. Non dovresti uscire con questo tempo, Marìa.
7. Antonio dovrebbe rimanere in casa: ha il raffreddore.
8. Dovetti ritornare dal dottore dopo due giorni.
9. Dovemmo prèndere un tassì per andare alla stazione.
10. Antonio doveva vedere Marìa alle cinque.

(6)

1. Se dovesse venire Antonio, digli che io non sono in casa.
2. Se dovessi morire, ti lascerei tutto quello che ho.
3. Non dovresti dire stupidàggini, caro.
4. Non avresti dovuto spèndere tutto quel danaro.

5. Non sarei dovuta andare a quell'appuntamento.
6. Non avremmo dovuto dirgli la verità.
7. A che ora doveva arrivare il treno?
8. Quanto le devo, signore?
9. Non mi deve niente.
10. Sai che mi devi dieci sterline, Antonio?

(7)

1. Che cosa vuoi, Antonio?
2. Voglio mangiare qualcosa.
3. Vuoi bere qualcosa?
4. Volete fare silenzio, ragazzi?
5. Non vuole fermarsi un momento, signora Bruni?
6. Che cosa vuole tutta quella gente?
7. Che cosa vògliono fare i bambini?
8. Antonio fa sempre ciò che vuole.
9. Vogliamo guardare la televisione.
10. Vuole seguirmi, signore?

(8)

1. Che cosa volevi fare, Pàolo?
2. Volevo andare al cìnema.
3. Volevate dirmi qualcosa, ragazze?
4. Se tu volessi, potresti aiutarmi.
5. Se essi volèssero venire con noi, saremmo felici.
6. Antonio non ha voluto dirmi nulla.
7. Marìa non è voluta uscire con noi.
8. Essi non sono voluti venire con noi.
9. Che cosa desìdera, signore?
10. Vorrei vedere il signor Bruni.

(9)

1. Vorrei passare le mie vacanze a Parigi.
2. Anche Marìa vorrebbe venire con me.
3. Che cosa vorresti fare domani, caro?
4. Vorrei andare a pescare, cara.
5. Vorrei èssere milionario.
6. Vorrei èssere sulla Riviera ora.
7. Vorrei avere una pelliccia di visone.
8. Vorrei poter comprare tutto quello che desìdero.
9. Vorrei saper parlare molte lingue.
10. Vorrei sapere che cosa mi riserva il destino.

(10)

« Può dirmi l'ora, signore? (Sa dirmi l'ora, signore?) »

« Posso dirle l'ora, ma fra un momento, e non sarà più l'ora che Lei desìdera sapere.»

« Non può dirmi l'ora sùbito, scusi? »

« Se potessi, gliela direi, ma evidentemente non posso.»

« Evidentemente? Non c'è nulla di evidente per me. Forse Lei non ha l'orologio? »

« Come potrebbe un uomo della mia posizione sociale andare in giro senza orologio? Il mio è d'oro, funziona benìssimo, spacca il minuto; l'ho ereditato da mio nonno, quarant'anni fa, e lo porto sempre con me, non posso fare a meno del mio orologio, capisce? »

« Quello che non posso capire è perchè Lei non mi dice l'ora, signore.»

« Io posso dirle l'ora, ma fra qualche minuto. Ora le spiego la ragione. Lei ha notato il mio panciotto? »

« Sì, molto elegante.»

« Lei è molto gentile. Io non potrei uscire senza panciotto: un panciotto tiene caldo, ed inoltre dà un certo tono. Lei ha notato anche il nùmero delle tasche del mio panciotto? »

« Lo noto ora: un nùmero insolitamente grande per un panciotto.»

« È vero: sono dieci o dódici tasche, fra grandi e pìccole. Io non ricordo mai il nùmero esatto delle tasche del mio panciotto. Lei sa ricordarsi il nùmero esatto delle tasche del suo vestito, signore? »

« Credo di no.»

« Vede? Terribilmente difficile. Ora, in una delle dieci o dódici tasche del mio panciotto c'è il mio orologio, ma io impiego sempre quattro o cinque minuti per trovare la tasca con l'orologio. Lei ora può capire benìssimo perchè io non posso dirle l'ora quando Lei me la chiede, ma dopo alcuni minuti. Lei desìdera ancora sapere l'ora, signore? »

« No, grazie: non posso fermarmi altri cinque minuti. Grazie lo stesso, e arrivederla, signore.»

« Arrivederla.»

(11)

« Lucìa, dove sono le mie ciabatte? »

« Ora non posso occuparmi delle tue ciabatte, Giàcomo: dovresti ricordarti dove le hai messe ieri sera.»

« Io penso che una buona moglie deve sempre sapere dove suo marito ha messo le sue ciabatte. Dovresti avere più cura delle cose dell'uomo che hai sposato.»

« Intendi dire che una donna deve sempre sapere dove sono le ciabatte di suo marito per èssere una buona moglie? Va bene, come vuoi. D'ora innanzi avrò cura unicamente delle tue ciabatte e non dovrò fare nient'altro.»

« Avrei dovuto immaginare che avresti incominciato uno dei tuoi ragionamenti non esattamente intelligenti. Io ti ho domandato dove potevo trovare le mie ciabatte, tu dovevi rispondermi che non sapevi dove sono, senza cominciare una pìccola conferenza su quello che una donna deve fare per potere èssere una buona moglie.»

« Vuoi dire che una donna non può nemmeno aprire la bocca, per èssere una buona moglie. Non avrei dovuto sposare un uomo che non permette a sua moglie di esprìmere le sue idee: questa volta devi ammettere che hai torto, le tue idee sulle buone mogli sono semplicemente ridìcole.»

« Io devo solamente trovare le mie ciabatte, ed è mia convinzione che una moglie dovrebbe aiutare suo marito a trovare un paio di vecchie ciabatte! »

« Un paio di vecchie ciabatte! Te le ho regalate solo due mesi fa, e tu le chiami vecchie . . . che ingratitùdine! Dover sentire frasi così indelicate dal proprio marito è veramente doloroso. Devi ammettere che . . .»

« Io non devo ammettere niente! Voglio solamente le mie ciabatte, così metterémo fine a questo assurdo diàlogo sui doveri delle mogli e sull'ingratitùdine dei mariti.»

« Avresti dovuto avere questa brillante idea prima, caro, così avremmo evitato questa inùtile discussione.»

« Questa volta hai proprio ragione, cara, devo ammetterlo.»

« E dovresti avere più cura delle ciabatte che tua moglie ti regala, non credi? »

(12)

« Buon giorno, signora.»

« Buon giorno.»

« In che cosa posso servirla? »

« Vorrei acquistare un paio di scarpe.»

« Che tipo di scarpe desìdera, signora? »

« Questo è il problema: non ho nessuna idea sul tipo di scarpe che voglio comperare.»

« Vorrebbe un paio di scarpe con il tacco a spillo, con mezzo tacco, oppure un paio di scarpe senza tacchi? »

« Le scarpe con il tacco molto alto non sono molto còmode: d'altra parte migliórano la figura e rèndono una donna più alta.»

« Allora vuole un paio di scarpe con il tacco alto, signora? »

« No di certo! Le scarpe le voglio còmode, io! »

« Allora vogliamo vedere un paio di scarpe con mezzo tacco? »

« Le scarpe con mezzo tacco non mi hanno mai entusiasmato. Vanno benìssimo per la pioggia, ma io non esco mai quando piove: sa, non vorrei prèndere un raffreddore! »

« Vuole allora vedere un paio di scarpe senza tacchi, signora? Sono queste le scarpe che desìdera comprare, non è vero? »

« Le scarpe senza tacchi vanno bene al mattino per la casa, ma al mattino io esco sempre, eccetto quando piove, come ho detto poco fa. Vorrei proprio sapere che scarpe comprerò, oggi non ho idee chiare. Lei che cosa mi consiglia? »

« Lei può fare due cose, signora. O comprare tre paia di scarpe, uno con tacchi alti, uno con mezzo tacco e uno senza tacchi, o ritornare un altro giorno, possibilmente con un'idea più precisa sul tipo di scarpe che vuole comprare.»

« Che idea intelligente! Mi lasci pensare, signorina . . .»

Translate into Italian:

(13)

1. Can you tell me the time, sir?
2. Can you show me the exit, please?
3. I will do what I can.
4. Nobody can help me.

5. Can't you be silent, Tom?
6. I can't stay here very long (*molto tempo*).
7. I can't speak Italian, I'm sorry.

8. Can you drive?
9. Maria can play the piano very well.
10. She cannot speak a word of Italian.

(14)

1. I couldn't work like you, Carlo.
2. She couldn't do such a thing (*una cosa simile*).
3. Could you lend me some money, Tom?
4. Could you come back tomorrow, sir?
5. I couldn't go to town yesterday.

6. I couldn't understand what she wanted.
7. I haven't been able to see that gentleman.
8. We haven't been able to go to town.
9. If you could come with us, we would be very glad.
10. If I could help that man, I would do it very gladly.

(15)

1. May I come with you, Maria?
2. May I see Mr Brown?
3. May I see your passport, sir?
4. May we come in?
5. May we wait here?

6. The weather may change.
7. The train may be late.
8. Antonio may not have understood.
9. Mr Brown might have left for Rome.
10. They might arrive any moment (*da un momento all'altro*).

(16)

1. Now I must go home: it's eight o'clock.
2. Must you go so soon, madam?
3. Antonio, you must take care of your health.
4. You must be very tired, madam.

5. That man must be mad.
6. Shall I come with you, Maria?
7. Shall I call a taxi?
8. Shall I buy something for you?
9. Shall we go?
10. Shall we wait here?

(17)

1. I shall have to buy a new car.
2. They will have to wait.
3. You will have to come back, sir.
4. I had to work all day yesterday.
5. We had to take a taxi to come here.

6. Did you have to tell him the truth?
7. Did they have to pay?
8. We were to meet at five.
9. I was to see an old friend.
10. At what time were you to meet that girl?

(18)

1. What will you have, madam?
2. I'll have a cup of tea.

3. Will you have a cigarette?
4. Mr Brown, will you sit down?

5. What do you want, madam?
6. I want to talk to Mr Smith.
7. We want to see the manager.

8. The manager wants to see you, sir.
9. Do the boys want to stay in?
10. We want to go out.

(19)

1. What did you want, sir?
2. I wanted to talk to that gentleman.
3. Tom did not want to go out.
4. He wanted to stay in and watch television.
5. Did you want to see me, sir?
6. Mr Brown wanted to come with us.

7. Mrs Brown wanted to buy a new hat.
8. I didn't want to disturb you, miss.
9. He could make a lot of money, if he wanted to.
10. If Maria would like to come here, please phone me.

(20)

1. I would like to go to the pictures.
2. What would you like to do, miss?
3. I would like to go to the theatre.
4. They would like to go to the seaside.
5. I wish I were with you now, darling.

6. I wish I were twenty years old.
7. I wish I had a beautiful car.
8. I wish I could help them.
9. I wish I could leave with you, Antonio.
10. I wish I knew your language well.

Volere e potere

« Potresti prestarmi diecimila lire? »
« Potrei, ma non vorrei.»
« Credi che io non vorrei restituìrtele? »
« Tu vorresti, ma non potresti.»

Così siamo pari

« Prèstami duemila lire, ma dàmmene soltanto mille, così io devo mille lire a te, e tu devi mille lire a me, e così siamo pari.»

Lesson 27

*Word-formation (Nouns from other Nouns; Nouns compounded with Verbs; Diminutives; Augmentatives; Pejoratives) — Nouns and Adjectives of Nationality — Formation of Adverbs of Manner — Irregular Verbs: **piàngere, rìdere** — Word Study: Uses of **piano** (noun and adverb) — Uses of **forte** (adjective and adverb) — Uses of **male***

WORD-FORMATION

(1) Nouns derived from other nouns:

la droga	spice	**droghiere**	grocer	**drogherìa**	grocer's shop
il latte	milk	**lattaio**	milkman	**latterìa**	dairy

The names of the shopkeeper and the shop are often formed from the name of an object on sale, or something connected with it, by means of the addition of suffixes. The most common suffixes indicating shopkeepers are -iere and -aio—and less often -véndolo. The suffix -erìa is the most common suffix indicating *shops*.

OBJECT	SHOPKEEPER	SHOP
il panetto (*roll*)	**panettiere** (*baker*)	**panetterìa** (*baker's*)
il forno (*oven*)	**fornaio** (*baker*)	[panetterìa (*baker's*)]
il salume (*salted meat*)	**salumiere** (*delicatessen seller*)	**salumerìa** (*delicatessen shop*)
il pasticcio (*pie*)	**pasticcere** (*confectioner*)	**pasticcerìa** (*confectioner's*)
il macello (*slaughterhouse*)	**macellaio** (*butcher*)	**macellerìa** (*butcher's*)
il vino (*wine*)	**vinaio** (*wine-merchant*)	[osterìa (*public house*)]
la carta (*paper*)	**cartolaio** (*stationer*)	**cartolerìa** (*stationer's*)
il gioiello (*jewel*)	**gioielliere** (*jeweller*)	**gioiellerìa** (*jeweller's*)
il profumo (*perfume*)	**profumiere** (*perfumer*)	**profumerìa** (*perfumer's*)
la camicia (*shirt*)	**camiciaio** (*shirtmaker*)	**camicerìa** (*shirt factory*)
la merce (*merchandise*)	**merciaio** (*haberdasher*)	**mercerìa** (*haberdasher's*)

il pollo (*chicken*)	pollivèndolo (*poulterer*)	pollerìa (*poulterer's*)
il pesce (*fish*)	pescivèndolo (*fishmonger*)	pescherìa (*fish shop*)

N.B. **lavare** (*to wash*) **lavandaio** (*laundry-man*) **lavanderìa** (*laundry*).

NOTE: 1. The suffix -ificio serves to indicate the *factory* where an object is manufactured.

mòbili	furniture	**mobilificio**	furniture factory
salume	salted meat	**salumificio**	delicatessen factory
lana	wool	**lanificio**	wool factory
cotone	cotton	**cotonificio**	cotton factory
spaghetti	spaghetti	**spaghettificio**	spaghetti factory

2. Besides **dal panettiere** (*at, to the baker's*), **dal macellaio** (*at, to the butcher's*), etc. the forms in **panetterìa**, **in macellerìa** can also be used.

(2) Nouns compounded with verbs:

A verb stem + a noun can form a type of compound noun which is very common in Italian. Such compounds are generally masculine and invariable, since the noun appearing in them is normally plural.

With **asciugare**:

l'asciugamani	hand-towel

With **attaccare**:

l'attaccapanni	coat-stand

With **lavare**:

il lavapiatti	dish-washer, scullery-boy

With **portare**:

il portalèttere	postman
il portacénere	ash-tray
il portafogli	wallet
la portaèrei	aircraft carrier
il portacipria	powder-compact

With **règgere**:

il reggiseno	bra(ssière)
il reggicalze	suspender belt

NOTE: Two nouns can sometimes form a compound noun: it is the second of them which varies in the plural, though sometimes it is invariable.

il capolavoro	masterpiece	(*pl.* capolavori)
il capocòmico	showman	(*pl.* capocòmici)
il caporeparto	supervisor (in shop)	(*pl.* caporeparto)
il capostazione	station-master	(*pl.* capostazione)
il capodanno	New Year's Eve	(*pl.* capodanno)
(from **capo d'anno**)		

(3) Formation of diminutives:

The diminutive is formed by means of the addition of the suffix -ino (-a, -i, -e) or -etto (-a, -i, -e). The last vowel of the noun to be modified is dropped before taking the suffix.

NOUN	DIMINUTIVE
ragazzo	ragazzino, ragazzetto (*little boy*)
ragazza	ragazzina, ragazzetta (*little girl*)
mamma	mammina (*mummy*)
nonna	nonnina (*granny*)
stanza	stanzina, stanzetta (*little room*)
tazza	tazzina (*little cup*)
pane	panino, panetto (*bread roll*)
giardino	giardinetto (*little garden*)
sacco	sacchetto (*little bag*)
casa	casetta, casina (*little house*)

NOTE: 1. Diminutives of nouns in -etto can undergo a further modification by taking the suffix -ino.

stanzetta	stanzettina (*tiny room*)
sacchetto	sacchettino (*tiny bag*)
casetta	casettina (*tiny house*)

2. Some more suffixes expressing idea of smallness are -ello, -ellino, -icello, -uccio and -uzzo.

fiore	fiorellino (*little flower*)
campo	campicello (*little field*)
cappello	cappelluccio, cappelluzzo (*little hat*)
casa	casuccia (*little house*)

3. It is impossible for foreigners to know which suffix a noun takes in the diminutive form. It is therefore wiser for students to use diminutives only if they have met the word and its particular suffix already. Many words used with a certain suffix have taken on a completely different meaning from the original, as in the following examples:

cavalla	mare	cavallina	little mare	cavalletta	locust
giro	trip	giretto	little trip	girino	tadpole

(4) Formation of augmentatives:

Augmentatives are formed by means of the suffixes -one and -otto.

NOUN	AUGMENTATIVES
paese	paesone, paesotto (*large village*)
ragazza	ragazzona, ragazzotta (*big girl*)
libro	librone (*big book*)
casa	casona (*large house*)
testa	testone, testona (*big head*, *blockhead*)
sciocco	scioccone, scioccona (*simpleton*)

(5) Formation of pejoratives:

The suffix -accio is used to form the pejorative of a noun (which corresponds to *nasty* or *awful* + a noun in English).

NOUN	PEJORATIVES
tipo	tipaccio (*nasty type*)
tempo	tempaccio (*nasty weather*)
giornata	giornataccia (*nasty day*)
donna	donnaccia (*bad woman*)

NOTE: Some of the above suffixes forming diminutives, augmentatives and pejoratives can be used also for adjectives or adverbs.

ADJECTIVE or ADVERB	DIMINUTIVE, etc.
bello	bellino (*cute*)
pìccolo	piccolino (*tiny*)
bene	benino (*pretty well*)
bene	benone (*quite well*)
male	maluccio (*rather bad*)

NOUNS AND ADJECTIVES OF NATIONALITY

Adjectives indicating nationality have a small letter. Nouns of nationality take a capital letter (inglese, *English*; un Inglese, *an Englishman*; americano, *American*; un Americano, *an American*). The name of the language does not require a capital letter (l'inglese, English).

The most common nationalities are listed below.

COUNTRY	ADJ. and NOUN
Amèrica (*America*)	Americano
Arabia (*Arabia*)	Àrabo
Àustria (*Austria*)	Austrìaco
Australia (*Australia*)	Australiano
Belgio (*Belgium*)	Belga
Bolivia (*Bolivia*)	Boliviano
Brasile (*Brazil*)	Brasiliano
Canadà (*Canada*)	Canadese
Cina (*China*)	Cinese
Danimarca (*Denmark*)	Danese
Egitto (*Egypt*)	Egiziano
Francia (*France*)	Francese
Galles (*Wales*)	Gallese

Germania (*Germany*)	Germanico
Giappone (*Japan*)	Giapponese
Gran Bretagna (*Great Britain*)	Britànnico
Grecia (*Greece*)	Greco
India (*India*)	Indiano
Inghilterra (*England*)	Inglese
Irlanda (*Ireland*)	Irlandese
Italia (*Italy*)	Italiano
Norvegia (*Norway*)	Norvegese
Nuova Zelanda (*New Zealand*)	Neozelandese
Olanda (*Holland*)	Olandese
Perù (*Peru*)	Peruviano
Polonia (*Poland*)	Polacco
Portogallo (*Portugal*)	Portoghese
Romanìa (*Rumania*)	Rumeno
Russia (*Russia*)	Russo
Scozia (*Scotland*)	Scozzese
Spagna (*Spain*)	Spagnolo
Sudàfrica (*South Africa*)	Sudafricano
Svezia (*Sweden*)	Svedese
Svìzzera (*Switzerland*)	Svìzzero
Turchìa (*Turkey*)	Turco
Ungherìa (*Hungary*)	Ungherese

NOTE: *The English, the French, the Swiss*, etc., are translated by **gli Inglesi, i Francesi, gli Svìzzeri**, etc., respectively.

FORMATION OF ADVERBS OF MANNER

Adverbs of manner are formed from adjectives by the addition of the ending **-mente**. Adjectives ending in **-o** change **-o** into **-a** before adding **-mente**; adjectives ending in **-e** drop the final **-e** before **-mente**, provided they do not end in **-te**, **-ce**, **-se** or **-ve**.

ADJECTIVE	ADVERB
onesto (*honest*)	onestamente (*honestly*)
caro (*dear*)	caramente (*dearly*)
ràpido (*rapid*)	rapidamente (*rapidly*)
fàcile (*easy*)	facilmente (*easily*)
probàbile (*probable*)	probabilmente (*probably*)
forte (*strong*)	fortemente (*strongly*)
veloce (*fast*)	velocemente (*fast*)

cortese (*polite*)   cortesemente (*politely*)
soave (*suave*)   soavemente (*suavely*)

NOTE: Some adverbs of manner have a form of their own. Others are the same as the masculine of adjectives.

bene	well
male	badly, ill
volentieri	willingly
piano	slowly, softly
forte	fast, loud

IRREGULAR VERBS

Piàngere (*to cry, to weep*)

Past Definite: **piansi, piangesti, pianse, piangemmo, piangeste, piànsero.**
Past Participle: **pianto.**

Rìdere (*to laugh*)

Past Definite: **risi, ridesti, rise, ridemmo, rideste, rìsero.**
Past Participle: **riso.**

WORD STUDY

USES OF **piano** (noun)

(1) *piano*

Sa suonare il piano, signorina?   Can you play the piano, madam?
Suona molto bene il piano.   She plays the piano very well.

(2) *floor*

Àbito al primo piano.   I live on the first floor.
Il mio appartamento è al pian terreno.   My flat is on the ground floor.

(3) *storey*

Abitiamo in una casa di cinque piani.   We live in a house of five storeys.
È un grattacielo di trenta piani.   It is a skyscraper of thirty storeys.

(4) *plan*

Il mio piano è riuscito.   My plan has succeeded.
Che piani hai per il pròssimo anno?   What plans do you have for next year?

USES OF **piano** (adverb)

(1) *slowly*

Synonyms of **piano** in this case are **lentamente** and **adagio**.

L'automòbile procedeva piano (lentamente, adagio).	The car proceeded slowly.
Parli lentamente (adagio), per favore.	Speak slowly, please.

(2) *softly*, *in a low voice*

In a low voice is also translated by **a voce bassa**.   *In a loud voice* is **a voce alta** or **ad alta voce**.

Parlava molto piano (a voce molto bassa).	He was speaking in a very low voice.
Parlò a voce alta (ad alta voce).	He spoke in a loud voice.

USES OF **forte** (adjective)

(1) *strong*

Forte is used in the sense of *strong* both in a physical and moral sense.

È un uomo molto forte.	He is a very strong man.
Questo tè è troppo forte per me.	This tea is too strong for me.
Ha una forte inclinazione per le lingue.	He has a strong inclination for languages.

(2) *loud*

Abbiamo udito un forte rumore.	We heard a loud noise.
Il fragore fu molto forte.	The clash was very loud.

In the expression *in a loud voice* **forte** is translated by **alto** (**ad alta voce**).

Perchè non parli a voce alta?	Why don't you speak in a loud voice?

(3) *bad*

Bad is translated by **forte** when referring to an illness.

Ho un forte raffreddore.	I have a bad cold.
Ho un forte mal di testa (mal di capo, emicrania).	I have a bad headache.

USES OF **forte** (adverb)

(1) *loud*

Non parlare così forte, per favore!	Don't speak so loud, please!
Non devi ridere così forte.	You mustn't laugh so loud.

(2) *fast*

L'automòbile andava molto forte.	The car was going very fast.
Perchè correte così forte?	Why are you running so fast?

NOTE: A synonym of **forte** is **velocemente**, used particularly after the verb **parlare**.

L'automòbile andava molto velocemente.	The car was going very fast.
Non parlare così velocemente, per favore!	Don't speak so fast, please!

(3) *strong*

Va forte ora.   He's going strong now.

USES OF **male**

(1) *badly*

Parlo molto male l'italiano.	I speak Italian very badly.
Quella ragazza veste molto male.	That girl dresses very badly
Mi hanno trattato male.	They treated me badly.

(2) *ill, sick*

Oggi mi sento molto male.	I feel very ill today.
Ti senti male?	Do you feel sick?
La sua vista mi fa sentir male.	The sight of him makes me feel sick.

(3) *bad*

Molto male!	Very bad!
Male!	That's bad!

NOTE: 1. *Ill, sick* and *bad* are also adjectives (*ill*, **malato**; *sick*, **malato**; *sick of*, **stanco di**; *bad*, **cattivo** or **forte**).

Mio fratello è malato (ammalato).	My brother is ill.
C'èrano due persone malate (ammalate).	There were two sick persons.
Sono stanco di questa vita.	I'm sick of this life.
Il tempo è stato cattivo.	The weather has been bad.
Ho una forte emicrania.	I have a bad headache.

2. *Male*, as a noun, translates *harm, ill* and *evil*.

Ho scelto il minore dei due mali.	I chose the smaller of the two evils.
I mali del mondo sono infiniti.	The ills of the world are endless.
Non ho fatto del male a nessuno.	I haven't done any harm to anybody.

VOCABULARY

l'annuncio	advertisement, announcement	la barzelletta	joke, funny story
l'avarizia	avarice, stinginess	la caratterìstica	characteristic
		la collina	hill

il commercio	commerce, trade	la questione	question, problem
la compagnìa	company	la regione	region
la foca	seal (*zool.*)	il riflesso	reflex
il formaggio	cheese	la risorsa	resource
la mancanza	lack, shortage	il ritorno	return
la moda	fashion	la rùbrica	column
il movimento	movement	lo scampo	shrimp
il nord	north	la scommessa	bet
l'oggetto	object	la statua	statue
l'opinione	opinion	il sud	south
la pelle	skin, hide	il tacchino	turkey
il Polo	Pole	il tema	subject, essay
il porto	port	la varietà	variety
il punto di vista	point of view	lo zuccherino	sweet, sweet(meat)

corrispóndere	to correspond	pregare	to pray, to beg
definire	to define	pubblicare	to publish
esportare	to export	scomméttere	to bet
fondare	to found, to establish	scoppiare a rìdere	to burst into laughter
praticare	to practise	volere bene a	to be fond of, to love

avaro	stingy; miser (*n.*)	noto	well-known,
econòmico	economic		notorious
estético	aesthetic(al)	oggettivo	objective
fisiològico	physiological	riservato	reserved
generoso	generous	seguente	following
migliore	best, better	siciliano	Sicilian
milanese	Milanese	vèneto	Venetian
mìnimo	least, slightest		
lassù	up there	secondo	according to

EXERCISES

Translate into English:

(1)

1. Ora devo andare dal macellaio (in macellerìa).
2. Ho incontrato tua zia dal droghiere (in drogherìa).
3. Sei stata dal salumiere (in salumerìa)?
4. Ci siamo fermati mezz'ora dal pasticcere (in pasticcerìa).
5. Chi è il vostro fornaio (panettiere)?
6. Se vai dal cartolaio, comprami una penna a sfera, per favore.
7. Sono passata dal gioielliere, caro.
8. Che cosa! Un altro conto del profumiere!
9. Sono stata dal pollivèndolo a comprare un tacchino.
10. Se vai dal pescivèndolo, non dimenticare gli scampi.

(2)

1. La mia camiciaia è molto brava.
2. Sono passata dal merciaio per comprare dei bottoni.
3. Ha visto il ragazzo del lattaio, signora?
4. Marìa è andata dal pollivèndolo.
5. Il signor Rossi è appena ritornato dall'osterìa.
6. Sei stata in lavanderìa, cara?
7. C'è un salumificio appena fuori città.
8. Chi è il direttore di quel mobilificio?
9. Ci sono molti lanifici in questa regione.
10. Quel cotonificio esporta molta merce.

(3)

1. È arrivato il portalèttere?
2. In quell'albergo hanno bisogno di un lavapiatti.
3. Posso avere un asciugamani?
4. Carlo è un terrìbile attaccabottoni (*chatterbox*).
5. Dobbiamo comprare un attacca-panni.
6. Non c'è un portacénere, per favore?
7. La portaèrei è entrata in porto.
8. Ho perduto il portafogli.
9. Non trovo il mio portacipria.
10. Questi quadri sono veri capolavori.

(4)

1. Chi è questo ragazzino (ragazzetto)?
2. Io voglio bene alla mia mammina.
3. Che cosa desìdera, signorina?
4. A mezzogiorno ho mangiato solo un panino.
5. È la terza tazzina che rompi, Pierino!
6. C'era un giardinetto dietro alla casa.
7. Vuoi uno zuccherino, Pierino?
8. Ho comprato un sacchetto di cara-melle.
9. Essi àbitano in una casetta in cima a una collina.
10. Una stradina arriva lassù.

(5)

1. Chi è quella ragazzona?
2. Che begli occhioni!
3. Di chi è questa valigiona?
4. Sei un ragazzaccio!
5. Sono stanca di questo tempaccio.
6. Non voglio uscire con questo ven-taccio.
7. Io sto benone, e tu?
8. Io sto maluccio.
9. Quella ragazza è proprio bellina (carina).
10. Parliamo pochino il francese.

(6)

1. La pronuncia inglese è molto difficile.
2. Un mio amico ha sposato una ragazza inglese.
3. Gli Inglesi pràticano molto sport.
4. Le piace la moda italiana, signora?
5. Gli Italiani hanno molto gusto estético.
6. Le Italiane sono raramente molto alte.
7. Ho visto un buon film italiano.
8. Gli Americani giuòcano molto a baseball.
9. Ti piacciono le sigarette americane?
10. Preferisco quelle francesi.

(7)

1. Il cognac francese è il migliore.
2. Le piacciono i Francesi, signorina?
3. Questo whisky è scozzese o canadese?
4. C'èrano due Australiani sul mio aèreo.
5. Noi corrispondiamo con due ragazze australiane.
6. Io colleziono statuette cinesi.
7. I Cinesi sono di razza gialla.
8. Ti piace il formaggio danese?
9. Il mio orologio è di marca svizzera.
10. Questo cane è di razza tedesca.

(8)

Un Francese, un Tedesco, un Inglese e un Polacco vanno al Polo per studiare la vita delle foche.   Al loro ritorno il Francese scrive una serie di artìcoli sul tema: « La foca e i suoi amori »; il Tedesco scrive un lungo saggio: « La foca dal punto di vista fisiològico, econòmico e sociale »; l'Inglese fonda una compagnìa per il commercio delle pelli di foca, e il Polacco pùbblica un libro: « La foca e la questione polacca ».

(9)

Gli Inglesi sono famosi per il loro gusto per le scommesse.   Un Inglese va a trovare un amico ammalato che gli dice: « Il dottore mi ha detto che, se faccio il mìnimo movimento, muoio ».   E l'altro: « Non dire sciocchezze! »   « Scommettiamo? »   « Va bene, dieci scellini.»

Il malato fa un movimento e muore.   L'amico mette i dieci scellini sul letto e lascia la stanza.

(10)

Gli Scozzesi sono noti per la loro avarizia.   Un giorno, su un giornale di Edimburgo, nella rùbrica « Oggetti perduti », appare il seguente annuncio: « Ieri ho

trovato un guanto di pelle in piazza X.   Prego chi l'ha perduto di mandarmi l'altro
guanto, perchè a lui non può più servire.

(11)

Gli abitanti di Berna, in Svizzera, sono noti per la loro mancanza di riflessi.   A
un funerale un Bernese scoppia improvvisamente a rìdere.   Una signora gli dice:
« Non trovo la cosa molto divertente ».   Il Bernese risponde: « Ma io rido per una
barzelletta che mi hanno raccontato ieri sera! »

(12)

« Che cosa pensi degli Italiani, John? »

« È diffìcile esprìmere un'opinione sugli Italiani, Pietro.   C'è tanta varietà di
tipi nel pòpolo italiano che è un vero problema cercare di definire le precise carat-
terìstiche degli Italiani.   Un Milanese è completamente differente da un Siciliano,
e un Vèneto non ha molto in comune con un Romano, non è vero? »

« Sì, forse hai ragione; ma c'è una cosa che puoi dirmi, John.   Ti piàcciono gli
Italiani? »

« A questa domanda posso rispóndere molto facilmente, Pietro.   Sì, gli Italiani mi
sono simpàtici: io li trovo vivaci, allegri, pieni di risorse e di immaginazione.   Queste
qualità sono comuni agli Italiani del sud e a quelli del nord, secondo me.»

« E che cosa pensi degli Inglesi, John? »

« Questa non è una domanda semplice, Pietro.   Io sono inglese, e non posso
giudicare la mia gente oggettivamente.   E poi tutti consìderano Inglesi anche gli
Scozzesi, gli Irlandesi e i Gallesi, che sono molto differenti dagli Inglesi.»

« Voi Inglesi siete sempre molto riservati nell'esprìmere opinioni sulla gente, non
è vero?   Bene, volevo farti un altra domanda: è vero che gli Scozzesi sono terribilmente avari? »

« Io avevo una nonna che era scozzese, ma era molto generosa: forse era solo
un'eccezione, chi lo sa? »

Translate into Italian:

(13)

1. Have you been to the baker's (shop)?
2. I want to call at the grocer's (shop).
3. I met Mrs Brown at the butcher's (shop).
4. I must go to the stationer's (shop) to buy a ball-pen.
5. I want to call at the delicatessen shop.
6. I always meet your maid at the confectioner's (shop), madam.
7. Are you coming to the haberdasher's (shop), Maria?
8. Are you going to the poulterer's (shop)?
9. We remained an hour at the jeweller's (shop).
10. Please call at the fishmonger's (shop) and buy some fish.

(14)

1. That man is a famous jeweller.
2. The laundry-man has just arrived.
3. Have you been to the laundry, Maria?
4. My butcher is a very funny man.
5. Has the milkman arrived?
6. There is a public house at the end of the street.
7. The butcher's shop was next to the baker's.
8. Mr Brown is the manager of that shirt factory.
9. We live near a furniture factory.
10. Who is the owner of that cotton factory?

(15)

1. Have you seen the postman, Mr Smith?
2. I worked as a (*come*) scullery-boy in that restaurant.
3. I bought a coat-stand.
4. We spent New Year's Day on the Riviera.
5. Where's an ash-tray, please?
6. Pass me a hand-towel, Antonio.
7. I left my wallet at home, I'm sorry.
8. This painting is a masterpiece.
9. I lost my powder-compact, I'm afraid.
10. Where's the supervisor, please?

(16)

1. The little girl began to cry.
2. The painter lives in a small room.
3. There was a small garden in front of the house.
4. Do you know that young lady, sir?
5. The children are playing in the garden.
6. That man is a nasty fellow.
7. What awful weather!
8. It has been an awful day for me.
9. She is a sweet girl.
10. I am quite well today.

(17)

1. I met an English girl at that party.
2. Maria was talking to an American boy.
3. That Danish girl is very pretty.
4. I've bought a Swiss watch.
5. A lot of Americans live in Rome.
6. Are you French, sir?
7. Do you speak German, madam?
8. That Englishman married an Italian girl.
9. What do you think of the English?
10. Two Swiss girls were playing tennis.

(18)

1. French wines are the best.
2. These Italian shoes are beautiful.
3. I correspond with a Canadian girl.
4. Scotch whisky is the best.

5. Do you speak Spanish, sir?
6. Do you know that Russian gentleman?
7. That girl married an Italian.

8. Is that girl an American?
9. I'm not English, I'm Irish.
10. The train was full of Canadians.

DAI GIORNALI

La signora Tosca B., védova, adora il figlio Sergio di 19 anni. Quest'anno decise di mandarlo al mare per una bella vacanza, e, per fronteggiare la spesa, decise di affittare una stanza del suo appartamento. Ma non trovò il coraggio di scrìvere al figlio in vacanza che era diventata un'affittacàmere. Così, quando il figlio ritornò all'improvviso dalla vacanza, dovette andare in questura per portàrselo a casa.

Sergio, per fare una sorpresa alla madre e per rèndere più emozionante il suo ritorno a casa, decise di entrare per la finestra. Ma scelse proprio la stanza dei nuovi inquilini che, prendendolo per un ladro, lo denunciarono.

VERBS: **adorare**, *to adore*; **decìdere**, (irr.), *to decide*; **mandare**, *to send*; **fronteggiare**, *to face*; **affittare**, *to let, to rent*; **trovare**, *to find*; **scrìvere** (irr.), *to write*; **diventare**, *to become*; **ritornare**, *to come back, to go back, to return*; **andare** (irr.), *to go*; **portare**, *to bring, to take*; **fare** (irr.), *to do, to make*; **rèndere** (irr.), *to render, to make*; **entrare**, *to come in, to go in, to enter*; **scègliere** (irr.), *to choose*; **prèndere** (irr.), *to take*; **denunciare**, *to report*.

CAMERIERE

« Lucìa! Dov'è il canarino? »
« Nel gatto, signora.»

« Non sono mai stata licenziata, signora.»
« Possìbile? »
« Sì, io resto allo stesso posto fino alla morte dei miei padroni.»

Lesson 28

The Gerund — The Present Participle — The Infinitive —
Verbs requiring the Infinitive — Irregular Verbs: chièdere,
rispóndere — Word Study: How to translate to mind — *Uses*
of andare in (*or a*) + Means of Transport

THE GERUND

The gerund (corresponding to the *-ing* form of the verb in English) is obtained by means of suffixes in Italian, which vary according to the three conjugations of the verb: **-ando**, **-endo**, **-endo**, respectively replace **-are**, **-ere** and **-ire** of the infinitive, in order to form the gerund.

1	2	3
amando	**vedendo**	**venendo**

The gerund is used:

(1) to translate *on*, *in*, *by* and *while* followed by the *-ing* form in English.

Entrando nel negozio incontrai Marìa.	On entering the shop, I met Maria.
Vedèndomi, Antonio mi chiamò per nome.	On seeing me, Antonio called me by name.
Leggendo la traduzione, ho trovato molti errori.	In reading the translation, I found many mistakes.
Perseverando riuscirai.	By persevering you will succeed.
Passeggiando nel parco incontrai un vecchio amico.	While walking in the park, I met an old friend.

(2) to form a progressive tense with **stare** (see Observations below).

Che cosa stai facendo, Antonio?	What are you doing, Antonio?
Sto scrivendo una lèttera.	I'm writing a letter.
Stavo pensando a quella ragazza.	I was thinking of that girl.

OBSERVATIONS

1. The progressive construction, which is formed from the present or imperfect of **stare** followed by the gerund, is used much less in Italian than in English. Its use is optional and it can always be replaced by the present and imperfect indicative. *I am eating* is **sto mangiando** or simply **mangio**. *I was eating* is **stavo mangiando** or simply **mangiavo**.

Che cosa stai leggendo (leggi)?	What are you reading?
Sto leggendo (Leggo) il giornale.	I'm reading my newspaper.
Stavo leggendo (Leggevo) il giornale.	I was reading my newspaper.
Stavamo prendendo (Prendevamo) il tè.	We were having tea.

2. Note how the following *-ing* forms are rendered in Italian:

dining-room	sala da pranzo	sleeping-car	carrozza letto
sitting-room	salotto	dining-car	carrozza ristorante
living-room	(stanza di) soggiorno	washing-machine	lavatrice
waiting-room	sala d'aspetto	sewing-machine	màcchina da cucire
swimming-pool	piscina	fishing-rod	canna da pesca

3. The verbal noun (*smoking, travelling, reading*, etc.) is rendered in Italian by the infinitive. Such infinitives can be replaced by a noun, when available.

Viaggiare è un'esperienza interessante.	Travelling is an interesting experience.
Vietato fumare.	No smoking.
Fumare eccessivamente è pericoloso. (Il fumo eccessivo è pericoloso.)	Excessive smoking is dangerous.
A me piace lèggere. (A me piace la lettura.)	I like reading.

THE PRESENT PARTICIPLE

The present participle is obtained by means of the suffixes **-ante, -ente, -ente**, respectively, replacing **-are, -ere** and **-ire** of the infinitive.

1	2	3
amante	corrente	bollente

The present participle may be used either as a noun or an adjective and is therefore variable.

NOUNS		ADJECTIVES	
amante	lover	amante	fond, keen
insegnante	teacher	interessante	interesting

principiante	beginner	importante	important
debuttante	debutante	volante	flying
cantante	singer	bollente	boiling, hot

Avete letto «L'amante di Lady Chatterley»?	Have you read *Lady Chatterley's Lover*?
Noi siamo molto amanti della natura.	We are very fond of nature.
L'insegnante sta parlando con il prèside.	The teacher is talking with the head-master.
Voglio una càmera con acqua corrente.	I want a room with running water.
Hai mai sentito parlare dell'Olandese Volante?	Have you ever heard of the Flying Dutchman?
La commedia è stata interessante.	The comedy was interesting.

THE INFINITIVE

The infinitive can be the subject or the object of a sentence. When an -*ing* form can replace an infinitive in English, the latter must be translated by an infinitive in Italian.

Spendere tutto quel danaro è stata una pazzìa.	To spend (Spending) all that money was madness.
Vestire a quel modo è di cattivo gusto.	To dress (Dressing) like that is in bad taste.
Vorrei andare al cìnema.	I'd like to go to the cinema.
A me piace passeggiare.	I like walking.

OBSERVATIONS

1. When in English an infinitive is used to express purpose (implying *in order to*) it is rendered in Italian by per (or allo scopo di) + infinitive.

Lavora molto per diventare qualcuno.	He works hard to become somebody.
Ho fatto di tutto per (allo scopo di) convìncerla.	I did everything to convince her.

2. Note the translation of *so . . . as to* by così . . . da.

È stato così sciocco da rifiutare la mia offerta.	He has been so foolish as to refuse my offer.

3. The following prepositions which are followed by the *-ing* form of the verb in English require the infinitive in Italian.

prima di	before
dopo	after
senza	without
invece di	instead of
oltre a	besides

Beviamo sempre qualcosa prima di andare a letto.	We always drink something before going to bed.
Fumo sempre una sigaretta dopo aver mangiato.	I always smoke a cigarette after eating (having eaten).
Non puoi dormire senza prèndere sonnìferi?	Can't you sleep without taking sleeping tablets?
Invece di parlare, perchè non fate qualcosa?	Instead of talking, why don't you do something?
Oltre ad èssere bella, è anche intelligente.	Besides being beautiful, she is also intelligent.

NOTE: **Dopo** is always followed by **avere** (or **èssere**) + past participle.

Dopo aver bevuto qualcosa.	After drinking something.
Dopo essere ritornato a casa.	After returning home.

But the construction *after -ing* may be rendered in Italian simply by the past participle (note the agreement).

Ritornato a casa, andai a letto.	After coming back home (*lit.* Returned home), I went to bed.
Ritornata a casa, essa andò a letto.	After coming back home, she went to bed.
Ritornati a casa, andammo a letto.	After coming back home, we went to bed.
Vista la commèdia, andammo a casa.	After seeing the play (*lit.* The play seen), we went home.
Visto il film, andammo a casa.	After seeing the film, we went home.

4. The following verbs and expressions followed by prepositions + the *-ing* form in English, require the infinitive after the preposition in Italian.

to think of	**pensare di**
to succeed in	**riuscire a**
to thank for	**ringraziare di** (*or* **per**)
to look forward to	**non vedere l'ora di, pregustare la gioia di**
to be fond of (keen on)	**èssere appassionato a, èssere amante di**
to be used to	**èssere abituato a**
to be tired of	**èssere stanco di**
to be on the point of	**èssere sul punto di**

Pensiamo di andare all'èstero per le vacanze.	We are thinking of going abroad for our holidays.
Non sono riuscito a convìncere Marìa.	I didn't succeed in convincing Maria.
Ti ringrazio[1] per aver telefonato.	Thank you for phoning.
Non vedo l'ora di partire per l'Italia.	I'm looking forward to leaving for Italy.
Sono appassionato al cavalcare.	I'm fond of riding.
Non siamo abituati ad andare a letto tardi.	We aren't used to going to bed late.
Sono stanca di lavorare così duramente.	I'm tired of working so hard.
Essa era sul punto di svenire.	She was on the point of fainting.

1. Ringraziare per (or di) is always followed by avere (or èssere) + past participle.

5. *To go* + *-ing* form is translated by andare a + infinitive (or sometimes noun).

andare a ballare	to go dancing
andare a pescare (a pesca)	to go fishing
andare a caccia	to go hunting
andare a sciare	to go skiing
andare a pattinare	to go skating
andare a nuotare	to go swimming
andare a cavallo	to go riding
andare a fare spese (acquisti)	to go shopping

6. When *to say* (dire), *to think* (crédere), *to know* (sapere), *to be sorry* (spiacere) and *to be afraid* (temere, aver paura) are followed by a dependent clause with the same subject, they can be followed by di + infinitive in Italian.

Dice di èssere molto ricco.	*He* says *he* is very rich.
Non credo di èssere uno stùpido.	*I* don't think *I* am a fool.
Mi spiace di èssere in ritardo.	*I'*m sorry *I'*m late.
Ho paura di èssere una seccatura per voi.	*I'*m afraid *I'*m a nuisance to you.

VERBS REQUIRING THE INFINITIVE

When the following verbs and verbal expressions are followed by an *-ing* form in English, they require the infinitive (sometimes with a preposition) in Italian. If the *-ing* form stands for an action referring to the past, the past infinitive (**aver parlato, èssere andato**, etc.) is required.

amare	to love
ammettere di	to admit
cominciare a	to begin, to start

continuare a	to keep (on), to continue
dimenticare di	to forget
dispiacere, spiacere	to mind
evitare di	to avoid
finire di	to finish
intèndere	to intend, to mean
odiare	to hate
piacere	to like, to enjoy
posporre, rimandare	to postpone, to put off
preferire	to prefer, to like better
sméttere di	to stop, to give up
sopportare di	to bear, to stand
suggerire di	to suggest
è inùtile	it is no good (use)
non vale la pena	it is not worth (while)
non c'è verso di	there is no

Amiamo fare i bagni di sole.	We love sun-bathing.
Ammetto di avergli parlato.	I admit talking to him.
Le ragazze cominciàrono a chiacchierare.	The girls started chatting.
Perchè continui a brontolare?	Why do you keep on grumbling?
Le spiace aspettare un momento?	Do you mind waiting a moment?
Ti spiacerebbe aprire la finestra?	Would you mind opening the window?
Èvito di parlarle quando posso.	I avoid speaking to her when I can.
Hai finito di mangiare?	Have you finished eating?
Odio alzarmi presto.	I hate getting up early.
A me piace fumare la pipa.	I enjoy smoking my pipe.
Preferisco andare al cìnema.	I prefer going to the cinema.
Smetti di fare rumore!	Stop making a noise!
Non posso sopportare di èssere preso in giro.	I can't stand being teased.
Chi ha suggerito di venire qui?	Who suggested coming here?
È inutile cercare di convìncerlo.	It is no use trying to convince him.
Non vale la pena di vedere quel film.	It is not worth (while) seeing that film.
Non c'è verso di convìncerla.	There is no convincing her.

IRREGULAR VERBS

Chièdere (*to ask*)

Past Definite: **chiesi, chiedesti, chiese, chiedemmo, chiedeste, chièsero.**
Past Participle: **chiesto.**

Rispóndere (*to answer, to reply*)

Past Definite: **risposi, rispondesti, rispose, rispondemmo, rispondeste, rispósero.**

Past Participle: **risposto.**

WORD STUDY

How to translate *to mind*

(1) **badare a, fare attenzione a**

Badare and **fare attenzione a** translate *to mind* when the latter is followed by a noun or noun clause.

Bada (badi, badate) ai fatti tuoi (Suoi, vostri)!	Mind your own business!
Bada (Fa attenzione) al gradino!	Mind the step!
Bada (Fa attenzione) a quello che fai.	Mind what you are doing.

(2) **(di)spiacere**

(Di)spiacere translates *to mind* followed by the *-ing* form in English. The *-ing* form is translated by an infinitive. When the *-ing* form is preceded by a possessive adjective, **(di)spiacere** is followed by **se** and the present indicative. For the construction with **(di)spiacere**, see Lesson 10.

Ti (Le) (di)spiace chiudere la porta?	Do you mind shutting the door?
Le (Ti) (di)spiacerebbe uscire?	Would you mind going out?
Le (Ti) (di)spiace se fumo?	Do you mind my smoking (if I smoke)?
Le (Ti) (di)spiace se mi siedo qui?	Do you mind my sitting here (if I sit here)?

Uses of **andare in** (or **a**) + means of transport

(1) **andare a piedi** $\begin{cases} \textit{to walk} \\ \textit{to go on foot} \end{cases}$

Sei andato a piedi alla stazione?	Did you walk (go on foot) to the station?
Sì, ci sono andato a piedi.	Yes, I walked there (went there on foot).

(2) **andare in auto(mòbile) (màcchina)** $\begin{cases} \textit{to go by car} \\ \textit{to drive} \end{cases}$

Siamo andati in auto(mòbile) alla stazione.	We went to the station by car. (We drove to the station.)
Andiamo a casa in màcchina.	Let's go home by car. (Let's drive home.)

Note: Other translations of *to drive* are: **guidare** (**guidare l'automòbile**, *to drive a car*), and **condurre** (**condurre una persona in automòbile**, *to drive a person*).

Lei sa guidare?	Can you drive?
Mi hanno condotto in auto(mòbile) all'ufficio.	They drove me to the office.

(3) andare in aèreo (aeroplano, volo) $\begin{cases} to\ go\ by\ plane\ (air) \\ to\ fly \end{cases}$

Siete andati a Roma in aèreo (aeroplano, volo)?	Did you go to Rome by air? (Did you fly to Rome?)
Vogliamo andare a Londra in volo (aèreo, aeroplano).	We want to fly to London.

(4) andare in bicicletta $\begin{cases} to\ go\ by\ bicycle \\ to\ go\ cycling \\ to\ cycle \end{cases}$

Andò a casa in bicicletta.	He went home by bicycle. (He cycled home.)
Antonio andava a scuola in bicicletta.	Antonio was cycling to school.

VOCABULARY

l'antenato	forefather, ancestor	il «night club», il locale notturno	night club
la biblioteca	library		
la camomilla	camomile (tea)	la penna d'oca	goose-quill
il (la) cantante	singer	il peso	weight
il chilo(grammo)	kilo(gramme)	la polìtica	politics
la collana	necklace	la proposta	proposal, proposition
il delitto	crime	la quiete	quiet
il diamante	diamond	il ritmo	rhythm
il diploma	diploma, certificate	la romanza	aria
la follìa	folly	il sarto	tailor
l'invenzione	invention	il sìmbolo	symbol
la lode	praise	il suicidio	suicide
la màcchina da scrìvere	typewriter	la tranquillità	tranquillity
		la voce	voice
la necessità	necessity		

apprezzare	to appreciate	non poter fare a meno di (+ infin.)	not to be able to help (+ -ing form)
assorbire	to absorb		
cavalcare	to ride (horses)		
dare ai nervi (a)	to get on one's nerves	fare bene (a)	to do . . . good
diventare	to become, to turn, to grow	guadagnare da vìvere	to earn one's living
esasperare	to exasperate	godersi	to enjoy (+ noun)
èssere d'accordo	to agree	incalzare	to urge, to press

osservare	to observe	scoppiare in	to burst into tears
ossessionare	to obsess	làcrime	
parlare di affari	to talk business	soffrire (di)	to suffer (from)
riconóscere	to recognize	stancare	to tire, to weary
riflettere (su)	to think . . . over	ticchettare	to tick
rovinare	to ruin, to spoil	uccìdere	to kill

attivo	active	pacìfico	pacific, peaceful
favorito	favourite	pàllido	pale
frenètico	frantic	perenne	perennial,
imprudente	imprudent		everlasting
istruttivo	instructive	pesante	heavy
lento	slow	pigro	lazy
meraviglioso	wonderful	spiritoso	witty
musicale	musical	tale	such

a càusa di	owing to, because of	a questo modo	like this
all'antica	old-fashioned	molto	hard
a quel modo	like that		

EXERCISES

Translate into English :

(1)

1. Arrivando a casa ho trovato un telegramma.
2. Entrando in casa ho sentito il telèfono.
3. Ho incontrato un vecchio amico venendo qui.
4. Andando alla stazione ho incontrato Antonio.
5. Ho perduto molto danaro giuocando a poker.
6. Ho passato due ore leggendo vecchi giornali.
7. Quel ragazzo ha preso un diploma studiando di sera.
8. Guadagnamo da vìvere suonando nei locali notturni.
9. Passeggiando lungo il fiume incontrai Marìa ed Antonio.
10. Ho perduto dieci chili di peso giuocando a tennis.

(2)

1. Che cosa stai facendo, Marìa?
2. Sto scrivendo una lèttera.
3. Stai ancora lavorando, caro?
4. Il signor Bruni sta parlando con papà.
5. Antonio sta ancora dormendo.
6. I bambini stanno giuocando in giardino.
7. Dove stai andando, Carlo?
8. Sto andando al cìnema.
9. Di che cosa state parlando?
10. Stiamo parlando di polìtica.

(3)

1. Che cosa stavi facendo a quell'ora?
2. Stavo aspettando un amico.
3. Stava andando alla stazione a quell'ora, signorina?
4. No, stavo ritornando a casa.
5. I bambini stàvano facendo il còmpito.
6. Antonio stava radèndosi.
7. Quando arrivai, essi stàvano bevendo il tè.
8. Il treno stava partendo quando io arrivai alla stazione.
9. Che cosa stavi leggendo quando ti vidi in biblioteca?
10. Stava ancora lavorando a mezzanotte, signore?

(4)

1. Bevo sempre una tazza di camomilla prima di andare a letto.
2. Devi riflèttere prima di decìdere, Carlo.
3. Dopo aver visto quel film, siamo andati a bere qualcosa.
4. Dopo aver cenato, abbiamo guardato la televisione.
5. Il signor Rossi è uscito senza dire dove andava.
6. Ho passato una settimana senza fumare una sigaretta.
7. Invece di parlare tanto, perchè non fate qualcosa?
8. Invece di fermarci a quel bar, perchè non andiamo a casa?
9. Oltre a giuocare a tennis, Antonio giuoca anche a rugby.
10. Oltre a èssere pigro, sei anche insolente.

(5)

1. Non è permesso fumare in quest'ufficio.
2. Bere tanto non fa bene alla salute.
3. Lavorare stanca.
4. Guidare a quel modo è una follìa.
5. Lèggere fumetti non è molto istruttivo.
6. Dormire dieci ore è una necessità per me.
7. Viaggiare è sempre stato il mio sogno.
8. Aspettare mi rende sempre nervoso.
9. Uno dei miei passatempi è collezionare farfalle.
10. Fumare due pacchetti di sigarette al giorno è troppo.

(6)

1. Noi siamo amanti della tranquillità.
2. « Figli e amanti » è un romanzo di D. H. Lawrence.
3. Il nostro insegnante di italiano è molto bravo.
4. C'è acqua corrente nella vostra càmera?

5. Questo è un corso per principianti.
6. Quel cantante ha una voce meravigliosa.
7. I dischi volanti sono una pura invenzione.
8. Questa è una data importante per la mia vita.
9. C'è dell'acqua bollente per fare il tè?
10. La commèdia è stata molto divertente.

(7)

1. Che cosa pensi di fare, Antonio?
2. Sono stanco di lavorare.
3. Non sono abituata ad alzarmi così presto.
4. I ragazzi sono molto appassionati a cavalcare.
5. Non vedo l'ora di partire per le vacanze.
6. La ringrazio per èssere venuto, signore.
7. Grazie per aver telefonato, signorina.
8. Perchè continui a brontolare?
9. Perchè non cominci a lavorare?
10. Ti spiace aprire la finestra, Antonio?

(8)

1. A che ora finisci (smetti) di lavorare, Carlo?
2. Odio alzarmi presto al mattino.
3. A me piace vìvere in città.
4. Io preferisco vìvere in campagna.
5. Perchè non smettete di dire stupidàggini, ragazze?
6. Non posso sopportare di udire queste sciocchezze.
7. Che cosa suggerisce di fare, signore?
8. È inùtile cercare di convìncerla.
9. Vai a ballare questa sera, Marìa?
10. Oggi andremo a nuotare in piscina.

(9)

« Smetti di scrìvere a màcchina, per favore! Perchè vuoi rovinare la quiete che è attorno a noi facendo quel rumore ossessionante? E tutto quel ticchettare mi dà ai nervi. Tutto quello che chiedo è godermi la lettura del mio libro, niente altro! »

« Non pèrdere la pazienza, caro! La màcchina da scrìvere è il sìmbolo della vita moderna, frenètica e incalzante, e tu stai cercando di dimenticare questo assorbèndoti nella lettura di un libro. I nostri antenati avévano le loro serate musicali, con il giòvane pàllido che suonava il piano e la signorina di buona famiglia che cantava l'ultima romanza. I tempi sono cambiati, mio caro! Ora, per sentire della buona mùsica, mettiamo un disco sul grammòfono o accendiamo la radio, e non scriviamo più con la penna d'oca, non è vero? »

« Non puoi fare a meno di tenere una pìccola conferenza appena io apro la bocca! Il tuo entusiasmo per il ritmo frenètico della vita moderna è esasperante: sono stanco di sentire questa perenne lode della vita moderna. Io non vedo l'ora di ritornare a casa per godermi un po' di pace e la lettura di un buon libro, e tu non smetti un momento di ossessionarmi con la tua màcchina da scrìvere . . . »

« È inùtile parlare con un uomo che non approva una donna che scrive le sue lèttere a màcchina. Tu sei un marito all'antica per una moglie moderna come sono io.»

« Io sono un uomo all'antica e tu sei una donna moderna: i nostri punti di vista sono molto differenti, ed è perciò inùtile continuare questa conversazione, sei d'accordo? »

« Perfettamente d'accordo, caro.»

(10)

« Pronto? Sei tu, Matilde? »

« Sì, ma chi parla? »

« Sono Eva. Come stai, cara? »

« Ah, Eva! Non avevo riconosciuto la tua voce, scùsami! »

« Ho un terrìbile raffreddore che mi sta uccidendo lentamente.»

« Pòvera Eva! Allora non potrai venire sàbato pròssimo dai Bianchi. È un vero peccato, perchè i Bianchi sono gente simpàtica e invìtano sempre uòmini intelligenti e affascinanti . . . »

« Ma io verrò certamente, cara, con o senza il mio raffreddore! Non accade tutti i giorni di andare ad una festa interessante, e non vedo l'ora di andarci. Tu verrai con tuo marito? »

« Mio marito odia andare a feste e ricevimenti: tu lo conosci, è un uomo pacìfico, che non apprezza il ritmo della vita moderna, per me così eccitante. Abbiamo avuto una discussione anche poco fa, a causa del rumore che facevo scrivendo a màcchina: lui odia il rumore e le màcchine da scrìvere, dice che queste sono il sìmbolo della vita moderna, e adora il silenzio e la lèttura di un libro . . . »

« Pòvera Matilde, come ti capisco; tu così attiva e dinàmica, obbligata a passare le tue sere in compagnìa di un marito che odia il rumore e le màcchine da scrìvere! »

« Ma un marito è sempre un marito, mia cara! Meglio avere un marito tranquillo che niente, cara. Tu puoi capirmi, non è vero? »

« Io ho avuto molte proposte di matrimonio, ma non ho mai voluto rinunciare alla mia libertà: io adoro vìvere da sola, lìbera di fare quello che voglio . . . »

« Cara, mi devi scusare, ma Giulio mi sta chiamando . . . Ci vedremo sàbato pròssimo, dai Bianchi. Addìo, cara! »

« A sàbato, Matilde! »

Translate into Italian:

(11)

1. Antonio turned pale on seeing his tailor.
2. I met an old friend on entering the shop.
3. Maria found a letter on arriving home.
4. I spent two hours in reading old letters.

5. That man made a fortune by selling ball-pens.
6. Carlo passed his exam by studying hard.
7. You will learn a lot by observing people.
8. You will lose weight by taking exercise.
9. We talked about the matter while having lunch.
10. They talked business while walking in the garden.

(12)

1. Are you going home, Antonio?
2. No, I'm going to see a friend.
3. What are you reading, Maria?
4. I'm reading a book, don't you see?
5. My sister is playing the piano in the sitting-room.
6. The boys are playing tennis.
7. Father is talking to a friend on the (*al*) phone.
8. Mother is watching television.
9. Are you studying Italian, now?
10. No, I'm writing a letter to a friend.

(13)

1. I was watching television when you phoned.
2. I was still sleeping at ten o'clock.
3. Where were you going, Maria?
4. I was going to the theatre.
5. Carlo was still eating when I went to see him.
6. The girls were talking in the sitting-room.
7. What were you saying, dear?
8. I was saying that you never listen to me.
9. Antonio was going out when I arrived.
10. Were you writing a letter, Carlo?

(14)

1. Why don't you think before speaking, Tom?
2. Don't forget to phone me before going out.
3. I like watching television after working all day.
4. Antonio left without saying a word.
5. They walked in the garden without talking.
6. Why don't we stay in instead of going to the pictures?
7. Why don't you listen to me instead of shouting?
8. He also speaks German besides speaking French.
9. Antonio is very witty besides being very intelligent.
10. We went to bed after watching television.

(15)

1. Suffering from insomnia is terrible.
2. Spending all that money is a folly.
3. Driving like that is a crime.
4. Talking like that has been imprudent.
5. Travelling is an exciting experience.

6. Collecting stamps is one of my hobbies.
7. Going out in (*con*) this weather is [a] suicide.

8. Reading is my favourite pastime.
9. I like walking in the country.
10. I would like to walk in the country.

(16)

1. I am very fond of the country.
2. I want some hot water to make some tea.
3. Our teacher is a very interesting man.
4. Are you a beginner, miss?
5. That singer is very clever (*bravo*).

6. Have you ever heard (*sentito parlare*) of the Flying Dutchman?
7. There is no running water in this room.
8. This novel is very interesting.
9. I have bought a diamond necklace.
10. This suitcase is very heavy.

(17)

1. I am tired of repeating the same things.
2. I am not used to drinking whisky.
3. I am looking forward to seeing you.
4. I must thank you for sending those roses.
5. She was on the point of bursting into tears.

6. I am thinking of going abroad for a month.
7. We want to go dancing tonight.
8. Are you going shopping, Maria?
9. They went swimming an hour ago.
10. Let's go fishing!

(18)

1. When did you stop smoking, Antonio?
2. I hate going to bed early.
3. I enjoy watching television.
4. Do you mind opening the window, Tom?
5. Do you mind waiting a minute, sir?

6. At what time did you start working, Mr Bruni?
7. Did you finish reading that newspaper?
8. It is no use talking to him.
9. It is not worth going to see that comedy.
10. I can't stand hearing such nonsense.

DAI GIORNALI

Rosanna P. si fidanzò con un amico che conosceva da bambina, Mario B., di 26 anni. Ma la madre di Rosanna non ne voleva sapere e fece di tutto per tògliere quell'idea dalla testa della figlia. Niente da fare.

Una sera Rosanna ritornò a casa con una guancia tumefatta. «È stato Mario,» pianse sulla spalla della madre, «mi ha dato uno schiaffo». La madre era trionfante e disse: «Te lo avevo detto! Questa volta lo pianterai, spero.» E denunciò il manesco fidanzato. Ma al processo grande sorpresa. La figlia disse al pretore: «Mario ha fatto benìssimo a darmi quello schiaffo. Avevo torto io.» Il pretore lasciò lìbero l'imputato, che ritornò a casa felice. Non si rese conto che forse non sentirà mai più nella vita una frase del gènere.

VERBS: fidanzarsi (con), *to get engaged (to)*; conóscere (irr.), *to know*; sapere (irr.), *to know*; fare di tutto (irr.), *to do everything*; tògliere (irr.), *to take from*; ritornare, *to return*; tumefare (irr.), *to tumefy, to swell*; piàngere (irr.), *to weep, to cry*; dare (irr.), *to give*; trionfare, *to triumph*; dire (irr.), *to say, to tell*; piantare (slang), *to be through with*; sperare, *to hope*; denunciare, *to report*; fare bene a (irr.), *to do right in*; lasciare, *to leave*; rèndersi conto (irr.), *to realize*; sentire, *to hear*.

TRA AMICI

«Ho conosciuto mia moglie due mesi prima di sposarmi, e tu?»
«Io l'ho conosciuta due mesi dopo.»

IL BACIO DELLA BUONANOTTE

La mamma a Pierino: «Pierino, prima di andare a letto devi dare un bacio alla governante.» Risposta di Pierino: «E se mi dà uno schiaffo, come a papà?»

RITORNO A CASA

Due pulci dévono ritornare a casa. Una di esse propone: «Andiamo a piedi, o prendiamo un cane?»

CONFESSIONI

«Sono troppo intelligente per sposare un uomo così stùpido da chièdere la mia mano.»

Lesson 29

Comparatives (of Equality and Inequality) — Superlatives
(Relative and Absolute) — Irregular Comparatives and
Superlatives — Irregular Verb: tògliere — Word Study:
How to translate not . . . any more (no more) *and* not . . . any
longer (no longer) — *How to translate* last *and* next —
Uses of passato

COMPARATIVES

(1) Comparative of Equality:

The comparative of equality is obtained by introducing the correlative forms
così. . .come or **tanto . . . quanto**.   In the spoken language, both **così** and **tanto**
are normally omitted.

Come and **quanto**, when followed by personal pronouns, require the direct
object pronouns, unlike English.

Sei (tanto) pòvero quanto me.⎱
Sei (così) pòvero come me. ⎰   You are as poor as I.

Non è (tanto) tardi quanto pensavo.⎱
Non è (così) tardi come pensavo. ⎰   It is not so late as I thought.

NOTE: 1. When the comparison concerns a noun and not an adjective (or an adverb), we
use **tanto . . . quanto** which vary according to the number and gender of the noun they
precede.

Ho (tanti) amici quanti te.	I have as many friends as you.
Non ho (tanta) pazienza quanta te.	I have not so much patience as you.

2. Note the following expressions:

il più possìbile	as much as possible
il meno possìbile	as little as possible
il più presto possìbile	as soon (early) as possible

(2) Comparatives of Inequality:

(*a*) The comparative of *superiority* is expressed in Italian by **più** + the adjective (or adverb). *Than*, introducing the second term of the comparison, is translated by **di**. If a personal pronoun follows, it takes the direct object form.

Antonio è più alto di me.	Antonio is taller than I.
Sono più vecchio di te.	I'm older than you.
È più intelligente di me.	He is more intelligent than I.

OBSERVATIONS

1. *Than* is translated by **che** in the following cases:

(*i*) when the comparison is between two adjectives referring to the same noun.

Roberta è più graziosa che intelligente.	Roberta is more pretty than intelligent.

(*ii*) when the noun or pronoun representing the second term of comparison is preceded by a preposition.

Essi sono più gentili con te che con me.	They are kinder to you than to me.

2. *Than* is translated by **che non** or **di quel che** or **di quanto** when it is immediately followed by a verbal form. **Che non** is normally followed by a verb in the subjunctive (see Lesson 34).

È più tardi di quel che pensavo. È più tardi che non pensassi. }	It is later than I thought.
È più presto di quel che speravo. È più presto che non sperassi. }	It is earlier than I hoped.

3. *More* preceding a noun is **più**; when it is alone it is translated by **più** or **di più**.

Hai più amici di me.	You have more friends than I.
Io lavoro (di) più di lui.	I work more than he.

(*b*) The comparative of *inferiority* is expressed in Italian by **meno . . . di** (or **che**). **Meno** also translates *fewer* before a plural noun.

Roberta è meno intelligente di te.	Roberta is less intelligent than you.
Ho meno tempo di voi per divertirmi.	I have less time than you to enjoy myself.
Ho meno amici di voi.	I have fewer friends than you.

NOTE: *More and more* + adjective or adverb (or — *er and* — *er*) is in Italian **sempre più** + adjective or adverb. *Less and less* + adjective or adverb is translated by **sempre meno**. *More and more* and *less and less*, used alone, are **sempre di più** and **sempre di meno**, respectively.

La situazione diventa sempre più difficile.	The situation is getting more and more difficult (harder and harder).
Egli lavora sempre di più.	He is working more and more.
Essa mi capisce sempre di meno.	She understands me less and less.

SUPERLATIVES

(1) The Relative Superlative:

The relative superlative is obtained by placing the definite article before the comparative.

Antonio è il più intelligente dei miei amici.	Antonio is the most intelligent of my friends.
Marìa è la più bella delle mie amiche.	Maria is the loveliest of my friends.
Questo è il libro meno caro che ho trovato.	This is the least expensive (the cheapest) book I found.

NOTE: While il più (la più, etc.) + adjective can be placed either before or after the noun, il meno (la meno, etc.) normally follows the noun.

la giornata più bella⎫ la più bella giornata⎭	The most beautiful day.
il libro meno interessante.	The least interesting book.

(2) The Absolute Superlative:

The absolute superlative is formed by adding –ìssimo (–ìssima, –ìssimi, –ìssime) to the adjective after dropping its last vowel.

La sua voce era dolcìssima.	Her voice was very sweet.
Sei stato gentilìssimo con noi.	You've been most kind to us.
Questo cappello è nuovìssimo.	This hat is quite new.

It can also be expressed by molto or assai + the adjective.

Roberto è molto ammalato.	Robert is very ill.
Marìa è stata molto ammirata alla festa.	Maria was much admired at the party.
La commèdia è stata molto (assai) divertente.	The play has been most amusing.

NOTE: A few adjectives ending in -re and -ro form the absolute superlative by adding -èrrimo to the positive form after -re or -ro has been removed.

cèlebre (*celebrated*)	celebèrrimo
salubre (*healthy*)	salubèrrimo
mìsero (*poor*)	misèrrimo
ìntegro (*upright, honest*)	integèrrimo

IRREGULAR COMPARATIVES AND SUPERLATIVES

POSITIVE	COMPARATIVE	RELATIVE SUPERLATIVE	ABSOLUTE SUPERLATIVE
buono (*good*)	migliore	il migliore	òttimo
bene (*well*)	meglio	il meglio	ottimamente
cattivo (*bad*)	peggiore	il peggiore	pèssimo
male (*badly*)	peggio	il peggio	pessimamente
vecchio (*old*)	maggiore	il maggiore	vecchìssimo
pìccolo (*small*)	minore	il minore	piccolìssimo

Questa stoffa è migliore di quella.	This material is better than that.
È la migliore di tutte queste.	It is the best of all these.
Oggi sto meglio.	Today I am better.
Farò del mio meglio.	I'll do my best.
« Com'è andata? » « Ottimamente.»	"How did it go?" "Very well."
La situazione è peggiore di prima.	The situation is worse than before.
Mi sento peggio oggi.	I feel worse today.
È la peggiore cosa che potevi fare.	It is the worst thing you could do.
Quell'uomo ha una pèssima reputazione.	That man has a very bad reputation.
« Com'è andata? » « Pessimamente.»	"How did it go?" "Very badly."
Antonio è il maggiore dei tre fratelli.	Antonio is the eldest of the three brothers.
Questa chiesa è vecchìssima.	This church is very old.
Questa è una faccenda di minore importanza.	This is a matter of smaller (minor) importance.

OBSERVATIONS

1. *Most* preceding a noun or followed by *of* + noun (or pronoun) is translated by **la maggior parte di.**

La maggior parte della gente parla troppo.	Most people talk too much.
La maggior parte dei miei amici è simpàtica.	Most of my friends are nice.
La maggior parte di voi non mi capisce.	Most of you don't understand me.

2. Maggiore, il maggiore also translate *greater*, *larger*, (*the greatest*, *the largest*), and *major*. Minore, il minore also translate *younger*, *the youngest*.

Milano è la maggiore città del nord.	Milan is the largest city in the north.
Conosco tutti i maggiori scrittori italiani.	I know all the greatest (major) Italian writers.
Marìa è la minore delle mie sorelle.	Maria is the youngest of my sisters.

3. *The last* and *the latest* are both translated by l'ùltimo. *The nearest* is il più vicino, while *the next* is il pròssimo, venturo. *The latter* is translated by quest'ùltimo; its correlative *the former* is il primo.

L'ùltima volta che vidi Parigi.	The last time I saw Paris.
Hai sentito le ùltime notizie?	Have you heard the latest news?
La più vicina stazione sotterrànea è a un miglio da qui.	The nearest underground station is a mile from here.
Io scendo alla pròssima fermata.	I get off at the next stop.
Il primo è avvocato, quest'ùltimo è dottore.	The former is a lawyer, the latter is a doctor.

4. *Farther* and *further*, both comparatives of *far*, are translated, respectively, by più lontano and ulteriore.

Voglio andare più lontano.	I want to go farther.
Abbiamo fatto un ulteriore tentativo.	We made a further attempt.

5. Beșides the irregular comparatives and superlatives listed above, all these adjectives (and adverbs) also have regular forms of comparatives and superlatives.

Non ti senti più bene oggi?	Don't you feel better today?
No, mi sento più male di ieri.	No, I feel worse than yesterday.
La tua casa è più grande della mia.	Your house is larger than mine.
Tu sei il più piccolo dei tuoi fratelli?	Are you the youngest of your brothers?

6. Note the following comparatives of latin origin:

superiore	superior
inferiore	inferior
esteriore	exterior, outer
interiore	interior, inner
anteriore	anterior, former
posteriore	posterior, hind

È un uomo di intelligenza superiore.	He is a man of superior intelligence.
Questa stoffa è di qualità inferiore.	This material is of inferior quality.
Devo aver avuto una vita anteriore.	I must have had a former life.
La parte posteriore del cervello.	The posterior part of the brain.

IRREGULAR VERB

Tògliere (*to take off, to take from*)

Present: **tolgo, togli, toglie, togliamo, togliete, tòlgono.**
Past Definite: **tolsi, togliesti, tolse, togliemmo, toglieste, tòlsero.**
Past Participle: **tolto.**

NOTE: **Cògliere** (*to pick*), **sciògliere** (*to untie, to melt*), **accògliere** (*to welcome*) follow the same pattern of conjugation.

WORD STUDY

HOW TO TRANSLATE *not any more* (*no more*) and *not any longer* (*no longer*)

non ... più
Non precedes the verb.

Non aspetterò più.	I won't wait any longer. (I'll wait no longer.)
Non parlò più.	He didn't speak any more. (He spoke no more.)

NOTE: *Not ... again* is also translated by **non ... più**. *More* and *longer* at the end of a sentence are translated by **di più**.

Non lo farò più.	I won't do it again.
Gli offrìrono dieci sterline, ma lui voleva di più.	They offered him ten pounds, but he wanted more.
Volevo fermarmi di più a Roma.	I wanted to stop in Rome longer.

HOW TO TRANSLATE *last*

(1) **scorso, passato**—when referring to *time*.

Scorso can stand before or after the noun, **passato** only after.   Both require the definite article, except when they are used *after* a day of the week (**lunedì scorso** = **lo scorso lunedì**).

Vidi Antonio la scorsa settimana (la settimana passata).	I saw Antonio last week.
Visitammo Roma l'anno scorso (passato).	We visited Rome last year.
Ero a Milano doménica scorsa (la scorsa doménica).	I was in Milan last Sunday.

(2) ùltimo—*last* is translated by ùltimo when it indicates position (in time or in range).

Questo è l'ùltimo libro che egli scrisse.	This is the last book he wrote.
Chi è stato l'ùltimo a uscire?	Who was the last to go out?
L'ùltima volta che lo vidi fu nel 1960.	The last time I saw him was in 1960.

Ùltimo also translates *latest*.

Sai le ùltime notizie?	Do you know the latest news?

How to translate *next*

(1) pròssimo, venturo—when referring to *time* require the definite article. **Venturo** is always placed after the noun. Both require the definite article except when used *after* a day of the week.

Ti vedrò la settimana pròssima (ventura).	I'll see you next week.
Faremo di più la pròssima volta (la volta ventura).	We'll do more next time.
Doménica ventura andremo in campagna.	Next Sunday we'll go to the country.
Scendo alla pròssima fermata.	I'm getting off at the next stop.

(2) accanto (adverb)
adiacente (adjective) —when referring to position.
vicino (adjective)

They all come after the noun.

La sua villetta era accanto alla mia (adiacente alla mia).	His cottage was next to mine.
Provi al negozio accanto (adiacente), signora.	Try the next shop, madam.
Conosci la ragazza della porta accanto?	Do you know the girl next door?

Uses of passato

(1) *last*

A synonym of **passato** is **scorso**.

Andammo a Firenze l'anno passato (scorso).	We went to Florence last year.
Che cosa abbiamo fatto la volta passata (scorsa)?	What did we do last time?

(2) *past* (noun and adjective)

Tutto questo appartiene al passato.	All this belongs to the past.
Devi dimenticare la tua vita passata.	You must forget your past life.

VOCABULARY

il cervello	brain	il paese	village
il diàvolo	devil	il programma	programme
il dolore	pain, grief	la reputazione	reputation
l'esigenza	exigency, require-ment	lo schiavo, la schiava	slave
la giustizia	justice	la scrittura	(hand)writing
l'industriale	industrialist	la stazione	underground
l'istruzione	instruction	sotterrànea	station
la limonata	lemonade, lemon-squash	la stoffa	stuff, material
		il tentativo	attempt
il mal di denti	toothache	il timore	fear, dread
il modello	model	il tràpano	drill
il nababbo	nabob	l'umore	humour, mood
chiédersi, domandarsi	to wonder		
		negare	to deny
concèrnere	to concern	sollevare	to relieve
		spèndere (in)	to spend (on)
astemio	abstemious; teetotaller (n.)	impulsivo	impulsive
costoso	expensive, costly	magro	thin, lean
econòmico	cheap	severo	severe
entusiasta	enthusiastic	spilorcio	stingy
		vanitoso	vain, conceited
alla salute!	cheers!	veloce	fast, swift
su allegro! su d'ànimo!	cheer up!	vecchio mio!	old man!

EXERCISES

Translate into English:

(1)

1. Io non sono ricco come te, Antonio.
2. Tu sei pòvera come me, Giovanna.
3. Io non sono bella come Lei, signorina.
4. Io non sono tanto intelligente quanto te, cara.
5. Noi non parliamo italiano così bene come voi.
6. Non abbiamo tanto tempo quanto voi per imparare l'italiano.
7. Io non guadagno quanto te, Pàolo.
8. Non possiamo spèndere come lui.
9. Voglio divertirmi il più possìbile.
10. Verrò da te il più presto possìbile.

(2)

1. Tu sei più grasso di me, Pàolo.
2. Essa è più vecchia di suo marito.
3. Il tuo vestito è più elegante del mio.
4. Lucìa è più graziosa di sua sorella.
5. Suo figlio è più alto del mio, signora.

6. Lei deve èssere più severa con i suoi figli, signora.
7. Sei più astuto di me, Antonio.
8. Domattina mi alzerò più presto.
9. Stasera andremo a letto più tardi del sòlito.
10. Ho più sete di prima.

(3)

1. Lucìa è più graziosa che intelligente.
2. Pàolo è più diligente che intelligente.
3. Carla è più spiritosa che bella.
4. Carla è più paziente con me che con te.
5. È più presto di quel che pensavo (che non pensassi).

6. Sei più astuto di quanto pensavo (che non pensassi).
7. Ho più amici di te.
8. Non mangio più di te, ma sono più grasso.
9. Antonio spende più di me in libri.
10. Lei fuma più sigarette di me, signor Bruni.

(4)

1. Abbiamo meno tempo di una volta per divertirci.
2. Questo vino è meno forte di quello.
3. Mi sento meno bene di ieri.
4. Io dormo meno ore di te, Carlo.
5. Lei ha meno esigenze di me, signore.

6. Voi fumate meno di noi.
7. Diventi sempre più grassa, mia cara.
8. I tuoi gusti divèntano sempre più diffìcili, Carlo.
9. Ci divertiamo sempre di più.
10. Egli lavora sempre di meno.

(5)

1. Pàolo è il più simpàtico dei miei amici.
2. Quella è la ragazza più sciocca che io conosco.
3. Devi mètterti l'àbito più elegante che hai, cara.
4. È stata la festa più divertente a cui sono andata.
5. Carlo è il meno intelligente dei miei amici.
6. Ho comprato l'àbito meno costoso che ho potuto trovare.
7. Carla è la meno bella delle mie amiche.
8. Lei è stata gentilìssima con me, signora.
9. Quel pianista è bravìssimo.
10. Chi è quella bellìssima ragazza?

(6)

1. Stai meglio oggi, caro?
2. La tua scrittura è migliore della mia.

3. Questa è la migliore occasione della mia vita.
4. Il malato sta peggio oggi.
5. La situazione è peggiore dell'anno scorso.
6. Quella era la peggiore cosa che potevi fare.
7. La maggior parte degli uòmini porta il cappello.
8. La maggior parte delle donne adora i gioielli.
9. La maggior parte di noi fuma.
10. La maggior parte di loro non beve.

(7)

1. Noi siamo andati più lontano di voi.
2. Aspettiamo ulteriori istruzioni.
3. Pàolo è il maggiore dei miei fratelli.
4. Carla è la maggiore delle mie sorelle.
5. Marìa è la minore delle mie sorelle.
6. Arrivederci a più tardi.
7. Le ùltime notizie sono migliori.
8. Queste sono le ùltime parole che disse prima di morire.
9. L'ùltima volta che vidi Parigi fu nel 1955.
10. Che cosa abbiamo fatto l'ùltima volta?

(8)

1. Partiremo per Roma la settimana pròssima.
2. Ritorneremo a casa doménica ventura.
3. La scorsa estate visitammo la Spagna.
4. La pròssima volta spiegherò un' altra lezione.
5. Questo disco è l'ùltimo grande successo.
6. La settimana scorsa eravamo a Firenze.
7. La settimana ventura saremo a Capri.
8. Questi sono i miei ùltimi giorni di vacanza.
9. È un uomo di intelligenza superiore.
10. Questa stoffa è di qualità inferiore.

(9)

« Chi è più fortunato di te, Enrico? Nessuno ha mai lavorato meno di te, nessuno ha mai avuto meno guai, nessuno si è mai goduto la vita come te. Hai viaggiato, ti sei divertito. Guarda me, invece! Ho sempre lavorato come uno schiavo, mi sono sempre negato vacanze, lussi e viaggi, ho sempre considerato i miei doveri e il mio lavoro come le cose più importanti della mia vita. Vuoi sapere il risultato? Sono pòvero, la mia salute diventa peggiore ogni giorno, ho perduto il gusto di quelle cose che rèndono la vita più piacévole, sono quasi sempre di pèssimo umore. E sono anche calvo! E tu sei sano come un pesce e ricco come un nababbo, e piaci alla gente, la stessa gente che mi consìdera un pòvero diàvolo. Mi chiedo se c'è una giustizia a questo mondo, Enrico! »

« Evidentemente no, mio caro!   Su allegro, vecchio mio, la vita è bella!   Beviamo qualcosa, così dimenticherai i tuoi guai.»

« Io non bevo mai, Enrico, sono astemio.   Prenderò una limonata . . .»

« Alla salute, vecchio mio! »

(10)

« Di chi è quest'ombrello? »

« È quello di Riccardo, deve averlo dimenticato.   Non è mai stato così sbadato come in questi giorni; non saluta gli amici quando li incontra, diménta guanti, cappello, e ombrello ovunque, e parla da solo.»

« Io lo capisco.   In questi giorni ha saputo che Anna sposerà Arturo alla fine del mese.»

« Riccardo è sempre innamorato di Anna, allora? »

« Più che mai.»

« Pòvero Riccardo!   Ci sono decine di ragazze pronte a farlo felice, molto più felice di quanto Anna lo avrebbe reso.   E chi è Arturo? »

« È il figlio maggiore del signor Govi, sai, l'industriale.   È un ragazzo sciocco, vanitoso e non molto intelligente.»

« Tanto peggio per Anna.»

« Hai ragione, ma sarebbe molto difficile convincere Riccardo che Anna è sciocca come Arturo.   Finchè non capirà questo, continuerà a dimenticare ombrelli in giro e a diventare sempre più magro.»

« Che cosa possiamo fare per lui? »

« L'ùnica cosa che possiamo fare è parlargli di Anna il meno possìbile.   E forse un giorno la dimenticherà.»

(11)

« Il pròssimo . . . ah, è Lei, signor Bruni.   Come sta? »

« Starei molto meglio senza questo terrìbile mal di denti, dottore.»

« Lei è un uomo fortunato, signor Bruni.   Ho ricevuto pochi giorni fa l'ùltimo modello di tràpano: è velocìssimo, molto più veloce dei vecchi tipi, ed elìmina ogni dolore.   I miei pazienti sono entusiasti del mio modernìssimo tràpano, e vengono da me molto più sollevati di prima.»

« Io ho sempre pensato che il timore del dolore sia (*is*) più forte del dolore stesso, dottore.   Più uno si preòccupa del tràpano, e più soffre, non crede, dottore? »

« Le sue idee concernenti il tràpano sono molto più intelligenti di quelle di tante altre persone, signor Bruni.   Lei non sentirà nessun rumore, mi creda.   Ed ora apra la bocca . . .»

« Uuuuuuuuuuuuuuuuuuuh! »

Translate into Italian:

(12)

1. Maria, I'm not so patient as you.
2. I don't speak French as well as you, sir.
3. Your uncle is not so stingy as mine.
4. He doesn't work as hard (*sodo*) as I.
5. I don't enjoy myself as much as he.
6. We go to the cinema as much as they do.
7. It's not as late as I thought.
8. I don't have as many dresses as you, dear.
9. I want to see her as soon as possible.
10. I always sleep as much as possible.

(13)

1. You are luckier than I, Antonio.
2. I am poorer than you, Tom.
3. She is fatter than her sister.
4. The situation is more serious now.
5. You must be kinder to (*con*) her.
6. This car is more expensive than that one.
7. Carlo is more intelligent than his brother.
8. Why don't you get up earlier, boys?
9. He has come later than usual (*del sòlito*).
10. These cigarettes are stronger.

(14)

1. That girl is more beautiful than (she is) intelligent.
2. He is more handsome than (he is) intelligent.
3. It is later than I thought.
4. She is cleverer than I thought.
5. You spend more than I on (*in*) books.
6. Maria eats more than you do, miss.
7. They have more friends than we have.
8. You drank more than usual tonight, sir.
9. There were more people than I thought.
10. You smoke more than I do, madam.

(15)

1. You are less patient than (you were) once, miss.
2. Last night's programme on (*alla*) television was less boring than usual.
3. Antonio, you must be less impulsive.
4. I slept fewer hours than you.
5. She has fewer friends than her sister.
6. I eat less than you do.
7. The situation is getting more and more serious.

8. Arturo is getting thinner and thinner.
9. Maria is getting lovelier and lovelier.
10. We earn less and less.

(16)

1. Who is the most intelligent of those boys?
2. This is the largest room in the (*della*) house.
3. These have been the happiest days of my life.
4. He is the nicest boy that I know.
5. She is the most beautiful girl in the (*del*) village.
6. This is the least interesting book that I have ever read.
7. This is the least that I can do.
8. The lady was very kind to (*con*) me.
9. The film was very amusing.
10. The comedy was most boring.

(17)

1. You speak English better than I.
2. Your English is better than mine.
3. Your English is very good.
4. Antonio is my best friend.
5. I feel worse today.
6. Your translation is worse than mine.
7. That was the worst thing that you could do.
8. This whisky is very bad.
9. I earn very little.
10. Thank you very much for your kindness, sir.

(18)

1. Most men are selfish.
2. Most women are vain.
3. Maria is my elder sister.
4. Paul is the eldest of the three brothers.
5. Henry is the youngest of the three boys.
6. They made a further attempt to convince her.
7. The town was farther than I thought.
8. I will go out later.
9. The latest news is very bad.
10. It is very late.

(19)

1. We went to the theatre last week.
2. I visited Italy last year.
3. That was the last time that I saw that girl.
4. Why didn't you come last time, miss?
5. I get off at the next stop.
6. We will leave for Rome next week.
7. I want to go to France next year.
8. We went to the nearest town.
9. He is a superior man.
10. This gin is of inferior quality.

Dai giornali

Giorni fa il signor Giovanni M. entrò nel negozio di un òttico. Portava un paio di occhiali con una sola stanghetta e, davanti al banco, se li levò e disse all'òttico: « Può aggiustarli sùbito? Ho molta fretta.» L'òttico prese in mano gli occhiali e non seppe resìstere alla tentazione di dire al cliente: « Non sarebbe meglio provare la Sua vista, signore? » Il signor Giovanni M. acconsentì, ma quando l'òttico gli disse che era meglio cambiare gli occhiali, disse con aria seccata: « Ho capito il Suo mètodo per prèndere gli allocchi. Le spiace darmi i miei occhiali? » E con molto sussiego si mise gli occhiali sul naso e, tenèndoli con una mano, uscì dal negozio attraverso la vetrina. Sette giorni d'ospedale, più il conto della vetrina fracassata.

VERBS: **entrare**, *to enter*; **portare**, *to wear*; **levarsi**, *to take off*; **dire** (irr.), *to tell, to say*; **aggiustare**, *to repair*; **prèndere** (irr.), *to take*; **sapere** (irr.), *to know, to be able*; **resìstere**, *to resist*; **provare**, *to try, to test*; **acconsentire**, *to consent*; **cambiare**, *to change*; **seccare**, *to annoy*; **capire**, *to understand*; **prèndere gli allocchi** (irr.), *to deceive people*; **(di)-spiacere** (irr.), *to mind*; **dare** (irr.), *to give*; **méttersi** (irr.), *to put on*; **tenere** (irr.), *to hold, to keep*; **uscire (da)** (irr.), *to go out, to come out (of)*; **fracassare**, *to crash*.

Il cappotto dell'altro

« Non vado più in quel ristorante.   L'ùltima volta che ci andai, ritornai a casa con un cappotto che non era il mio.»

« Non è colpa del proprietario, non credi? »

« D'accordo.   Ma non vorrei incontrare il signore che prese per sbaglio il mio vecchio cappotto e mi lasciò il suo, che era nuovìssimo.»

Cameriere

La padrona alla cameriera: « Se non lavori di più, sarò costretta a prèndere un'altra cameriera.»

« Oh, un aiuto mi sarebbe utilìssimo, signora! »

Uses of **fare** *— Verbs of Perception + Infinitive —
Irregular Verbs:* **rómpere, pèrdere** *— Word Study: How to
translate* to see *— Uses of* **sentire** *— How to translate* to pay

USES OF *fare*

(1) Fare translates both *to do* and *to make*.

Che cosa stai facendo, Marìa?	What are you doing, Maria?
Sto facendo il tè, non vedi?	I'm making tea, don't you see?
Che posso fare per Lei?	What can I do for you?
Ho fatto òttimi affari.	I've done very good business.
Ho fatto un errore.	I've made a mistake.
Lo hanno fatto véscovo.	They made him a bishop.
Mi hai fatto felice.	You've made me happy.

(2) Expressions with **fare**:

fare un errore	to make a mistake
fare uno sforzo	to make an effort
fare un discorso	to make a speech
fare un accordo	to make an agreement (deal)
fare un tentativo	to make an attempt
fare uno scherzo	to make a joke
fare una scelta	to make a choice
fare una dichiarazione	to make a statement
fare una deviazione	to make a detour
fare una scommessa	to make a bet
fare un'offerta	to make an offer
fare un'osservazione	to make a remark
fare rumore	to make a noise
fare progetti	to make plans
fare progressi	to make progress
fare denaro (soldi)	to make money

fare uso	to make use
fare posto	to make room
fare smorfie	to make faces
fare amicizia	to make friends
fare chiasso	to make a fuss
fare sensazione	to make a stir
fare all'amore (con)	to make love (to)
fare il letto	to make the bed
fare affari	to do business
fare onore	to do honour
fare giustizia	to do justice
fare miràcoli	to do miracles, to work wonders
fare bene	to do good (right)
fare male	to do harm (wrong), to hurt
fare un lavoro	to do a job
fare una stanza	to do a room
fare il còmpito	to do one's homework
fare i lavori di casa	to do the housework
fare le spese (gli acquisti)	to do the shopping
fare il proprio dovere	to do one's duty
fare del proprio meglio	to do one's best
fare a meno di	to do without
avere nulla a che fare	to have nothing to do
niente da fare	nothing doing

(3) Fare translating other verbs than *to do* or *to make*:

fare una passeggiata	to have a walk
fare una domanda	to ask a question
fare una chiacchierata	to have a chat
fare un sonnellino	to have a nap
fare uno spuntino	to have a snack
fare un (il) bagno	to have a bath, to take a bath
fare un giro (in màcchina)	to go for a drive
fare un viaggio	to take a trip
fare una sorpresa	to give a surprise
fare un complimento	to pay a compliment
fare uno scherzo (a)	to play a trick (on)
fare il dottore, etc.	to be a doctor, etc.
fare lo spiritoso	to be funny
fare lo sciocco	to play the fool
fare le valige (i bagagli)	to pack

fare colazione	to have breakfast (lunch)
fare fotografìe	to take photographs
fare attenzione	to pay attention, to look out
fare complimenti	to stand on ceremony
fare quattro passi	to take a stroll
fare débiti	to run into debt
fare a metà	to go halves
fare una richiesta di matrimonio	to propose
fare finta (di)	to pretend
fare male a	to hurt
fare la prèdica a	to lecture
farsi la barba	to shave
farsi prestare	to borrow
fare ginnàstica (del moto)	to take exercise

OBSERVATIONS

1. Where the English uses *to do* to emphasize, the Italian uses an adverb like **davvero** or **proprio** (both meaning *indeed, really*).

Spero davvero (proprio) di riuscire.	I do hope to succeed.
Essa parla proprio (davvero) bene l'italiano.	She does speak Italian well.
Andai là davvero!	I did go there!

2. **Davvero** also translates such questions as *do you?, did you?, does he?, are you?, have you?*, etc., following a statement arousing surprise, admiration or disbelief.

«Ho comprato un'automòbile.» «Davvero?»	"I've bought a car." "Have you?"
«Io parlo sette lingue.» «Davvero?»	"I speak seven languages." "Do you?"

3. When *to do* is used with the meaning of *to suffice, to be enough,* it is to be translated by **bastare** or **èssere abbastanza.**

Basterà? (Sarà abbastanza?)	Will it do?
Una bottiglia basterà (sarà abbastanza).	One bottle will do.
Basta (così)!	That'll do!

(4) **Fare** + infinitive:

$$\left.\begin{array}{l} \textit{to have (to get)} + \text{object} + \text{past participle} \\ \textit{to make} + \text{object} + \text{infinitive} \\ \textit{to have} + \text{object} + \text{infinitive} \\ \textit{to let} + \text{object} + \text{infinitive} \\ \textit{to get} + \text{object} + \text{infinitive} \end{array}\right\} = \textbf{fare} + \text{infinitive} + \text{object}$$

Farò cambiare queste sterline.	I'll have (get) these pounds changed.
Hai fatto riparare la màcchina?	Have you had the car repaired?
Dove hai fatto fare questo vestito?	Where did you have this suit made?
Lo feci fare a Roma.	I had it made in Rome.
Farai rìdere tutti.	You'll make everybody laugh.
Le sue parole hanno fatto piàngere tutti.	His words made everybody cry.
Sai che mi hai fatto pèrdere il treno?	Do you know you made me miss the train?
Faremo venire anche Antonio.	We'll get Antonio to come as well.
Fammi avere tue notizie.	Let me have your news.
Fammi sapere le tue decisioni.	Let me know your decisions.

OBSERVATIONS

1. When the object is a personal pronoun, the construction is: direct object pronoun + **fare** + infinitive.

Mi fai rìdere.	You make me laugh.
La faremo venire con noi.	We'll get her to come with us.
Lo faremo arrestare.	We'll have him arrested.

2. When in English both *to make*, *let*, *get*, etc., and the following infinitive have a direct object, in Italian the object of **fare** takes an indirect object form and the order is as follows: **fare** + infinitive + object of infinitive + **a** + object of **fare**— unless the objects are personal pronouns, in which case they precede **fare**.

Farò vedere la lèttera a tutti.	I'll let everybody see the letter.
Farò avere il libro a tua madre.	I'll let your mother have the book.
Glielo farò avere.	I'll let her have it.

3. With objects such as parts of the body and clothing, where the Italian does not use a possessive pronoun, **fare** is preceded by a reflexive pronoun (indirect object).

Mi feci tagliare i capelli.	I had my hair cut.
Mi farò stirare i calzoni.	I'll have my trousers ironed.
Si fece lavare la camicia.	He had his shirt washed.

4. Note that the reflexive pronoun precedes **fare** in the following construction.

To make + reflexive pronoun + past participle = reflexive pronoun + **fare** + infinitive.

Io mi faccio rispettare.	I make myself respected.
Marìa si fa amare da tutti.	Maria makes herself loved by everybody.
Mi sono fatto capire?	Have I made myself understood?
Essi si fanno odiare da tutti.	They make themselves hated by everybody.

5. The following English verbs and verbal expressions are translated by **fare +** infinitive. Note that before another infinitive the apocopated form of **fare** is used.

to charge	**far pagare**
to show	**far vedere (mostrare)**
to grow (*transitive*)	**far créscere**
to keep a person waiting	**far aspettare una persona**
to drive a person mad	**far impazzire una persona**

Perchè mi hai fatto aspettare tanto? — Why did you keep me waiting so long?

Quanto ti hanno fatto pagare? — How much did they charge you?

Voglio far(mi) créscere i baffi. — I want to grow a moustache.

Voglio farti vedere che cosa ho comprato. — I want to show you what I've bought.

Quel bambino fa impazzire tutti. — That child drives everybody mad.

VERBS OF PERCEPTION + INFINITIVE

vedere	to see	**udire**	to hear
guardare	to look, to watch	**sentire**	to feel, to smell
osservare	to observe, to watch	**percepire**	to perceive
notare	to notice		

In English a verb of perception may be followed by an object and then by a past participle, a gerund or an infinitive (without *to*). The construction is as follows in Italian:

> verb of perception + infinitive + object

Ho sentito chiamare il tuo nome, Marìa. — I've heard your name called, Maria.

Ho visto arrestare il ladro. — I've seen the thief arrested.

Ho visto arrivare il signor Bruni. — I've seen Mr Bruni arrive.

Abbiamo sentito tremare il pavimento. — We felt the floor tremble.

Non senti bruciare qualcosa? — Don't you smell something burning?

Vidi Antonio e Marìa passeggiare nel parco. — I saw Antonio and Maria walking in the park.

NOTE: When the object is a personal pronoun, it precedes the verb of perception.

Lo vidi cadere nel fiume.	I saw him fall into the river.
Li sento spesso litigare.	I often hear them quarrel.
Lo vidi inseguire dalla polizìa.	I saw him chased by the police.

IRREGULAR VERBS

Rómpere (*to break*)

Past Definite: **ruppi, rompesti, ruppe, rompemmo, rompeste, rùppero.**
Past Participle: **rotto.**

Pèrdere (*to lose*, *to miss*)

Past Definite: **persi (perdei, perdetti), perdesti, perdette, perdemmo, perdeste, pèrsero (perdèttero).**
Past Participle: **perso (perduto).**

WORD STUDY

How to translate *to see*

(1) **vedere**—meaning *to see* in the sense of *to perceive*, *to meet* or *to watch*.

Hai visto Marìa di recente?	Have you seen Maria recently?
Sono andata a vedere un buon film.	I went to see a good film.
L'ho vista uscire alle due.	I saw her go out at two o'clock.

(2) **trovare**—meaning *to see* in the sense of *to visit*.

La settimana scorsa andai a trovare Tom.	Last week I went to see Tom.
Vieni a trovarmi qualche volta.	Come and see me sometime.

(3) **capire**—meaning *to see* in the sense of *to understand*.

Non capisco perchè tu non parli.	I don't see why you don't speak.
Capisco ciò che Lei intende dire.	I see what you mean.

(4) **accompagnare**—meaning *to see* in the sense of *to accompany*.

Posso accompagnarla a casa?	Can I see you home?
Lo accompagnai alla stazione.	I saw him to the station.

Note: *To see about* (*something*) is in Italian **pensare a, provvedere a** (*qualcosa*).

Provvederò io a ciò. (Ci penso io.)	I'll see about it.
Provvederai tu ai biglietti? (Pensi tu ai biglietti?)	Will you see about the tickets?

Uses of **sentire**

(1) *to hear*

Hai sentito le novità?	Have you heard the news?
Ho sentito un grido.	I've heard a cry.
Ho sentito che parti.	I've heard you are leaving.

NOTE: *To hear of* (*about*) is translated by **sentire parlare di**; *to hear from* is **avere notizie di.**

Ho sentito parlare molto di Lei.	I've heard a lot about you.
Hai notizie di Antonio?	Have you heard from Antonio?

(2) *to feel*

Sento che qualcosa sta per accadere.	I feel something is about to happen.
Sentii un senso di terrore.	I felt a sense of terror.
Non senti freddo?	Don't you feel cold?

NOTE: *To feel*, followed by an adjective or an adverb, is translated by **sentirsi.**

Come ti senti, cara?	How do you feel, dear?
Non mi sento molto bene.	I don't feel very well.
Mi sento eccitato all'idea di partire.	I feel excited at the idea of leaving.

(3) *to smell*

Sentii un profumo acutìssimo.	I smelt a very strong perfume.
Non senti qualcosa che brucia? (Non senti bruciare qualcosa?)	Don't you smell something burning?

NOTE: *To smell* (intransitive), followed by an adjective, is translated by **odorare di** or **avere . . . odore.**

Questo piatto ha buon odore (odora di buono).	This dish smells good.

HOW TO TRANSLATE *to pay*

(1) **pagare**

To pay for is translated by **pagare** without a preposition.

Quanto hai pagato questo libro?	How much did you pay for this book?
Voglio pagare il mio débito.	I want to pay my debt.

(2) **fare**—in expressions such as *to pay compliments, to pay attention, to pay a visit* (fare dei complimenti, attenzione, una vìsita).

Perchè fai sempre dei complimenti alle ragazze?	Why do you always pay compliments to girls?
Perchè non fai attenzione?	Why don't you pay attention?
Mi hanno fatto vìsita due giorni fa.	They paid me a visit two days ago.

(3) **convenire, servire**—when *to pay* is used impersonally.

Serve imparare bene una lingua.	It pays to learn a language well.
Conviene lavorare onestamente.	It pays to work honestly.

VOCABULARY

l'amicizia	friendship	il fantasma	spectre, ghost
l'autoambulanza	motor-ambulance	la misura	measure, size
l'avvocato	lawyer	il notaio	notary
la barba	beard	l'ora di punta	rush-hour
i baffi	moustache	il pavimento	floor
la condizione	condition	la prèdica	sermon; telling-off
il corpo	body	il presidente	president
la decisione	decision	il rottame	wreck; scraps
la dieta	diet	lo specialista	specialist
la faccia	face	il tranquillante	tranquillizer
apparire	to appear, to look	lacerare	to lacerate, to tear
arrabbiarsi	to get angry	portare	to wear
bruciare	to burn	prenotare	to book, to engage
commerciare	to trade, to deal	risolare	to sole
comparire	to appear, to turn up	sbàttere	to slam
dimagrare	to get thin	svenire	to faint
estrarre	to extract, to pull out	tremare	to tremble
fare entrare	to let in	truccarsi	to make up (one's face)
fare uscire	to let out		
fuggire	to flee, to run away	turbare	to disturb, to upset
impallidire	to turn pale	urtare	to hit
inseguire	tó pursue, to chase	voltare, voltarsi	to turn
ampio	ample, comfortable	scuro	dark
bravo	good; honest; clever	stretto	narrow, tight
grosso	big	violento	violent
incapace	incapable, unable		
lungo	along	per giunta	into the bargain

EXERCISES

Translate into English :

(1)

1. Ho fatto degli eccellenti affari con quella ditta.
2. Può farmi un favore, signorina ?
3. Hai fatto bene a venire, Antonio.
4. Hai fatto male a non dire la verità.
5. Mi fai male!
6. Per dimagrire devi fare molta ginnàstica, Marìa.
7. Non posso fare miràcoli, mio caro!
8. Non dovete fare errori, ragazzi.
9. Ora devo fare il còmpito.
10. La mamma sta facendo i lavori di casa.

(2)

1. Io ho fatto del mio meglio.
2. Fa bene alla salute fare del moto.
3. Non posso fare a meno di un buon caffè dopo pranzo.
4. Non puoi fare a meno di fumare tante sigarette?
5. Che progetti avete fatto per le vacanze?
6. Hai visto il film « Facciamo all'amore »?
7. Non fate rumore, bambini!
8. Voglio fare una sorpresa a mia moglie.
9. Devo uscire a fare gli acquisti.
10. Non c'è niente da fare, mio caro!

(3)

1. Io non faccio uso di tranquillanti.
2. Vuoi fare una scommessa con me?
3. Ho fatto amicizia con due Americani.
4. Carlo non fa molti progressi in francese.
5. Abbiamo intenzione di fare un bel viaggio.
6. Perchè fai tutto questo chiasso?
7. Perchè fai tutte quelle smorfie?
8. Ad Antonio piace fare scherzi a tutti.
9. Hai fatto la tua càmera, Marìa?
10. Ho fatto solo il letto, mamma.

(4)

1. Fate silenzio, ragazzi!
2. Mio figlio vuole fare il dottore quando sarà grande.
3. Non fare la sciocca, Marìa!
4. A che ora vuole fare colazione, signora?
5. I bambini stanno facendo uno spuntino.
6. Lo zio fa sempre un sonnellino a quest'ora.
7. Perchè non andiamo a fare una passeggiata?
8. La mamma ha fatto una lunga chiacchierata con quella signora.
9. Il papà sta facendo il bagno.
10. Poi andremo a fare un giro in màcchina.

(5)

1. Perchè non facciamo uno spuntino?
2. Perchè non fai attenzione, Antonio?
3. Ti prego di non fare complimenti.
4. Lui fa sempre dei complimenti alle ragazze.
5. Vieni a fare quattro passi?
6. Ti fai la barba ogni giorno?
7. Dobbiamo ancora fare le valige.
8. Posso fare una domanda?
9. Smetti di fare lo spiritoso, Carlo!
10. Devo farmi prestare un po' di soldi.

(6)

1. Quel cantante canta davvero bene.
2. Dovete crédermi: ho davvero visto un fantasma!
3. Speravo proprio di vederti a quella festa.
4. Marìa suona davvero bene il piano.

5. Lei parla davvero bene l'italiano, signora.
6. Tua sorella veste davvero molto bene.
7. « Ti amo tanto.» « Davvero? »

8. « L'anno scorso andai in Russia.» « Davvero? »
9. « Io parlo sette lingue.» « Davvero? »
10. Basta così.

(7)

1. Ho fatto fare un àbito nuovo. (Mi sono fatto fare . . .)
2. Devo far cambiare queste sterline in lire.
3. Avete fatto riparare la màcchina?
4. Ho fatto prenotare un tàvolo a quel ristorante.
5. Farai rìdere la gente con quel cappello!
6. Antonio fece crédere a tutti che andava a Nuova York.
7. Perchè fai piàngere la tua sorellina, Pierino?
8. Faremo venire un famoso specialista.
9. Le sue parole fécero impallidire tutti.
10. La vista del poliziotto fece fuggire i ladri.

(8)

1. Tua moglie ti fa fare quello che vuole, Riccardo.
2. Ti farò sapere il risultato dei miei esami.
3. Voglio farvi vedere quello che ho comprato.
4. Le farò avere il danaro il più presto possìbile.
5. Ho fatto avere al signor Bruni quei documenti.
6. Sai che mi hai fatto pèrdere il treno?
7. Non voglio farvi pèrdere del tempo, ragazze.
8. Voglio farmi tagliare i capelli.
9. Devo farmi fare un vestito nuovo.
10. Perchè non ti fai stirare i calzoni, Antonio?

(9)

1. Perchè fai sempre aspettare tutti, Carlo?
2. Mi fai impazzire, Antonio!
3. Spero che non mi faranno pagare molto.
4. Perchè non ti fai créscere un bel paio di baffi?
5. Perchè non ti fai obbedire da tuo figlio?

6. Lei si fa odiare da tutti, signore.
7. Io cerco di farmi amare da tutti.
8. Mi sono fatto capire?
9. Io parlo poco l'italiano, mi faccio appena capire.
10. Marìa parlò forte e si fece udire da tutti.

(10)

1. Ho visto arrestare il ladro.
2. Nessuno l'ha vista entrare nella casa.
3. Ho sentito chiamare il mio nome.
4. Non l'avevo vista arrivare, signora.
5. Non ti avevo mai visto fumare prima d'ora.
6. Abbiamo visto passare un'auto-ambulanza.
7. Ho sentito qualcuno sbàttere la porta.
8. Li ho sentiti litigare per un'ora.
9. Ieri vidi rubare una màcchina.
10. Ti ho visto passeggiare con una bella ragazza, Antonio.

(11)

« Che cosa hai fatto questa mattina, Giovanna? »

« Mi sono alzata alle sette, ho fatto il mio sòlito bagno, poi ho fatto un po' di ginnastica ed infine mi sono fatta il mio tè: io non posso fare a meno di bere una tazza di tè appena mi alzo. Poi mi sono truccata e mi sono pettinata ... dimenticavo che prima ho fatto la mia càmera, senza entusiasmo, naturalmente. Io odio fare i lavori di casa, e so che non sarei una buona moglie per nessun uomo, da questo punto di vista. E odio anche fare le spese, cucinare e lavare i piatti. Io sono nata per fare la signora, e non la cameriera o la cuoca, e devo fare un grosso sforzo ogni volta che devo lavare o pulire qualcosa. Poi sono uscita a fare quattro passi: fa bene alla salute fare un po' di moto al mattino, ed io lo faccio sempre. Sono poi ritornata a casa: come sai, io lavoro per guadagnarmi da vìvere, e faccio delle traduzioni per alcune ditte. È un lavoro noioso, che mi fa impazzire qualche volta, ma lo devo fare. Tale è la vita, mia cara.»

(12)

Voglio farmi fare due àbiti nuovi, sono stanco di portare àbiti vecchi. Io ho quattro àbiti, due pesanti e due leggeri: li feci fare quattro anni fa, quando un mio zio che commerciava in stoffe morì, e un notaio mi fece sapere che avevo ereditato della stoffa. Ma ora sono passati quattro anni, ed io sono ingrassato per giunta, ed ho paura di far rìdere la gente andando in giro con àbiti molto stretti, ora che sono di moda àbiti molto ampi. E i soldi per farmi fare i nuovi àbiti? Me li farò prestare da Giovanni: Giovanni è un vero amico e aiuta sempre gli amici nel bisogno. Ho deciso di farmi fare due àbiti piuttosto scuri, che mi faranno apparire meno grasso di quel che sono. Ora telèfono a Giovanni, poi usciremo insieme a fare acquisti.

(13)

Ieri vidi comparire Giorgio con un'espressione sconvolta.

« Che cosa hai, Giorgio? » gli domandai. « Una cosa terrìbile! » fece Giorgio. « Fammi sedere e ti racconterò tutto.»

Non avevo mai sentito Giorgio parlare in un modo così eccitato, e la cosa mi rendeva curioso. Poi Giorgio cominciò. « Tu conosci il signor Carli, non è vero? È un brav'uomo che si fa amare da tutti. Bene, mezz'ora fa ero in Piazza Garibaldi, quando sentii un terrìbile rumore lacerarmi le orecchie: mi voltai, appena in tempo per vedere un autobus urtare violentemente un'automòbile. C'era molta gente, era l'ora di punta. Poco dopo sentii arrivare un'autoambulanza e vidi estrarre un corpo dai rottami dell'automòbile. Era il signor Carli, e la vista del pover'uomo in quelle condizioni, pàllido come un morto, mi fece quasi svenire. Ora corro all'ospedale, ti farò sapere come sta: spero proprio che non sia (*is*) morto! »

Le parole di Giorgio mi avévano turbato: anch'io conoscevo il signor Carli, era un brav'uomo, incapace di fare del male ad una mosca.»

« Spero proprio che non sia morto,» ripetè Giorgio. « Si era fatto prestare da me cinquantamila lire solo la settimana scorsa! »

Translate into Italian:

(14)

1. What are you doing, Maria?
2. I'm making tea.
3. Did you do good business, sir?
4. Antonio, you must do me a favour.
5. You hurt me!
6. I take some exercise every morning.
7. You must do honour to your countries.
8. I hate doing the housework.
9. The boys are doing their homework.
10. That diet works wonders.

(15)

1. I'm doing my best to learn Italian.
2. You are not making progress, my dear.
3. I made a lot of mistakes in my translation.
4. Who is making all this noise?
5. That man made a lot of money during the war.
6. The president made an important speech.
7. Who does the housework here?
8. I only make my bed.
9. I will do the shopping in the afternoon.
10. I did my duty.

(16)

1. John, stop making faces, please!
2. The choice you made was excellent, Mr Smith.
3. I made friends with a lot of people.
4. We had an interesting trip last year.
5. Why are you making all this fuss?
6. They made a very generous offer.
7. The joke you made was very silly.
8. She made a silly remark.
9. I have nothing to do with that man.
10. Nothing doing, old man!

(17)

1. My uncle is a lawyer.
2. Carlo is being funny, as usual.
3. We were having lunch when he phoned.
4. Let's have a snack.
5. Daddy is having a nap.

6. We had a nice chat.
7. They had a walk in the country.
8. They took a trip to (*in*) Spain.
9. I want to take a bath now.
10. Let's go for a drive.

(18)

1. You never pay attention, John.
2. He always pays the ladies compliments.
3. Why does he always stand on ceremony?
4. I asked a question.
5. They packed up and left.

6. We took a stroll after lunch.
7. John proposed to me last night.
8. I always shave in five minutes.
9. I borrowed ten thousand lire from him.
10. We took a lot of photographs.

(19)

1. I have all my suits made to measure (*su misura*).
2. I had this pair of shoes made by hand (*a mano*).
3. Did you have your dollars changed into lire?
4. I will have these shoes soled.

5. I must have my car repaired.
6. You make me laugh, Antonio!
7. These photos make me look older.
8. My words made everybody cry.
9. They made me go there very early.
10. We will make her tell the truth.

(20)

1. John got me to go with him.
2. Why don't you get Mr Brown to come here?
3. They got me to pay for their dinner.
4. We got him to drink a lot.
5. Let me know your decision, John.

6. Let me see what you bought, Maria.
7. I will let you have the money as soon as possible.
8. Maria, why don't you let me in?
9. I will let you know the results.
10. We must let Mr Brown know the latest news.

(21)

1. John, why don't you have your hair cut?
2. Why don't you have your suit ironed?
3. Maria always keeps me waiting.
4. How much did they charge you, sir?

5. Antonio showed me his new car.
6. I want to grow a moustache.
7. The children are driving the maid mad.
8. Mr Brown makes himself loved by everybody.

9. That girl makes herself hated by everybody.

10. You must make yourself respected, sir.

(22)

1. I saw the thief chased by the police.
2. Then I saw him arrested.
3. I heard a car stop in front of my house.
4. I saw the car fall into the river.
5. They saw me walking along the river.

6. Did you hear me arrive?
7. I always see Mr Brown go out at the same time.
8. I've never seen her smoke a cigarette.
9. I've never seen him get angry.
10. Did you hear them quarrel?

Dai Giornali

Sette anni fa Teresina B., allora diciottenne, si innamorò di Antonio, il garzone del macellaio. Ogni mattina, quando andava a fare la spesa, gli lanciava occhiate lànguide, ma Antonio aveva altro per la testa. Un giorno la ragazza si fece coraggio e scrisse su un biglietto da mille lire: « Ti amo, Antonio. Teresina.»

Stava consegnando con mano tremante il biglietto da mille all'amato garzone, quando arrivò il macellaio che ritirò il danaro e le diede il resto. Il romanzo finì. Teresina sposò Giovanni, un meccànico.

Giorni fa Teresina vide arrivare a casa il marito con gli occhi fuori dalla testa, che teneva in mano un biglietto da mille su cui era scritto, con la calligrafìa della moglie: « Ti amo, Antonio. Teresina.»

È una settimana che Teresina tenta di spiegare al marito come sono andate le cose.

VERBS: **innamorarsi di**, *to fall in love with*; **andare** (irr.), *to go*; **fare la spesa** (irr.), *to do the shopping*; **lanciare**, *to throw, to cast*; **farsi coraggio** (irr.), *to pluck up courage*; **scrìvere** (irr.), *to write*; **amare**, *to love*; **consegnare**, *to deliver, to hand*; **tremare**, *to tremble*; **arrivare**, *to arrive*; **ritirare**, *to withdraw, to retire*; **dare** (irr.), *to give*; **finire**, *to finish*; **sposare**, *to marry*; **vedere** (irr.), *to see*; **tenere** (irr.), *to hold, to keep*; **tentare**, *to try, to attempt*; **spiegare**, *to explain*.

Fra amiche

« Stamattina Carlo mi ha fatto una dichiarazione d'amore.»

« Dovevo immaginarlo: ieri sera, quando gli ho rifiutato la mia mano, mi ha detto che avrebbe fatto qualche sciocchezza.»

FRA AMICI

« Dovresti farti accorciare un po' le orecchie: sono troppo lunghe per un uomo.»
« E tu dovresti fàrtele allungare: sono troppo corte per un àsino.»

FRA AMICHE

« Un cieco mi ha detto: Bella signora.»
« È chiaro.   Voleva farti crédere che era veramente cieco.»

SOSPETTO

« Dove vai? »
« A Milano.»
« Bugiardo!   Mi dici che vai a Milano per farmi crédere che non vai a Milano, e invece vai davvero a Milano! »

Lesson 31

*The Definite Article — The Indefinite Article — Duration of
Action — Irregular Verbs: spìngere, strìngere — Word Study:
Uses of lo — Uses of da — How to translate since*

THE DEFINITE ARTICLE

The definite article is used more often in Italian than in English. Besides the
cases where it is used in English, the definite article is used also in the following:

(1) before nouns used in a general sense.

A me piacciono le rose rosse.	I like red roses.
Ai bambini piacciono le caramelle.	Children like sweets.
Le scarpe italiane sono molto eleganti.	Italian shoes are very smart.
Le donne sono creature affascinanti.	Women are fascinating creatures.

(2) before nouns of languages, provided they are not preceded by **di** or **in**.

Lei capisce l'italiano, signora?	Do you understand Italian, madam?
L'inglese è una lingua molto difficile.	English is a very difficult language.
Non parlo una parola di spagnolo.	I don't speak a word of Spanish.
Il libro era scritto in russo.	The book was written in Russian.

(3) before a surname preceded by a title, and Christian names preceded by an
adjective.

Lei è il signor Rossi?	Are you Mr Rossi?
Il conte Scotti è qui, signore.	Count Scotti is here, sir.
Oggi ho incontrato il vecchio Giovanni.	Today I met old Giovanni.

(4) before names of countries or islands.

L'Inghilterra è un paese interessante.	England is an interesting country.
Non conosco molto la Francia.	I don't know France very well.
La Sicilia è un'ìsola.	Sicily is an island.
L'Amèrica è un paese molto ricco.	America is a very rich country.

NOTE: When the name of the country is preceded by in, it does not take the article, provided it is not plural or accompanied by an adjective.

Vogliamo andare in Italia.	We want to go to Italy.
Allora vivevamo in Amèrica.	Then we lived in America.
Mio zio vive negli Stati Uniti.	My uncle lives in the United States.
Ho passato due mesi nella vecchia Inghilterra.	I spent two months in old England.

(5) instead of the English possessive adjective preceding nouns of parts of the body, articles of clothing or personal effects.

L'uomo chinò la testa.	The man bent his head.
Poi mise la mano in tasca.	Then he put his hand into his pocket.
Lo zio sta fumando la pipa.	Uncle is smoking his pipe.

THE INDEFINITE ARTICLE

The indefinite article is used more often in English than in Italian. It is not translated in Italian in the following cases:

(1) before a noun in apposition to another noun.

« Come vi piace », commèdia di Shakespeare.	*As you like it*, a comedy by Shakespeare.
Loch Lomond, lago scozzese.	Loch Lomond, a Scottish lake.

(2) before nouns of professions, nationality, religion, or titles following èssere.

Lei è dottore?	Are you a doctor?
Antonio è italiano.	Antonio is an Italian.
Sono protestante.	I'm a Protestant.

(3) in idiomatic expressions, such as:

fumare la pipa	to smoke a pipe (or one's pipe)
avere l'automòbile	to have a car
avere il mal di testa (capo)	to have a headache
avere il mal di gola	to have a sore throat
avere la febbre	to have a temperature
avere il raffreddore	to have a cold
prendere il raffreddore	to catch a cold
avere la tosse	to have a cough
avere appetito	to have an appetite
avere occasione (di)	to have an opportunity (to)
avere fretta	to be in a hurry

(4) before **cento, mille** and **mezzo.**

Te l'ho detto cento volte.	I've told you a hundred times.
Ho bisogno di mille sterline.	I need a thousand pounds.
Ho aspettato mezz'ora.	I waited half an hour.

(5) when *a* stands for *every* or *per*, and in the case of *half a . . .*, or *what a . . . .*

Lavoro otto ore al giorno.	I work eight hours a day.
Che bella ragazza!	What a lovely girl!
Che peccato!	What a pity!

DURATION OF ACTION

To express an action which has been going on or had been going on for some time or since a definite time, English uses the present perfect (*I have known*) or the past perfect (*I had known*) followed by *for* or *since*.

To express the same kind of actions, Italian uses the present or the imperfect indicative followed by **da.**

Conosco il signor Bruni da un anno.	I have known Mr Bruni for a year.
Lo conosco dal 1966.	I have known him since 1966.
Conoscevo la signora Bruni da un anno.	I had known Mrs Bruni for a year.
La conoscevo dal 1955.	I had known her since 1955.
Sono qui da un'ora.	I have been here for an hour.
Da quanto sei qui, Marìa?	How long have you been here, Maria?
Sono qui dalle due.	I have been here since two o'clock.
Ero a casa dalle cinque.	I had been at home since five o'clock.

OBSERVATIONS

1. While English sometimes uses the continuous form of the present and perfect, Italian always uses the present and imperfect indicative.

Studio l'italiano da un anno.	I have been studying Italian for a year.
Studiavo l'italiano da un anno.	I had been studying Italian for a year.
Da quanto mi aspetti, caro?	How long have you been waiting for me, dear?
Ti aspetto solo da un'ora, cara.	I have only been waiting for you for an hour, dear.

2. When *since* is followed by a verb in English, it is translated by **da quando.**

Bróntoli da quando sei arrivato a casa.	You have been grumbling since you arrived home.
Essi lìtigano da quando si sono sposati.	They have been quarrelling since they got married.

3. Instead of the personal construction (**studio l'italiano da un anno**), Italian may also use a duration form with an impersonal construction. It consists in using **è**, **sono**, or **era**, **èrano** followed by **che** and the present or imperfect indicative.

Sono qui da un'ora. ⎫ È un'ora che sono qui. ⎭	I have been here for an hour.
Ero là da due ore. ⎫ Èrano due ore che ero là. ⎭	I had been there for two hours.
Studio l'italiano da sei mesi. ⎫ Sono sei mesi che studio l'italiano. ⎭	I have been studying Italian for six months.
Aspettavo da un quarto d'ora. ⎫ Era un quarto d'ora che aspettavo. ⎭	I had been waiting for a quarter of an hour.

IRREGULAR VERBS

Spìngere (*to push*)

Past Definite: **spinsi, spingesti, spinse, spingemmo, spingeste, spìnsero.**
Past Participle: **spinto**

NOTE: **Dipìngere** (*to paint*), **fìngere** (*to pretend*) and **cìngere** (*to encircle*) follow the same pattern of conjugation.

Strìngere (*to squeeze, to tighten*)

Past Definite: **strinsi, stringesti, strinse, stringemmo, stringesti, strìnsero.**
Past Participle: **stretto.**

NOTE: **Costrìngere** (*to compel*) and **restrìngere** (**-rsi**) (*to take in, to shrink*) follow the same pattern of conjugation.

WORD STUDY

USES OF **lo**

(1) *the*

Dov'è lo zucchero?	Where's the sugar?
Ha telefonato lo zio Peter.	Uncle Peter phoned.

(2) *him, it* (direct object)

È il signor Bruni: non **lo** conosci?	He is Mr Bruni: don't you know him?
Vidi Antonio e **lo** chiamai.	I saw Antonio and I called him.
È un bel libro: **l'**ho comprato ieri.	It's a fine book: I bought it yesterday.

(3) *so*

Lo translates *so* after the following verbs: *to believe*, *to think* (**crédere**), *to hope* (**sperare**), *to suppose* (**supporre**), *to be afraid* (**temere**).

Lo credi davvero?	Do you really think so?
« Ci incontreremo ancora? » « Lo spero.»	"Shall we meet again?" "I hope so."

NOTE: 1. **Lo** can be replaced by **di sì** in affirmative sentences. In negative sentences **lo** is normally replaced by **di no**.

Credo di sì.	I think so. (I believe so.)
Credo di no.	I don't think so. (I think not.)
Suppongo di sì.	I suppose so.
Suppongo di no.	I don't suppose so. (I suppose not.)

2. **Lo** is used with the following verbs: **sapere** (*to know*), **dire** (*to tell*), **chiédere** (*to ask*).

Lo so.	I know.
Lo dissi a Marìa.	I told Maria.
Me lo chiese.	He asked me.

USES OF da (+ noun or pronoun)

(1) *from*

Da dove vieni (viene, venite)?	Where do you come from?

(2) *by*

Fui fermato da un vìgile.	I was stopped by a policeman.

(3) *at*

Ero dal barbiere.	I was at the barber's.

(4) *to*

Sono andato dal barbiere.	I went to the barber's.

(5) *since*

Sono qui da lunedì.	I've been here since Monday.

(6) *for*

Sono qui da tre giorni.	I've been here for three days.

(7) *as*

Ti parlo da amico.	I'm talking to you as a friend.

USES OF da (+ infinitive)

(1) After a noun to specify a use or property of that noun.

Un libro da lèggere.	A book to read.
Un uovo da cuòcere.	An egg to cook.
Una màcchina da cucire.	A sewing machine.
Una màcchina da scrìvere.	A typewriter.

(2) After **così** or **tanto** + adjective or adverb, or **un tale** (**una tale**) + noun, both introducing a consecutive sentence.

È stato così (tanto) gentile da accompagnarmi.

He was so kind as to accompany me.

Sono stato un tale sciocco da crèdere alle sue parole.

I was such a fool as to believe his words

HOW TO TRANSLATE *since*

(1) **da**

Da translates *since* as a preposition.

    Vivo in Italia dal 1960.   I've been living in Italy since 1960.

(2) **da quando**

Da quando translates *since* when followed by a verbal form.

    Da quando andasti via.   Since you went away.

(3) **siccome, poichè, dal momento che**

They translate *since* as a conjunction.

Poichè (siccome, dal momento che) insisti, ti dirò tutto.

Since you insist, I'll tell you everything.

VOCABULARY

l'architetto	architect	l'illusione	illusion
l'attesa	wait, waiting	l'Irlanda	Ireland
la bistecca	beefsteak, rumpsteak	l'ìsola	island
		la linea	line
il bollito, il lesso	boiled meat	la maionese	mayonnaise
la braciola di maiale	pork chop	la Mànica	English Channel
		la montagna	mountain
il conte	count	il monte	mount
la contessa	countess	la motocicletta	motor-cycle
il corrispondente	correspondent	l'orchidea	orchid
la cotoletta	cutlet, chop	il pomodoro	tomato
la creatura	creature	il prìncipe	prince
la cucina	kitchen, cooking, cuisine	la principessa	princess
		il pugilato	boxing
la digestione	digestion	la puntualità	punctuality
l'època	epoch	il ragù	ragout
l'esitazione	hesitation	il sapone	soap
la fràgola	strawberry	la Sardegna	Sardinia
la Gran Bretagna	Great Britain	lo scemo	fool, idiot

il sedile	seat	la viola,	violet
il Tamigi	Thames	la violetta	
la tragedia	tragedy	la virtù	virtue
accusare	to accuse	dominare	to dominate
affaticare	to tire, to fatigue	fare parte (di)	to be part (of)
allungare	to stretch (out)	friggere	to fry
andare pazzo	to be crazy (about)	importare	to matter
(per)		innervosire	to make nervous
approfittare	to take advantage	piegare	to fold
avere bisogno di	to need	posare	to put, to lay (down)
bagnare	to wet, to water	proporre	to propose
chinare (il capo)	to bend (one's head)	rilassare	to relax
divìdere	to divide	scivolare	to slip
fiorentino	Florentine	recìproco	reciprocal, mutual
fondamentale	fundamental	sensato, di buon	sensible
ingenuo	ingenuous, naïve	senso	
poliziesco	detective	sportivo	sporting, sports
pràtico	practical	straniero	foreign
protestante	protestant	stùpido	stupid
puntuale	punctual		
da corsa	racing	quanto, quanto	how long
(d)ovunque	everywhere	tempo	

EXERCISES

Translate into English:

(1)

1. Le donne àmano vestire bene.
2. Gli uòmini sono talvolta vanitosi.
3. Le scarpe strette sono una tortura.
4. I giorni di pioggia sono deprimenti.
5. I fatti còntano più delle parole.

6. Il tempo è danaro.
7. Gli affari sono affari.
8. Ai bambini piàcciono le caramelle.
9. I veri amici sono molto rari.
10. Il danaro non dà la felicità.

(2)

1. Le penne a sfera sono molto pràtiche.
2. La pazienza è una virtù molto rara.
3. Le scarpe italiane sono molto eleganti.
4. Le stoffe inglesi sono molto buone.
5. Il pugilato è uno sport brutale?

6. A me piacciono le automòbili sportive.
7. Io preferisco le bionde alle brune.
8. Lucìa porta sempre le scarpe a tacco alto.
9. Il pranzo è servito!
10. Stamattina non ho fatto la prima colazione.

(3)

1. Il signor Bruni è in casa?
2. I signori Bruni sono usciti.
3. Il prìncipe Colonna vive a Roma.
4. La baronessa Scotti ha dato una magnìfica festa.
5. La regina Vittoria ha dominato un'intera època.

6. La regina Elisabetta è l'attuale regina.
7. L'Irlanda del nord e la Scozia fanno parte della Gran Bretagna.
8. Il Tamigi bagna Londra.
9. La Mànica divide l'Inghilterra dal Continente.
10. Non sono mai stato in Russia.

(4)

1. Io le parlo da amico, signor Bruni.
2. Ho trovato un posto come corrispondente in lingue straniere.
3. Mio padre è architetto.
4. Io faccio il pittore.
5. Io sono scàpolo.

6. Lei fuma sempre la pipa, signore?
7. Ho molta fretta.
8. Lei ha la màcchina, signore?
9. No, ho la motocicletta.
10. Hai ancora la tosse, caro?

(5)

1. Oggi non ho appetito.
2. Non ho avuto occasione di vedere quel signore.
3. Ho il mal di testa (di capo).
4. Hai la febbre, caro?
5. Ho preso un forte raffreddore.

6. Se hai il raffreddore, perchè vuoi uscire?
7. Che peccato che non eri qui!
8. Questo libro costa mezzo dòllaro.
9. Cento sterline per questo quadro sono troppe.

(6)

1. Da quanto tempo siete qui?
2. Siamo qui da due ore.
3. È un'ora che sono qui.
4. La signora Bruni è qui da pochi minuti.
5. È da ieri mattina che sono a Londra.

6. Conosco Pàolo da molti anni.
7. Ti amo da quando ti vidi la prima volta.
8. Aspetto Marìa da mezz'ora, mi fa sempre aspettare.
9. È un'ora che ti aspetto, Marìa!
10. Corro da stamattina.

(7)

1. Àbito in questa città da quando sono nato.
2. Ho un forte raffreddore da una settimana.
3. Fuma la pipa da molto, signore?

4. Da quanto tempo hai la tosse, Antonio?
5. Ho il mal di testa da stamattina.
6. Aspettavo Marìa da mezz'ora, quando finalmente arrivò.

7. Non la vedevo da una settimana.
8. Eravamo sposati da un anno quando avemmo un bambino.

9. Quell'uomo non lavorava da anni.
10. Noi non ci vedevamo da dieci anni.

(8)

Due uòmini viaggiàvano un giorno in treno, nello stesso scompartimento. Uno di loro aveva un pacco che posò accanto a sè sul sedile, poi cominciò a léggere il giornale. L'altro era un distinto signore con la barba.

Quando il primo signore arrivò alla stazione dove doveva scèndere, piegò il giornale, si pettinò con cura, poi allungò la mano per prèndere il suo pacco, ma non lo trovò. Allora pensò che l'altro signore lo avesse (*had*) derubato, e glielo disse, accusàndolo senza esitazione. Ma sùbito dopo si accorse che il pacco era scivolato sotto il sedile, e si scusò con il compagno di viaggio per l'errore.

« Non importa », disse l'altro, « è stato un errore recìproco, perchè Lei mi ha preso per un ladro, mentre io l'avevo preso per un gentiluomo.»

(9)

« Finalmente sei arrivata, Marìa! È più di un'ora che ti aspetto . . .»

« Devi scusarmi, caro, ma non è colpa mia. Stavo per uscire, quando mi h⁻ telefonato Carla . . .»

« E chi è Carla? »

« È una mia vecchia compagna di scuola: non la vedo da quasi sei anni, da quando andò a vìvere a Roma con la sua famiglia. In sei anni accàdono tante cose, e Carla voleva raccontarmi al telèfono almeno una parte di esse . . .»

« E io qui come uno scemo ad aspettare: ho anche cercato di telefonarti, ma la linea era occupata, naturalmente. Ti conosco da quasi due anni, Marìa, e non ti ho mai visto arrivare puntuale ad un appuntamento.»

« Mi conosci da due anni, ma non molto bene, vedo. Dovresti aver capito che non vado pazza per la puntualità.»

« Noi uòmini ci facciamo sempre un sacco di illusioni sul conto delle donne, siamo fondamentalmente ingenui, e voi donne approfittate della nostra ingenuità, il che non è molto leale.»

« Sai che bròntoli esattamente dal momento in cui sono arrivata? Allora, andiamo al cìnema o no? Non vedo un buon film da mesi. Tu che cosa proponi? »

« Un film capace di rilassarmi i nervi, questa lunga attesa mi ha proprio innervosito. Andiamo! »

(10)

« Che cosa desìderi oggi per colazione, Marco? »

« Ecco una domanda a cui rispondo molto volentieri. Siamo in autunno, la stagione in cui apprezzo la buona cucina in modo particolare.»

« Io direi che tu apprezzi la buona cucina in modo particolare in tutte le stagioni dell'anno, Marco.»

« È vero, ma in autunno ho più fame che nelle altre stagioni.»

« Che cosa desìderi come primo piatto, allora? Le lasagne sono la cosa che preferisci . . . che cosa ne dici? »

« Le lasagne sono un piatto che adoro, ma vado pazzo anche per le tagliatelle al pomodoro, per non parlare degli spaghetti al ragù che tu sai fare così bene, cara.»

« E allora che cosa devo prepararti come primo piatto? »

« Gli spaghetti al ragù, cara.»

« E che cosa vuoi dopo gli spaghetti? Una bella bistecca alla fiorentina? Una cotoletta alla milanese? Una braciola di maiale? O non ti piacerebbe del buon bollito di vitello? »

« Oggi mi piacerebbe mangiare qualcosa di diverso dal sòlito, cara.»

« Allora ti farò del pesce, che ti piace molto. Vuoi una trota alla maionese o un bel piatto di scampi fritti? »

« Due belle idee, cara, ma non so quale scégliere. Tu che cosa consigli? »

« La trota è leggera, e non affatica la digestione, caro.»

« Ma gli scampi fritti sono deliziosi. Che ne dici di preparare la trota alla maionese e un po' di scampi? »

« Va bene, avrai trota e scampi, ma poi non devi lamentarti se avrai una digestione un poco difficile.»

« A che ora mangiamo, cara? »

« Alla sòlita ora, Marco. Devi ammèttere che una moglie come me è piuttosto rara.»

« Sei una brava moglie e una cuoca perfetta. Sono stato fortunato, devo ammèttere.»

« Puoi dirlo, caro.»

Translate into Italian:

(11)

1. I like roses: Maria adores violets.
2. I prefer orchids.
3. Women are sometimes very sensible.
4. Some children hate soap.
5. Happiness is very rare to find (*a trovarsi*).
6. Italian racing cars (*macchine da corsa*) are famous all over the world.
7. Patience is a rare virtue.
8. Women adore jewels.
9. Life is wonderful, sometimes.
10. Sheep are stupid animals.

(12)

1. French cigarettes are very strong.
2. Detective novels are exciting.
3. Italian fashion is appreciated everywhere.
4. English traditions are most interesting.
5. Painting is my favourite hobby.
6. Do you like cherries?

7. I prefer strawberries.
8. We had lunch at one with Mr Bruni.

9. I am very fond of dogs, while I hate cats.
10. People are talking a lot about them.

(13)

1. Do you know Dr Rossi?
2. He is Mr Bruni's cousin.
3. Have you ever seen Queen Elizabeth, Mr Bruni?
4. That gentleman is Professor Bianchi.
5. Have you ever read "Dr Jekyll and Mr Hyde" by (*di*) Stevenson?

6. We visited Italy and France last year.
7. Lake Maggiore is beautiful.
8. Sicily is an island, like Sardinia.
9. Mount Everest is the highest mountain in the world.
10. China is a big country.

(14)

1. Macbeth, a tragedy by Shakespeare.
2. Carlo found a post as a teacher.
3. Are you in a hurry, sir?
4. Do you have a car, sir?
5. My uncle is an engineer.

6. I have a bad (*brutto*) headache.
7. I caught a bad cold.
8. What a lovely evening!
9. These cigars cost half a dollar each.
10. I work seven hours a day.

(15)

1. I have been here for an hour.
2. We have been here since two o'clock.
3. How long have you been here, miss?
4. I have been here since this morning.
5. I have had this car for two years.

6. They had had that car for five years.
7. I have known that gentleman since 1960.
8. I have not seen Maria for a week.
9. I have not eaten since yesterday.
10. I have not smoked for a week.

(16)

1. We have been married for a year.
2. My grandfather has been dead for ten years.
3. I have been studying Italian for two years.
4. How long have you been waiting for Maria?
5. I have been waiting for her since two o'clock.
6. We have been working since this morning.
7. I had been waiting for an hour when she arrived.
8. We had been talking for half an hour.
9. He has been living in this town for ten years.
10. He had been living in this town since 1950.

DAI GIORNALI

Alla mostra all'aperto di Piazza Donatello, il pittore astratto Alberto M. aveva esposto una singolare opera d'arte. Per descrìvere il caos della nostra època, il pittore aveva fissato su una tàvola vecchie lampadine, baràttoli vuoti e lo schèletro di un ombrello, il tutto vivificato da blocchi di colore.

Durante la notte alcuni individui, indubbiamente nemici dell'arte astratta, hanno rotto alcune lampadine e asportato qualche baràttolo.

Dei molti visitatori della mostra all'aperto solo l'artista si è accorto del grave danno.

VERBS: **astrarre** (irr.), *to abstract*; **esporre** (irr.), *to exhibit*; **descrìvere** (irr.), *to describe*; **fissare**, *to fix*; **vivificare**, *to vivify*; **ròmpere** (irr.), *to break*; **asportare**, *to take away* (*off*); **accòrgersi** (irr.), *to realize.*

ANCHE SÙBITO

L'avaro, alla fine del pranzo offerto ad alcuni amici: « Quando mi farete l'onore di pranzare un'altra volta con me? »

« Oh, anche sùbito! »

INVITO A PRANZO

Un tale dice ad un amico: « Vieni a pranzo da me, domani: t'aspetto, con due o tre amici.»

L'altro si presenta il giorno dopo con tre amici.

Lesson 32

The Passive — Uses of si — Irregular Verb : vòlgere — Word Study : How to translate to get — Uses of diventare (divenire)

THE PASSIVE

There are three ways of forming the passive in Italian:

(1) with èssere + past participle.
(2) with venire + past participle.
(3) with si + the third person of the verb, used in the active form.

ACTIVE	PASSIVE
pagare (*to pay*)	èssere pagato venire pagato (*to be paid*)
io pago	io sono pagato io vengo pagato mi si paga
io pagavo	io ero pagato io venivo pagato mi si pagava
io pagai	io fui pagato io venni pagato mi si pagò
io ho pagato	io sono stato pagato mi si è pagato
io avevo pagato	io ero stato pagato mi si era pagato
io pagherò	io sarò pagato io verrò pagato mi si pagherà

io pagherei $\left\{\begin{array}{l}\text{io sarei pagato}\\\text{io verrei pagato}\\\text{mi si pagherebbe}\end{array}\right.$

io sto pagando   mi si sta pagando
io stavo pagando   mi si stava pagando

NOTE: Form (1) is the most common and is always possible, form (2) is particularly used in the past definite (**venne visto** = *he was seen*), and form (3) is the least common; here the verb is singular or plural according to the noun or pronoun concerned.

Voglio èssere obbedita.	I want to be obeyed.
Lei è desiderato al telèfono.	You're wanted on the phone.
Il signor Rossi è atteso da un momento all'altro.	Mr Rossi is expected at any moment.
Questo ponte venne costruito dieci anni fa.	This bridge was built ten years ago.
Il lavoro è stato fatto?	Has the work been done?
Il pranzo era appena stato servito.	Dinner had just been served.
Verrai pagato alla fine del mese.	You'll be paid at the end of the month.
La traduzione sarà finita per domani.	The translation will be finished by tomorrow.
Non mi si paga abbastanza.	I'm not paid enough.
Non si informò il signor Rossi della faccenda.	Mr Rossi was not informed of the matter.
Non si informàrono i ragazzi della faccenda.	The boys were not informed of the matter.
Si sta riparando l'automòbile.	The car is being repaired.
Si stanno preparando i panini.	The rolls are being prepared.
Si stava discutendo la faccenda.	The matter was being discussed.
Si stàvano facendo i preparativi.	Arrangements were being made.

OBSERVATION

Whereas in English the indirect object of an active sentence can be made the subject of a passive sentence (e.g. *Someone gave George a book—George was given a book*), this is not possible in Italian, where other constructions must be used.

1. The direct object of the active sentence can be made subject of the passive verb.

Un libro fu (venne) dato a George.	George was given a book.
Gli fu (venne) dato un libro.	He was given a book.
Gli fu dato.	He was given it.

2. Si + the third person singular of the active form of the verb can be used.

Si diede un libro a George.	George was given a book.
Gli si diede un libro.	He was given a book.
Si diédero due libri a George.	George was given two books.
Gli si diédero due libri.	He was given two books.

Other examples:

Non le è stata detta la verità.⎫
Non le si è detta la verità. ⎬ She has not been told the truth.

Mi fu (venne) promesso un regalo.⎫
Mi si promise un regalo. ⎬ I was promised a present.

La stanza fu (venne) mostrata a Marìa.⎫
Si mostrò la stanza a Marìa. ⎬ Maria was shown the room.

Le fu (venne) mostrata la stanza.⎫
Le si mostrò la stanza. ⎬ She was shown the room.

USES OF *si*

Si has the following uses:

(1) as third-person reflexive pronoun and reciprocal pronoun.

Roberto si crede un genio.	Robert believes himself a genius.
Essi si crédono genii.	They believe themselves geniuses.
Essi si àmano molto.	They love each other a lot.

(2) as indefinite pronoun corresponding to *one, you, we, they* or *people*.

Non si sa mai.	One never knows.
Non si può mai dire.	One can never tell.
Qui non si lavora abbastanza.	You don't work enough here.
Dove si va stasera?	Where are we going tonight?
Si dice che . . .	They say that . . . (People say that . . .)

(3) as indefinite pronoun in passive constructions.

Si cómprano libri.	Books (are) bought.
Si offre un buon posto.	A good situation is offered.
Si richiédono eccellenti referenze.	Excellent references are required.
Mi si disse una bugìa.	I was told a lie.
Mi si invitò ad una festa.	I was invited to a party.

IRREGULAR VERB

Vòlgere (*to turn*)

Past Definite: volsi, volgesti, volse, volgemmo, volgeste, vòlsero.
Past Participle: volto.

NOTE: Avvòlgere (*to wrap*), sconvòlgere (*to upset*), capovòlgere (*to overturn*), travòlgere (*to sweep away, to run over*) and coinvòlgere (*to involve*) follow the same pattern of conjugation.

WORD STUDY

HOW TO TRANSLATE *to get*

(1) ottenere—when *to get* = *to obtain*

> **Ho ottenuto un buon posto.**   I got a good post.

(2) ricèvere—when *to get* = *to receive*

> **Ho ricevuto una lèttera da loro.**   I got a letter from them.

(3) diventare, divenire—when *to get* is followed by an adjective or a past participle.

Il cielo sta diventando nuvoloso.	The sky is getting cloudy.
Il Signor Rossi diventò (divenne) ricco durante la guerra.	Mr Rossi got rich during the war.

NOTE: 1. In numerous cases *to get* + adjective (or past participle) is translated by means of a reflexive verb in Italian.

to get tired	stancarsi	to get used (to)	abituarsi (a)
to get bored	annoiarsi	to get drunk	ubriacarsi
to get engaged	fidanzarsi	to get ready	prepararsi
to get married	sposarsi	to get tanned	abbronzarsi
to get angry	arrabbiarsi	to get warm	riscaldarsi
to get lost	pèrdersi	to get cold	raffreddarsi

2. When *to get* is used as a verb of motion it is translated by various verbs.

to get to	arrivare a	to get back	ritornare
to get in(to)	entrare in	to get near	avvicinarsi a
to get out	uscire	to get up	alzarsi

Arrivammo a Roma alle otto di sera.	We got to Rome at eight in the evening.
A che ora siete ritornati?	At what time did you get back?
Ci alziamo sempre molto tardi.	We always get up very late.

USES OF diventare (divenire)

(1) *to become*

Voglio diventare (divenire) ricco.	I want to become rich.
Essi diventàrono (divènnero) i nostri migliori amici.	They became our best friends.

NOTE: *What has become of . . .?* is translated by **Che ne è di . . . ?**

> **Che ne è di quel tuo amico?**   What has become of that friend of yours?

(2) *to grow* (+ adjective or past participle)

Diventi vecchio, ragazzo mio!	You're growing old, my boy!
Diventàrono (divènnero) ricchi a poco a poco.	They grew rich little by little.

NOTE: *To grow flowers*, etc., is **coltivare**; *to grow a beard*, etc., is **farsi créscere la barba**, etc.

Coltiviamo rose nel nostro giardino.	We grow roses in our garden.
Voglio farmi créscere la barba.	I want to grow a beard.

(3) *to turn* (+ adjective), *to turn into* (+ noun)

Diventò (divenne) pàllido d'ira.	He turned pale with anger.
Il cielo diventò (divenne) rosso.	The sky turned red.
La rana diventò una bella ragazza.	The frog turned into a lovely girl.

NOTE: *To turn* is also **voltare** and **voltarsi**.

Ora devi voltare la pàgina.	Now you must turn the page.
Essa si voltò verso di me.	She turned to(wards) me.

(4) *to get*, *to go* (+ adjective or past participle)

La situazione diventa seria.	The situation is getting serious.
Il latte è diventato àcido.	The milk has gone sour.
Quasi divenne pazza.	She almost went mad.

VOCABULARY

l'àbito da sera	evening dress (suit)	il filo	thread, wire
l'annuncio pubblicitario	advertisement	la foto (*pl.* le foto)	photo
		il genio	genius
l'apparecchio radio	radio set	l'inchiesta	inquiry
		l'indàgine	investigation
il biglietto	note, short letter, ticket	il lampo	flash, lightning
		il mistero	mystery
la bomba	bomb	il mittente	sender
la càpsula	capsule	la novità, le novità	novelty, news
la cattedrale	cathedral		
il colpévole	culprit, offender	l'offerta	offer
la curiosità	curiosity	l'opportunità	opportunity
l'eccitazione	excitement	i preparativi	arrangements
l'emozione	emotion	il provino	film-test, trial
l'epidemìa	epidemic	il requisito	requisite, qualification
l'esposizione	exhibition		
l'esploratore	explorer	la ricompensa	reward, recompense
l'estremità	extremity, end		

calcolare	to calculate	lanciare	to launch, to throw
conclùdere	to conclude, to decide	perquisire	to search
		presentarsi	to present oneself
consegnare	to consign, to deliver	richiédere	to request
contenere	to contain	ricostruire	to reconstruct, to rebuild
convocare	to summon, to call		
distrùggere	to destroy	ricuperare	to recover
esplorare	to explore	rifiutare	to refuse
impressionare	to impress	risòlvere	to (re)solve
inviare	to send, to forward	scomméttere	to bet
aggressivo	aggressive	soddisfacente	satisfactory
favorévole	favourable	spaziale	spatial, space
intatto	intact		
a lungo	for a long time	all'ingrosso	wholesale
al dettaglio	by retail	chissà? chi sa?	who knows?

EXERCISES

Translate into English:

(1)

1. Il pranzo è servito, signora!
2. Non sono pagato molto bene.
3. Non è permesso fumare in questo teatro.
4. La merce viene venduta all'ingrosso.
5. La càpsula spaziale venne ricuperata intatta.

6. Il colpévole verrà punito.
7. I ladri vènnero perquisiti.
8. Come si pronuncia questa parola?
9. Come si traduce questa frase?
10. Qui si parla solo italiano.

(2)

1. Sono stato informato della situazione solo ora.
2. Un'inchiesta verrà fatta al più presto.
3. La cattedrale fu distrutta dalle bombe.
4. Era stata costruita nel tredicésimo sècolo.
5. Verrà ricostruita nello stesso luogo.

6. Si cómprano vestiti usati.
7. Si vide un lampo nel cielo.
8. Il razzo venne lanciato nello spazio.
9. La luna non era stata ancora esplorata.
10. Gli esploratori vènnero tutti ricuperati.

(3)

1. Lei sarà pagato quando il lavoro sarà finito.
2. Siamo stati invitati ad una festa.
3. Alla festa vènnero offerti dei cocktail.

4. Si bèvvero anche degli òttimi vini.
5. Il vestito di Marìa fu molto ammirato.
6. Si sta riparando la mia automòbile.

7. Si sta esaminando la situazione.

8. Si stanno preparando due nuove esposizioni.

9. La si sta servendo, signora?

10. Si stava considerando un'altra possibilità.

(4)

1. Mi è stato promesso un buon posto.

2. Non mi è ancora stato detto che cosa vògliono.

3. Ci è stato offerto un òttimo cocktail.

4. Da chi le è stato insegnato l'italiano, signorina?

5. Non mi è stato mandato il danaro.

6. Non mi è stato domandato nulla.

7. Che cosa ti è stato detto di fare?

8. Non mi è stato detto nulla.

9. Che cosa le è stato promesso, signore?

10. Mi è stata promessa una grossa ricompensa.

(5)

1. Non si sa mai.

2. Che cosa si deve fare?

3. Qui non si lavora abbastanza.

4. Non si pensa mai che si deve morire.

5. Qui si parla molto e si conclude poco.

6. In Italia si mangia molto bene.

7. Qui si dorme, ragazzi!

8. Che cosa si fa stasera?

9. Si parla molto di questa faccenda.

10. Qui si ride sempre.

(6)

Stamattina mi è stato consegnato un pacco dal portalèttere. È piuttosto emozionante ricévere un pacco non sapendo da chi è stato mandato e che cosa contiene, non credete? Il pacco venne quindi aperto con curiosità ed eccitazione, e, con mia grande sorpresa e piacere, mi trovai di fronte a due belle cravatte nuove di seta. Le cravatte dovévano èssere state scelte da una persona di buon gusto, perchè èrano una più bella dell'altra. Ma da chi èrano state mandate? Nessun biglietto era stato messo nel pacco, il nome del mittente non era scritto su di esso: un vero mistero.

Ho telefonato a un amico. «Mi hai mandato tu un paio di magnìfiche cravatte?» domandai. La voce all'altra estremità del filo rispose che le cravatte dovévano èssere state mandate da qualcun altro. Ho deciso di sospèndere le indàgini e di tenere le cravatte: forse un giorno il mistero delle due belle cravatte di seta verrà risolto, chissà?

(7)

«Ciao, Patrizia, come va?»

«Benìssimo, Valeria. Sai le novità? Sono stata scelta dalla Lux Film per fare un provino.»

«Davvero? Ma è meraviglioso, cara! Raccóntami tutto . . .»

«Avevo letto un annuncio pubblicitario su un giornale che diceva: Si cércano visi nuovi per importante film. Si richiédono età dai diciotto ai vent'anni, figura aggressiva, capelli neri ed occhi grandi e verdi. Si prega inviare tre foto. Allora io, che credo di avere i requisiti necessari, ho inviato tre mie foto: una in àbito da sera, una in àbito da pomeriggio, e la terza in bikini, fatta al mare l'estate scorsa.

Dopo pochi giorni sono stata convocata negli studi cinematogràfici della Lux Film: non puoi immaginare la mia emozione, cara!   E sono stata interrogata a lungo dal regista del film.»

« Che cosa ti è stato chiesto, Patrizia ? »

« Un sacco di cose, ma io rispondevo con poche parole.   Mi era stato detto che parlare poco in questi casi è la cosa migliore.   E il regista deve èssere stato impressionato favorevolmente perchè, due giorni dopo, ho ricevuto una lèttera che mi invitava a presentarmi agli studi il 15 del pròssimo mese per un provino.   Non è un sogno, cara ? »

« Sono tanto contenta per te, Patrizia.»

« E se il provino verrà giudicato soddisfacente, mi sarà data una parte nel film, capisci ?   E farò l'attrice, questo è sempre stato il mio sogno, Valeria.»

« Il provino avrà successo, e tu sarai scelta per quella parte, ne sono sicura.»

« Grazie per l'augurio, cara: sei proprio una vera amica.»

Translate into Italian :

(8)

1. Betting is not allowed here.
2. This material is made in Great Britain.
3. I am not paid much.
4. Are you expected (*atteso*, from *attèndere*) here, sir?
5. Mr Brown is respected by everyone.

6. This letter is written in English.
7. When is tea served here?
8. These radio sets are made in Japan.
9. This magazine is published in France.
10. This newspaper is read by everyone.

(9)

1. I've been invited to a party.
2. The party will be held in the garden.
3. I wasn't invited to that party.
4. Everyone was invited, except me.
5. You will be paid at the end of the month.
6. Have you already been paid, sir ?

7. This dress was made by a great tailor.
8. The matter will be discussed tomorrow.
9. Our offer was refused.
10. All the money was spent in one evening.

(10)

1. I've been told that he was here.
2. I've been given a good opportunity.
3. I've been promised a lot of money.
4. I've been denied (the) permission to go (*di andare*).
5. I've been shown the room.

6. You'll be given what you want, sir.
7. You'll be told what to do, miss.
8. You'll be informed by (*per*) telegram, madam.
9. Have they been shown the house ?
10. Have they been informed of the situation ?

(11)

1. One is never too old to learn.
2. One cannot know the future.
3. They say that you made a lot of money.
4. They say that Mr Brown is a good man.
5. It has been calculated that a million people died during the epidemic.
6. You talk too much here.
7. Where are we going tonight?
8. We don't drink much beer in Italy.
9. They drink a lot of beer in England.
10. You never know.

DAI GIORNALI

Valeria M., di 35 anni, quando il marito ritornò a casa, gli disse sùbito: «Carlo, ho perduto l'orologio che mi hai regalato per il mio compleanno». «E dove l'hai perduto?» domandò il marito. «Per strada», rispose la moglie. «Non preoccuparti», continuò lui, «se non lo troviamo, a Natale te ne comprerò un altro».

Tre giorni dopo il marito vide l'orologio della moglie in mano a un venditore ambulante. «Dove l'ha preso?» chiese il marito con aria minacciosa. Il venditore fu obbligato a dire la verità. L'aveva comprato da un contadino di Belfiore. Il marito non credette alle parole del venditore e lo trascinò a Belfiore dal contadino. Questo ammise sùbito: «Sì, glielo ho venduto io. L'ho trovato nel mio fienile.»

VERBS: ritornare, *to return*; dire (irr.), *to tell, to say*; pèrdere (irr.), *to lose, to miss*; regalare, *to give*; domandare, *to ask*; preoccuparsi, *to worry*; continuare, *to continue, to go on*; trovare, *to find*; comprare, *to buy*; vedere (irr.), *to see*; prèndere (irr.), *to take*; chièdere (irr.), *to ask*; obbligare, *to oblige*; crédere a, *to believe*; trascinare, *to drag*; amméttere (irr.), *to admit*; vèndere, *to sell*.

IL RAGNO PRODIGIO

Un tale viene condannato a trent'anni di reclusione. Durante questo interminàbile perìodo riesce ad ammaestrare un ragno, con il quale pensa di fare una fortuna, appena uscirà di prigione. Il ragno, infatti, è bravìssimo: balla a tempo di mùsica, suona un minùscolo violino, e fa altre cose straordinarie. Appena esce di prigione, il nostro uomo va con il suo ragno in un vicino ristorante. Mette il ragno sulla tàvola e chiama il cameriere.

«Cameriere!»

«Comandi, signore!»

«Vede questo ragno?»

«Oh, scusi, signore!» dice il cameriere, «forse è caduto dal soffitto». E con un colpo secco e preciso, ammazza il ragno prodigio.

Lesson 33

*Indefinite Pronouns and Adjectives — Irregular Verbs : rèndere,
spèndere — Word Study : Uses of ancora — Uses of abbastanza*

INDEFINITE PRONOUNS AND ADJECTIVES

I

qualcuno	somebody, someone, anybody, anyone
alcuni, alcune (di)	some (of), any (of)
qualcosa ⎫ qualchecosa ⎭	something, anything

Devo vedere qualcuno alle cinque.	I must see somebody at five.
Qualcuno la accompagnerà alla stazione.	Someone will accompany her to the station.
Alcuni crédono che tu sei pazzo.	Some think that you are mad.
Alcuni di loro non hanno pagato.	Some of them have not paid.
Perchè non mangi qualcosa (qualchecosa)?	Why don't you eat something?
Abbiamo mangiato qualcosa come un budino.	We ate something like a pudding.
È arrivato qualcuno?	Has anybody arrived?
C'è qualcuno in casa?	Is anybody in?
Hai visto qualcuno?	Have you seen anyone?
Hai mangiato qualcosa (qualchecosa)?	Have you eaten anything?
C'è qualcosa per me?	Is there anything for me?
Non so se c'è qualcosa per Lei.	I don't know if there is anything for you.

OBSERVATIONS

1. *Not . . . anybody (anyone)* is normally translated by **non . . . nessuno**, and *not . . . anything* corresponds to **non . . . niente (nulla)**.

Non voglio niente (nulla).	I don't want anything.
Non conosco nessuno.	I don't know anybody.
Non ho parlato con nessuno.	I haven't spoken with anybody.

2. When *anyone, anything*, etc., are used meaning *whoever, whatever*, etc., they are translated the following way:

> *anyone = whoever* = **chiunque**
> *anything = whatever* = **qualunque cosa, qualsìasi cosa**
> *any = whatever, whichever* = **qualunque, qualsìasi**

Chiunque tu inviti, sarà (il) benvenuto.	Anyone (whoever) you invite will be welcome.
Farei qualsìasi cosa per aiutarti.	I would do anything to help you.
Puoi venire a qualunque (qualsìasi) ora tu preferisci.	You may come any (whatever) time you prefer.

2

qualche volta talvolta	sometimes, sometime
in qualche luogo da qualche parte	somewhere
in nessun luogo da nessuna parte	not . . . anywhere, nowhere
alquanto	somewhat
comunque	anyhow, anyway
in qualche modo	somehow

Qualche volta andiamo a teatro.	We sometimes go to the theatre.
Vieni a trovarmi qualche volta.	Come and see me sometime.
Stasera andiamo in qualche luogo (da qualche parte).	Tonight we are going somewhere.
Stasera non andiamo in nessun luogo.	Tonight we are not going anywhere.
È stato alquanto vago con me.	He's been somewhat vague with me.
Io non parto, comunque.	I'm not leaving, anyway.
Troveremo il danaro in qualche modo.	We'll find the money somehow.

3

nessuno	nobody, no one
nessuno di	none of
niente } nulla }	nothing
in nessun luogo } da nessuna parte }	nowhere (not . . . anywhere)

Nothing + adjective is translated by **nulla (niente) di** + adjective. (Similarly: qualcosa di buono, *something good*).

As has been shown on page 364, **nessuno, niente,** etc., are normally preceded by the negation **non,** unless they are used at the beginning of the sentence.

Non c'era nessuno nella casa.	There was nobody in the house.
Nessuno di loro parlò.	None of them spoke.
Non ho incontrato nessuno.	I met nobody (I didn't meet anybody).
Non c'è nulla da fare.	There's nothing to be done.
Non c'è niente di interessante.	There's nothing interesting.
Non siamo andati in nessun luogo (da nessuna parte).	We went nowhere (We didn't go anywhere).

4

tutti	{ all { everyone, everybody
tutto	{ all, every { everything { whole

Tutti, used as a pronoun, requires the verb in the plural, and translates both *all* and *everyone* (*everybody*). When used as an adjective, **tutto** is always followed by the definite article, and is variable. *Whole* is also translated by **intero.**

Tutti arrivàrono in ritardo.	Everybody arrived late.
Tutti mi conòscono.	Everybody knows me.
Tutti gli uomini sono mortali.	All men are mortal.
Marìa sa tutto di tutti.	Maria knows everything about everybody.
Lavoro tutto il giorno.	I work all day.
Ho lavorato tutta la (mia) vita.	I've worked all my life.

Tutto il paese venne distrutto.   The whole village was destroyed.
Andiamo a scuola tutti i giorni.   We go to school every day.

NOTE: *Everyone*, *everything* and *every* can also be translated by **ognuno**, **ogni cosa** and **ogni**, respectively. The latter is invariable and followed by a singular noun.

Ognuno disse qualcosa.   Everyone said something.
Ho fatto ogni cosa per convìncerla. I did everything to convince her.
Vado a scuola ogni giorno.   I go to school every day.

5

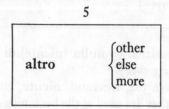

Altro translates *other*, *else* and *more* preceded by a number or a partitive. It is variable when it corresponds to *other* and *more*, and invariable when it translates *else*.

L'altro giorno ho visto Robert.   The other day I saw Robert.
Verrò un altro giorno.   I'll come another day.
Dove sono gli altri?   Where are the others?
Vuoi qualcos'altro?   Do you want something else?
Nient'altro, grazie.   Nothing else, thank you.
Chi altro è venuto?   Who else came?
Vuoi dell'altro tè?   Will you have some more tea?
Vorrei due altre birre.   I would like two more beers.

6

tutti e due	
entrambi (ambedue)	both
l'uno e l'altro	
l'uno o l'altro	either
nè l'uno nè l'altro	neither

Except for **ambedue**, which is invariable, all these have feminine forms (**entrambe**, **l'una e l'altra**, etc.).

All of them, except **entrambi**, **ambedue** and **tutti e due**, are followed by **di** before plural nouns or pronouns.

Entrambi (Ambedue) sono venuti alle cinque   Both came at five sharp.
   in punto.
Entrambi (Ambedue) i ragazzi partìrono.   Both boys left.

Entrambe (Tutti e due) le ragazze si sposarono.	Both girls got married.
L'uno o l'altro può vìncere.	Either may win.
L'uno o l'altro di questi libri andrà bene.	Either of these books will do.
Prenderò l'una o l'altra automòbile.	I'll take either car.
Non ho letto nè l'uno nè l'altro libro.	I have read neither book.

7

ciascuno⎫ cadauno⎭	each
tale	such
vari ⎫ parecchi⎭	several
stesso	same
più d'un (d'una)	many a

Ciascuno and cadauno possess the feminine forms ciascuna and cadauna.

Tale is preceded by un or una: its plural is tali.[1]

Vari and parecchi become varie and parecchie before feminine nouns.

Stesso is followed by di which translates *as*. It is variable (stesso, stessa, stessi, stesse).

Più d'un (più d'uno) precedes a singular masculine noun, while più d'una (più d'un') is used before a singular feminine noun.

Queste penne a sfera costano cento lira ciascuna (cadauna).	These ball pens cost a hundred lire each.
Ciascuna penna costa cento lire.	Each pen costs a hundred lire.
Non mi aspettavo una tale risposta.	I didn't expect such a reply.
Ma tu credi a tali storie?	But do you believe such stories?
Tale è la situazione, signore.	Such is the situation, sir.
Ho parecchi (vari) amici a Londra.	I have several friends in London.
Sono stata a Roma parecchie (varie) volte.	I have been to Rome several times.
Per me è lo stesso.	It is the same to me.
Mi dici sempre le stesse cose.	You always tell me the same things.
Più d'un uomo pensa questo.	Many a man thinks that.
Ho visto quella persona più d'una volta.	I've seen that person many a time.

1. Un tale is used in the meaning of *somebody, a certain man*.

IRREGULAR VERBS

Rèndere (*to render, to make*)
Past Definite: **resi, rendesti, rese, rendemmo, rendeste, résero.**
Past Participle: **reso.**

Spèndere (*to spend*)
Past Definite: **spesi, spendesti, spese, spendemmo, spendeste, spésero.**
Past Participle: **speso.**

WORD STUDY

USES OF **ancora**

(1) *still*

Antonio sta ancora dormendo.	Antonio is still sleeping.
Pensi ancora di partire?	Are you still thinking of leaving?
È ancora innamorato di lei.	He's still in love with her.

In this case **tuttora** is a synonym for **ancora.**

NOTE: 1. *Still*, as an adjective, is **quieto, calmo, immòbile** (except in the term *still life*, which is **natura morta**).

La sera era calma.	The evening was still.
Dovete stare immòbili.	You must keep still.

2. As a conjunction, in the sense of *and yet, nevertheless*, *still* is translated by **tuttavìa, eppure.**

Eppure a me non piace.	I still don't like it.
Eppur si muove.	And yet it moves.

(2) *again*

In this case **nuovamente** or **di nuovo** are synonyms. Alternatively, the prefix **ri-** may be put before the verb, thus dispensing with any adverb.

Telefonerò ancora (Ritelefonerò).	I'll phone again.
Hai perso di nuovo (nuovamente)!	You lost again!
Quando La rivedrò?	When shall I see you again?

(3) *yet*—when preceded by *not*.

Marìa non è ancora arrivata.	Maria hasn't arrived yet.
Non avete ancora finito, ragazzi?	Haven't you finished yet, boys?
Non è ancora arrivato nessuno.	Nobody has arrived yet.

(4) *more*—when there is no question of comparison, but only addition is implied.

Ancora can be replaced by **altro** here.

Vuole ancora del caffè? Vuole dell'altro caffè?	Will you have some more coffee?
Vorrei ancora un po' di tè. Vorrei dell'altro tè.	I would like a little more tea.
Rimarrò qui ancora due giorni. Rimarrò qui due altri giorni.	I'll stay here two more days.

USES OF **abbastanza**

(1) *enough*

Abbastanza always precedes the term it modifies.

I risultati sono abbastanza buoni.	The results are good enough.
Hai abbastanza danaro?	Have you enough money?
Ne ho avuto abbastanza di lui!	I've had enough of him!

(2) *fairly, pretty*

Here synonyms of **abbastanza** are **piuttosto** and **alquanto**. *Fairly well* is also translated by **discretamente**.

È abbastanza (piuttosto, alquanto) ricco.	He's fairly (pretty) rich.
Sto abbastanza bene ora. (Sto discretamente ora.)	I'm fairly (pretty) well now.

NOTE: Piuttosto and alquanto also translate *rather*.

È stato piuttosto scortese.	He's been rather unkind.
Lo spettàcolo era alquanto noioso.	The show was rather boring.

VOCABULARY

l'assenza	absence	l'inconveniente	inconvenience
il berretto	cap, beret	il progetto	project, plan
il budino	pudding	la risposta	answer, reply
la disperazione	despair	la somma	sum, amount
l'esistenza	existence	la sottoveste	petticoat, slip
l'evidenza	evidence	la violenza	violence
chiarire	to clarify	meditare	to meditate
contraddire	to contradict	mèttere in	to point out
creare	to create	evidenza	
criticare	to criticize	protestare	to protest
disperarsi	to be in despair		

assoluto	absolute	estremo	extreme
benvenuto	welcome	indifferente	indifferent
brillante	brilliant, bright	mortale	mortal
brusco	brusque	sòffice	soft
comprensivo	comprehensive	strano	strange
disposto	willing, inclined	vago	vague
dolce	sweet		

di cattivo umore	moody, bad-tempered

di buon umore   good-humoured

EXERCISES

Translate into English :

(1)

1. Stai aspettando qualcuno, Antonio?
2. Qualcuno ha telefonato per me, signorina?
3. Avete incontrato qualcuno in città, ragazzi?
4. C'è qualcuno in casa?
5. Vuoi qualcosa, Marìa?
6. Posso fare qualcosa per Lei, signora?
7. Ho dormito qualcosa come quìndici ore.
8. L'espressione di quell'uomo era qualcosa di terrìbile.
9. Alcuni ballàvano, altri ascoltàvano la mùsica.
10. Alcuni di loro non sono venuti.

(2)

1. Siamo andati a trovarli qualche volta.
2. Venite a trovarci qualche volta!
3. Vorrei andare in qualche luogo stasera.
4. Il signor Rossi è stato alquanto vago.
5. Stasera io non esco, comunque.
6. Chiunque direbbe che tu hai torto.
7. Farei qualsìasi cosa per aiutarti.
8. Sono disposto a pagare qualunque somma.
9. Posso venire a qualsìasi ora?
10. Ho fame, e mangerei qualunque cosa.

(3)

1. Nessuno mi ha visto arrivare.
2. Nessuno protestò.
3. Oggi non voglio vedere nessuno.
4. Nessuno mi capisce.
5. Non ho visto nessuno dei miei amici.
6. Nessuno di noi conosce quella donna.
7. Ieri sera non siamo andati in nessun luogo.
8. Non ho parlato con nessuno della faccenda.
9. Oggi non ho mangiato nulla.
10. Non posso fare niente per Lei, signore.

(4)

1. Antonio e Marìa si védono tutti i giorni.
2. Tutti mi conòscono in questa città.
3. Tutto è perduto.
4. Dove sono tutti?
5. Sono andati tutti al cìnema.

6. Tutte le mie amiche sono al mare.
7. Carlo lavora tutto il giorno.
8. Ho lavorato tutta la mattina.
9. Andiamo a scuola ogni giorno.
10. Guardiamo la televisione ogni sera.

(5)

1. L'altro giorno ho incontrato Filippo.
2. Vorrei bere un altro bicchiere di vino.
3. Desìdera qualcos'altro, signora?
4. Non voglio nient'altro, grazie.
5. Non voglio andare in nessun altro luogo.

6. Chi altro è venuto?
7. Che cos'altro vuoi, Antonio?
8. Vuole dell'altro caffè, signorina?
9. Abbiamo bevuto due altre birre.
10. Vorrei rimanere qui qualche altro giorno.

(6)

1. Entrambi mi hanno scritto.
2. Andate via tutti e due (ambedue)?
3. Non comprerò nè l'uno nè l'altro di questi vestiti.
4. Metterò o l'uno o l'altro di questi vestiti.
5. Ciascuno di questi sìgari costa mezzo dollaro.

6. Queste uova cóstano quaranta lire ciascuno.
7. Un tale disastro non era mai accaduto.
8. Non ci aspettavamo una tale sorpresa.
9. Ho parecchi amici a Firenze.
10. Per Lei è lo stesso, signore?

(7)

Pierino sta per uscire, ma non riesce a trovare il berretto da nessuna parte. « Il berretto deve èssere da qualche parte », pensa Pierino, « l'avevo in testa quando sono ritornato da scuola ». Chiunque uscirebbe senza berretto, ma Pierino si sente perduto senza di esso. Forse Fido avrà preso il berretto per giuocare, ma Fido non è in casa, qualcuno deve averlo portato fuori per una passeggiata. Pierino è alquanto preoccupato per il berretto, ma chi può averlo preso? In un gesto di disperazione la sua mano corre al capo (Pierino si mette sempre le mani nei capelli quando si dispera) ed incontra qualcosa di sòffice. È il berretto! Pierino si è dimenticato di tòglierlo quando è arrivato a casa, poi si è dimenticato di non èsserselo tolto da allora.

(8)

« Sei nervosìssima in questi giorni, Marìa. Qualunque cosa io dica, tu mi contraddici con estrema violenza, e qualunque cosa io proponga, tu scoppi a rìdere mettendo in evidenza la mia completa assenza di immaginazione. Non sei più la stessa di una volta, Marìa: allora eri dolce, comprensiva, sempre allegra, ed i tuoi occhi érano pieni d'amore quando mi guardavi. Farei qualsìasi cosa per tornare ai vecchi tempi . . .»

« Ho capito, Antonio. Ma devo dirti che anch'io ho notato qualcosa di strano n te nelle ùltime settimane: sei diventato freddo, indifferente e sei spesso di cattivo umore. Sì, sono molto nervosa in questi giorni, ma tu non fai nulla per me, non mi aiuti, pensi solo a te stesso.»

« Mi rimpròveri di nuovo: sono stanco di questa situazione, ogni volta che apro la bocca, tu non perdi l'opportunità di criticarmi. Forse è meglio non vederci per qualche tempo, poi si vedrà.»

« Eccellente idea, Antonio! Questo servirà a chiarirci le idee.»

(9)

« Domani è vacanza, Enrico, e dobbiamo pensare a qualcosa di divertènte da fare.»

« Io non ho nessun progetto per domani, Filippo, e tu? »

« Non c'è nessuno più pòvero di immaginazione di te. Non riesci proprio a pensare a nulla? »

« Che ne dici di qualcosa di insòlito, Enrico? »

« Le cose insòlite mi làsciano indifferente, perchè pòssono creare situazioni piene di inconvenienti.»

« Allora pensiamo a qualcosa di molto comune, come una gita, un film, un concerto, una vìsita ad amici o una partita a tennis.»

« Sapevo che non hai immaginazione, Filippo. Non sai pensare a nient'altro che cose noiose. Sai che cosa farò io domani? Rimarrò a letto tutto il giorno, leggerò qualcosa di interessante, sentirò alcuni dischi, e mediterò sul significato dell'esistenza. Che ne dici della mia idea? »

« È assolutamente un'idea brillante, Enrico! »

Translate into Italian:

(10)

1. Someone rang the bell.
2. I must see somebody at five o'clock.
3. Have you spoken to anybody about the matter?
4. Some of them arrived late.
5. I want to eat something.
6. Maria ate something before going out.
7. Maria bought a petticoat or something like that (*del gènere*).
8. Have you heard anything, miss?
9. Antonio said something funny.
10. Do you want something to drink (*da bere*), sir?

(11)

1. We sometimes go to a night club.
2. Why don't you come and see me sometime?
3. Are they going anywhere tonight?
4. The letter must be somewhere.
5. Mr Brown has been somewhat brusque with me.
6. I'm not going to pay, anyway.
7. We aren't going anywhere tonight.
8. Anyone can do that (*ciò*).
9. Anything will do (*andrà bene*).
10. I smoke any type of cigarettes.

(12)

1. Nobody arrived and I went home.
2. Nobody came for the appointment.
3. I didn't see any of my friends last night.
4. There was no one at the club.
5. I didn't speak to anybody about the matter.
6. I eat nothing in the morning.
7. Nothing is more important for me.
8. I don't understand anything.
9. We went nowhere last night.
10. The cat was nowhere.

(13)

1. Mr Brown knows everybody.
2. Everybody had gone home.
3. Carlo always talks to everybody.
4. They told me everything.
5. The children have eaten everything.
6. I go to town every morning.
7. He paid all my debts.
8. She invited all her friends to the party.
9. I stayed in all evening.
10. They drank a whole bottle of gin.

(14)

1. I met John the other day.
2. May I have another glass of wine?
3. I'll come back another day.
4. Anything else, madam?
5. Nothing else, thank you.
6. What else do you want to eat, dear?
7. Who else phoned?
8. Will you have some more coffee, madam?
9. May I have some more tea, please?
10. We'll stay here a few more days.

(15)

1. Both girls arrived late.
2. Both boys fell in love with the same girl.
3. I'll wear either of these dresses.
4. I don't like either of them.
5. These cakes cost a hundred lire each.
6. They shouldn't say such things.
7. It was such a surprise for us.
8. Is it the same for you, sir?
9. The same voice answered.
10. I went to Rome several times.

Dai Giornali

Non viaggiate mai con gente inna-
morata. Ha la testa fra le nùvole e
pensa ai fatti suoi senza curarsi dei
vostri. Giorni fa il diciottenne Francesco T., dopo aver confessato all'amico
Tito D. di èssere innamorato di una
ragazza, lo invitò a salire sulla sua
motocicletta per andare sotto le finestre
della sua amata. Quando Francesco T.
giunse davanti alla casa del suo amore,
si voltò ma non trovò l'amico dietro a
sè: l'aveva perduto per strada. Ritornò indietro preoccupato e trovò l'amico
seduto sul ciglio della strada. « Ti sei
fatto male? », gli domandò. « Devo
èssermi rotto un braccio », rispose
l'amico. « Sali », fece lo sbadato moto-
ciclista, « ti porto all'ospedale ». Davanti all'ospedale Francesco T. fermò la
motocicletta e si voltò verso l'amico, ma
questi era scomparso di nuovo. L'aveva perduto una seconda volta. Un'auto-
ambulanza uscì a cercarlo.

Verbs: viaggiare, *to travel*; pensare ai
fatti propri, *to mind one's business*;
curarsi di, *to take care of*; confessare, *to
confess*; invitare, *to invite, to ask*; salire
(irr.), *to get on*; andare (irr.), *to go*; giùngere
(irr.), *to reach, to get (to)*; voltarsi, *to turn
(round, back)*; trovare, *to find*; pèrdere
(irr.), *to lose, to miss*; ritornare, *to return*;
preoccupare, *to worry*; sedere (irr.), *to
sit*; farsi male (irr.), *to hurt oneself*; rómpere (irr.), *to break*; rispóndere (irr.), *to
answer, to reply*; portare, *to take, to bring*;
fermare, *to stop*; scomparire (irr.), *to
disappear, to vanish*; uscire (irr.), *to go out,
to come out*; cercare, *to look for, to seek*.

Disorganizzazione

Il comandante dà alcune istruzioni ad un paracadutista: « Arrivato a tremila metri
d'altezza, ti lancerai dall'aèreo. Quando sarai a duemila metri, tirerai la prima corda
e il paracadute si aprirà a metà. A mille metri tirerai la seconda corda, ed il paracadute si aprirà completamente. Appena giungerai a terra, troverai una camionetta
che ti aspetta.»

Il paracadutista parte. Quando l'aèreo è a tremila metri, si getta. A duemila
metri tira la prima corda, ma il paracadute non si apre. A mille metri tira la seconda corda, ma questa si rompe, e il paracadute non si apre, naturalmente.

Il paracadutista esclama, mentre precìpita: « Che disorganizzazione! Suppongo
che non ci sarà nemmeno la camionetta ad aspettarmi a terra! »

Lesson 34

The Subjunctive — Uses of the Subjunctive (I) — Uses of the Subjunctive (II) — Optional Use of the Subjunctive — Irregular Verbs: vìncere, sconfìggere — Word Study: Uses of crédere — Use of pensare — How to translate to need — Uses of perchè

THE SUBJUNCTIVE

PRESENT SUBJUNCTIVE	IMPERFECT SUBJUNCTIVE
1	
parli	parlassi
parli	parlassi
parli	parlasse
parliamo	parlàssimo
parliate	parlaste
pàrlino	parlàssero
2	
veda	vedessi
veda	vedessi
veda	vedesse
vediamo	vedèssimo
vediate	vedeste
védano	vedèssero
3	
parta	partissi
parta	partissi
parta	partisse
partiamo	partìssimo
partiate	partiste
pàrtano	partìssero
4	
finisca	finissi
finisca	finissi
finisca	finisse
finiamo	finìssimo
finiate	finiste
finìscano	finìssero

For the subjunctive of irregular verbs, see p. 385.

As can be seen from the table on page 375, in the present subjunctive all three persons singular have the same ending in each case.

The subjunctive, now rarely used in English, is used to a great extent in Italian.

The subjunctive is a special verbal form which is always subordinate to principal clauses. Unlike the indicative, which makes a definite statement, the subjunctive expresses something which is uncertain or unlikely to happen.

INDICATIVE	SUBJUNCTIVE
Marìa **parla** italiano.	Credo che Marìa **parli** italiano.
Marìa **parlava** italiano.	Credevo che Marìa **parlasse** italiano.

USES OF THE SUBJUNCTIVE (I)

The subjunctive is used in dependent clauses introduced by che.

If the verb of the principal clause is in the present tense, the present subjunctive is used in the dependent clause; when the verb of the principal clause is in the imperfect tense or in the conditional, the imperfect subjunctive is used in the dependent clause.

The subjunctive is used in dependent clauses introduced by the following verbs and verbal phrases:

(1) **pensare, crèdere** (*to think*), **supporre** (*to suppose*), **aspettarsi** (*to expect*), **ritenere** (*to hold, think*), **sperare** (*to hope*), **temere** (*to fear*), **aver paura** (*to be afraid*), and others expressing opinion or states of mind.

Credo che egli guadagni molto.	I think he earns a lot.
Credevo che egli guadagnasse molto.	I thought he earned a lot.
Suppongo che tu conosca la situazione.	I suppose you know the situation.
Supponevo che tu conoscessi la situazione.	I supposed you knew the situation.
Ho paura che non arrìvino in tempo.	I'm afraid they will not arrive in time.
Avevo paura che non arrivàssero in tempo.	I was afraid they would not arrive in time.
Sono contento che tu sia qui.	I'm glad you're here.
Sono spiacente che egli non venga.	I'm sorry he isn't coming.

OBSERVATION

The following verbs expressing opinion or a state of mind are often followed by a possessive adjective + -*ing* form in English. They require che + subjunctive in Italian: **(di)spiacere** (*to mind, to be sorry*), **scusare** (*to excuse*), **sopportare** (*to stand, to bear, to endure*), **approvare** (*to approve (of)*), **non veder l'ora** (*to look forward (to)*).

Non mi piace che tu dica queste cose.	I don't like your saying these things.
Le dispiace che io fumi, signora?	Do you mind my smoking, madam?
Le dispiacerebbe che io fumassi, signora?	Would you mind my smoking, madam?
Non posso sopportare che tu dica queste cose.	I can't stand your saying these things.
Non vedo l'ora che tu ritorni.	I'm looking forward to your returning.

NOTE: 1. *Without* + possessive + gerund = senza che + subjunctive.

Partì senza che io lo sapessi.	He left without my knowing.

2. When a possessive + gerund is the subject of an English sentence, it is to be translated by il fatto che + subjunctive.

Il fatto che egli si sposasse fu una sorpresa per tutti.	His getting married was a surprise to everybody.
Il fatto che tu abbia molti débiti mi preòccupa.	Your having many debts worries me.

(2) suggerire (*to suggest*), proporre (*to propose*), chiédere (*to demand*), ordinare (*to order*), comandare (*to command*).

Propongo che ognuno paghi per sè.	I propose that everyone should pay for himself.
Proposi che ognuno pagasse per sè.	I proposed that everyone should pay for himself.
Chiedo che il prigioniero sia liberato.	I demand that the prisoner be freed.
Chiesi che il prigioniero fosse liberato.	I demanded that the prisoner be freed.

NOTE the construction with insistere perchè (*to insist on*):

Hanno insistito perchè andassimo da loro.	They insisted on our going to them.

(3) volere (*to want*), desiderare (*to wish*), preferire (*to prefer*), piacere (*to like*), aspettare (*to wait*).

Voglio che tu mi dica la verità.	I want you to tell me the truth.
Vorrei che tu mi dicessi la verità.	I should like you to tell me the truth.
Non mi piace che tu frequenti quelle persone.	I don't like you to frequent those people.
Vorrei che tu fossi qui con me.	I wish you were here with me.
Vorrei che essa partisse con me.	I wish she would leave with me.
Vorrei che essi venìssero con noi.	I wish they would come with us.
Vorrei che tu avessi un'automòbile.	I wish you had a car.

NOTE: As can be seen from the examples above, the conditional of **volere** (**vorrei, vorresti, vorrebbe**, etc.) translates both the conditional of *to like* (*I would like*, etc.) and the present of *to wish* in the phrases *I wish you were, I wish you had, I wish you would*, etc.

(4) impersonal verbal phrases such as **èssere necessario** (*to be necessary*), **èssere impossìbile, possìbile** (*to be impossible, possible*), **èssere naturale** (*to be natural*), **èssere probàbile, improbàbile** (*to be likely, unlikely*), **èssere consigliàbile** (*to be advisable*), **èssere meglio** (*to be better*), **èssere un peccato** (*to be a pity*).

È necessario che studiate di più, ragazzi.	It is necessary for you to study more.
Era necessario che tu studiassi di più.	It was necessary for you to study more.
È impossìbile che Antonio arrivi in tempo.	It is impossible for Antonio to arrive in time.
È probàbile che egli lasci Londra.	He is likely to leave London.
Era naturale che essi si lasciàssero.	It was natural they should leave each other.
È meglio che essa ritorni a casa.	It is better for her to return home.
È un peccato che non possiate venire.	It is a pity you cannot come.

EXERCISES (I)

Translate into English:

(1)

1. Credo che il signor Rossi non sia in casa.
2. Penso che tu abbia ragione, caro.
3. Non mi aspetto che Lei creda alle mie parole.
4. Suppongo che essi sìano partiti.
5. Spero che tu passi il tuo esame.
6. Temo che Marìa non venga all'appuntamento.
7. Credevo che tu fossi a casa a quell'ora.
8. Pensavo che essi fóssero ricchi.
9. Non mi aspettavo che essi arrivàssero così tardi.
10. Temevo che Lei non avesse capito, signore.

(2)

1. Non credo che essi àbbiano ragione.
2. Dove credevi che io fossi?
3. Non mi aspettavo che tu ritornassi così presto.
4. Ho paura che tu non capisca.
5. Non speravamo che veniste qui.
6. Temo che Antonio abbia perso il treno.
7. Temevo che egli avesse avuto un incidente.

8. Credevo che tu volessi bere qualcosa.

9. Non supponevo che tu avessi tanto
danaro.

10. Essi speràvano che io li aiutassi.

(3)

1. Non voglio che tu lavori tanto, caro.
2. Non vorrei che tu lavorassi tanto, caro.
3. Che cosa vuoi che io faccia?
4. Voglio che tu abbia più cura della tua salute.
5. Essi volévano che io andassi al cìnema con loro.
6. Preferisco che Lei mi dica tutta la verità.
7. Preferirei che Lei mi dicesse tutta la verità.
8. Vorrei che tu fossi qui con me.
9. Vorrei che Lei non mi interrompesse continuamente.
10. Vorrei che tu avessi più fiducia in te stesso.

(4)

1. Aspetto che Marìa ritorni a casa.
2. Le spiace che io fumi, signora?
3. Le spiacerebbe che io fumassi, signora?
4. A voi non spiace che io rimanga qui, vero?
5. Vi spiacerebbe che io rimanessi a casa?
6. Non posso sopportare che egli dica queste cose.
7. Non approvo che voi lavoriate così poco.
8. Ho insistito perchè essa venisse qui.
9. Non vedo l'ora che tu sia qui con me.
10. Carlo entrò senza che nessuno lo vedesse.

(5)

1. È necessario che voi studiate di più, ragazzi.
2. Non era necessario che Lei venisse qui, signora.
3. Era necessario che tu mi chiamassi a quell'ora?
4. È impossìbile che egli riesca nella sua iniziativa.
5. Non era possìbile che egli riuscisse.
6. Non è probàbile che io parta.
7. Non era probàbile che io partissi.
8. Non è probàbile che i prezzi salgano ancora.
9. È meglio che essa non ritorni a casa.
10. È un peccato che Lei non possa venire, signorina.

(6)

1. Propongo che egli sia premiato.
2. Antonio propose che andàssimo tutti a teatro.
3. Marìa suggerì che cenàssimo in un ristorante.
4. Avevo ordinato che mi portàssero una bottiglia di champagne.
5. Sono felice che tu venga con noi, Marìa.
6. Ero molto felice che essi venìssero con noi.
7. Sono spiacente che tu non possa venire con noi.
8. Eravamo molto spiacenti che essi non venìssero con noi.
9. Il fatto che egli non arrivi mi preòccupa.
10. Il fatto che essa non arrivasse mi preoccupava.

Replace the infinitives with the proper form of the subjunctive:

(7)

1. Credo che tu (avere) proprio ragione.
2. Penso che Lei (volere) scherzare, signore.
3. Credevo che essa (èssere) meno sciocca.
4. Pensavo che voi (volere) partire.
5. Temo che il signor Rossi non (venire) oggi.
6. Temevo che egli (avere) perduto il treno.
7. Spero che Lei mi (aiutare), signor Bruni.
8. Speravo che essi (ritornare) presto.
9. Non pensavo che essi (avere) tanti dèbiti.
10. Credevo che essa lo (amare).

(8)

1. Che cosa volete che io (fare)?
2. Non voglio che tu (ritornare) sempre così tardi.
3. Non volevo che lei (sapere) la verità.
4. Vorrei che tu (èssere) più attenta.
5. Vorrei che Lei mi (crédere), signora.
6. Non voglio che voi (frequentare) quella gente.
7. Vorrei che tu (avere) più cura della tua salute.
8. Marìa voleva che io la (portare) al cìnema.
9. Non mi piace che tu (bere) tanto.
10. Preferirei che essi non (venire).

(9)

1. Le spiace che io (aprire) la finestra, signore?
2. Le spiace che io (chiùdere) la finestra, signore?
3. Le spiacerebbe che io (aprire) il finestrino?

4. Non posso scusare che egli (comportarsi) in quel modo.
5. Non sopporto che tu (dire) tali stupidàggini.
6. Insisto perchè Lei mi (crédere), signore.
7. Essi insistèttero perchè io (andare) da loro.
8. Non vedo l'ora che tu (ritornare) a casa.
9. Essa uscì senza che nessuno la (vedere).
10. Uscimmo prima che egli (ritornare) a casa.

(10)

1. È necessario che Lei (lavorare) di più, signorina.
2. È naturale che egli (comportarsi) così.
3. È impossìbile che essi (èssere) già arrivati.
4. Era impossìbile che essi (èssere) già arrivati.
5. Non è probàbile che la situazione (cambiare).
6. Non era probàbile che essi (venire) qui.
7. È improbàbile che Marìa (ritornare) presto.
8. È meglio che Lei (andare) ora.
9. È un peccato che egli non (èssere) qui con noi.
10. È una fortuna che essi non (èssere) partiti.

Translate into Italian:

(11)

1. I don't think Mrs Brown is at home.
2. I think you are right, Maria.
3. I thought you were a friend, Antonio.
4. I think it's too late now.
5. I thought you had seen that film.
6. I don't think you can help me, sir.
7. I thought that you hadn't understood.
8. I think Maria talks too much.
9. I thought that you knew that girl.
10. I thought Antonio was here.

(12)

1. I suppose you know the situation, sir.
2. I'm afraid you have arrived too late, madam.
3. We hope he will arrive tomorrow.
4. We hoped he would arrive yesterday.
5. I expect they understand the situation.
6. I was afraid Maria would leave.
7. I'm afraid you are wrong, Antonio.
8. I'm very glad you study Italian, Tom.
9. I was so glad Maria was here.
10. I'm sorry that they can't come with us.

(13)

1. I don't want you to smoke, is that clear?
2. They want us to go to the theatre with them.

3. They wanted us to go out with them.
4. What do you want me to do, sir?
5. I don't want you to do anything.
6. I should like Antonio to come with us.
7. I wish she were here with me.
8. I wish you were more patient, Maria.
9. I wish you had a lot of money.
10. I wish you hadn't gone there, John.

(14)

1. Do you mind my smoking a pipe (*la pipa*), madam?
2. Do you mind my opening the window, sir?
3. Would you mind my shutting the window, madam?
4. Do you mind my going out, mother?
5. I don't like your smoking so much, dear.
6. I can't stand your smoking a pipe, dear.
7. I'm looking forward to your coming here, darling.
8. They insisted on my going there.
9. She was looking forward to my coming back.
10. He left without their knowing.

(15)

1. It is natural that Maria should think like that.
2. It is advisable you shouldn't eat so much, John.
3. It is impossible for me to go.
4. It was impossible for me to go.
5. It is necessary for him to work more.
6. It is likely to rain.
7. The weather is likely to change.
8. It is better for you to leave (*la*) town.
9. It was better for them to leave town.
10. It is a pity that you don't play poker.

USES OF THE SUBJUNCTIVE (II)

The subjunctive is used in dependent clauses introduced by the following:

(1) the impersonal verbal phrases **bisogna che, occorre che** (*it is necessary, . . . must*), **non occorre che** (*. . . need not*), **non occorreva che** (*. . . need not have*), **sembra che, sembrava che** (*it seems, it seemed*), **può darsi che** (*it may be*), **potrebbe darsi che** (*it might be*), **si dice che** (*it is said*), **si càlcola che** (*it is calculated*), and a few more.

Bisogna che tu pensi al tuo futuro.	You must think of your future.
isogna che voi studiate di più, ragazzi.	You must study more, boys.

Non occorre che essi vèngano.	They need not come.
Non occorreva che essi venìssero.	They need not have come.
Sembra che sìano partiti.	They seem to have left.
Sembrava che fóssero partiti.	They seemed to have left.
Può darsi che egli arrivi oggi.	He may arrive today.
Potrebbe darsi che arrivàssero oggi.	They might arrive today.
Si dice che àbbiano deciso di sposarsi.	It is said they have decided to get married.

(2) the conjunctions **se** (*if*), **anche se** (*even if*), **sebbene, benchè, quantunque** (*though*), **nel caso che** (*in case*), **purchè** (*provided*), **a meno che non** (*unless*), **per paura che** (*lest, for fear*).

Se potessi, partirei sùbito.	If I could, I would leave at once.
Se partissi, ti informerei.	If I left, I would inform you.
Se io parlassi, tu saresti rovinato.	If I spoke, you would be ruined.
Sebbene egli sia ricco, non è felice.	Though he is rich, he is not happy.
Benchè io conoscessi la verità, non parlai.	Though I knew the truth, I did not say anything.
Nel caso che Tom venga, dìtegli che non sono in casa.	In case Tom should come, tell him I'm not in.
Puoi rimanere, purchè tu faccia silenzio.	You may remain, provided you are silent.
Non andrò da lui, a meno che non mi chiami.	I won't go to him, unless he calls me.
Lo uccìsero per paura che parlasse.	They killed him for fear he should talk.

(3) the indefinites **chiunque** (*whoever, whomever*), **qualunque, qualsìasi** (*whatever, whichever*), **qualunque cosa, qualsìasi cosa** (*whatever*), **dovunque** (*wherever*), **per quanto** (*however, however much, however many*).

Chiunque venga, dìtegli di aspettare.	Whoever comes, tell him to wait.
Qualunque cosa accada, io ti aiuterò.	Whatever happens, I'll help you.
Penserò sempre a te, dovunque tu sia.	I'll always think of you, wherever you are.
Per quanto ricco egli sia, non può comprare tutto.	However rich he is, he can't buy everything.
Per quanto mangi, non ingrassa mai.	However much he eats, he never gets fat.
Per quanti libri legga, è una persona ignorante.	However many books he reads, he is an ignorant person.

(4) the conjunctions **affinchè** or **perchè** (*in order that, so that*), introducing a final clause.

Gli diedi del danaro perchè pagasse (potesse pagare) i suoi débiti.	I gave him some money so that he could pay his debts.
Le scrissi perchè conoscesse la situazione.	I wrote to her in order that she might know the situation.

The subjunctive is used in exclamations—in particular to express a wish or a curse with **potere.**

Possa tu èssere felice!	May you be happy!
Pòssano essi pentirsi!	May they repent it!

OPTIONAL USE OF THE SUBJUNCTIVE

The subjunctive is optional in the following clauses:

(1) relative clauses expressing a possibility and dependent on principal clauses containing an indefinite pronoun or a noun preceded by an indefinite article.

Non c'è nessuno che sappia (sa) suonare il piano.	There's no one who can play the piano.
Cerchiamo una persona che parli (parla) italiano.	We are looking for a person who can speak Italian.

(2) relative clauses dependent on principal clauses containing **primo, secondo,** etc. (*first, second*, etc.), **solo** (*only*) or superlatives.

Questo è il primo romanzo che egli abbia (ha) scritto.	This is the first novel he wrote.
Questo è il solo libro che io non conosca (conosco).	This is the only book I don't know.
È il libro più interessante che io abbia (ho) mai letto.	It's the most interesting book I have ever read.

IRREGULAR VERBS

Vìncere (*to win*)

Past Definite: **vinsi, vincesti, vinse, vincemmo, vinceste, vìnsero.**

Past Participle: **vinto.**

NOTE: **Convìncere** (*to convince*) and **avvìncere** (*to charm*) follow the same pattern of conjugation.

Sconfìggere (*to defeat*)

Past Definite: **sconfissi, sconfiggesti, sconfisse, sconfiggemmo, sconfiggeste, sconfìssero.**

Past Participle: **sconfitto.**

NOTE: Both the present and the imperfect subjunctive of irregular verbs are directly derived from the present and imperfect indicative, with the exception of a few verbs.

Fare

Present Subjunctive: faccia, facciamo, facciate, fàcciano.
Imperfect Subjunctive: facessi, facesse, facèssimo, faceste, facèssero.

Porre

Present Subjunctive: ponga, poniamo, poniate, póngano.
Imperfect Subjunctive: ponessi, ponesse, ponèssimo, poneste, ponèssero.

Andare

Present Subjunctive: vada, andiamo, andiate, vàdano.
Imperfect Subjunctive: andassi, andasse, andàssimo, andaste, andàssero.

Venire

Present Subjunctive: venga, veniamo, veniate, vèngano.
Imperfect Subjunctive: venissi, venisse, venìssimo, veniste, venìssero.

Stare

Present Subjunctive: stia, stiamo, stiate, stìano.
Imperfect Subjunctive: stessi, stesse, stèssimo, steste, stèssero.

For the subjunctive of èssere and avere, see Appendix I, p. 427.

WORD STUDY

USES OF **crédere**

(1) *to think*

In this case **crédere** is followed by **che** or by **di** + infinitive. **Crédere che** requires the subjunctive.

Credo che tu abbia ragione.	I think you are right.
Credevo che egli fosse partito.	I thought he had left.
Quell'uomo crede di èssere un genio.	That man thinks he is a genius.
Non credi di aver torto?	Don't you think you are wrong?

(2) *to believe*

Crédere takes an indirect object, but *to believe in* is **crédere in**.

Non ti credo: dici sempre bugìe.	I don't believe you: you always tell lies.
Lei non crede mai alle mie parole.	You never believe my words.
Non credete in Dio?	Don't you believe in God?

USE OF **pensare**

To think of a person = **pensare a una persona.**
To think of doing something = **pensare di fare qualcosa.**
To think that . . . = **pensare che** (= **crédere che**) (+ subjunctive).

A che cosa pensi?	What are you thinking of?
Penso a quella ragazza.	I'm thinking of that girl.
Penso di andare a Roma.	I'm thinking of going to Rome.
Penso che (credo che) tu abbia torto.	I think you are wrong.

How to translate *to need*

(1) avere bisogno di—when *to need* is followed by a direct object (*I need your help*) or by an infinitive preceded by *to* (*I need to see him*).

Di che cosa hai bisogno?	What do you need?
Ho bisogno del tuo aiuto.	I need your help.
Avevo bisogno di vederlo.	I needed to see him.

(2) èsserci bisogno che, occórrere che (+ subjunctive).

These two expressions are used impersonally in Italian to translate *to need*, when used negatively or interrogatively, in such sentences as: *You don't need* (= *There is no need for you*) *to do that* and *Need you* (= *Is there any need for you to*) *do that?*

Non c'è bisogno che tu parta subito.	You needn't leave at once.
Non occorre che tu gridi tanto.	You needn't shout so much.
Occorre che io venga con voi?	Need I come with you?
C'è bisogno che io ti dica tutto?	Need I tell you everything?

Uses of perchè

(1) *why*

Perchè non lavora, signorina?	Why don't you work, miss?
Non capisco perchè non parli.	I don't see why you don't talk.

NOTE: *The reason why* is la ragione per cui (or simply perchè).

Vorrei sapere la ragione per cui (perchè) non sei venuta all'appuntamento.	I would like to know the reason why you didn't come for the date.

(2) *because, for*

Sono venuto qui perchè volevo parlarti.	I've come here because I wanted to talk to you.
Era disperato perchè era al verde.	He was desperate because he was broke.
Cadde a terra, perchè aveva bevuto troppo.	He fell down, for he had drunk too much.

NOTE: *Because of* is translated by a càusa di or by per. *Owing to* and *on account of* are translated in the same way.

Sono arrivato tardi a càusa della (per la) nebbia.	I arrived late because of (owing to, on account of) the fog.

(3) *in order that, so that*

Mi hanno dato del danaro perchè mi potessi comprare un vestito nuovo.

Vi abbiamo informato sulla faccenda perchè possiate fare qualcosa.

They gave me some money in order that I might buy myself a new suit.

We informed you about the matter so that you can do something.

VOCABULARY

l'azione	share	l'impresa	enterprise
l'azionista	shareholder	l'iniziativa	initiative
l'augurio	wish	il pessimista	pessimist
la bibbia	bible	il prezzo	price
la cifra	figure, cipher	il prigioniero	prisoner
il clacson	klaxon, motor-horn	la riga	line
il creditore	creditor	la spiaggia	beach, shore
la due-posti	two-seater	lo svantaggio	disadvantage
il futuro	future	la (via d')uscita	way out
abbracciare	to embrace, to hug	investire	to invest
avviarsi	to make for	liberare	to free, to liberate
comportarsi	to behave	meditare	to meditate
costrìngere	to constrain, to compel	mèttere in evidenza	to point out
dedicarsi	to devote oneself (to), to go in (for)	migliorare	to improve
		pentirsi	to repent
dissolversi	to dissolve, to vanish	premiare	to give a prize
divorziare	to divorce, to be divorced	prèndere una cotta per	to fall for, to have a crush on
esagerare	to exaggerate	raggiùngere	to reach
frequentare	to frequent	scherzare	to joke
giurare	to swear	tormentare	to torment
interrómpere	to interrupt		
attento	attentive, careful	squattrinato	penniless
ignorante	ignorant	tremendo	tremendous
insignificante	insignificant		

EXERCISES (II)

Translate into English:

(1)

1. Bisogna che tu studi di più, ragazzo mio!

2. Non occorre che tu venga con noi.

3. Non occorre che essi rimàngano qui.

4. Non occorreva che essi rimanès-
   sero là.
5. Non occorreva che Antonio andasse
   con loro.

6. Sembra che Lei non capisca la
   situazione.

7. Sembra che essi sìano partiti.
8. Sembra che la situazione migliori
   ora.
9. Sembrava che la situazione miglio-
   rasse.
10. Sembrava che non ci fosse una via
    d'uscita.

(2)

1. Può darsi che il tempo cambi.
2. Può darsi che lo zio arrivi stasera.
3. Potrebbe darsi che arrivasse domani
   mattina.
4. Potrebbe darsi che essi non avèssero
   il danaro.
5. Può darsi che io ritorni a Londra in
   agosto.

6. Potrebbe darsi che essi venìssero
   con me.
7. Si dice che tu sia diventato ricco.
8. Si dice che egli voglia sposarsi.
9. Si dice che Lei intenda partire.
10. Si càlcola che i morti sìano più di
    trecento.

(3)

1. Se avessi più tempo, mi dedicherei allo studio delle lingue.
2. Se avessi dei figli, vorrei che conoscèssero le lingue.
3. Anche se tu avessi pellicce e gioielli, non saresti felice.
4. Sebbene il tempo fosse brutto, uscimmo lo stesso.
5. Benchè avesse lavorato tutto il giorno, egli andò a ballare.
6. Nel caso che il signor Bruni arrivi, dìtegli di aspettarmi.
7. Nel caso che essi telèfonino, fàtemelo sapere.
8. Potete fare quello che volete, purchè non gridiate.
9. Domani andremo in campagna, a meno che il tempo non sia brutto.
10. Egli giurò sulla bibbia, per paura che io non lo credessi.

(4)

1. Non voglio vedere nessuno, chiunque
   sia.
2. Chiunque venga, sarà il benvenuto.
3. Prenda qualunque libro le piaccia,
   signorina.
4. Qualunque cosa tu faccia, sbagli
   sempre.
5. Farò qualsìasi cosa ti piaccia.

6. Qualunque cosa io dica, tu mi contraddici sempre.
7. Dovunque io vada, incontro sempre
   dei creditori.
8. Buonanotte, dovunque tu sia.
9. Per quanto tu faccia, non mi con-
   vincerai.
10. Per quanto tu guadagni, sarai sempre
    squattrinato.

(5)

1. Per quanti amici egli abbia, è un uomo solo.
2. Per quanti sforzi essa faccia, non riuscirà.
3. Mi disse tutto perchè io potessi capire la sua situazione.
4. Ti ho dato questo libro perchè tu lo leggessi.
5. Possa egli riuscire nella sua impresa!

6. Possa tu trovare quello che cerchi!
7. Pòssano èssere felici!
8. C'è qualcuno che sappia parlare francese?
9. Non c'è nessuno che suoni il piano.
10. Questo è l'ùnico romanzo che io non abbia letto.

Replace the infinitive with the correct form of the subjunctive:

(6)

1. Bisogna che io vi (raccontare) tutto.
2. Non occorre che voi (partire) sùbito.
3. Occorre che io (venire) con Lei?
4. Non occorre che tu (gridare) tanto.
5. Occorre che io (cercare) di convìncerlo?

6. Non occorreva che Lei (pagare) sùbito, signor Bruni.
7. Non occorreva che voi (venire) qui.
8. Sembra che essi non (avere) capito la situazione.
9. Sembra che essi non (volere) aiutarci.
10. Sembra che essa (avere) lasciato Londra.

(7)

1. Mi sembra che tu (esagerare).
2. Mi sembra che Lei (volere) scherzare.
3. Mi sembrava che Lei (volere) scherzare.
4. Sembrava che la situazione (dovere) cambiare.
5. Può darsi che egli (cambiare) idea.

6. Può darsi che essi (decìdere) di venire qui.
7. Potrebbe darsi che essi (decìdere) di venire qui.
8. Potrebbe darsi che i prezzi (salire) ancora.
9. Si dice che essi (èssere) molto ricchi.
10. Si dice che essi (avere) divorziato.

(8)

1. Se io (èssere) in Lei, non partirei.
2. Se io (avere) il tuo danaro, saprei come investirlo.
3. Anche se io (avere) del danaro, non lo investirei così.
4. Mio figlio capisce tutto, sebbene (èssere) molto piccolo.
5. Quantunque egli (avere) lavorato tutta la vita, è molto pòvero.
6. Nel caso (dovere) piòvere, noi non andremmo al lago.
7. Avrai la pelliccia, purchè tu (smettere) di tormentarmi!
8. Non obbedirò, a meno che essi non mi (costrìngere).
9. Gli diédero del danaro, per paura che egli (parlare).
10. Benchè egli (parlare) perfettamente italiano, non aprì bocca.

(9)

1. Chiunque (venire), dite che non sono in casa.
2. A qualunque ora io (andare) da lui, sta sempre dormendo.
3. Qualunque cosa tu (avere) fatto, sei sempre mio amico.
4. Egli avrà il danaro, qualsìasi cifra egli (chiédere).
5. Dovunque io (andare), la incontro sempre.
6. Chiunque Lei (èssere), io non prendo órdini da nessuno.
7. Ti sarò sempre vicino, dovunque tu (èssere).
8. Farò qualsìasi cosa egli (desiderare).
9. Per quanto io (fare), non riesco a guadagnare di più.
10. Per quanto danaro egli (avere), è un uomo insignificante.

Translate into Italian:

(10)

1. You must do something now, madam.
2. You must study more, boys!
3. I must go now.
4. She needn't get up so early.
5. You needn't talk so loud, Tom.
6. Need I come with you to the station, sir?
7. It seems that you always arrive late, Maria.
8. It seems that you don't work enough, boys.
9. It seems that nobody is here.
10. It seems that everybody has gone away.

(11)

1. It seems to me that Antonio is right.
2. It seems to me that you smoke too much.
3. They seem to be very happy.
4. They seemed to be very happy.
5. It seemed to me that he was completely drunk.
6. My uncle may arrive tomorrow from Rome.
7. It may rain, who knows?
8. Antonio may be ill.
9. He might have missed the train.
10. He might be right.

(12)

1. If I were free, I would take a trip abroad.
2. What would you do, if you were in my shoes (*nei miei panni*)?
3. If Mr Brown should phone, please tell him I'm not in.
4. Mr Brown went to his office, although he had a temperature.
5. We went out all the same, although it was raining.
6. No one helps me, though I have a lot of friends.
7. In case Antonio should come, tell him to wait.
8. We always go out in the evening, unless we are very tired.
9. We will go to the country tomorrow, unless it rains.
10. We sold our shares for fear they should fall (*scèndere*).

(13)

1. Whoever finds the ring may keep it.
2. Whoever wrote that letter was a fool.
3. Whoever comes, tell him I don't want to see anybody.
4. I will not believe you, whatever you say.
5. She always does whatever she likes.

6. He reads whatever he finds.
7. I will follow you wherever you go.
8. We always meet that man wherever we go.
9. She will not marry him, whatever he does.
10. She is always very thin, however much she eats.

(14)

Translate into English:

20 luglio 1972

Carìssima Franca,

ti mando queste poche righe dal mare, dove, come sai, sono arrivata tre settimane fa.   Vorrei che tu mi scusassi se ti scrivo solo ora, ma la mia vita è stata frenètica e così piena, che trovare qualche minuto per scrìverti mi è stato veramente impossìbile fino ad ora.   Vorrei tanto che tu fossi qui con me, cara Franca, la mia vacanza è stata un vero successo, e non occorre che io ti dica che guardo con orrore al momento in cui dovrò lasciare questo posto incantévole e tornare a casa.   E ora bisogna che io ti racconti qualcosa di me e della vita che faccio qui.   Al mattino mi alzo molto tardi, sono o non sono in vacanza?   Alle ùndici circa sono pronta per uscire e, con un enorme cappello di paglia e in calzoncini corti, mi avvìo verso la spiaggia.   Qui incontro Enrico . . . bisogna che io ti dica qualcosa di lui, è un ragazzo meraviglioso, alto, bruno, simpàtico, sempre allegro.   Non c'è bisogno che ti dica che ho preso una tremenda cotta per lui, e credo che anche lui sia sinceramente innamorato di me.   Credo proprio che siamo fatti l'uno per l'altro, abbiamo gli stessi gusti, ci piacciono le stesse cose e siamo perfettamente felici quando siamo insieme.   Inoltre credo che Enrico sia anche molto ricco, ha una due-posti rossa e veste molto elegantemente: io sono convinta che il danaro non sia uno svantaggio in certi casi, non credi?   E sembra che Enrico sia un ragazzo serio . . . sento il clacson della màcchina di Enrico . . . bisogna che ti lasci.   Ti scriverò presto, ti abbraccio caramente.

CARLA

25 luglio 1972

Carìssima Carla,

ho ricevuto la tua lèttera con le belle notizie.   Sono contenta che tu stia bene e sia felice.   Spero proprio che tu abbia incontrato il prìncipe azzurro che hai sempre sognato, e che il vostro amore non si dissolva come neve al sole (tu sai che io sono sempre un poco pessimista . . .).   È inùtile che io ti parli della mia sòlita vita, la conosci già.   Può darsi che io decida di prèndermi una settimana di vacanza:

nel caso che io decidessi di raggiungerti, te lo farei sapere per tempo. Ti mando i miei auguri più sinceri ed un arrivederci presto.

FRANCA

P.S. Enrico non ha per caso un amico simpàtico, anche senza due-posti? Se sì, fàmmelo sapere . . .

DAI GIORNALI

Alle sette di venerdì mattina il signor Raffaele B. svegliò sua moglie per annunciarle che durante la notte aveva sognato suo nonno. « E con ciò? », disse sua moglie. « Il nonno mi ha suggerito tre nùmeri da giuocare al lotto. Queste sono tremila lire, io vado in ufficio e tu va a giuocarli », spiegò il signor Raffaele. Il sàbato sera egli ritornò a casa tutto emozionato, con un enorme mazzo di fiori. « Sono finite le preoccupazioni — gridò alla moglie, — abbiamo vinto sette milioni al lotto! Tutti e tre i nùmeri sono usciti.» La signora diventò pàllida. Con le tremila lire aveva comperato al mercato una vestaglia a fiori bianchi e blu che la ringiovaniva di dieci anni. Ora è all'ospedale, con contusioni guarìbili in dieci giorni.

VERBS: svegliare, *to wake*; annunciare, *to announce*; sognare, *to dream*; dire (irr.), *to say, to tell*; suggerire, *to suggest*; giuocare, *to play*; andare (irr.), *to go*; spiegare, *to explain*; ritornare, *to return*; emozionare, *to excite, to thrill*; finire, *to finish*; gridare, *to shout, to cry*; vìncere (irr.), *to win*; uscire (irr.), *to come out, to go out*; diventare, *to become*; comperare, *to buy*; ringiovanire, *to rejuvenate, to make young*; guarire, *to heal, to get well*.

DARE E NON RICÉVERE

Il maggiordomo, solenne, al barbone che ha suonato alla porta: « Il signore non riceve, oggi.»

« Non importa che riceva, è importante che dìa.»

IL TEMPO È DENARO

Un oscuro giornalista telèfona ad un famoso uomo d'affari: « Sono il Tal dei Tali: benchè Lei non mi conosca, vorrei avere un breve colloquio con Lei.» « Non è possìbile, non ho tempo.» « Mi basterèbbero due minuti soltanto.» « Giovanotto, il mio tempo vale centomila lire al minuto.» « Benìssimo, compero due minuti. D'accordo? » « D'accordo.»

Il giorno dell'appuntamento il giornalista va dal famoso uomo d'affari che, con il cronòmetro in mano, dice: « Si sbrighi, che cosa desìdera? » « Soltanto darle le duecentomila lire per i due minuti che mi ha concesso.» « Nient'altro? » « Nient'altro. Avevo scommesso mezzo milione che avrei ottenuto un appuntamento con Lei. Profitto netto, trecentomila lire, cioè centocinquantamila lire al minuto. Esattamente cinquantamila lire al minuto più di Lei. Arrivederla e grazie! »

Lesson 35

*Impersonal Constructions (Verbs and Expressions concerning
the Weather; volerci; si dice che; accadere; sembrare,
parere) — Irregular Verbs: piòvere, parere, succèdere —
Word Study: Uses of sembrare — Uses of versare*

IMPERSONAL CONSTRUCTIONS

(1) Verbs and expressions concerning the *weather*:

piòvere	to rain	tuonare	to thunder
diluviare	to pour	lampeggiare	to be lightening
piovigginare	to drizzle	gelare	to freeze
nevicare	to snow	sgelare	to thaw
grandinare	to hail	rasserenarsi	to clear up

èsserci bel tempo fare bel tempo	to be fine weather
èsserci brutto tempo fare brutto tempo	to be bad weather
fare freddo	to be cold
fare caldo	to be warm
fare molto caldo	to be hot
èsserci nebbia	to be foggy
èsserci foschìa	to be misty
èsserci sole	to be sunny
èsserci vento	to be windy
èsserci afa	to be muggy (stuffy)
èsserci nùvolo	to be cloudy

The verbs and expressions listed above require no subject and are used in the
third person singular.

Che tempo fa?	(Com'è il tempo?)	How is the weather? (What is the weather like?)
C'è bel tempo.	(Fa bel tempo.)	It is fine weather.

C'era brutto tempo. (Faceva brutto tempo.)	It was bad weather.
Oggi fa caldo.	Today it is warm.
Ieri faceva molto freddo.	Yesterday it was very cold.
C'era nebbia a Londra?	Was it foggy in London?
No, c'era solo foschìa.	No, it was only misty.
Oggi non c'è sole.	It is not sunny today.
C'è molta afa.	It is very muggy.
C'è nùvolo?	Is it cloudy?

(2) Volerci:

Volerci translates *to take* when used impersonally. It is used in the third person singular or plural, depending upon the number of the noun following it.

Ci vuole . . . Ci vògliono . . . }	It takes . . .	Ci volle . . . Ci vòllero . . . }	It took . . .
Ci vorrà . . . Ci vorranno . . . }	It will take . . .	Ci vorrebbe . . . Ci vorrébbero . . . }	It would take . . .

Quanto ci vuole per arrivare a Roma?	How long does it take to get to Rome?
Ci vuole un'ora.	It takes an hour.
Ci vògliono due ore.	It takes two hours.
Ci vorrà un'ora per finire.	It will take an hour to finish.
Ci vorrebbe molto danaro per fare questo viaggio.	It would take a lot of money to do this trip.
Ci vògliono due uòmini per sollevare questo baule.	It takes two men to lift this trunk.

NOTE: When the person or thing involved is expressed in English, the verbs **impiegare** or **tenerci** are used with a personal subject.

Quanto impieghi a venire qui?	How long do you take to get here?
Ci tengo (impiego) un'ora.	I take an hour.
La lèttera impiegò una settimana per arrivare.	The letter took a week to arrive.

(3) Si dice che:

The impersonal form *it is said* (*that*) is translated by **si dice che** or **dìcono che**. *I am told* is translated by **mi si dice** or **mi dìcono che**. The verb **dire** is always used in the third person singular, whatever the tense (**mi è stato detto**, *I have been told*; **mi fu detto**, *I was told*, etc.). The verb following **che** is used in the subjunctive. **Si dice che**, etc., also translates the personal form of *to be said*.

Si dice che essa sia molto graziosa. (Dìcono che sia molto graziosa.)	She is said to be very pretty. (It is said that she is very pretty.)

Si dice che essi sìano molto ricchi. (Dìcono che sìano molto ricchi.)

They are said to be very rich. (It is said that they are very rich.)

Mi si dice che essa abbia divorziato. (Mi dìcono che essa abbia divorziato.)

I am told she is divorced.

Vi è stato detto che cosa dovete fare? (Vi hanno detto che cosa dovete fare?)

Have you been told what you have to do?

(4) Accadere (di):

Accadere translates *to happen*; it is normally used impersonally in Italian. The person who happens to do something is in the dative (mi accade, a Marìa accade). In compound tenses the verb èssere is used (mi è accaduto, mi era accaduto).

Mi accadde di trovarmi senza un soldo.

I happened to find myself without a penny (cent).

Non mi accade mai di pèrdere il treno.

I never happen to miss my train.

Non mi era mai accaduto di sentirmi così.

I had never happened to feel like that.

NOTE: A synonym of accadere is succédere. Succédere is also used to translate some English idiomatic expressions.

Non mi era mai successo di sentirmi così.
Che succede?
Che ti succede? (Che hai?)

I had never happened to feel like that.
What's going on? (What's up?)
What's the matter with you?

(5) Sembrare, parere:

Both sembrare and parere translate *to seem*; they are always used impersonally. When *to seem* is followed by *that* (*it seems that*), sembrare and parere are followed by che + subjunctive. When *to seem* is followed by *to* (*I seem to . . .*), sembrare and parere are followed by di + infinitive. The person is in the dative (mi sembra, a Marìa sembra). In compound tenses the verb èssere is used (mi era sembrato).

Sembra (Pare) che essi sìano partiti.
Mi sembra (Mi pare) che essa parli troppo.

It seems that they have left.
It seems to me that she talks too much.

Mi sembra (Mi pare) di conoscere quella ragazza.

I seem to know that girl.

NOTE that, whereas the answer to *Who is it?* is always impersonal in English it is not so in Italian.

Chi è? Sono io.	Who is it? It's me.
Siamo noi.	It's us.
È Antonio.	It's Antonio.
Sono i ragazzi.	It's the boys.
Eri tu?	Was it you?
No, era Marìa.	No, it was Maria.

Note that the pronoun or noun usually follows **èssere**.

IRREGULAR VERBS

Piòvere (*to rain*)

Past Definite: **piovve**.

Parere (*to seem, to look*)[1]

Present Indicative: **paio, pari, pare, paiamo, parete, pàiono**.

Past Definite: **parvi (parsi), paresti, parve (parse), paremmo, pareste, pàrvero (pàrsero)**.

Future: **parrò, parrai, parrà, parremo, parrete, parranno**.

Past Participle: **parso**.

1. The use of the verb **parere** is usually confined to the forms **mi pare, mi pareva** or **mi parve**.

Succédere (*to happen*)

Past Definite: **successi (succedei, succedetti), succedesti, successe (succedette), succedemmo, succedeste, succèssero (succedèttero)**.

Past Participle: **successo (succeduto)**.

WORD STUDY

USES OF **sembrare**

(1) *to seem*

For *to seem* + infinitive or noun clause, **sembrare** is normally used impersonally in Italian, followed by **che** + subjunctive.

Sembra che egli sia nei pasticci.	He seems to be in trouble. (It seems that he is in trouble.)
Mi sembrava che essa conoscesse quell'uomo.	It seemed to me that she knew that man.

(2) *to look* (+ adjective), *to look like*

A synonym of *to look* + adjective is **avere un aspetto** + adjective, while a synonym of *to look like* + noun is **(ras)somigliare a** + noun.

Sembrava malato. (Aveva un aspetto malato.) — He looked ill.

Sembri un artista. — You look like an artist.

Non (ras)somigli a tuo fratello. — You don't look like your brother.

NOTE: *It looks like rain* (*snow*, etc.) is **sembra che voglia piòvere** (**nevicare**, etc.).

USES OF **versare**

(1) *to pour*

Fece il tè e lo versò nelle tazze. — She made the tea and poured it into the cups.

Vuoi versarmi un po' di vino, per favore? — Will you pour me a little wine, please?

To pour used intransitively is **diluviare, piòvere a dirotto** or **piòvere a catinelle** (*to rain in torrents*).

(2) *to spill*

A synonym of **versare** used in this sense is **rovesciare**, which also means *to upset, to overturn.*

Attento a non versare (rovesciare) il caffè! — Mind you don't spill the coffee!

Antonio si rovesciò il tè sui calzoni. — Antonio spilt his tea on his trousers.

Poi rovesciò un tavolo. — Then he overturned a table.

(3) *to shed*

To shed tears, blood, light is **versare làcrime, sangue, luce.**

Versàrono il loro sangue per la patria. — They shed their blood for their country.

Abbiamo versato làcrime amare. — We shed bitter tears.

VOCABULARY

l'àbito da cerimonia	tail-coat, tails	il liceo	high school, grammar school
l'afa	stuffiness, sultriness	la marcia	march
l'agenzìa	agency	il marinaio	sailor, seaman
il baule	trunk	la nube, la nùvola	cloud
il capriccio	whim, caprice		
l'esplosione	explosion	il perìcolo	danger
la foschìa	mist	il perìodo	period
l'impiego	employment, job	il principale	principal, boss
l'inferno	hell	la protesta	protest
il lattemiele	whipped cream	la rivìncita	revenge
		il vento	wind

andare d'accordo (con)	to get on well (with)	interessarsi (di)	to be interested (in)
		luccicare	to glitter, to sparkle
compensare	to compensate, to make up for	partecipare (a)	to participate, to take part (in)
èssere nei guai (nei pasticci)	to be in trouble	sollevare	to lift, to raise
		tentare (di)	to try, to attempt
fare quattro chiàcchiere	to have a chat	tiranneggiare	to bully, to tyrannize
		trattare	to treat, to handle
adunco	hooked	responsàbile	responsible
atòmico	atomic	segreto	secret
bizzarro	bizarre, strange	sgargiante	gaudy, showy
brutto	ugly	storto	crooked
mìope	myopic, short-sighted	tièpido	tepid
		tondo	round
in cima (a)	at (to) the top (of)		

EXERCISES

Translate into English:

(1)

1. «Piove?» «No, piovìggina solamente.»
2. In questo paese piove sempre.
3. Non pensavo che diluviasse a questo modo.
4. Nèvica ancora?
5. Ha tuonato e lampeggiato tutta la sera.

6. Ha grandinato per un'ora.
7. Domani pioverà?
8. Se stanotte gelasse, domani non partiremmo.
9. Il tempo si sta rasserenando.
10. Non piove da un mese.

(2)

1. Com'è il tempo? Che tempo fa?
2. C'è bel tempo? Fa bel tempo?
3. Qui fa sempre brutto tempo.
4. C'è nebbia e non si vede niente.
5. Usciremo solo se ci sarà sole.

6. Sono sempre nervosa quando c'è vento.
7. C'è afa in questa stanza.
8. Fa un freddo terrìbile, non credi?
9. C'è nùvolo, domani pioverà.
10. Odio lavorare quando c'è molto caldo.

(3)

1. Quanto ci vuole per andare là?
2. Ci vògliono solo dieci minuti.
3. Ci vuole un'ora per uscire dalla città.

4. Ci vorrà ancora un'ora per finire questa traduzione.
5. Ci vorranno due ore per tradurre questa lèttera.
6. Quanto ci vuole per comprare una pelliccia?
7. Ci vorrebbe un mucchio di soldi.
8. Quanto ci tieni per venire qui da casa?
9. Di sòlito ci tengo (impiego) dieci minuti.
10. Noi impieghiamo più d'un'ora per venire qui.

(4)

1. Si dice che quell'uomo abbia vinto una fortuna alle corse.
2. Si dice che essi si sìano sposati segretamente.
3. Si dice che egli sia fuggito all'èstero.
4. Si dice che egli abbia perduto tutto alla roulette.
5. Mi dìcono che intende partire, signorina.
6. Mi è stato detto che Lei voleva parlarmi.
7. Devi fare come ti è stato detto, Antonio.
8. Non mi è stato detto nulla.
9. Ci è stato detto di presentarci a quell'agenzìa.
10. Gli è stato detto di venire qui a quest'ora?

(5)

1. Non ti accade mai di sentirti depressa, Marìa?
2. Se ti accade di incontrare Pàolo, salùtalo per me.
3. Non mi era mai accaduto di trovarmi senza soldi.
4. Che cosa succede qui?
5. In questa città non succede mai niente.
6. Che cosa ti succede, Marìa?
7. Che cosa hai, Pàolo?
8. Che cosa succede a tua sorella, Giovanni?
9. Che cosa ha oggi, signorina?
10. Non ho nulla, sono solo un poco nervosa.

(6)

1. Mi sembra di aver dimenticato tutto.
2. Mi sembra di toccare il cielo con un dito.
3. Sembra che essi vògliano sposarsi.
4. Mi sembra strano che egli non sia venuto.
5. Non le sembra che io abbia ragione, signora?

6. « Chi è? » « Sono io.»
7. « Sei tu, Pàolo? » « No, sono io, Antonio.»
8. Siamo noi, Gianna e Giorgio.
9. Chi sarà? Chi può èssere?
10. Saranno i tuoi amici, Antonio.

(7)

« Bella giornata, non è vero? »

« Sì, proprio bella. Èrano mesi che non vedevamo un sole sìmile.»

« Il tempo è così bizzarro in questi tempi. Siamo in primavera, e fa ancora molto freddo. Oggi è il primo giorno che fa caldo, o meglio non fa freddo.»

« Io penso che sia colpa delle esplosioni atòmiche. Sai che il mese pròssimo ci sarà una marcia di protesta contro le esplosioni atòmiche? »

« Davvero? Tu prenderai parte alla marcia? »

« Credo di sì: io non mi interesso di polìtica, ma penso che tutte queste esplosioni sìano responsàbili dei capricci del tempo. Io vorrei che la primavera fosse tièpida come una volta e che ci fosse sole. Tu verrai alla marcia? »

« Io odio camminare, e poi non sono sicuro che il brutto tempo dipenda dalle esplosioni: quindi non credo che parteciperò alla marcia di protesta.»

« Il sole sta sparendo, questo tempo è veramente impossìbile! Un momento fa c'era sole e non c'era una nùvola, e guarda ora! Ci vuole sùbito una marcia di protesta, mio caro! »

(8)

« Chi ti ha detto che ho intenzione di lasciare il mio impiego? »

« È stata Marìa a dìrmelo: l'ho incontrata qualche giorno fa in strada, siccome pioveva, siamo andati in un caffè a bere qualcosa e a fare quattro chiàcchiere, e mi ha raccontato tutto di te.»

« Sì, sono stanco di lavorare con quell'uomo, il mio principale, voglio dire. È molto diffìcile andare d'accordo con un tipo sìmile.»

« Mi sembra che tu esàgeri un poco. So che è un tipo diffìcile da trattare, e che non è piacévole lavorare per lui: ma si dice che egli abbia una moglie terrìbile che lo tiranneggia e gli rende la vita un inferno, e può darsi che egli prenda la sua pòvera rivìncita all'ufficio. E poi non è fàcile trovare un principale simpàtico, crédimi. Io aspetterei prima di lasciare quel posto, non credi che io abbia ragione? »

(9)

« Ciao, Gino.»

« Salve, Luca.»

« Sai le novità? »

« No, che c'è di nuovo? In questa pìccola città non succede mai niente.»

« Non è vero. Alcune volte accàdono cose che ti compènsano di lunghi perìodi di attesa. Ti ricordi di Pàolo, il più bravo di tutti noi al liceo? »

« Pàolo? Quel tipo lunghìssimo, col naso adunco, gli occhi mìopi, ed una voce assurda? Certo che mi ricordo il vecchio Pàolo. Che cosa gli è successo? »

« Si è sposato! Non lo sapevi? »

« No. Non mi era mai passato per la mente che un tipo sìmile potesse trovare una moglie. Ma chi ha sposato? »

« Ti ricordi di Teresá, la figlia del tabaccaio che ci regalava sempre delle sigarette quando uscivamo dalla scuola? »

« Teresa? Ah, me la ricordo! Regalava sigarette e sorrisi a tutti gli studenti. Ma era molto brutta, aveva due gambe storte e il naso sempre rosso, e si metteva àbiti sgargianti, veramente impossìbili. Ma come ha fatto il vecchio Pàolo a sposare Teresa? Ricordo che allora egli non fumava nemmeno! »

« È stata Teresa a méttere gli occhi su di lui: Pàolo ha tentato di evitare il perìcolo, ma tutto è stato vano. Si sono sposati stamattina: io ero al matrimonio. Pàolo era molto buffo, in àbito da cerimonia, e non sembrava molto felice.»

« E come era la sposa? »

« Tonda e felice, con il naso che splendeva più del sòlito. Sembrava una torta di lattemiele, con una ciliegia luccicante in cima. Uno spettàcolo che non dimenticherò mai.»

« Povero Pàolo! Vedi che cosa succede ai primi della classe? »

Translate into Italian:

(10)

1. How is the weather?
2. It is fine weather.
3. It is terribly cold today.
4. Will it be bad weather tomorrow?
5. Yesterday it was sunny.
6. I hate going out when it is raining.

7. Was it foggy in Milan?
8. It is very hot today.
9. Yesterday it was cloudy, but today it is sunny.
10. It is still very cold, although it is springtime.

(11)

1. How was the weather in Milan?
2. It was raining.
3. It seldom rains in this country.
4. It was drizzling when I arrived.
5. It's snowing!

6. The children are afraid when it thunders.
7. It was pouring when we went out.
8. It's lightening, it will soon rain.
9. It's clearing up.
10. I'm freezing!

(12)

1. How long does it take to go to the station?
2. It takes ten minutes to get there.
3. It takes half an hour to go to the airport.
4. It will take two hours to translate this letter.
5. It took an hour to find a taxi.

6. It takes a lot of patience to do that job.
7. It takes two men to carry this trunk.
8. How long does it take you to go to school?
9. It takes me ten minutes.
10. It took me an hour to come here.

(13)

1. They say Antonio is going to get married.
2. They say she wants to go abroad.
3. They say they want to be divorced.
4. It is said they are very poor.
5. They say that man is a genius.

6. I'm told you want to leave.
7. I've been told they are very rich.
8. We've been told to come here at this time.
9. You must do as you have been told, madam.
10. Have you been told the news, Maria?

(14)

1. When did it happen?
2. It happened yesterday.
3. If you happen to meet Tom, tell him I want to see him.
4. What's going on here?
5. What's the matter with you, Maria?

6. What's the matter with that boy?
7. It seems strange to me.
8. It seems that he is in trouble.
9. She looked very tired.
10. He looks like a sailor.

(15)

1. Who is it?
2. It's me.
3. Who was it?
4. It was John's brother.
5. It is always I who do everything.

6. Was it Antonio who phoned?
7. No, it was a cousin of mine.
8. Who may it be?
9. It must be Antonio.
10. It's John who pays for everybody.

Dai giornali

A Saverio P., cinquantenne, pìccolo ladro di periferìa, accadde giorni fa la più drammatica avventura della sua carriera. Uscendo da un'osterìa riuscì a pescare un portafogli nella tasca di un cappotto. A casa lo aprì e quasi svenne per l'emozione. Nel portafogli c'èrano 500 mila lire in biglietti da diecimila. No, mezzo milione era troppo per lui, anche la sua disonestà aveva un lìmite: centomila sarèbbero state più che sufficienti per lui. Ritornò all'osterìa con il propòsito di rimèttere 400 mila lire nella tasca del cappotto. Ma non sempre il rimorso viene premiato. Fu preso con le mani nella tasca del cappotto ed arrestato, e non è ancora riuscito a convìncere il commissario delle sue buone intenzioni.

VERBS: **accadere** (irr.), *to happen*; **uscire** (irr.), *to come out*; **riuscire** (irr.), *to succeed*; **pescare**, *to fish, to catch*; **aprire** (irr.), *to open*; **svenire** (irr.), *to faint*; **ritornare**, *to return*; **riméttere** (irr.), *to put back (again)*; **premiare**, *to reward, to give a prize*; **prèndere** (irr.), *to take, to catch*; **arrestare**, *to arrest*; **convìncere** (irr.), *to convince*.

Lungo uso

« La Sua faccia non mi sembra nuova, signore.»
« Le dirò, sono cinquant'anni che la uso, e si è un po' sciupata.»

Evoluzione di Pierino

La mamma, che è in stato interessante, dice a Pierino: « Se sarai buono, a Natale ti regalerò una bella sorellina ». « Senti, mamma,» dice Pierino, « se non ti facesse troppo male, io preferirei un cavallo a dóndolo ».

Lesson 36

Gender of Nouns — Formation of Feminine Nouns — Irregular Verbs : mòrdere, pòrgere — Word Study : Uses of viaggio — Uses of provare — Uses of muta — Uses of corte — Uses of marco

GENDER OF NOUNS

The following nouns are Masculine:

(1) nouns ending in -o.

			Exceptions
il ragazzo	boy	la mano	hand
il figlio	son	la radio	radio
il libro	book	la dìnamo	dynamo
l'inchiostro	ink	l'eco	echo
		l'auto[1]	car
		la moto[1]	motor-cycle

    1. auto and moto are short for **automòbile** and **motocicletta**, respectively.

(2) names of trees ending either in -o or in -e.

			Exceptions
il pioppo	poplar		
il melo	apple-tree	la vite	vine
l'abete	fir	l'elce	holm-oak
il làrice	larch		

(3) names of mountains, rivers, oceans, seas and lakes.

			Exceptions
il Tévere	the Tiber		
il Tamigi	the Thames	la Senna	the Seine
il Mississippi	the Mississippi	le Alpi	the Alps
il Monte Bianco	Mont Blanc	le Ande	the Andes
l'Atlàntico	the Atlantic	la Dora	the Dora
il lago Maggiore	Lake Maggiore		

ß/(4) names of months and days of the week.

		Exception
il gennaio	January	
il febbraio	February	la doménica Sunday
il lunedì	Monday	
il martedì	Tuesday	

(5) nouns ending in a consonant.

lo sport	sport
il bar	bar
il poker	poker

The following nouns are Feminine:

(1) nouns ending in -a (or -à)·

		Exceptions	
la ragazza	girl	il poeta	poet
la figlia	daughter	il papa	pope
la casa	home (house)	il clima	climate
la città	town (city)	il problema	problem
la bontà	goodness	il telegramma	telegram
		l'artista	artist
		il giornalista	journalist
		(and certain other professions)	

(2) nouns ending in -ù.

		Exceptions	
la gioventù	youth	il cauccIÙ	india-rubber
la virtù	virtue	lo zebù	zebu
la schiavitù	slavery	il tabù	taboo

(3) nouns ending in -i.

		Exception	
la crisi	crisis	il brìndisi	toast
la tesi	thesis		
l'òasi	oasis		
l'eclissi	eclipse		

(4) names of fruits.

		Exceptions	
la mela	apple	il dàttero	date
la pera	pear	il limone	lemon
la ciliegia	cherry	il fico	fig
la fràgola	strawberry	il cedro	citron
la pesca	peach	il pompelmo	grapefruit
l'arancia	orange	il popone	melon
l'uva	grapes	l'ananasso	pineapple

NOTE: Nouns ending in -e can be masculine, feminine and sometimes both.

MASCULINE	FEMININE	MASCULINE & FEMININE
il padre	la madre	l'insegnante (*teacher*)
il pane	la fame	l'òspite (*guest, host(ess)*)
il cane	la carne	lo(la) studente (*student*)

FORMATION OF FEMININE NOUNS

The feminine form is made by replacing the masculine suffix with a feminine suffix.

MASCULINE -o	FEMININE -a
amico (*boy friend*)	amica
negro (*negro*)	negra
maestro (*master*)	maestra
bambino (*little boy, baby*)	bambina
zio (*uncle*)	zia
cugino (*male cousin*)	cugina
sposo (*bridegroom*)	sposa

MASCULINE -e	FEMININE -essa
conte (*count*)	contessa
visconte (*viscount*)	viscontessa
barone (*baron*)	baronessa
prìncipe (*prince*)	principessa
professore (*professor*)	professoressa
dottore (*doctor*)	dottoressa

	FEMININE -a
padrone (*master*)	padrona
cameriere (*waiter*)	cameriera
marchese (*marquis*)	marchesa
priore (*prior*)	priora
pastore (*shepherd*)	pastora

MASCULINE AND FEMININE -e
insegnante (*teacher*)
òspite (*guest, host, hostess*)
erede (*heir, heiress*)
inglese (*Englishman, -woman*)
francese (*Frenchman, -woman*)

NOTE: Poeta (*poet*) and profeta (*prophet*) make poetessa and profetessa in the feminine.

OBSERVATIONS

1. Nouns ending in -ore form the feminine by replacing -ore with -rice.

direttore (*director*)	direttrice
attore (*actor*)	attrice
imperatore (*emperor*)	imperatrice
annunciatore (*announcer, compère*)	annunciatrice

2. Some feminine nouns differ completely from the masculine.

donna (*woman*)	uomo (*man*)
fèmmina (*female, woman*)	maschio (*male, man*)
moglie (*wife*)	marito (*husband*)
madre (*mother*)	padre (*father*)
mamma (*mummy*)	papà, babbo (*dad, daddy*)
sorella (*sister*)	fratello (*brother*)
nuora (*sister-in-law*)	gènero (*brother-in-law*)

3. Some names of animals have completely different forms for the male and the female. They are listed below—together with the verb expressing the characteristic sound made by the animals.

toro (*bull*)	vacca ⎱ (*cow*) mucca ⎰	muggire (*to moo, to bellow*)
cavallo (*horse*) ⎱ stallone (*stallion*) ⎰	cavalla (*mare*)	nitrire (*to neigh*)
cane (*dog*)	cagna (*bitch*)	abbaiare (*to bark*) uggiolare (*to whine*)
gallo (*cock*)	gallina (*hen*) chioccia (*broody hen*)	cantare (*to crow*) chiocciare (*to cackle*)
montone (*ram*)	pècora (*ewe, sheep*)	belare (*to bleat*)
verro (*boar*) ⎫ maiale (*pig*) ⎬ scrofa (*sow*) suino (*swine*) ⎭		grugnire (*to grunt*)

IRREGULAR VERBS

Mòrdere (*to bite*)

Past Definite: morsi, mordesti, morse, mordemmo, mordeste, mòrsero.
Past Participle: morso.

Pòrgere (*to hand, to pass*)

Past Definite: porsi, porgesti, porse, porgemmo, porgeste, pòrsero.
Past Participle: porto.

WORD STUDY

USES OF **viaggio**

(1) *travel*

Mio zio parla sempre dei suoi viaggi.	My uncle always talks about his travels.
Hai letto « I viaggi di Gulliver »?	Have you read *Gulliver's Travels*?

(2) *journey*

Abbiamo fatto un lungo viaggio.	We went on a long journey.
Arrivammo dopo dieci giorni di viaggio.	We arrived after a ten days' journey.

(3) *voyage*

Il viaggio fu molto interessante.	The voyage was very interesting.
Il viaggio durò dieci giorni.	The voyage lasted ten days.

(4) *trip*

Vi è piaciuto il viaggio?	Did you enjoy the trip?
Mi piacerebbe fare un viaggio in Àfrica.	I should like to take a trip to Africa.

(5) *tour*

Fécero un viaggio attraverso la Francia.	They went on a tour through France.
Il viaggio è stato un successo.	The tour has been a success.

NOTE: **Fare un viaggio** translates *to go on a journey* (*trip, voyage, tour*, etc.),

USES OF **provare**

(1) *to try*

To try + infinitive is **provare a** + infinitive.   A synonym of this is **cercare di**.
To try + direct object or *to try on* (clothes, etc.) is **provare** + direct object.

Perchè non provi a mangiare meno?	Why don't you try to eat less?
Marìa provò l'àbito nuovo.	Maria tried the new dress on.

(2) *to taste* (transitive)

Assaggiare is a synonym for **provare** in this sense.

Hai provato (assaggiato) questo gelato?	Have you tried this ice-cream?

NOTE: *To taste* used intransitively, in the sense of *to have a taste*, is **avere sapore**—
e.g. *to taste good* (*bad*) = **avere buon (cattivo) sapore**.

Questa carne ha cattivo sapore.	This meat tastes bad.
Questo dolce ha buon sapore.	This sweet tastes good.

(3) *to prove*

Posso provare che dico la verità.   I can prove I'm telling the truth.

NOTE: *To prove to be* is **dimostrare di èssere.**

Dimostrò di èssere molto coraggioso.   He proved to be very courageous.

(4) *to rehearse*

Provammo la commedia ieri sera.   We rehearsed the comedy last night.
Stasera si prova.   We are rehearsing tonight.

USES OF muta

(1) (noun) *pack of hounds, team of horses*
(2) (noun) *moult, shedding*
(3) (adjective and noun, feminine of **muto**) *dumb (person)*
(4) (verb, third person singular, present tense, of **mutare**) (*he, she, it*) *changes*

Translate : **La muta muta muta.**

USES OF corte

(1) *courtyard*
(2) *court, courtship*
(3) *court*
(4) *short* (feminine plural of **corto**)

NOTE:

| fare la corte a | *to court (woo)* |
| alle corte | *in short* |

Translate : **Alle corte, nella corte faccio la corte alle ragazze che lavòrano a Corte.**

USES OF marco

(1) *Mark* (Christian name)
(2) *mark* (money)
(3) *I mark, I score* (first person singular of **marcare**)

Translate : **Marco un marco a Marco.**

VOCABULARY

il brodo	broth	il càvolo	cabbage
il canto del gallo	cock-crow	il cervello	brain
la capra	goat	la coda	tail, queue
il caràttere	character	la crìtica	criticism

il dannc	damage	il pennuto	bird
l'epìteto	epithet	il pettegolezzo	gossip
l'equilibrio	equilibrium, balance	la prudenza	prudence
la fila	row, line	il pulcino	chick
la forza	strength	la schiena	back
la frusta	whip	il sentiero	path
il livello	level	la stoppa	tow
l'oca	goose	il tèrmine	term, end
l'ovile	sheep-fold	il topo	mouse
la pàpera	slip (of the tongue)	il topo d'albergo	hotel thief
il pavone	peacock	la volontà	will, volition
la penna	feather; pen		

andare a cavallo	to ride (on horseback)	fornire (di)	to furnish, to provide (with)
annoiare	to bore		
colorare	to colour	infuriare	to enrage
confóndere	to confuse	penetrare	to penetrate
donare	to give, to present	permèttersi	to afford
effettuare	to effect	possedere	to possess
esclùdere	to exclude	ritirare, ritirarsi	to retire
fare la coda	to queue (up)	sbuffare	to snort
fare il gallo	to strut	smarrire	to lose, to mislay
fare uscire dai gàngheri	to make . . . lose his (her) temper	superare	to get over
		umiliare	to humiliate

arrosto	roast	per bene	respectable
concreto	concrete, actual	pràtico	practical
figurato	figurative	ràpido	rapid, quick
impacciato	awkward, clumsy	ripieno	stuffed
indeciso	irresolute	stupendo	stupendous
infedele	unfaithful	successivo	successive, subsequent
lesto	quick, swift		
nòbile	noble	superbo	superb; haughty
opposto	opposite	tradizionale	traditional

di continuo	continuously	però	however
nei riguardi di	with regard to		

EXERCISE

Read the following passage and then answer the questions on it in Italian:

Un uomo che possiede una forza eccezionale è *forte come un toro*, e quando qualcosa lo fa *uscire dai gàngheri*, allora sembra un toro infuriato, o si può anche dire che *sbuffa come un toro.* Come tutti sanno, un toro è fornito di un superbo paio di corna, all'occasione molto pericolose. La parola corno possiede anche il plurale *corni*, usato in senso figurato. Se qualcuno è indeciso e non sa effettuare una scelta, possiamo dire che è *sui corni del dilemma*: *fare le corna* signìfica èssere infedele nei riguardi della propria moglie o marito.

« Sai che la signora Rossi *fa le corna* a suo marito? » « Davvero? Non sapevo che il signor Rossi fosse *cornuto*! »

Dal breve pettegolezzo riportato lo studente può imparare il significato del tèrmine *cornuto*. Auguriamo sinceramente allo studente o alla studente di non èssere mai definito dagli amici con tale epìteto.

Mogli e buoi dei paesi tuoi è un detto popolare che invita alla prudenza nelle proprie scelte: non è particolarmente cortese nei riguardi delle donne, messe senza complimenti sullo stesso livello dei buoi. Un altro detto, dove compàiono le capre (altro animale fornito di corna), è *salvare capra e càvoli*, che signìfica evitare due opposti perìcoli senza alcun danno.

Ed ora passiamo alle pécore. Una persona senza caràttere, che accetta la volontà degli altri senza protestare o discùtere, è una pécora: in ogni famiglia, anche in quelle per bene, c'è sempre una *pécora nera*, ed una *pecorella smarrita* è una ragazza che ha abbandonato il sentiero della virtù: non è escluso, però, che la pecorella smarrita *ritorni all'ovile*, dopo un'assenza più o meno lunga.

È ora il turno dei cavalli, questi nòbili animali. Andare a cavallo è uno sport piacevole ed elegante che non tutti pòssono permettersi: chi ha superato una grossa difficoltà o ha ottenuto un certo successo è *a cavallo*, mentre *una febbre da cavallo* è qualcosa che non auguriamo a nessuno. *A caval donato non si guarda in bocca*, dice un vecchio proverbio che invita la gente ad evitare crìtiche di cattivo gusto quando si riceve un regalo.

Ed ora penetriamo nel mondo dei pennuti, e cominciamo dal gallo, il più superbo degli animali da cortile. Una persona che ha eccessiva opinione di sè si comporta come un gallo, e *fa il gallo* fra la gente che gli è attorno. C'è della gente che è in piedi *al canto del gallo*, e altra gente che *va a letto con le galline* (non sempre è la stessa), per potersi alzare molto presto al mattino successivo. Un paio di proverbi: il primo è *meglio un uovo oggi che una gallina domani*, che invita ad èssere concreti e pràtici nella vita e a non vìvere di illusioni. Il secondo proverbio è *gallina vecchia fa buon brodo*, che loda il buon senso e l'equilibrio di una sposa non più giovanìssima. E *un pulcino nella stoppa* che cos'è? È una persona impacciata e tìmida. *Oca* è una ragazza piuttosto sciocca, e naturalmente ha *un cervello d'oca*. Sapete come si chiama il maschio dell'oca? No? Ve lo dico io. È il pàpero, da non confòndersi con *pàpera*, per lo più usato nel signìficato di grosso errore che una persona può fare parlando. Gli annunciatori e le annunciatrici della radio o della televisione talvolta *fanno delle pàpere* molto divertenti.

Tutti sanno che il pavone è un pennuto dalla coda magnìfica e stupendamente colorata: il termine *pavone* è usato per una persona che si compiace enormemente di se stessa, in altre parole che *si pavoneggia* di continuo. Il tacchino arrosto e ripieno è il tradizionale piatto di Natale, e chi si arrabbia moltìssimo con qualcuno di sòlito diventa *rosso come un tacchino*. Diamo un addìo ai pennuti e parliamo dei gatti.

Una persona ràpida nei movimenti è *lesta come un gatto*: *cani e gatti* sono le persone che non vanno d'accordo, e se ad una riunione o a teatro c'è poca gente, si dice che ci sono *quattro gatti*. I topi sono i tradizionali nemici dei gatti, ma *un topo d'albergo* non ha niente a che fare con i gatti, anche se la sua professione lo obbliga ad èssere lesto come un gatto. E il *gatto a nove code* sapete che cos'è? È quel tipo di frusta usata tempo fa sulla schiena dei marinai ribelli.

Sia i cani che i gatti sono forniti di coda: anche un pianoforte può avere una coda, però, ed è in tale caso *un pianoforte a coda*. *Fare la coda* signìfica aspettare paziente-mente il proprio turno in una fila di persone più o meno lunga, la qual cosa gli Italiani detèstano fare. E se questa lunga chiacchierata non vi è piaciuta e vi ha annoiato, ci ritireremo *con la coda fra le gambe*, in altre parole umiliati e confusi.

1. Quando diciamo che un uomo è forte come un toro?
2. Quando un uomo sbuffa come un toro?
3. Quando siamo sui corni del dilemma?
4. Che cosa signìfica fare le corna?
5. Che cos'è una capra? Provi a descrìverla.
6. Le piàcciono i càvoli?
7. Che signìfica salvare capra e càvoli?
8. Che cosa ci dà la pécora?
9. Che cosa si fàbbrica con la lana?
10. E una pécora nera che cos'è?
11. C'è una pécora nera nella Sua famiglia?
12. Lei va a cavallo?
13. Quando si dice che uno è a cavallo?
14. Lei ha mai avuto una febbre da cavallo? Quando?
15. Descriva un gallo.
16. Chi si comporta come un gallo?
17. Lei è in piedi al canto del gallo?
18. A Suo parere, è meglio un uovo oggi che una gallina domani?
19. Che cos'è un pulcino nella stoppa?
20. Conosce molte persone con il cervello d'oca?
21. Lei fa delle pàpere qualche volta?
22. Le piace il tacchino arrosto?
23. Lo mangia spesso o solo in certe occasioni?
24. Quando Lei diventa rosso (rossa) come un tacchino?
25. Le piàcciono i gatti? Perchè?
26. Faccia una frase con l'espressione *quattro gatti*.
27. Nòmini dieci animali forniti di coda.
28. Quando Lei fa la coda?
29. Lei è un tipo paziente o detesta fare la coda?
30. Per chi usiamo l'espressione *con la coda fra le gambe*?

DAI GIORNALI

La signorina Ines P., di 65 anni, vive le sue giornate in una villa situata alla periferìa e circondata da un parco. Con lei vìvono un nipotino di 13 anni, un gatto siamese e un vecchio giardiniere, Antonio M. di 73 anni. Ad essi dèdica tutti i suoi affetti. L'altro giorno improvvisamente scoppiò la tragedia. Il gatto siamese si arrampicò su un pino del parco, ma, quando giunse alla cima, fu preso dal pànico. I suoi miagolii disperati arrivàrono all'orecchio della sensìbile signorina che, allarmata, chiamò il nipotino e gli disse: «Saresti capace di salire lassù e salvarlo?» Il generoso nipotino cominciò la scalata, raggiunse il gatto e poi guardò giù. L'altezza lo spaventò e, con il gatto in braccio, cominciò a piàngere, non trovando il coraggio di scèndere. Il suo pianto attrasse l'attenzione del vecchio giardiniere che, incurante del perìcolo, volle salire ma, arrivato a metà strada, si incastrò fra due rami e rimase bloccato. Ci vòllero i pompieri per liberare i tre amici.

VERBS: **vìvere** (irr.), *to live*; **situare**, *to situate, to place*; **circondare**, *to surround*; **dedicare**, *to devote, to dedicate*; **scoppiare**, *to burst out*; **arrampicarsi**, *to climb*; **giùngere** (irr.), *to reach, to get (to)*; **prèndere** (irr.), *to take, to seize*; **arrivare**, *to arrive*; **allarmare**, *to alarm*; **chiamare**, *to call*; **dire** (irr.), *to tell, to say*; **salire** (irr.), *to go up, to come up*; **salvare**, *to save, to rescue*; **cominciare**, *to begin, to start*; **raggiùngere** (irr.), *to reach*; **guardare**, *to look*; **spaventare**, *to frighten, to scare*; **piàngere** (irr.), *to cry, to weep*; **trovare**, *to find*; **scèndere** (irr.), *to go down, to come down*; **attrarre** (irr.), *to attract, to draw*; **volere** (irr.), *to want*; **incastrarsi**, *to get stuck*; **rimanere** (irr.), *to remain, to stay*; **bloccare**, *to block*; **liberare**, *to free*.

CAPELLI INDIETRO

Il parrucchiere al cliente, prima di pettinarlo: «I capelli li vuole indietro?»
Il cliente guarda i capelli caduti sul pavimento dopo il taglio e dice: «No, li tenga pure!»

GRASSI E MAGRI

In un autobus affollato, battibecco fra un grasso ed un magro.
Il magro: «I grassoni, in autobus, dovrèbbero pagare due biglietti.»
Il grasso: «Giustìssimo. Però anche gli imbecilli dovrèbbero pagare due biglietti.»
Il magro: «Immàgini la spesa per Lei, che dovrebbe pagare quattro biglietti!»

CHIAREZZA

Chi non riesce ad èssere chiaro nei propri discorsi è un perfetto idiota. Sono stato chiaro?»
«No.»

TAGLIARE

Le buone signore di una certa età divìdono il loro tempo fra un lavoro a maglia, una partita a canasta ed i panni da *tagliare* addosso al pròssimo.   I ragazzi, appena pòssono, *tàgliano* la corda.   Il padre, esasperato, minaccia di *tagliare* i vìveri.

Chi vuole arrivare prima dal paese all'Osterìa della Croce, deve *tagliare* a sinistra, sùbito dopo il mulino.

La specialità del gelatiere in piazza è il *taglio* di limone.   La signora Antonietta, anziana villeggiante che viene quassù dal 1927, è stata portata d'urgenza all'ospedale l'altra notte.   Appendicite.   L'hanno *tagliata* in quattro e quattr'otto, la febbre è scesa, ha già preso un brodo.

In certi borghi alpini accade talvolta un raccapricciante delitto: un *taglialegna*, invece della legna, ha *tagliato* la testa alla moglie, che forse era nativa di *Tagliata*, in provincia di Màntova.

A CAVALLO

« Hai l'automòbile?   Allora sei a cavallo! »

Lesson 37

Prepositions (in, at, to, from, for, of, on, with, by) — *Word Study: Verbs followed by Prepositions + Infinitive — Interjections*

PREPOSITIONS

(1) How to translate | *in* |:

(*a*) by **in**, when it expresses idea of *position, time* or *manner*.

Abitiamo in una casetta.	We live in a cottage.
In inverno viviamo in Italia.	In winter we live in Italy.
Si comportò in un modo strano.	He behaved in a strange way.

(*b*) by **a**, before *names of towns* and *parts of the day*.

Abitiamo a Roma.	We live in Rome.
Sono arrivato a Roma stamattina.	I arrived in Rome this morning.
Non mangio mai nulla al mattino.	I never eat anything in the morning.
Faccio un sonnellino al pomeriggio.	I have a nap in the afternoon.

NOTE: *In* is translated by **a** in the following expressions:

in the sun	al sole
in the shade	all'ombra
in the wind	al vento
in the dark	al buio
in a loud voice	a voce alta
in a low voice	a bassa voce
in cold blood	a sangue freddo
in my opinion	a mio parere

(*c*) by **fra**, with the meaning of *within a period of time*.

La vedrò fra una settimana.	I will see her in a week.
Ritorneremo fra un mese.	We will come back in a month.

(2) How to translate | *at* |:

(*a*) by **a**, when it expresses idea of *position* or *time*.

Essa non era a casa.	She was not at home.

I ragazzi sono a scuola.	The boys are at school.
Sarò alle due a casa tua.	I will be at your house at two.
Ero a Roma a Pasqua.	I was in Rome at Easter.

(b) by **in**, in the following expressions:

at church	in chiesa
at home	in casa (a casa)
at peace	in pace
at war	in guerra
at liberty	in libertà
at fault	in colpa

NOTE: *At* is not translated after the following verbs:

to look at	guardare
to stare at	fissare
to gaze at	fissare
to point at	additare

(3) How to translate | *to* |:

(a) by **a**, when it introduces an indirect object or expresses idea of *motion* (except before *names of countries or regions*, in which case it is translated by **in**).

Essa mi presentò ai suoi amici.	She introduced me to his friends.
Egli spiegò la situazione a tutti.	He explained the situation to everybody.
È stata a Roma, signorina?	Have you been to Rome, miss?
È stata in Francia?	Have you been to France?

(b) by **con**, when it expresses idea of *manner* or corresponds to *towards*.

Con mia grande sorpresa.	To my great surprise.
Con mia soddisfazione.	To my satisfaction.
Èssere gentile con qualcuno.	To be kind to someone.

(c) by **per** or **di**, in special cases.

| È lo stesso per me. | It is the same to me. |
| Questo vino è di mio gusto. | This wine is to my taste. |

NOTE the following expressions:

owing to	a càusa di
in addition to	in aggiunta a
according to	secondo, a seconda di
with regard to	riguardo a, nei riguardi di
to and fro	avanti e indietro

(4) How to translate ⸢*from*⸥:

(*a*) by **da**, when it expresses idea of *origin* or *separation*.

Questa merce viene importata dalla Francia.	These goods are imported from France.
Da che paese venite?	What country do you come from?
Mi separai da lei alle cinque.	I parted from her at five.
Vengo dalla Germania.	I come from Germany.

(*b*) by **di**, when it expresses idea of *origin* (*from a city*), usually after *to be*.

Di dove siete?	Where are you from?
Siamo di Roma.	We are from Rome.
Sono di Londra.	I am from London.

NOTE: *From* is translated either by **di** or **a** after the following verbs:

to suffer from	**soffrire di**
to die from (of)	**morire di**
to conceal (hide) from	**nascóndere a**
to steal from	**rubare a**

Soffre di un complesso di inferiorità.	He suffers from an inferiority complex.
Nascosi la verità a tutti.	I concealed the truth from everybody.
Non voglio morire di fatica.	I don't want to die from fatigue.
Hanno rubato il denaro a qualcuno.	They stole the money from somebody.

(5) How to translate ⸢*for*⸥:

(*a*) by **per**, when it expresses idea of *favour*, *cause*, *time* or *direction*.

Questo denaro è per Lei.	This money is for you.
L'Italia è famosa per il suo cielo.	Italy is famous for its sky.
Ho vissuto in Italia per cinque anni.	I lived in Italy for five years.
Sono partiti per la Scozia.	They left for Scotland.

(*b*) by **di**, after a few verbs, such as:

to thank for	**ringraziare di** (or **per**)
to cry for	**piangere di** (or **per**)
to jump for	**saltare di** (or **per**)

Devo ringraziarti di (per) èssere venuto.	I must thank you for coming.
Essa piangeva di gioia (per la gioia).	She was crying for joy.
Saltàrono di gioia (per la gioia).	They jumped for joy.

NOTE: *For* is not translated after the following verbs:

to look for	**cercare**
to wait for	**aspettare, attèndere**

to pay for	**pagare**
to charge for	**far pagare**
to ask for	**chièdere**[1]

1. *to ask for a person* is **chièdere di una persona.**

(6) How to translate **of** :

(a) by **di**, when it expresses idea of *possession, specification, subject matter* or *cause*.

Un libro di Marìa.	A book of Maria's.
É un uomo di grande coraggio.	He is a man of great courage.
Abbiamo parlato di libri.	We spoke of books.
Morì di vecchiaia.	He died of old age.

(b) by **da**, when it expresses idea of *origin*.

Viene da una buona famiglia.	He comes of a good family.
Nacque da famiglia nòbile.	He was born of a noble family.

NOTE: *Of* is translated by either **a** or **da** after the following verbs:

to think of	**pensare a**
to beware of	**guardarsi da**
to take leave of	**congedarsi da**

A che cosa pensi?	What are you thinking of?
Dovete guardarvi dai borsaioli.	You must beware of pickpockets.
Ci congedammo dai nostri amici.	We took leave of our friends.

Note the expression **èssere gentile da parte . . .,** *to be kind of . . . .*

È stato molto gentile da parte sua.	It has been very kind of him.
Fu molto gentile da parte di Marìa.	It was very kind of Maria.

(7) How to translate **on** :

(a) by **su**, when it expresses idea of *position* or *subject matter*.

Il libro era sul tàvolo.	The book was on the table.
Ho letto un libro su Milton.	I read a book on Milton.

(b) by **di**, **da**, or **per**, after a few verbs.

to rely on	**fidarsi di**
to feed on	**nutrirsi di**
to depend on	**dipèndere da**
to congratulate on	**congratularsi per**

(c) by **in**, **per**, **a** or **di** in *idiomatic expressions*.

on holiday	**in vacanza**
on sale	**in vèndita**

on fire	in fiamme
on strike	in sciòpero
on that occasion	in quell'occasione
on business	per affari
on principle	per principio
on page . . .	a pàgina . . .
on one condition	ad una condizione
on impulse	d'impulso
on duty	di servizio (in servizio)

(8) How to translate $\boxed{with}$:

(*a*) by con, when it expresses the idea of *company, manner* or *means*.

Ho passato la sera con un amico.	I spent the evening with a friend.
Verrò con piacere.	I will come with pleasure.
Ho firmato con una penna a sfera.	I signed with a ballpoint pen.

(*b*) by di, when it expresses idea of *cause*.

| Tremava di paura. | She was trembling with fear. |
| Essa era verde di invidia. | She was green with envy. |

NOTE: *With* is translated by di or da after the following verbs and expressions:

to cover with	coprire di
to deal with	trattare di
to fill with	riempire di
to paint with	dipìngere di
to part with	separarsi da
to supply with	fornire di
to be pleased with	èssere soddisfatto di
to be laden with	èssere càrico di

(9) How to translate $\boxed{by}$:

(*a*) by da, when it expresses idea of *agency* or *causation*.

| La sua voce fu sentita da tutti. | His voice was heard by everybody. |
| La casa fu distrutta dal fuoco. | The house was destroyed by the fire. |

(*b*) by con, when it expresses idea of *means*.

| Andiamo con l'àutobus. | Let's go by bus. |
| Con il vapore Annabelle. | By S.S. Annabelle. |

NOTE: *By* is also translated by in before means of transport.

| Andiamo in àutobus. | Let's go by bus. |
| Siamo venuti in treno. | We came by train. |

(c) by **per** or **entro**, when it stands for *within*.

Sarò di ritorno per (entro) le cinque.	I'll be back by five o'clock.
Cercate di èssere qui per le otto.	Try to be here by eight.

(d) by **di**, when it stands for *in respect of* or expresses *authorship*.

Era italiano di nàscita.	He was Italian by birth.
Jones di nome.	Jones by name.
È generosa di natura.	She is generous by nature.
« I Promessi Sposi », di A. Manzoni.	*The Betrothed*, by A. Manzoni.

(e) by **vicino a**, **presso a**, when it expresses idea of *proximity*.

Sedeva vicino (presso) a me.	She was sitting by me.
Una casa vicino al mare.	A house by the sea.

(f) by **a**, when it expresses idea of *measure*.

Vèndono bicchieri solo alla dozzina.	They sell glasses only by the dozen.
Èrano venuti a centinaia.	They had come by the hundred.
Sono pagati a ore.	They are paid by the hour.
Un tappeto di quattro piedi per sei.	A carpet four feet by six.

NOTE the following expressions:

by means of	per mezzo di
by dint of	a forza di
by mistake	per errore (sbaglio)
by heart	a memoria
by chance	per caso
by sight	di vista
by the way, by the by	a propòsito, incidentalmente
little by little	a poco a poco
day by day	giorno per giorno
by hook or by crook	per amore o per forza

WORD STUDY

VERBS FOLLOWED BY PREPOSITIONS + INFINITIVE:

abituarsi a	to get used (accustomed) to	aspettarsi di	to expect (to)
		autorizzare a	to authorize (to)
accingersi a	to set about	aver bisogno di	to need (to)
affrettarsi a	to hasten (to)	bramare di	to long (for)
aiutare a	to help (to)	cercare di	to try (to)
apprestarsi a	to get ready (to)	cessare di	to cease, to leave off

chièdere di	to ask, to beg (to)	obbligare a	to oblige (to)
comandare di	to command, to order (to)	occuparsi di	to see (to)
		offrire di	to offer (to)
cominciare a	to start, to begin	ordinare di	to order (to)
concèdere di	to concede, to grant (to)	ostinarsi a	to persist (in)
		parere di	to seem, to appear (to)
condannare a	to condemn (to)		
consentire a	to consent (to)	pentirsi di	to repent
consigliare di	to advise (to)	permèttere di	to permit (to), to allow (to)
continuare a	to continue, to keep (on)		
		permèttersi di	to take the liberty (of)
convìncere a	to convince (to)		
costrìngere a	to compel (to)	persìstere in	to persist (in)
degnarsi di	to deign (to)	persuadere a	to persuade (to)
dimenticare (-rsi) di	to forget (to)	pregare di	to beg, to request (to)
dire di	to tell (to)	prepararsi a	to get ready (to)
domandare di	to ask (to)	pretèndere di	to pretend (to)
esitare a	to hesitate (to)	procurare di	to try (to)
esortare a	to exhort (to)	progettare di	to plan (to)
fare meglio a	to do (have) better	proibire di	to forbid (to)
fermarsi a	to stop (to)	promèttere di	to promise (to)
fìngere di	to pretend (to)	proporre di	to propose (to)
finire di	to finish	provare a	to try (to)
guardarsi da	to beware (of)	rassegnarsi a	to resign oneself (to)
immaginare di	to imagine	ricordare (-rsi) di	to remember (to)
impedire di	to prevent (from)		
impegnarsi a	to undertake (to), to engage oneself (to)	rifiutare di	to refuse (to)
		rincrèscersi di	to regret (to)
		rinunziare a	to renounce, to give up
incitare a	to incite (to), to urge (to)		
		risòlvere di	to resolve (to)
incoraggiare a	to encourage (to)	scrìvere di	to write (to)
indugiare a	to delay (in)	sdegnare di	to disdain (to)
indurre a	to induce (to)	seguitare a	to keep on
intèndere di	to intend, to mean (to)	sembrare di	to seem (to)
		sentirsi di	to feel like
invitare a	to invite, to ask (to)	servire a	to serve (to)
meravigliarsi di	to wonder (at)	sfidare a	to challenge (to)
meritare di	to deserve (to)	sforzarsi di	to strive (to)
mettersi a	to set out (to), to get down (to)	smèttere di	to stop
		sognare di	to dream

spronare a	to spur, to urge (to)	temere di	to fear, to be afraid (to)
suggerire di	to suggest (to)	tentare di	to attempt (to)
supplicare di	to beg (to), to implore (to)	vergognarsi di	to be ashamed (to)
tardare a	to be late in	vietare di	to forbid (to)

INTERJECTIONS

Per Bacco! Per Diana! Per Giove!	By Jove!
Dio mio!	Good Lord! Good Heavens!
Bontà divina!	My goodness! Good gracious!
Pòvero me!	Dear me!
Accidenti! Accidèmpoli!	Damn!
Coraggio! Su con la vita! Su d'ànimo!	Cheer up!
Per carità!	For heaven's sake!
Alla salute!	Cheers!
Salute!	Bless you!
Sciocchezze!	Nonsense! Rubbish!
Vergogna!	For shame!
Ahimè! Ohimè!	Alas!
Magari!	If only! Even better!
Evviva!	Hurray! Long live . . .!
Bis!	Encore!
Chissà!	Who knows!

EXERCISES

Translate into Italian:

(1)

1. Do you live in England, sir?
2. Antonio behaved in a strange way.
3. When did you arrive in England, miss?
4. We always go out in the evening.
5. I never sleep in the afternoon.
6. The old ladies are sitting in the sun.
7. I prefer to sit in the shade.
8. He spoke in a low voice.
9. Why do you always speak in a loud voice?
10. They killed him in cold blood.

(2)

1. In my opinion you are wrong, Maria.
2. I will be leaving in two days.
3. They will come back in a month.
4. I came back home at two o'clock.
5. We will go home at Christmas.
6. I thought you were at church, mother.
7. The two countries were at war.
8. The two lions are at liberty.
9. Why are you looking at me, Maria?
10. He was staring at the girl.

(3)

1. I described the situation to those gentlemen.
2. He introduced the girl to his mother.
3. Have you ever been to Italy, sir?
4. Have you ever been to Rome, John?
5. To my great surprise he started shouting.
6. She is always very kind to me.
7. Is it the same to you, madam?
8. He arrived late owing to the fog.
9. We acted according to the instructions.
10. They kept going to and fro.

(4)

1. What country do you come from, miss?
2. I received a letter from my friends.
3. We have just arrived from Florence.
4. Are you from London, sir?
5. How far is it (*Quanto c'è*) from here to Milan?
6. We are from Manchester.
7. I suffer from insomnia.
8. I don't want to die of cold.
9. They concealed the truth from the lady.
10. They stole a beautiful necklace from that actress.

(5)

1. There's a letter for you, sir.
2. Is this tea for me?
3. He was imprisoned for stealing a car.
4. I lived in New York for five years.
5. Mr Brown left for New York.
6. Thank you for phoning, madam.
7. What are you looking for, sir?
8. Are you waiting for somebody, miss?
9. I paid a lot for these shoes.
10. They asked me for some money.

(6)

1. I will be back at the end of the month.
2. We talked of our plans for next summer.
3. My grandmother died of old age.
4. That girl comes of a very good family.
5. She is of French origin.
6. Are you thinking of that girl, Paul?
7. We must beware of that man.
8. We took leave of them at twelve.
9. It is very kind of you, sir.
10. It was very kind of Paul to come here.

(7)

1. I saw a few letters on the table.
2. The article was on the political situation.
3. We don't rely on that man.
4. Everything depends on you, sir.
5. Miss Brown is on holiday.

6. Is this car on sale?
7. The house was on fire.
8. Are you here on business, sir?
9. You'll find this rule on page 100.
10. I am not on duty today.

(8)

1. I will go to Rome with a friend.
2. I will come with great pleasure.
3. We covered the floor with old newspapers.
4. The walls were painted (*di*) a yellow colour.
5. Are you pleased with my work, sir?

6. I always go to work by bus.
7. I will be back by the beginning of next month.
8. I bought a cottage by the lake.
9. I learnt this poem by heart.
10. I got here by mistake.

APPENDICES

Appendix 1

*Auxiliary Verbs — Regular Verbs — Irregular Verbs —
-isc- Verbs*

AUXILIARY VERBS

èssere

Gerund : essendo
Past Participle : stato

INDICATIVE MOOD		SUBJUNCTIVE MOOD	
Present	*Perfect*	*Present*	*Perfect*
sono	sono stato (–a)	sia	sia stato (–a)
sei	etc.	sia	etc.
è		sia	
siamo		siamo	
siete		siate	
sono		sìano	
Imperfect	*Pluperfect*	*Imperfect*	*Pluperfect*
ero	ero stato (–a)	fossi	fossi stato (–a)
eri	etc.	fossi	etc.
era		fosse	
eravamo		fóssimo	
eravate		foste	
èrano		fóssero	

CONDITIONAL MOOD	
Present	*Perfect*

Past Definite	*Past Anterior*	*Present*	*Perfect*
fui	fui stato (-a)	sarei	sarei stato (-a)
fosti	etc.	saresti	etc.
fu		sarebbe	
fummo		saremmo	
foste		sareste	
fùrono		sarébbero	

Future	Future Perfect	IMPERATIVE MOOD
sarò	sarò stato(-a)	
sarai	etc.	sii
sarà		sia
saremo		siamo
sarete		siate
saranno		sìano

avere

Gerund : avendo

Past Participle : avuto

INDICATIVE MOOD		SUBJUNCTIVE MOOD	
Present	*Perfect*	*Present*	*Perfect*
ho	ho avuto	abbia	abbia avuto
hai	etc.	abbia	etc.
ha		abbia	
abbiamo		abbiamo	
avete		abbiate	
hanno		àbbiano	

Imperfect	*Pluperfect*	*Imperfect*	*Pluperfect*
avevo	avevo avuto	avessi	avessi avuto
avevi	etc.	avessi	etc.
aveva		avesse	
avevamo		avéssimo	
avevate		aveste	
avévano		avéssero	

		CONDITIONAL MOOD	
Past Definite	*Past Anterior*	*Present*	*Perfect*
ebbi	ebbi avuto	avrei	avrei avuto
avesti	etc.	avresti	etc.
ebbe		avrebbe	
avemmo		avremmo	
aveste		avreste	
èbbero		avrèbbero	

Future	*Future Perfect*	IMPERATIVE MOOD
avrò	avrò avuto	
avrai	etc.	abbi
avrà		abbia
avremo		abbiamo
avrete		abbiate
avranno		àbbiano

REGULAR VERBS

First Conjugation:

parlare

Gerund : parlando
Past Participle : parlato

INDICATIVE MOOD

Present	*Perfect*
parlo	ho parlato
parli	etc.
parla	
parliamo	
parlate	
pàrlano	

Imperfect	*Pluperfect*
parlavo	avevo parlato
parlavi	etc.
parlava	
parlavamo	
parlavate	
parlàvano	

Past Definite	*Past Anterior*
parlai	ebbi parlato
parlasti	etc.
parlò	
parlammo	
parlaste	
parlàrono	

Future	*Future Perfect*
parlerò	avrò parlato
parlerai	etc.
parlerà	
parleremo	
parlerete	
parleranno	

SUBJUNCTIVE MOOD

Present	*Perfect*
parli	abbia parlato
parli	etc.
parli	
parliamo	
parliate	
pàrlino	

Imperfect	*Pluperfect*
parlassi	avessi parlato
parlassi	etc.
parlasse	
parlàssimo	
parlaste	
parlàssero	

CONDITIONAL MOOD

Present	*Perfect*
parlerei	avrei parlato
parleresti	etc.
parlerebbe	
parleremmo	
parlereste	
parlerèbbero	

IMPERATIVE MOOD

parla
parli
parliamo
parlate
pàrlino

Second Conjugation:

temere

Gerund : temendo
Past Participle : temuto

INDICATIVE MOOD

Present	*Perfect*
temo	ho temuto
temi	etc.

SUBJUNCTIVE MOOD

Present	*Perfect*
tema	abbia temuto
tema	etc.

temere—*continued*

INDICATIVE MOOD		SUBJUNCTIVE MOOD	
Present	*Perfect*	*Present*	*Perfect*
teme		tema	
temiamo		temiamo	
temete		temiate	
témono		témano	

Imperfect	*Pluperfect*	*Imperfect*	*Pluperfect*
temevo	avevo temuto	temessi	avessi temuto
temevi	etc.	temessi	etc.
temeva		temesse	
temevamo		teméssimo	
temevate		temeste	
temevano		teméssero	

CONDITIONAL MOOD

Past Definite	*Past Anterior*	*Present*	*Perfect*
temei (temetti)	ebbi temuto	temerei	avrei temuto
temesti	etc.	temeresti	etc.
temette		temerebbe	
tememmo		temeremmo	
temeste		temereste	
temérono		temerèbbero	
(temèttero)			

Future	*Future Perfect*	IMPERATIVE MOOD	
temerò	avrò temuto		
temerai	etc.	temi	
temerà		tema	
temeremo		temiamo	
temerete		temete	
temeranno		témano	

Third Conjugation:

dormire

Gerund : dormendo
Past Participle : dormito

INDICATIVE MOOD		SUBJUNCTIVE MOOD	
Present	*Perfect*	*Present*	*Perfect*
dormo	ho dormito	dorma	abbia dormito
dormi	etc.	dorma	etc.
dorme		dorma	
dormiamo		dormiamo	
dormite		dormiate	
dòrmono		dòrmano	

Imperfect	Pluperfect	Imperfect	Pluperfect
dormivo	avevo dormito	dormissi	avessi dormito
dormivi	etc.	dormissi	etc.
dormiva		dormisse	
dormivamo		dormìssimo	
dormivate		dormiste	
dormìvano		dormìssero	

CONDITIONAL MOOD

Past Definite	Past Anterior	Present	Perfect
dormii	ebbi dormito	dormirei	avrei dormito
dormisti	etc.	dormiresti	etc.
dormì		dormirebbe	
dormimmo		dormiremmo	
dormiste		dormireste	
dormìrono		dormirèbbero	

Future	Future Perfect	IMPERATIVE MOOD
dormirò	avrò dormito	
dormirai	etc.	dormi
dormirà		dorma
dormiremo		dormiamo
dormirete		dormite
dormiranno		dòrmano

Third Conjugation (-isc- verbs):

capire

Gerund: capendo
Past Participle: capito

INDICATIVE MOOD		SUBJUNCTIVE MOOD	
Present	Perfect	Present	Perfect
capisco	ho capito	capisca	abbia capito
capisci	etc.	capisca	etc.
capisce		capisca	
capiamo		capiamo	
capite		capiate	
capìscono		capìscano	

Imperfect	Pluperfect	Imperfect	Pluperfect
capivo	avevo capito	capissi	avessi capito
capivi	etc.	capissi	etc.
capiva		capisse	
capivamo		capissimo	
capivate		capiste	
capìvano		capìssero	

CONDITIONAL MOOD

Past Definite	*Past Anterior*	*Present*	*Perfect*
capii	ebbi capito	capirei	avrei capito
capisti	etc.	capiresti	etc.
capì		capirebbe	
capimmo		capiremmo	
capiste		capireste	
capìrono		capirèbbero	

Future	*Future Perfect*	IMPERATIVE MOOD	
capirò	avrò capito		
capirai	etc.		
capirà		capisci	
capiremo		capisca	
capirete		capiamo	
capiranno		capite	
		capìscano	

IRREGULAR VERBS

INFINITIVE	IRREGULAR PARTS OF VERB
accadere (*to happen*)	*see* cadere.
accèdere (*to accede*)	*see* concèdere.
accèndere (*to light*)	*Past Def.*: accesi, accendesti, accese, accendemmo, accendeste, accèsero. *Past Part.*: acceso.
acclùdere (*to enclose*)	*see* allùdere.
accìngersi (*to set about*)	*Past Def.*: mi accinsi, ti accingesti, si accinse, ci accingemmo, vi accingeste, si accìnsero. *Past Part.*: accinto.
accògliere (*to welcome*)	*see* cògliere.
accondiscèndere (*to agree*)	*see* scèndere.
accòrgersi (*to perceive, to realize*)	*see* scòrgere.
accórrere (*to run up*)	*see* córrere.
accréscere. (*to increase*)	*see* créscere
addirsi (*to suit*)	*see* dire.

INFINITIVE	IRREGULAR PARTS OF VERB
addurre *(to cite, adduce)*	*Pres. Ind.:* adduco, adduci, adduce, adduciamo, adducete, addùcono. *Past Def.:* addussi, adducesti, addusse, adducemmo, adduceste, addùssero. *Past Part.:* addotto. *Fut.:* addurrò, addurrai, addurrà, addurremo, addurrete, addurranno.
affìggere *(to stick)*	*Past Def.:* affissi, affiggesti, affisse, affiggemmo, affiggeste, affìssero. *Past Part.:* affisso.
afflìggere *(to afflict)*	*Past Def.:* afflissi, affliggesti, afflisse, affliggemmo, affliggeste, afflìssero. *Past Part.:* afflitto.
aggiùngere *(to add)*	*see* **giùngere.**
allùdere *(to allude)*	*Past Def.:* allusi, alludesti, alluse, alludemmo, alludeste, allùsero. *Past Part.:* alluso.
ammèttere *(to admit)*	*see* **mèttere**
andare *(to go)*	*Pres. Ind.:* vado, vai, va, andiamo, andate, vanno. *Fut.:* andrò, andrai, andrà, etc. *Pres. Subj.:* vada, andiamo, andiate, vàdano. *Imperative:* va', vada, andiamo, andate, vàdano.
annèttere *(to annex)*	*Past Def.:* annessi, annettesti, annesse, etc. *Past Part.:* annesso.
anteporre *(to put before)*	*see* **porre.**
apparire *(to appear)*	*Pres. Ind.:* appaio *or* apparisco, appari *or* apparisci, appare *or* apparisce, appariamo, apparite, appàiono *or* apparìscono. *Past Def.:* apparsi *or* apparvi *or* apparii, apparisti, apparse *or* apparve *or* apparì, etc. *Past Part.:* apparso. *Pres. Subj.:* appaia *or* apparisca, appariamo, appariate, appàiano *or* apparìscano. *Imperative:* appari *or* apparisci, appaia *or* apparisca, appariamo, etc.
appartenere *(to belong)*	*see* **tenere.**
appèndere *(to hang)*	*Past Def.:* appesi, appendesti, appese, appendemmo, appendeste appésero. *Past. Part.:* appeso.
apporre *(to fix, to put)*	*see* **porre.**
apprèndere *(to learn)*	*see* **prèndere.**

INFINITIVE	IRREGULAR PARTS OF VERB
aprire (*to open*)	*Past Def.*: apersi *or* aprii, apristi, aperse *or* aprì, aprimmo, apriste, apèrsero *or* aprìrono. *Past Part.*: aperto.
àrdere (*to burn*)	*Past Def.*: arsi, ardesti, arse, ardemmo, ardeste, àrsero. *Past Part.*: arso.
arrèndersi (*to surrender*)	*see* **rèndere**.
arrìdere (*to be favourable*)	*see* **rìdere**.
ascèndere (*to ascend*)	*see* **scèndere**.
ascrìvere (*to ascribe*)	*see* **scrìvere**.
aspèrgere (*to sprinkle*)	*Past Def.*: aspersi, aspergesti, asperse, aspergemmo, aspergeste, aspèrsero. *Past Part.*: asperso.
assalire (*to assail*)	*see* **salire**.
assìdersi (*to take a seat*)	*Past Def.*: mi assisi, ti assidesti, si assise, ci assidemmo, vi assideste, si assìsero. *Past Part.*: assiso.
assìstere (*to attend*)	*Past Part.*: assistito.
assòlvere (*to absolve*)	*Past Def.*: assolsi, assolvetti, assolse, assolvemmo, assolveste, assòlsero. *Past Part.*: assolto.
assùmere (*to assume, to employ*)	*Past Def.*: assunsi, assumesti, assunse, assumemmo, assumeste, assùnsero. *Past Part.*: assunto.
astenersi (*to abstain*)	*see* **tenere**.
astrarre (*to abstract*)	*see* **trarre**.
attèndere (*to wait*)	*see* **tèndere**.
attìngere (*to draw*)	*see* **tìngere**.
avvedersi (*to perceive*)	*see* **vedere**.
avvenire (*to happen*)	*see* **venire**.
avvìncere (*to enthral*)	*see* **vìncere**.
avvòlgere (*to wrap*)	*see* **vòlgere**.
benedire (*to bless*)	*see* **dire**.

INFINITIVE	IRREGULAR PARTS OF VERB
bere *(to drink)*	*Pres. Ind.:* bevo, bevi, beve, beviamo, bevete, bévono. *Imperf. Ind.:* bevevo, bevevi, beveva, etc. *Past. Def.:* bevvi, bevesti, bevve, bevemmo, beveste, bèvvero. *Fut.:* berrò, berrai, berrà, etc. *Cond.:* berrei, berresti, berrebbe, etc. *Pres. Subj.:* beva, beviamo, beviate, bévano. *Imperf. Subj.:* bevessi, bevesse, bevèssimo, etc. *Past Part.:* bevuto. *Ger.:* bevendo.
cadere *(to fall)*	*Past Def.:* caddi, cadesti, cadde, cademmo, cadeste, càddero. *Fut.:* cadrò, cadrai, cadrà, etc. *Cond.:* cadrei, cadresti, cadrebbe, etc.
chièdere *(to ask)*	*Past. Def.:* chiesi, chiedesti, chiese, chiedemmo, chiedeste, chiésero. *Past Part.:* chiesto.
chiùdere *(to close, shut)*	*Past Def.:* chiusi, chiudesti, chiuse, chiudemmo, chiudeste, chiùsero. *Past Part.:* chiuso.
cìngere *(to gird, embrace)*	*Past Def.:* cinsi, cingesti, cinse, cingemmo, cingeste, cìnsero. *Past Part.:* cinto.
circoscrìvere *(to circumscribe)*	*see* **scrìvere.**
cògliere *(to pick)*	*Pres. Ind.:* colgo, cogli, coglie, cogliamo, cogliete, còlgono. *Past Def.:* colsi, cogliesti, colse, cogliemmo, coglieste, còlsero. *Past Part.:* colto.
coincìdere *(to coincide)*	*Past Def.:* coincisi, coincidesti, coincise, coincidemmo, coincideste, coincìsero. *Past Part.:* coinciso.
commèttere *(to commit)*	*see* **mèttere.**
commuòvere *(to move, to touch)*	*see* **muòvere.**
comparire *(to appear)*	*see* **apparire.**
compiacere *(to please)*	*see* **piacere.**
compiàngere *(to pity)*	*see* **piàngere.**
compire (cóm- **piere)** *(to accomplish)*	*Pres. Ind.:* compio, compi, compie, compiamo, compite, cómpiono. *Past Part:* compiuto.
comporre *(to compose)*	*see* **porre.**
comprèndere *(to understand)*	*see* **prèndere.**
comprìmere *(to compress)*	*Past Def.:* compressi, comprimesti, compresse, comprimemmo, comprimeste, comprèssero. *Past Part.:* compresso.

INFINITIVE	IRREGULAR PARTS OF VERB
concèdere (*to concede, grant*)	*Past Def.* : concessi or concedei, concedesti, concesse or concedette, concedemmo, concedeste, concèssero or concedèttero. *Past Part.* : concesso.
conclùdere (conchiùdere) (*to conclude*)	*see* allùdere.
concórrere (*to concur, com-* *pete*)	*see* córrere.
condivìdere (*to share*)	*see* divìdere.
condolersi (*to condole*)	*see* dolere.
condurre (*to take, to con-* *duct, to lead*)	*see* addurre.
confìggere (*to drive in*)	*see* fìggere.
confóndere (*to confound,* *confuse*)	*see* fóndere
congiùngere (*to join*)	*see* giùngere.
connèttere (*to connect*)	*see* annèttere.
conóscere (*to know*)	*Past Def.* : conobbi, conoscesti, conobbe, conoscemmo, conosceste, conóbbero.
consìstere (*to consist*)	*see* assìstere.
contèndere (*to contend*)	*see* tèndere.
contenere (*to contain*)	*see* tenere.
contòrcere (*to twist*)	*see* tòrcere.
contraddire (*to contradict*)	*see* dire.
contraffare (*to counterfeit*)	*see* fare.
contrarre (*to contract*)	*see* trarre.
contùndere (*to bruise*)	*Past Def.*: contusi, contundesti, contuse, contundemmo, contundeste, contùsero. *Past Part.* : contuso.

INFINITIVE	IRREGULAR PARTS OF VERB
convenire (*to agree, convene*)	*see* venire.
convìncere (*to convince*)	*see* vìncere.
coprire (*to cover*)	*see* aprire.
corrèggere (*to correct*)	*see* règgere.
córrere (*to run*)	*Past Def.:* corsi, corresti, corse, corremmo, correste, córsero. *Past Part.:* corso.
corrispóndere (*to correspond*)	*see* rispóndere.
corrómpere (*to corrupt*)	*see* rómpere.
corròdere (*to corrode*)	*see* ròdere.
cospàrgere (*to besprinkle*)	*see* spàrgere.
costrìngere (*to compel, force*)	*see* strìngere.
costruire (*to construct,* *build*)	*Past Def.:* costrussi *or* costruii, costruisti, costrusse *or* costruì, costruimmo, costruiste, costrùssero *or* costruìrono. *Past Part.:* costrutto *or* costruito.
créscere (*to grow*)	*Past Def.:* crebbi, crescesti, crebbe, crescemmo, cresceste, crébbero.
cuòcere (*to cook*)	*Pres. Ind.:* cuocio, cuoci, cuoce, cociamo, cocete, cuòciono. *Past Def.:* cossi, cocesti, cosse, cocemmo, coceste, còssero. *Past Part.:* cotto.
dare (*to give*)	*Pres. Ind.:* do, dai, dà, diamo, date, danno. *Past Def.:* diedi, desti, diede, demmo, deste, diédero. *Past Part.:* dato. *Fut.:* darò, darai, darà, etc. *Pres. Subj.:* dia, diamo, diate, dìano. *Imperative:* da', dia, diamo, date, dìano.
decìdere (*to decide*)	*Past Def.:* decisi, decidesti, decise, decidemmo, decidesti, decìsero. *Past Part.:* deciso.
decadere (*to decay*)	*see* cadere.
decórrere (*to start from*)	*see* córrere.
decréscere (*to decrease*)	*see* créscere.
dedurre (*to deduce, deduct*)	*see* addurre.
delùdere (*to delude, beguile*)	*see* allùdere.

INFINITIVE	IRREGULAR PARTS OF VERB
deporre (*to depose, bear witness*)	*see* porre.
deprìmere (*to depress*)	*see* comprìmere.
derìdere (*to deride*)	*see* rìdere.
descrìvere (*to describe*)	*see* scrìvere.
desìstere (*to desist*)	*see* assìstere.
desùmere (*to infer*)	*see* assùmere.
detèrgere (*to wipe*)	*see* tèrgere.
difèndere (*to defend*)	*Past Def.:* difesi, difendesti, difese, difendemmo, difendeste, difésero. *Past Part.:* difeso.
diffóndere (*to spread, diffuse*)	*see* fóndere.
dipèndere (*to depend*)	*see* appèndere.
dipìngere (*to paint*)	*see* pìngere.
dire (*to say, tell*)	*Pres. Ind.:* dico, dici, dice, diciamo, dite, dìcono. *Past Def.:* dissi, dicesti, disse, dicemmo, diceste, dìssero. *Imp. Ind.:* dicevo, dicevi, diceva, dicevamo, dicevate, dicévano. *Past Part.:* detto. *Fut.:* dirò, dirai, dirà, etc. *Pres. Subj.:* dica, diciamo, diciate, dìcano. *Imperf. Subj.:* dicessi, dicesse, dicèssimo, diceste, dicèssero. *Imperative:* di', dica, diciamo, dite, dìcano.
dirìgere (*to direct, manage*)	*Past Def.:* diressi, dirigesti, diresse, dirigemmo, dirigeste, dirèssero. *Past Part.:* diretto.
discèndere (*to descend*)	*see* scèndere.
dischiùdere (*to disclose*)	*see* chiùdere.
disciògliere (*to dissolve, untie*)	*see* sciògliere.
discórrere (*to discourse, talk*)	*see* córrere.
discùtere (*to discuss*)	*Past Def.:* discussi, discutesti, discusse, discutemmo, discuteste, discùssero. *Past Part.:* discusso.

INFINITIVE	IRREGULAR PARTS OF VERB
disfare (*to undo*)	*see* fare.
disgiùngere (*to disjoint*)	*see* giùngere.
disillùdere (*to disappoint*)	*see* illùdere.
dispérdere (*to disperse*)	*see* pérdere.
dispiacere (*to displease*)	*see* piacere.
disporre (*to dispose, arrange*)	*see* porre.
dissòlvere (*to dissolve*)	*see* assòlvere.
dissuadere (*to dissuade*)	*see* persuadere.
distèndere (*to stretch, spread*)	*see* tèndere.
distìnguere (*to distinguish*)	*Past Def.:* distinsi, distinguesti, distinse, distinguemmo, distin- gueste, distìnsero. *Past Part.:* distinto.
distògliere (*to divert, dis- suade*)	*see* tògliere.
distrarre (*to divert, distract*)	*see* trarre.
distrùggere (*to destroy*)	*see* strùggere.
divèllere (*to uproot*)	*Past Def.:* divelsi, divellesti, divelse, divellemmo, divelleste, divèlsero. *Past Part.:* divelto.
divenire (*to become*)	*see* venire.
divìdere (*to divide*)	*Past Def.:* divisi, dividesti, divise, dividemmo, divideste, divìsero. *Past Part.:* diviso.
dolere (*to ache*)	*Pres. Ind.:* dolgo, duoli, duole, doliamo, dolete, dòlgono. *Past Def.:* dolsi, dolesti, dolse, dolemmo, doleste, dòlsero. *Past Part.:* dolto *or* doluto. *Fut.:* dorrò, dorrai, dorrà, etc.
dovere (*to have to*)	*Pres. Ind.:* devo *or* debbo, devi, deve, dobbiamo, dovete, dévono *or* débbono. *Fut.:* dovrò, dovrai, dovrà, etc. *Pres. Subj.:* deva *or* debba, dobbiamo, dobbiate, dévano *or* déb- bano.

INFINITIVE	IRREGULAR PARTS OF VERB
effóndere (*to effuse*)	*see* fóndere.
elèggere (*to elect*)	*see* lèggere.
elìdere (*to elide*)	*Past Def.:* elisi, elidesti, elise, elidemmo, elideste, elìsero. *Past Part.:* eliso.
elùdere (*to elude*)	*see* allùdere.
emèrgere (*to emerge*)	*Past Def.:* emersi, emergesti, emerse, emergemmo, emergeste, emèrsero. *Past Part.:* emerso.
emèttere (*to emit, issue*)	*see* mèttere.
èrgere (*to erect*)	*Past Def.:* ersi, ergesti, erse, ergemmo, ergeste, èrsero. *Past Part.:* erto.
erìgere (*to erect*)	*see* dirìgere.
esclùdere (*to exclude*)	*see* allùdere.
esìgere (*to exact*)	*Past Part.:* esatto.
espèllere (*to expell*)	*Past Def.:* espulsi, espellesti, espulse, espellemmo, espelleste, espùlsero. *Past Part.:* espulso.
esplòdere (*to explode*)	*Past Def.:* esplosi, esplodesti, esplose, esplodemmo, esplodeste, esplòsero. *Past Part.:* esploso.
esporre (*to expose, exhibit*)	*see* porre.
esprimere (*to express*)	*see* comprìmere.
estèndere (*to extend*)	*see* tèndere.
estìnguere (*to extinguish*)	*see* distìnguere.
estrarre (*to extract, pull out*)	*see* trarre.
evàdere (*to evade*)	*Past Def.:* evasi, evadesti, evase, evademmo, evadeste, evàsero. *Past Part.:* evaso.
fare (*to do, make*)	*Pres. Ind.:* faccio, fai, fa, facciamo, fate, fanno. *Past Def.:* feci, facesti, fece, facemmo, faceste, fécero. *Imperf. Ind.:* facevo, facevi, faceva, etc. *Past Part.:* fatto. *Fut.:* farò, farai, farà, etc. *Pres. Subj.:* faccia, facciamo, facciate, fàcciano. *Imperative:* fa', faccia, facciamo, facciate, fàcciano.

INFINITIVE	IRREGULAR PARTS OF VERB
fìggere *(to fix)*	*Past Def.:* fissi, figgesti, fisse, figgemmo, figgeste, fìssero. *Past Part.:* fitto.
fìngere *(to feign, pretend)*	*see* **cìngere.**
fóndere *(to melt)*	*Past Def.:* fusi, fondesti, fuse, fondemmo, fondeste, fùsero. *Past Part.:* fuso.
frammèttere *(to interpose)*	*see* **mèttere.**
fràngere *(to break)*	*Past Def.:* fransi, frangesti, franse, frangemmo, frangeste, frànsero. *Past Part.:* franto.
frappore *(to interpose)*	*see* **porre.**
frìggere *(to fry)*	*Past Def.:* frissi, friggesti, frisse, friggemmo, friggeste, frìssero. *Past Part.:* fritto.
fùngere (da) *(to act as)*	*Past Def.:* funsi, fungesti, funse, fungemmo, fungeste, fùnsero.
giacere *(to lie)*	*Pres. Ind.:* giaccio, giaci, giace, giacciamo, giacete, giàcciono. *Past Def.:* giacqui, giacesti, giacque, giacemmo, giaceste, giàcquero. *Pres. Subj.:* giaccia, giacciamo, giacciate, giàcciano. *Imperative:* giaci, giaccia, etc.
giùngere *(to arrive)*	*Past Def.:* giunsi, giungesti, giunse, giungemmo, giungeste, giùnsero. *Past Part.:* giunto.
godere *(to enjoy)*	*Fut.:* godrò, godrai, godrà, etc. *Cond.:* godrei, godresti, godrebbe, etc.
illùdere *(to delude)*	*see* **allùdere.**
immèrgere *(to plunge)*	*see* **emèrgere.**
imporre *(to impose)*	*see* **porre.**
imprìmere *(to impress)*	*see* **comprìmere.**
incìdere *(to etch)*	*see* **decìdere.**
inclùdere *(to include)*	*see* **allùdere.**
incórrere *(to incur)*	*see* **córrere.**
incùtere *(to rouse)*	*see* **discùtere.**
indùlgere *(to indulge)*	*Past Def.:* indulsi, indulgesti, indulse, indulgemmo, indulgeste, indùlsero. *Past Part.:* indulto.
indurre *(to induce)*	*see* **addurre.**

INFINITIVE	IRREGULAR PARTS OF VERB
inferire *(to infer)*	*Past Def.:* infersi, inferisti, inferse, inferimmo, inferiste, infèrsero. *Past Part.:* inferto.
inflìggere *(to inflict)*	*see* afflìggere.
infóndere *(to infuse)*	*see* fóndere.
infràngere *(to break)*	*see* fràngere.
insìstere *(to insist)*	*see* assìstere.
intèndere *(to intend)*	*see* tèndere.
intercédere *(to intercede)*	*see* cédere.
interdire *(to interdict)*	*see* dire.
interporre *(to interpose)*	*see* porre.
interrómpere *(to interrupt)*	*see* rómpere.
intervenire *(to intervene)*	*see* venire.
intraprèndere *(to undertake)*	*see* prèndere.
intrìdere *(to soak)*	*Past Def.:* intrisi, intridesti, intrise, intridemmo, intrideste, intrìsero. *Past Part.:* intriso.
introdurre *(to introduce)*	*see* addurre.
intrùdere *(to intrude)*	*Past Def.:* intrusi, intrudesti, intruse, intrudemmo, intrudeste, intrùsero. *Past Part.:* intruso.
invàdere *(to invade)*	*see* evàdere.
invòlgere *(to wrap)*	*see* vòlgere.
irrómpere (in) *(to break into)*	*see* rómpere.
iscrìvere *(to register)*	*see* scrìvere.
istruire *(to instruct)*	*see* costruire.
lèdere *(to damage)*	*Past Def.:* lesi, ledesti, lese, ledemmo, ledeste, lésero. *Past Part.:* leso.
lèggere *(to read)*	*Past Def.:* lessi, leggesti, lesse, leggemmo, leggeste, lèssero. *Past Part.:* letto.

INFINITIVE	IRREGULAR PARTS OF VERB
maledire (*to curse*)	*see* dire.
mantenere (*to support, main-* *tain*)	*see* tenere.
mèttere (*to put*)	*Past Def.*: misi, mettesti, mise, mettemmo, metteste, mìsero. *Past Part.*: messo.
mòrdere (*to bite*)	*Past Def.*: morsi, mordesti, morse, mordemmo, mordeste, mòrsero. *Past Part.*: morso.
morire (*to die*)	*Pres. Ind.*: muoio, muori, muore, moriamo, morite, muòiono. *Past Part.*: morto. *Fut.*: morirò *or* morrò, morirai *or* morrai, etc. *Pres. Subj.*: muoia, moriamo, moriate, muòiano.
muòvere (*to move*)	*Pres. Ind.*: muovo *or* movo, muovi *or* movi, muove *or* move, moviamo, movete, muòvono *or* mòvono. *Past Def.*: mossi, movesti, mosse, movemmo, moveste, mòssero. *Past Part.*: mosso.
mùngere (*to milk*)	*Past Def.*: munsi, mungesti, munse, mungemmo, mungeste, mùnsero. *Past Part.*: munto.
nàscere (*to be born*)	*Past Def.*: nacqui, nascesti, nacque, nascemmo, nasceste, nàcquero. *Past Part.*: nato.
nascóndere (*to hide, conceal*)	*Past Def.*: nascosi, nascondesti, nascose, nascondemmo, nascon- deste, nascósero. *Past Part.*: nascosto.
nuòcere (nòcere) (*to harm*)	*Pres. Ind.*: nuoccio *or* noccio, nuoci, nuoce, nociamo, nocete, nòcciono *or* nuòciono. *Past Def.*: nocqui, nocesti, nocque, nocemmo, noceste, nòcquero.
occórrere (*to need*)	*see* córrere.
offèndere (*to offend*)	*see* difèndere.
offrire (*to offer*)	*Past Def.*: offersi *or* offrii, offristi, offerse *or* offrì, offrimmo, offriste, offèrsero *or* offrìrono. *Past Part.*: offerto.
omèttere (*to omit*)	*see* mèttere.
opporre (*to oppose*)	*see* porre.
opprìmere (*to oppress*)	*see* comprìmere.
ottenere (*to obtain*)	*see* tenere.
parere (*to seem, look*)	*Pres. Ind.*: paio, pari, pare, paiamo, parete, pàiono. *Past Def.*: parvi, paresti, parve, paremmo, pareste, pàrvero. *Past Part.*: parso. *Fut.*: parrò, parrai, parrà, etc.

INFINITIVE	IRREGULAR PARTS OF VERB
percórrere (*to go along*)	*see* córrere.
percuòtere (*to beat*)	*Past Def.*: percossi, percuotesti, percosse, percuotemmo, percuo- teste, percòssero. *Past Part.*: percosso.
pèrdere (*to lose, miss*)	*Past Def.*: persi *or* perdei, perdesti, perse *or* perdette, perdemmo, perdeste, pèrsero *or* perdèttero. *Past Part.*: perso *or* perduto.
permèttere (*to permit, allow*)	*see* mèttere.
persuadere (*to persuade*)	*Past Def.*: persuasi, persuadesti, persuase, persuademmo, per- suadeste, persuàsero. *Past Part.*: persuaso.
pervenire (a) (*to reach*)	*see* venire.
piacere (*to like*)	*Pres. Ind.*: piaccio, piaci, piace, piacciamo, piacete, piàcciono. *Past Def.*: piacqui, piacesti, piacque, piacemmo, piaceste, piàc- quero.
piàngere (*to cry, weep*)	*Past Def.*: piansi, piangesti, pianse, piangemmo, piangeste, piàn- sero. *Past Part.*: pianto.
pìngere (*to paint*)	*Past Def.*: pinsi, pingesti, pinse, pingemmo, pingeste, pìnsero. *Past Part.*: pinto.
piòvere (*to rain*)	*Past Def.*: piovve.
pòrgere (*to hand, present*)	*Past Def.*: porsi, porgesti, porse, porgemmo, porgeste, pòrsero. *Past Part.*: porto.
porre (*to put*)	*Pres. Ind.*: pongo, poni, pone, poniamo, ponete, póngono. *Past Def.*: posi, ponesti, pose, ponemmo, poneste, pósero. *Past Part.*: posto. *Fut.*: porrò, porrai, porrà, etc.
posporre (*to postpone*)	*see* porre.
possedere (*to own, possess*)	*see* sedere.
potere (*to be able*)	*Pres. Ind.*: posso, puoi, può, possiamo, potete, pòssono. *Fut.*: potrò, potrai, potrà, .etc.
prediligere (*to prefer*)	*Past Def.*: predilessi, predileggesti, predilesse, prediligemmo, pre- diligeste, predilèssero. *Past Part.*: prediletto.
predire (*to predict*)	*see* dire.
prefìggersi (*to be determined*)	*see* afflìggere.
prelùdere (*to prelude*)	*see* allùdere.

INFINITIVE	IRREGULAR PARTS OF VERB
prèndere (*to take off*)	*Past Def.:* presi, prendesti, prese, prendemmo, prendeste, présero. *Past Part.:* preso.
preporre (*to put before*)	*see* **porre**.
prescègliere (*to select*)	*see* **scègliere**.
prescrìvere (*to prescribe*)	*see* **scrìvere**.
presiédere (*to preside*)	*see* **sedere**.
presùmere (*to presume*)	*see* **assùmere**.
pretèndere (*to pretend*)	*see* **tèndere**.
prevalere (*to prevail*)	*see* **valere**.
prevedere (*to foresee*)	*see* **vedere**.
prevenire (*to prevent*)	*see* **venire**.
produrre (*to produce*)	*see* **addurre**.
profferire (*to utter*)	*see* **inferire**.
profóndere (*to lavish*)	*see* **fóndere**.
promèttere (*to promise*)	*see* **mèttere**.
promuòvere (*to promote*)	*see* **muòvere**.
proporre (*to propose*)	*see* **porre**.
prorómpere (*to burst out*)	*see* **rómpere**.
proscrìvere (*to proscribe*)	*see* **scrìvere**.
protèggere (*to protect*)	*Past Def.:* protessi, proteggesti, protesse, proteggemmo, proteggeste, protèssero. *Past Part.:* protetto.
provenire (*to derive*)	*see* **venire**.
provvedere (*to provide*)	*see* **vedere**.
pùngere (*to sting*)	*Past Def.:* punsi, pungesti, punse, pungemmo, pungeste, pùnsero. *Past Part.:* punto.
racchiùdere (*to contain*)	*see* **chiùdere**.

INFINITIVE	IRREGULAR PARTS OF VERB
raccògliere (*to pick, gather*)	*see* còglieri.
ràdere (-rsi) (*to shave*)	*Past Def.:* rasi, radesti, rase, rademmo, radeste, ràsero. *Past Part.:* raso.
raggiùngere (*to reach*)	*see* giùngere.
rapprèndere (*to coagulate*)	*see* prèndere.
ravvedersi (*to repent*)	*see* vedere.
recìdere (*to cut*)	*see* decìdere.
redìgere (*to draw up*)	*Past Part.:* redatto.
redìmere (*to redeem*)	*Past Def.:* redensi, redimesti, redense, redimemmo, redimeste, redènsero. *Past Part.:* redento.
règgere (*to support*)	*Past Def.:* ressi, reggeste, resse, reggemmo, reggeste, rèssero. *Past Part.:* retto.
rèndere (*to render, make*)	*Past Def.:* resi, rendesti, rese, rendemmo, rendeste, résero. *Past Part.:* reso.
reprìmere (*to repress*)	*see* comprìmere.
rescìndere (*to rescind*)	*see* scìndere.
respìngere (*to reject*)	*see* spìngere.
restrìngere (*to take in*)	*see* strìngere.
retrocédere (*to retreat*)	*see* cédere.
ricadere (*to fall again, relapse*)	*see* cadere.
richiédere (*to request*)	*see* chiédere.
riconòscere (*to recognize*)	*see* conòscere.
ricoprire (*to cover again*)	*see* coprire.
ricórrere (*to have recourse*)	*see* córrere.
rìdere (*to laugh*)	*Past Def.:* risi, ridesti, rise, ridemmo, rideste, rìsero. *Past Part.:* riso.
ridire (*to say again, object*)	*see* dire.

INFINITIVE	IRREGULAR PARTS OF VERB
ridurre *(to reduce)*	*see* **addurre.**
rifare *(to do again, make again)*	*see* **fare.**
riflèttere *(to reflect)*	*Past Part.:* riflesso *or* riflettuto.
rifràngere *(to refract)*	*see* **fràngere.**
rifùlgere *(to shine)*	*Past Def.:* rifulsi, rifulgesti, rifulse, rifulgemmo, rifulgeste, rifùlsero. *Past Part.:* rifulso.
rimanere *(to remain)*	*Pres. Ind.:* rimango, rimani, rimane, rimaniamo, rimanete, rimàngono. *Past Def.:* rimasi, rimanesti, rimase, rimanemmo, rimaneste, rimàsero. *Past Part.:* rimasto. *Fut.:* rimarrò, rimarrai, rimarrà, etc. *Cond.:* rimarrei, rimarresti, rimarrebbe, etc.
rimèttere *(to replace)*	*see* **mèttere.**
rimòrdere *(to bite again, prick)*	*see* **mòrdere.**
rimpiàngere *(to regret)*	*see* **piàngere.**
rinàscere *(to be born again)*	*see* **nàscere.**
rinchiùdere *(to shut, to enclose)*	*see* **chiùdere.**
rincréscere *(to regret, to be sorry)*	*see* **créscere.**
rinvenire *(to come round, to come to oneself)*	*see* **venire.**
ripercuòtere *(to reverberate)*	*see* **percuòtere.**
riporre *(to put back)*	*see* **porre.**
riprèndere *(to recover)*	*see* **prèndere.**
riprodurre *(to reproduce)*	*see* **addurre.**
riscuòtere *(to collect, cash)*	*see* **scuòtere.**

INFINITIVE	IRREGULAR PARTS OF VERB
risòlvere (*to solve*)	*see* assòlvere.
risòrgere (*to rise again,* *resurrect*)	*see* sòrgere.
rispóndere (*to reply, answer*)	*Past Def.:* risposi, rispondesti, rispose, rispondemmo, rispondeste, rispòsero. *Past Part.:* risposto.
ritenere (*to retain, main-* *tain*)	*see* tenere.
ritrarre (*to draw*)	*see* trarre.
riuscire (*to succeed*)	*see* uscire.
rivedere (*to see again*)	*see* vedere.
rivìvere (*to live again*)	*see* vìvere.
rivòlgere (*to turn, address*)	*see* vòlgere.
ròdere (*to gnaw*)	*Past Def.:* rosi, rodesti, rose, rodemmo, rodeste, ròsero. *Past Part.:* roso.
rómpere (*to break*)	*Past Def.:* ruppi, rompesti, ruppe, rompemmo, rompeste, rùppero. *Past Part.:* rotto.
salire (*to go up, come up*)	*Pres. Ind.:* salgo, sali, sale, saliamo, salite, sàlgono.
sapere (*to know*)	*Pres. Ind.:* so, sai, sa, sappiamo, sapete, sanno. *Past Def.:* seppi, sapesti, seppe, sapemmo, sapeste, sèppero. *Fut.:* saprò, saprai, saprà, etc. *Pres. Subj.:* sappia, sappiamo, sappiate, sàppiano. *Imperative:* sappi, sappia, sappiamo, sappiate, sàppiano.
scadere (*to fall due,* *expire*)	*see* cadere.
scègliere (*to choose*)	*Pres. Ind.:* scelgo, scegli, sceglie, scegliamo, scegliete, scèlgono. *Past Def.:* scelsi, scegliesti, scelse, scegliemmo, sceglieste, scèlsero. *Past Part.:* scelto.
scèndere (*to go down,* *come down*)	*Past Def.:* scesi, scendesti, scese, scendemmo, scendeste, scésero. *Past Part.:* sceso.
schiùdere (*to disclose*)	*see* chiùdere.
scìndere (*to separate*)	*Past Def.:* scissi, scindesti, scisse, scindemmo, scindeste, scìssero. *Past Part.:* scisso.

INFINITIVE	IRREGULAR PARTS OF VERB
sciògliere (*to melt, untie*)	*Pres. Ind.* : sciolgo, scogli, scioglie, sciogliamo, sciogliete, sciòlgono. *Past Def.* : sciolsi, sciogliesti, sciolse, sciogliemmo, scioglieste, sciòlsero. *Past Part.* : sciolto.
scommèttere (*to bet*)	*see* mèttere.
scomparire (*to disappear*)	*see* apparire.
scomporre (*to decompose*)	*see* porre.
sconfìggere (*to defeat*)	*see* fìggere.
sconvòlgere (*to upset*)	*see* vòlgere.
scoprire (*to discover, uncover*)	*see* aprire.
scòrgere (*to perceive*)	*Past Def.* : scorsi, scorgesti, scorse, scorgemmo, scorgeste, scòrser o *Past Part.* : scorto.
scórrere (*to flow*)	*see* córrere.
scrìvere (*to write*)	*Past Def.* : scrissi, scrivesti, scrisse, scrivemmo, scriveste, scrìsse ro *Past Part.* : scritto.
scuòtere (*to shake*)	*Pres. Ind.* : scuoto, scuoti, scuote, scotiamo, scotete, scuòtono. *Past Def.* : scossi, scotesti, scosse, scotemmo, scoteste, scòssero. *Past Part.* : scosso. *Fut.* : scoterò, scoterai, scoterà, etc.
sedere (*to sit*)	*Pres. Ind.* : siedo *or* seggo, siedi, siede, sediamo, sedete, siédono *or* sèggono.
seppellire (*to bury*)	*Past Part.* : sepolto or seppellito.
smèttere (*to stop, leave off*)	*see* mèttere.
smuòvere (*to remove*)	*see* muòvere.
socchiùdere (*to half-close*)	*see* chiùdere.
soccórrere (*to help, assist*)	*see* córrere.
soddisfare (*to satisfy*)	*see* fare.
soffrire (*to suffer*)	*Past Def.* : soffersi *or* soffrii, soffristi, sofferse *or* soffrì, soffrimmo, soffriste, soffèrsero *or* soffrirono. *Past Part.* : sofferto.

INFINITIVE	IRREGULAR PARTS OF VERB
soggiungere (*to add*)	*see* giùngere.
solere (*to be used*)	*Pres. Ind.:* soglio, suoli, suole, sogliamo, solete, sògliono.
sommèrgere (*to submerge*)	*see* emèrgere.
sopprìmere (*to suppress*)	*see* comprìmere.
sòrgere (*to rise*)	*Past Def.:* sorsi, sorgesti, sorse, sorgemmo, sorgeste, sòrsero. *Past Part.:* sorto.
sorprèndere (*to surprise*)	*see* prèndere.
sorrèggere (*to support*)	*see* règgere.
sorrìdere (*to smile*)	*see* rìdere.
sospèndere (*to suspend*)	*see* appèndere.
sospìngere (*to push*)	*see* spìngere.
sostenere (*to support, maintain*)	*see* tenere.
sottintèndere (*to imply*)	*see* tèndere.
spàndere (*to spill, shed*)	*Past Part.:* spanto.
spàrgere (*to scatter*)	*Past Def.:* sparsi, spargesti, sparse, spargemmo, spargeste, spàrsero. *Past Part.:* sparso.
sparire (*to disappear*)	*Past Def.:* sparii *or* sparvi, sparisti, sparì *or* sparve, sparimmo, spariste, sparìrono *or* spàrvero.
spègnere (*to put out, switch off*)	*Pres. Ind.:* spengo, spegni *or* spengi, spegne *or* spenge, spegniamo *or* spengiamo, spegnete *or* spengete, spèngono. *Past Def.:* spensi, spegnesti *or* spengesti, spense, spegnemmo *or* spengemmo, spegneste *or* spengeste, spènsero. *Past Part.:* spento. *Pres. Subj.:* spenga, spegniamo *or* spengiamo, spegniate *or* spengiate, spèngano.
spèndere (*to spend*)	*Past Def.:* spesi, spendesti, spese, spendemmo, spendeste, spésero. *Past Part.:* speso.
spiacere (*to be sorry*)	*see* piacere.
spìngere (*to push*)	*Past Def.:* spinsi, spingesti, spinse, spingemmo, spingeste, spìnsero. *Past Part.:* spinto.

INFINITIVE	IRREGULAR PARTS OF VERB
spòrgere (*to stick out*)	*see* pòrgere.
stare (*to stay, be*)	*Pres. Ind.* : sto, stai, sta, stiamo, state, stanno. *Past Def.:* stetti, stesti, stette, stemmo, steste, stàrono *or* stèttero. *Fut.:* starò, starai, starà, etc. *Pres. Subj.:* stìa, stiamo, stiate, stìano. *Imperf. Subj.:* stessi, stesse, stèssimo, etc. *Imperative:* sta', stìa, stiamo, state, stìano.
stèndere (*to stretch, spread*)	*see* tèndere.
strìngere (*to squeeze*)	*Past Def.:* strinsi, stringesti, strinse, stringemmo, stringeste, strìnsero. *Past Part.:* stretto.
strùggere (-rsi) (*to melt, pine*)	*Past Def.:* strussi, struggesti, strusse, struggemmo, struggeste, strùssero. *Past Part.:* strutto.
succèdere (*to happen, succeed*)	*see* concèdere.
supporre (*to suppose*)	*see* porre.
svèllere (*to eradicate*)	*Past Def.:* svelsi, svellesti, svelse, svellemmo, svelleste, svèlsero. *Past Part.:* svelto.
svenire (*to faint*)	*see* venire.
svòlgere (*to unfold, develop*)	*see* vòlgere.
tacere (*to be silent*)	*Pres. Ind.* : taccio, taci, tace, taciamo, tacete, tàcciono. *Past Def.:* tacqui, taceste, tacque, tacemmo, taceste, tàcquero.
tèndere (*to tend*)	*Past Def.:* tesi, tendesti, tese, tendemmo, tendeste, tésero. *Past Part.:* teso.
tenere (*to hold, keep*)	*Pres. Ind.* : tengo, tieni, tiene, teniamo, tenete, tèngono. *Past Def.:* tenni, tenesti, tenne, tenemmo, teneste, tènnero. *Fut.:* terrò, terrai, terrà, etc.
tèrgere (*to wipe*)	*Past Def.:* tersi, tergesti, terse, tergemmo, tergeste, tèrsero. *Past Part.:* terso.
tìngere (*to dye*)	*Past Def.:* tinsi, tingesti, tinse, tingemmo, tingeste, tìnsero. *Past Part.:* tinto.
tògliere (*to take off*)	*Pres. Ind.* : tolgo, togli, toglie, togliamo, togliete, tòlgono. *Past Def.:* tolsi, togliesti, tolse, togliemmo, toglieste, tòlsero. *Past Part.:* tolto.
tòrcere (*to twist*)	*Past Def.:* torsi, torcesti, torse, torcemmo, torceste, tòrsero. *Past Part.:* torto.
tradurre (*to translate*)	*see* addurre.

INFINITIVE	IRREGULAR PARTS OF VERB
trafìggere (*to pierce*)	*see* fìggere.
transìgere (*to reach an agreement*)	*see* esìgere.
trarre (*to draw*)	*Pres. Ind.*: traggo, trai, trae, traiamo, traete, tràggono. *Past Def.*: trassi, traesti, trasse, traemmo, traeste, tràssero. *Past Part.*: tratto. *Fut.*: trarrò, trarrà, trarrà, etc. *Imperative*: trai, tragga, traiamo, tràggano.
trascórrere (*to spend*)	*see* córrere.
trascrìvere (*to transcribe*)	*see* scrìvere.
trasmèttere (*to transmit*)	*see* mèttere.
trasparire (*to shine through*)	*see* apparire.
trattenere (*to keep, detain*)	*see* tenere.
uccìdere (*to kill*)	*Past Def.*: uccisi, uccidesti, uccise, uccidemmo, uccideste, uccìsero. *Past Part.*: ucciso.
udire (*to hear*)	*Pres. Ind.*: odo, odi, ode, udiamo, udite, òdono.
ùngere (*to grease*)	*Past Def.*: unsi, ungesti, unse, ungemmo, ungeste, ùnsero. *Past Part.*: unto.
uscire (*to go out, come out*)	*Pres. Ind.*: esco, esci, esce, usciamo, uscite, éscono.
valere (*to be worth*)	*Pres. Ind.*: valgo, vali, vale, valiamo, valete, vàlgono. *Past Def.*: valsi, valeste, valse, valemmo, valeste, vàlsero. *Past Part.*: valso. *Fut.*: varrò, varrai, varrà, etc.
vedere (*to see*)	*Past Def.*: vidi, vedesti, vide, vedemmo, vedeste, vìdero. *Past Part.*: visto *or* veduto. *Fut.*: vedrò, vedrai, vedrà, etc.
venire (*to come*)	*Pres. Ind.*: vengo, vieni, viene, veniamo, venite, vèngono. *Past Def.*: venni, venisti, venne, venimmo, veniste, vènnero. *Past Part.*: venuto. *Fut.*: verrò, verrai, verrà, etc.
vìncere (*to win*)	*Past Def.*: vinsi, vincesti, vinse, vincemmo, vinceste, vìnsero. *Past Part.*: vinto.
vìvere (*to live*)	*Past Def.*: vissi, vivesti, visse, vivemmo, viveste, vìssero. *Past Part.*: vissuto.

INFINITIVE	IRREGULAR PARTS OF VERB
volere	*Pres. Ind.:* voglio, vuoi, vuole, vogliamo, volete, vògliono.
(*to want*)	*Past Def.:* volli, volesti, volle, volemmo, voleste, vòllero.
	Fut.: vorrò, vorrai, vorrà, etc.
	Cond.: vorrei, vorresti, vorrebbe, etc.
vòlgere	*Past Def.:* volsi, volgesti, volse, volgemmo, volgeste, vòlsero.
(*to turn*)	*Past Part.:* volto.

Third Conjugation:

-isc- VERBS
(*See Lesson* 4)

abbellire (*to embellish, adorn*)

agire (*to act*)

alleggerire (*to lighten*)

annerire (*to blacken*)

annuire (*to nod*)

ardire (*to dare*)

arrossire (*to blush, turn red*)

assordire (*to deafen*)

bandire (*to banish*)

capire (*to understand*)

colpire (*to hit, strike*)

condire (*to season*)

costruire (*to build, construct*)

demolire (*to demolish*)

differire (*to differ*)

distribuire (*to distribute*)

esaudire (*to comply with*)

esaurire (*to exhaust*)

esibire (*to exhibit*)

favorire (*to favour*)

ferire (*to wound*)

finire (*to finish*)

fiorire (*to blossom, flourish*)

fornire (*to supply*)

garantire (*to guarantee*)

guarire (*to heal, recover*)

imbastire (*to tack, baste*)

imbruttire (*to grow ugly*)

ingiallire (*to (grow) yellow*)

istruire (*to instruct*)

lenire (*to soothe*)

obbedire (ubbidire) (*to obey*)

ostruire (*to obstruct*)

patire (*to suffer*)

perire (*to perish*)

preferire (*to prefer*)

proibire (*to forbid*)

pulire (*to clean*)

punire (*to punish*)

restituire (*to give back, return*)

rinverdire (*to grown green (again)*)

riverire (*to revere*)

scaturire (*to spring*)

scolpire (*to engrave, carve*)

smentire (*to deny, belie*)

sostituire (*to replace*)

sparire (*to disappear*)

spedire (*to send*)

stordire (*to stun*)

svanire (*to vanish*)

tradire (*to betray*)

unire (*to unite*)

NOTE: A few verbs of the third conjugation may be conjugated either with or without the -isc- —as for instance:

aborrire (*to abhor*)	aborro, etc.
	aborrisco, etc.
apparire (*to appear*)	appaio, etc.
	apparisco, etc.

applaudire (*to applaud*)	applàudo, etc.
	applaudisco, etc.
conseguire (*to attain*)	conseguo, etc.
	conseguisco, etc.
eseguire (*to execute*)	eseguo, etc.
	eseguisco, etc.
languire (*to languish*)	languo, etc.
	languisco, etc.
mentire (*to lie*)	mento, etc.
	mentisco, etc.
nutrire (*to feed, nourish*)	nutro, etc.
	nutrisco, etc.

Appendix 2

Passages for Translation — Reading Passages

PASSAGES FOR TRANSLATION

I

All the family is in the sitting-room. Father is reading a newspaper, Mother is helping Dick to repeat[1] his lesson. Pam, my little sister, is playing with her doll on the carpet. Grandfather is having a nap[2] in his easy-chair. The maid is coming into the room with tea and cakes, it is tea-time.[3]

Now everybody is drinking tea and eating cakes; Pussy, our cat, is licking up some milk from a small plate under the table.

1. to repeat, *a ripetere.*   2. to have a nap, *fare un sonnellino.*   3. tea-time, *l'ora del tè.*

2

GIORGIO: Are you hungry?

MARIO: Yes, I am very hungry.

GIORGIO: There is a sandwich in the kitchen and, if you are thirsty, there is a bottle of beer in the refrigerator.

MARIO: Thank you very much, Giorgio, you are very kind.
   (*Mario goes to the kitchen, opens the refrigerator and then comes back with a bottle of beer and a sandwich in his hands.*[1])

MARIO: Will you have a glass of beer, Giorgio?

GIORGIO: No, thank you. You seem to be very hungry,[2] Mario.

MARIO: Yes, I am. I play a lot of tennis these days, and that is very good for[3] my appetite. Do you play tennis these days?

GIORGIO: Not much, because I have an exam to prepare, and I have very little time for tennis, I am afraid.

MARIO: This beer is delicious. Where do you buy it?

GIORGIO: From the shop on the corner: they sell very good beer there.

MARIO: May I open the window? I am very hot, and I need a little fresh air.

GIORGIO: You are right, it is very hot[4] today. I am afraid I have to leave you now.[5]

Will you excuse me if I go back to my books?
MARIO: Of course.

1. in his hands, *in mano*. 2. You seem to be very hungry, *Sembra che tu abbia molta fame* or *Sembri avere molta fame*. 3. (it) is very good for . . ., *giova molto al . . .*. 4. it is very hot, *fa molto caldo*. 5. I am afraid I have to leave you now, *Temo (Mi spiace) di dover lasciarti ora*.

3

Mary often helps her mother in the kitchen. She washes the dirty cups and plates and puts them in the cupboard. For breakfast Mary cuts bread with a large knife, but she never cuts her fingers when she uses a knife: she always uses it with great care.

When her mother makes a cake, Mary helps her. First[1] she gets[2] a bowl and puts sugar and butter into it; then she mixes the butter and sugar together with a big spoon. She takes two eggs and mixes them into the butter and sugar, one at a time.[3] Then she gets a cupful[4] of flour and stirs it well in the bowl. She sometimes puts dried fruit[5] into the bowl. Then she gets a cake tin[6] and rubs a little butter on the inside of it, then she puts everything into the cake tin. She bakes the cake for about an hour; when it is ready, we all help her to eat it.[7]

1. First, *prima, dapprima, per prima cosa*. 2. to get, *prendere*. 3. one at a time, *uno alla volta*. 4. cupful, *tazza*. 5. dried fruit, *frutta secca*. 6. cake tin, *tortiera*. 7. to eat it, *a mangiarla*.

4

JOHN: Are you busy now, Bob?
BOB: No, I'm not.
JOHN: Did you go to town this morning?
BOB: Yes, I did.
JOHN: When did you leave here?[1]
BOB: Very early.
JOHN: When did you arrive in town?
BOB: At midday.
JOHN: Did you go by bus?
BOB: No, by bicycle.
JOHN: Did you see your friends in town?
BOB: Yes, I did.
JOHN: Where do they live?
BOB: They live near the cathedral.
JOHN: Did you stay there a long time?[2]
BOB: Only till four o'clock.
JOHN: Did you come back by bicycle?
BOB: Of course!
JOHN: When did you arrive here?

Bob: An hour ago.
John: Are you hungry now?
Bob: Yes, very hungry.
John: Will you have a sandwich?
Bob: Yes, please.[3]

1. When did you leave here? *Quando sei partito da qui?* 2. a long time, *molto* (*molto tempo*)
3. Yes, please, *Sì, grazie.*

5

Every Saturday Lucy goes to market.[1] Last Saturday[2] she went to market as usual and bought a lot of things. She bought vegetables, a ripe melon and six bananas. She also bought eggs, sugar and tea. When she finished her shopping, her basket was full and heavy. Luckily she met Bob on the way home[3] and the boy helped her to carry[4] the basket to the bus-stop. Lucy thanked Bob and got on the bus. She sat down[5] near an old lady and began to talk to her. When the bus arrived where Lucy lives, she got off the bus[6] and walked home with the heavy basket.

1. to market, *al mercato.* 2. Last Saturday, *Sabato scorso* or *lo scorso sabato.* 3. on the way home, *sulla via (strada) di casa.* 4. to carry, *a portare.* 5. She sat down, *Si sedette.* 6. she got off the bus, *scese dall'autobus.* To get off, *scendere da.*

6

Dino: Do you usually have breakfast in the morning, John?
John: Of course! I'm very hungry when I get up in the morning.
Dino: And what do you have for your breakfast?
John: My breakfast is not a snack, but a real meal, Dino. First I have a fruit juice, usually grapefruit. I like its sour taste, it's so appetizing.[1] Then I have an egg and fried tomatoes.[2] Do you like fried tomatoes, Dino?
Dino: Yes, but not in the morning.
John: They are delicious, particularly in the morning. After my egg and tomatoes, I usually have tea with a couple of pieces of toast with marmalade on them. Marmalade is very nice on toast,[3] I prefer it to jam. I suppose you know that marmalade is made of oranges, while jam is made of any other kind of fruit. My breakfast ends with another cup of tea, and then I'm all right.[4]
Dino: How can you eat all that in the morning, John?
John: I'm always very hungry when I get up in the morning, as I said before; besides, I usually have a very light meal at midday. I think it is[5] very sensible!
If you eat a lot at midday, you feel[6] sleepy and you want to have a nap.
Dino: Perhaps you're right, John. But it is difficult to change one's habits, don't you think so?

1. appetizing, *appetitoso.* 2. fried tomatoes, *pomodori fritti.* 3. on toast, *sul pane tostato.*
4. I'm all right, *sono a posto.* 5. I think it is, *Credo che sia.* 6. you feel, *ti senti.*

7

PETER: What's the time by your watch,[1] John?

JOHN: It's two o'clock by my watch, Peter.

PETER: Two o'clock! It's impossible! It's two-thirty by my watch!

JOHN: Your watch is fast, Peter. Mine is right, it's a very good watch, made in Switzerland. My father bought it for me last year.

PETER: At what time did you say the film begins?

JOHN: At three o'clock sharp, Peter. We have half an hour[2] before it begins.[3]

PETER: We have plenty of[4] time. Did you have your coffee after lunch, John?

JOHN: Yes, at one-thirty. I always have a cup of coffee at that time, then I have another at five o'clock. A lot of[5] people have tea at that time, but I prefer coffee. Do you want a cup of coffee now?

PETER: No, not now, thank you. At five o'clock, perhaps, when you have yours.

1. by your watch, *al tuo orologio*. 2. half an hour, *mezz'ora*. 3. before it begins, *prima che cominci*. 4. plenty of, *molto*. 5. A lot of, *molta*.

8

I am twelve years old, I was born twelve years ago, in 1955. I have two brothers, John and William, and one sister, Matilda. John is my big brother; he is eighteen, he was eighteen[1] two months ago. Then comes William, who is fifteen; he goes to my school and we sometimes walk to school together. Matilda is a baby girl;[2] she is six months old. She was born six months ago, and she is the darling[3] of the family; she is blonde, soft and fat. Matilda is also the name of my grandmother; she lives with us; she is seventy years old, but is very well and still works in the house. My grandfather died two years ago; he was seventy-three when he died, and we were all very sad when he left us. Grandfather had a dog; we called him Scruffy because his coat[4] was very shaggy.[5] When Grandfather died, Scruffy refused to eat[6] and did not move[7] from the easy-chair where Grandfather used to sit and smoke his pipe.[8] He died a week later, poor faithful Scruffy!

1. he was eighteen, *compì (ha compiuto) i diciotto anni*. 2. a baby girl, *una neonata*. 3. the darling, *la favorita, la cocca* (colloquial). 4. coat, *pelo*. 5. shaggy, *ispido, irsuto*. 6. to eat, *di mangiare*. 7. and did not move, *e non si mosse (muoversi*, to move). 8. used to sit and smoke his pipe, *sedeva a fumare la pipa*.

9

Rag is a little shaggy dog, all white with a brown spot between his eyes. Rag's tail is very funny, neither long nor short. Dogs' tails are usually either very short or[1] very long, but Rag's tail is different from other dogs' tails. The vet's hand was not very steady[2] when he cut Rag's tail; perhaps he was a bit drunk or sleepy, or probably he was simply short-sighted.[3] John is Rag's master; he takes care of[4] the dog; Rag is John's favourite pet.

On Sundays Rag's eyes are particularly lively, because he gets a slice of red meat on that day. Rag likes stories and John reads one to him from time to time. When the story becomes exciting, the dog's tail starts wagging.[5] John is convinced that the animal's mind is exceptionally intelligent and thinks it is a pity[6] that Rag cannot talk.

1. either . . . or, *o . . . o*. 2. steady, *ferma, sicura*. 3. short-sighted, *miope*. 4. to take care (of), *avere cura (di), prendersi cura (di)*. 5. starts wagging, *comincia a dimenarsi*. 6. and thinks it is a pity, *e pensa che sia un peccato*.

10

PIERO: I shan't be here tomorrow, Dino.

DINO: Why not?

PIERO: Because Uncle is taking me to the country.

DINO: Where are you going to spend the day?

PIERO: First we are going to see some friends who live ten miles from here; then we'll find a nice place to spend[1] the afternoon. Won't you come with us, Dino?

DINO: No, thank you. I'm going to be very busy tomorrow because the vet is coming to my house. Fido is going to part with[2] his tail tomorrow.

PIERO: How will he manage without his tail?[3]

DINO: He'll do without it,[4] he's a clever[5] dog.

PIERO: Do you think he'll suffer much during the operation?

DINO: No. The vet says everything will be over[6] in a few seconds. And he will look pretty[7] with a short tail, don't you think so?

1. to spend, *per passare*. 2. to part (with), *separarsi (da)*. 3. How will he manage without his tail? *Come se la caverà senza coda?* 4. He'll do without it, *Ne farà a meno*. 5. clever, *in gamba* (colloquial). 6. over, *finito*. 7. he will look pretty, *avrà un aspetto grazioso*.

11

MISTRESS: Here you are at last, Maria! You went shopping[1] three hours ago!

MARIA: The shops were so crowded, madam! First I went to the baker's, and there were at least ten persons waiting.[2] At the butcher's I waited another half an hour. Mr Smith, the butcher, is so slow to serve[3] his customers!

MISTRESS: I suppose you met a friend at the butcher's and you had one of your endless[4] chats, Maria!

MARIA: That is not true, madam. After that I called at the grocer's, the greengrocer's and the stationer's.

MISTRESS: Did you call at the chemist's for my pills?

MARIA: Oh dear![5] I forgot to call at the chemist's!

MISTRESS: Can't you be less forgetful, Maria? You have to go out again now and buy[6] my pills.

MARIA: Yes, madam.

1. to go shopping, *andare a fare le spese (gli acquisti)*. 2. waiting, *che aspettavano*. 3. to serve, *a servire*. 4. endless, *interminabili, senza fine*. 5. Oh dear! *Povera me! Oh Dio!* 6. and buy, *a comprare*.

12

Mrs Brown is telling Pam a story. The story is about a little girl, Little Red Riding Hood,[1] who had made her grandmother some cakes and wanted to take them to her. Her grandmother's cottage was on the other side of the wood and, while Little Red Riding Hood was walking through the wood, she heard a noise and saw a wolf coming along the path. The wolf asked her where she was going, and Little Red Riding Hood told him she was going to see her grandmother to give her the cakes that she had made for her.

Little Red Riding Hood also wanted to give her grandmother some flowers, and the wolf showed her some little roses under a tree, and then he walked[2] to the other side of the wood.

At this point Mrs Brown tells Pam it is time to go[3] to bed; she will tell her the rest of the story when Pam is in bed.

1. Little Red Riding Hood, *Cappuccetto Rosso*. 2. he walked, *andò* (*a piedi*). 3. it is time to go, *è ora di andare*.

13

ROBERT: Hello, John!

JOHN: Hello, Robert!

ROBERT: Let's sit down here.

JOHN: Have a cigarette, Robert. How is life?[1]

ROBERT: Fine, thanks. Let's have a drink now . . . Miss, give us two beers, please!

JOHN: Tell me something about yourself, Robert. How is work?[2]

ROBERT: Not so bad, John. But we aren't here to talk about work. Let's have a little music now, there is a juke-box here, let's hear a couple of hits.[3]

JOHN: Miss, give us two more[4] beers, please.

ROBERT: Is it true you got a promotion,[5] John?

JOHN: Yes, Robert, I'm very happy about it.[6]

ROBERT: Let's celebrate your promotion, then. Let's have champagne for the occasion. Congratulations, old man![7]

JOHN: Thank you, Robert.

1. How is life? *Come va la vita?* 2. How is work? *Come va il lavoro?* 3. hit, *disco di successo*. 4. two more, *due altre*. 5. Is it true you got a promotion? *È vero che hai avuto una promozione?* 6. about it, *per questo*. 7. old man! *vecchio mio!*

14

Some boys and girls walk to school, others go to school by bus. Boys and girls walk on the pavement; there are two pavements, one on each side of the street. If boys or girls go to school by bicycle, they ride their bicycles[1] on the road, while people walk on the pavement. Bicycles, cars and buses go on the road. In England vehicles go on the left[2] of the road, while on the Continent they go on the right.[3]

If you want to cross the road, you have to be very careful; if a zebra crossing[4] is near it is better to cross the road at it.[5] If you are near the traffic lights,[6] you have to wait till the light turns green and then cross the road.

1. to ride one's bicycle, *andare in bicicletta*. 2. on the left, *sulla sinistra*. 3. on the right, *sulla destra*. 4. zebra crossing, *passaggio pedonale*. 5. at it, *su di esso*. 6. traffic lights, *semaforo*.

15

Paolo is a lazy boy. He would never study, do his homework or walk, if he were free to do what he liked.[1] He would remain sprawled[2] in an easy-chair for hours and hours, only stretching[3] an arm towards a pile of sandwiches when hungry,[4] and watching television[5] with sleepy eyes.

He would never do anything, if his mother did not urge[6] him all the time[7] to snap out of his drowsiness. If he had for his books the same enthusiasm that he has for immobility, sleep and food, he would be the top pupil in his class. If he did nothing all day long, he would be a happy boy; but he is not really unhappy now.

1. what he liked, *ciò che vuole (ciò che gli piace)*. 2. sprawled, *sprofondato*. 3. to stretch, *allungare*. 4. when hungry, *quando ha fame*. 5. to watch television, *guardare la televisione*. 6. to urge, *spingere (a), sollecitare (a)*. 7. all the time, *sempre, di continuo*.

16

Three men left one morning in a boat[1]; they wanted to reach a village on the other side of the river where there was a fair. They were going to the fair because they wanted to buy two oxen, three calves and some goods.

When they arrived in the middle of the river, the boat began to sink, and their lives were in danger.[2] Two dwarfs had seen the sinking boat from the bank; with their knives they cut a lot of branches and made a sort of rope.[3] They threw it to the three men in the boat and their lives were saved.

The three men were very grateful to the two dwarfs and gave them some money. Instead of two oxen and three calves, they bought five sheep and six geese at the fair. They also bought colourful handkerchiefs for their wives and some white mice for their children.

1. in a boat, *in barca*. 2. in danger, *in pericolo*. 3. a sort of rope, *una specie di fune*.

17

Once a wolf went out early to look for some food and arrived at a bank.[1] He stopped at the bottom of the bank and looked up.[2] On the top of the bank a goat was eating some grass, a few yards from the wolf.

The bank was too steep, and the wolf could not reach the goat. So he thought: "If the goat comes down, I will eat her. I will use some kind words to convince her to come down here."[3]

"Mrs Goat," he started, "why do you stay up there?[4]　There is some nice soft grass here; come down, and we will have a little conversation[5] here."　Some people think that goats are[6] silly animals; perhaps they are, but the goat of this story was not.[7]

The goat answered: "No, thank you, Mr Wolf.　There is some nice soft grass here, too.　If I come down, perhaps you will decide to eat me; I prefer to remain here, safe and sound."[8]

The wolf ran away, angrily.　"Never mind,"[9] he thought, "I will catch her another time!"

1. bank, *proda*.　2. to look up, *guardare su*.　3. down here, *quaggiù*.　4. up there, *lassù*.　5. to have a little conversation, *fare un po' di conversazione, conversare un po' (poco)*.　6. that goats are, *che le capre síano*.　7. the goat of this story was not, *la capra della storia non lo era*.　8. safe and sound, *sana e salva*.　9. Never mind, *Non importa (Non fa niente)*.

18

A girl was going to town with a basket full of eggs.　She lived in the country and she had a few hens that gave her a lot of eggs to sell.　"When I have sold these eggs," she thought, "I will have some money and I will buy a few clothes and perhaps a pair of nylon stockings.　I have never had any nylon stockings, and I would like to have some at last."

Just at that minute a big bus was coming round a corner,[1] a few yards from her: she did not hear it until it was quite near, and she jumped out of the way.[2]　But the basket fell from her hand[3] and all the eggs broke.　Some passengers were in the bus, and one of them shouted to her: "Can't you think of any other way to carry your eggs?"[4]

The girl looked at her broken eggs very sadly and thought: "I shan't have any new clothes this time and no[5] nylon stockings, alas!"

1. a big bus was coming round the corner, *un grosso autobus girò l'angolo*.　2. and she jumped out of the way, *e fece un salto per mettersi in salvo*.　3. the basket fell from her hand, *il cesto le cadde di mano*.　4. Can't you think of any other way to carry your eggs? *Non sai pensare a nessun altro modo per trasportare le tue uova?*　5. and no, *e niente*.

19

Maria is our maid; she is not the ideal sort of[1] maid, she is the clumsy type. Yesterday she dropped[2] two teacups, three wineglasses and the kettle.　The teacups and wineglasses were smashed to pieces,[3] of course; the kettle was not,[4] because it is metal.　She goes shopping in the morning wearing a straw hat[5]; she bought it at the seaside during our last summer holidays, and she always wears it when she goes out.　People look at her in a strange way; to go around in a straw hat in this winter weather is not very common.

When she is back from[6] her shopping, she has a cup of tea which she makes with great care.　First she takes the kettle and pours some water into it, then she puts it on the gas stove.[7]   She takes some tea leaves from a packet and puts them in the teapot. When the water is boiling, she pours it onto the tea leaves, and waits two minutes. Then she pours her tea into a cup and drinks it.   Maria makes very good tea, and all the family appreciates the tea that she makes.   We appreciate less the fact that she breaks everything.

1. the ideal sort of, *il tipo ideale di*.   2. to drop, *lasciar cadere*.   3. to be smashed to pieces, *andare in pezzi*.   4. the kettle was not, *la teiera no*.   5. wearing a straw hat, *con un cappello di paglia*.   6. to be back from, *essere di ritorno da*.   7. gas stove, *fornello a gas*.

20

Little William had never smoked, and one day he decided it was time to smoke[1] his first cigarette.   It was the 2nd of January, a date not to be forgotten[2]; the experience of the first cigarette is very important in a boy's life.   Little William went to the tobacconist's.

"May I have two cigarettes?" he asked the tobacconist.

"We don't sell loose cigarettes,[3] my boy.   Tell your father that we only sell packets of cigarettes."

So little William returned home without any cigarettes.   "Father is having a nap," he thought, "perhaps he has left his cigarettes around."   In fact he found his father's cigarettes in the sitting-room.

He took one cigarette out of the packet,[4] very solemnly.   Then he lit a match, but his first attempt to light[5] his cigarette failed; he was a little nervous and the flame went out.[6]   He lit a second match, and this time he succeeded in lighting his cigarette. He sat down in an easy-chair, holding the cigarette in a very clumsy way; he was ready to inhale[7] the first cloud of smoke of his life.   A sudden fit of coughing[8] crowned the first puff that he took[9]; the second puff did not cause the same inconvenience, but little William did not find the taste of smoke very nice.   "Perhaps the third puff will be better," he thought.   After the third puff little William felt a strange feeling in his tummy, while his head began to reel.   "I don't like this stuff, definitely!"[10] he uttered, rushing to the bathroom.

When he left the bathroom, very pale and in a bad state,[11] little William thought it was still too early to smoke[12] like a man.   "I'll wait," he thought, resignedly.

1. it was time to smoke, *che era tempo di fumare*.   2. a date not to be forgotten, *una data da non dimenticare*.   3. loose cigarettes, *sigarette sciolte*.   4. out of the packet, (*fuori*) *dal pacchetto*.   5. his first attempt to light, *il suo primo tentativo di accendere*.   6. the flame went out, *la fiamma si spense*. To go out, *spegnersi*.   7. he was ready to inhale, *era pronto ad aspirare*.   8. A sudden fit of coughing, *Un improvviso accesso di tosse*.   9. the first puff that he took, *la prima boccata che tirò*.   10. I don't like this stuff, definitely! *Non mi piace questa roba, decisamente!*   11. in a bad state, *in cattive condizioni*.   12. too early to smoke, *troppo presto per fumare*.

21

"Hello, everybody!"[1] barked the Dog, rushing into a clearing[2] where a lot of animals had congregated.[3]   The Cock, the Owl, the Sparrow and the Pigeon had promised to give a concert on that day; it was a free concert, and not one animal had hesitated to come and listen to it.[4]

"I've got to be careful not to sit[5] next to the Lion", bleated the Sheep; "I'm not sure he likes music and singing, perhaps he has come here to eat me.   My mother told me that my grandmother once went to a concert and never came back.   I'm sure she sat next to the Lion that time, I mean the Lion's grandfather."

"Nonsense!" grunted the Pig.   "My grandmother was eaten by the Lion's grandfather at that famous concert.   I don't think it is possible[6] to eat a sheep and a pig at the same concert.   And my grandmother was tremendously fat, I remember."

"Who is taking my name in vain?"[7] roared the Lion, who had heard everything.

"Why are you afraid of me?   I've come here to listen to our artistes, not to have lunch.   I've already had my lunch at home; I never go to a concert on an empty stomach, I can't appreciate music and singing if I haven't eaten.   Besides, I left my set of false teeth[8] at home."   And he opened his mouth to convince everybody that he had really left it at home.

"A lion without teeth!   How incredible!" croaked the Frog, who was having a bath in his portable tub.

At that moment the Cock arrived and announced: "There will be no concert today.   The Owl has tummy-ache and is in bed.   If he doesn't die, the concert will be held tomorrow at the same time."

Everybody protested, particularly the Donkey who brayed very loudly.

The Lion went behind a bush, took out of his pocket his set of false teeth and put it into his big mouth.   Then he roared to the Sheep: "May I see you home, Miss?".[9]

"With pleasure," bleated the Sheep who thought she was very lucky to be escorted home[10] by a toothless king of the forest.

Moral: Never trust people who wear a set of false teeth.

1. Hello, everybody! *Salve a tutti!*   2. clearing, *radura*.   3. to congregate, *radunarsi, assembrarsi*.   4. to come and listen to it, *a venire a sentirlo (ascoltarlo)*.   5. careful not to sit, *attenta a non sedere (sedermi)*.   6. I don't think it is possible, *Non credo sia possibile*.   7. Who is taking my name in vain? *Chi fa il mio nome invano?*   8. my set of false teeth, *la mia dentiera*.   9. May I see you home, Miss? *Posso accompagnarla a casa, signorina?*   10. who thought she was very lucky to be escorted home, *che pensò di essere molto fortunata ad essere accompagnata a casa*.

22

A seal was walking down a street,[1] wearing a very funny hat with a lot of flowers, leaves and fruit crowning it.[2]   People had never seen a seal going around in a hat[3] like that, and everybody turned round and laughed.

"Look at that seal's funny hat," said a mother to her little boy who was crying desperately.   He had just dropped the ice-cream that his mother had bought him and tears were flowing down his cheeks.   At the sight of the seal in a funny hat, the little boy burst out laughing.[4]

"I've never seen a little boy laughing while tears are running down his cheeks," thought the seal who had turned round to look at the little boy.

After a few minutes the seal arrived at a square with a fountain in the middle.[5] "I think I'm going to take a dip,"[6] she said, and looked round to find a place to put her hat. The statue of a famous general was near the fountain; a minute later the famous general was wearing the seal's hat, not looking very martial.[7] The seal looked at him for a moment and said: "A funny face, definitely!" and started swimming in the fountain.

1. down a street, *giù per* (*lungo*) *una strada*. 2. crowning it, *in cima ad esso*. 3. in a hat, *con un cappello*. 4. to burst out laughing, *scoppiare a ridere*. 5. in the middle, *nel mezzo*. 6. to take a dip, *fare un bagno* (*una nuotata*). 7. not looking very martial, *con un aspetto non molto marziale*.

23

There was once a boy called Max. He was a normal boy but for[1] his legs, which were exceedingly long. The boy's parents never knew what to do with his legs, because there was never enough room for them. The trouble with[2] Max's legs was that they continued to grow, and didn't give any sign of stopping.[3] They were so long that not only was no bed large enough for them, but when Max was lying in bed, they reached out of his bedroom into the corridor. Max's parents were desperate, because everybody stumbled over Max's legs when he was sleeping. Then a neighbour of Mrs Small's (Mrs Small was Max's mother) had an idea: Max's legs could hang out of the window, when the boy was sleeping. The Smalls lived on the tenth floor of a very high building, and the neighbour's idea proved[4] brilliant.

"Whose legs are those?"[5] asked a child who was walking with his mother in the street below, pointing at Max's legs hanging out of the window while he was having a nap in the afternoon. "They are Max's," answered the mother, "he is a boy with extremely long legs."

Max liked to go for walks, but he walked too quickly and nobody[6] was able to walk at his speed. A distance of two miles was an affair of five seconds for Max, and so he used to walk[7] alone, but his parents were very worried about him whenever he went for a stroll. When Max was ten years old, they had to get[8] him a passport, because his country had become too small for his strolls.

Max's story finishes here; perhaps his legs stopped growing one day, or became like all the other boys' of his town, to his parents' joy.[9] Who knows?

1. but for, *se non fosse stato per, eccetto che per*. 2. The trouble with, *Ciò che non andava, il guaio* (*era che*). 3. to stop, *smettere* (*di*). 4. to prove, *risultare, dare prova di essere*. 5. Whose legs are those? *Di chi sono quelle gambe?* 6. nobody, *nessuno*. 7. he used to walk, *soleva camminare* (*passeggiare*). 8. to get, *procurare*. 9. to his parents' joy, *con gioia dei suoi genitori*.

24

Dado was a little robot. He had been built by a famous scientist who had unfortunately died on the same day Dado was born (a violent electric shock had killed him). So Dado became an orphan and found himself alone in the world.

Dado could do a lot of things: he could speak, read and write, besides being able to walk, run, sleep, eat and sing. And he could learn a lot more things very quickly.

After weeping a little on his constructor's coffin (Dado was also able to weep and laugh), he put the few things he possessed in a bundle (a few spare parts[1] and a little tin[2] of oil), and left the laboratory where he had been born.

He walked for an hour or so along a country lane and then, at a turn of the lane, he met an old lady who screamed horribly at the sight of the little robot and ran away in terror.[3] All the other people that Dado met on his way did the same. "How old-fashioned all these people are," Dado thought. "They don't seem to realize they are living in the twentieth century, and don't even know what a robot is. They are really funny!"

After a while he heard a "hello" behind his back. He turned and saw a little boy smiling at him. "Hello you!"[4] he said to the little boy. He was afraid to terrify him and used the sweetest key-notes of his sound system.[5]

"I have never seen a robot in flesh and blood . . .[6] I mean metal and volts," said the boy who was very quick and not without a sense of humour.[7] "Where are you going?"

Dado told the little boy his sad story and Pietro (this was the little boy's name) said to him after a moment: "We are a very poor family, but I'm sure my parents will allow you to live with us. Do you eat much?" "No," answered Dado, "I just have some oil for breakfast, and that's all."

"Very good," said Pietro, "come along now, we're going home."

Pietro's parents were a little surprised to see their son arrive home hand in hand[8] with a little robot, but were very kind to Dado and told him that he could stay. Very soon the little robot could consider himself one of the family.

After a few days Pietro's mother realized that she had found a treasure. She had never had a maid because she had never been able to afford one and Dado proved[9] to be even better than a maid. He could soon do all the housework and became maid, cook, nurse, butler and valet at the same time. Moreover, he helped Pietro with his homework and also began to teach him a couple of languages.

The news of the marvellous robot spread around, and everybody wanted to come and see such a wonder. Dado became very famous, and even the newspapers wrote about him. But he remained modest and helpful, a real example to all the people of the village.

1. spare part, *pezzo di ricambio*. 2. little tin, *lattina*. 3. in terror, *terrorizzata*. 4. Hello you! *Salve a te!* 5. sound system, *sistema sonoro*. 6. flesh and blood, *carne ed ossa*. 7. sense of humour, *senso umoristico, senso di «humour»*. 8. hand in hand, *mano in mano*. 9. to prove, *dare prova di essere, risultare, dimostrarsi*.

25

There was once a lion who was called Goody. It wasn't a name which suits a lion, that's true,[1] but the lion of this story had a particularly tender heart.

When he was a cub, his mother wanted to teach him to hunt, and caught a mouse which was placed at a short distance from him. She thought that the cub would chase the mouse and gulp it down[2] in a jiffy[3]; the mouse tried to run away but the little lion, who ran very fast, caught up with it and put his paw on the tail of the unfortunate animal, which started to cry for its mother. It was at this point that the little lion showed how tender his heart was, because he felt sorry for[4] the little mouse and let it go. After this experience, which his mother considered disastrous, the little lion was given[5] the name of Goody. "You'll never become a real lion," his mother kept on saying to him, "unless you become cruel," but Goody never succeeded in becoming a cruel lion.

A lion who is tender-hearted[6] is necessarily very thin, and Goody was in fact as thin as a rake.[7] One might wonder[8] now how a lion like Goody was able to survive. Goody had a lot of brothers and cousins who were real lions, and whose hearts weren't so tender as Goody's, and they often asked[9] him to have lunch or dinner with them. Goody's brothers and cousins weren't very proud of a relative who never hunted or killed animals, but they invited him all the same[10] to devour the gazelles, zebras and giraffes that they had killed. Goody was the black sheep of their family, but they were very fond of him. Also the animals who lived in the savannah were very fond of him, particularly the rabbits, who had never forgotten the time Goody saved[11] Fluffy, a little black rabbit, from the jaws of a hungry python.

1. that's true, *questo è vero*. 2. to gulp down, *farne un boccone, mangiare in un boccone*. 3. in a jiffy, *in un baleno*. 4. to feel sorry for, *sentire pietà per*. 5. the little lion was given, *al piccolo leone venne dato*. 6. who is tender-hearted, *dal cuore tenero*. 7. as thin as a rake, *magro come un chiodo*. 8. One might wonder, *Ci si potrebbe chiedere (Uno potrebbe chiedersi)*. 9. to ask, *invitare*. 10. all the same, *ciononostante, lo stesso*. 11. the time Goody saved, *la volta che Goody salvò*.

26

Gregorio was a very poor man, perhaps the poorest man that ever lived in Rome. One day he was sitting on a bench in a park, thinking of his troubles. The more he tried to change the course of his life, the poorer and more miserable he found himself after every attempt. That day he was feeling much worse than usual.

Suddenly he heard somebody singing a song; it was the sweetest voice that he had ever heard, and he looked around to see who was singing so delightfully. But he couldn't see anybody. The voice seemed to come from very near, but there wasn't a soul in sight. Gregorio's curiosity was growing more and more, when at last he saw something moving on the ground. It was a little dark and Gregorio went nearer the thing to see what it was. When he saw where the voice was coming from, he couldn't believe his eyes: it was coming from the wide open[1] mouth of a little frog!

Gregorio thought he was dreaming, and he gave himself the most painful pinch you can imagine; he groaned with the pain, but didn't wake up, so he concluded that he wasn't dreaming. The little frog had now begun another song, a funny one this time, and Gregorio laughed till he cried[2] while listening to the frog.

When the little frog finished the second song, Gregorio picked it up, wrapped it in his handkerchief and ran as fast as possible to a theatre.

Gregorio broke into[3] the impresario's office like a storm and burst out[4]: "Sir, I have the most astonishing modern singer to introduce to you. He will become by far the most popular pop-star[5] that ever trod the stage[6] of your theatre. A little audition will convince you that you've never heard a better and more amazing singer before!" And then he unwrapped his handkerchief and revealed the little frog. The impresario gasped at the sight of the little green thing sitting on his desk. "Come on, darling!"[7] Gregorio said to the little frog, "sing a song, will you?"

The little frog didn't sing, and remained on the impresario's desk as dumb as an ox.[8] "He will start in a moment, sir," exclaimed Gregorio, but the little frog refused to utter a single note. The impresario was getting more and more impatient, and soon he lost his temper[9] and threw Gregorio and the little frog out of his office.

Gregorio took his singing marvel[10] to other impresarios, but the little frog did the same everywhere; he never sang in front of anyone else,[11] while he sang delightfully when he was alone with Gregorio.

Gregorio had to give up his dreams of becoming a rich man, and remained as poor as before, but now he had a friend, the most unusual friend that a man ever had.

1. wide open, *spalancata*. 2. Gregorio laughed till he cried, *Gregorio rise fino alle lacrime*. 3. to break in(to), *irrompere (in)*. 4. to burst out, *esclamare (con veemenza)*. 5. pop-star, *cantante di successo*. 6. to tread the stage, *calcare le scene*. 7. Come on, darling! *Suvvia, tesoruccio!* 8. as dumb as an ox, *muta come un pesce*. 9. to lose one's temper, *perder la pazienza*. 10. singing marvel, *meraviglia canora*. 11. anyone else, *nessun altro*.

27

Reginaldo is an abstract painter; he says he belongs to the most progressive current, but nobody knows which it is. As a matter of fact[1] he doesn't paint: he just sticks whatever[2] he finds (old tins, straw, pieces of cloth, stones, old electric bulbs, socks, newspapers, buttons, false teeth, soles, candles, and what not[3]) on a canvas, obtaining such a mess that everybody is really shocked after a look at his works. Of course he doesn't tell anybody what he wants to express in his paintings; he just says he has a message to give people, but nobody has ever understood the different message he gives in each of his pictures.

A few weeks ago he decided to use something new to make his paintings (or rather "assemblages," as French progressive painters call such things), and turned to[4] bread. He drove a few nails[5] into a wooden board, and then hung small rolls, slices of bread and sometimes a whole loaf on them; then he spread some colour on the whole thing. Anyone can understand that the result was slightly shocking.

One of these works was exhibited, together with a few more works by other progressive artists, at an open air exhibition[6] in a park. Visitors looked at Reginaldo's work with some curiosity, and, at the sight of rolls and slices of bread, felt hungry. The result was that Reginaldo's message was completely misunderstood, and the snack bars near the park did very good business[7] during the exhibition.

Two months ago there was another exhibition in a well known gallery, and Reginaldo was invited to send one of his progressive works: the one he chose for the exhibition was another "assemblage" made of bulbs, bones and tar (to be precise, seven bulbs and seven bones stuck in a large smudge of tar).

A few hours before the exhibition was opened, someone got into the gallery and stuck two more bulbs in the tar, so that there were nine in all.   Furthermore, the unknown joker removed one bone and took it home as a memento.[8]   Nobody realized the cruel joke until after the exhibition was opened.   When Reginaldo saw the disaster, two famous critics were standing in front of his work and were commenting upon it.   Both of them agreed that the work was terrific and nothing else in the exhibition was so significant and highly artistic.

1. As a matter of fact, *In realtà, effettivamente*.   2. whatever, *qualsiasi cosa*.   3. and what not, *o che so io, e così via*.   4. to turn to, *rivolgersi a, dedicarsi a*.   5. to drive a nail, *piantare un chiodo*. 6. open air exhibition, *mostra all'aperto*.   7. to do business, *fare affari*.   8. as a memento, *come ricordo*.

28

Do you know the story of the frog who wanted to become as big as an ox and burst in the attempt?   Well, with Lampo things went differently.[1]

Lampo was a little camel who had been living in the desert since he was born, but he wasn't very happy there because he wanted to travel.   He had been thinking of leaving the desert for a long time, but he had never made up his mind[2] to leave for good.[3]

The trouble with Lampo was that he was always very thirsty, which is a serious handicap for a camel who loves adventure.   He had been thirsty since he was born, and so he had never gone very far from the oasis where he had been living till then. But one day he made up his mind and left the oasis behind him: he was determined to travel.   Hadn't the idea of travelling been haunting his mind for months and months?

It was a very hot day, and Lampo had been walking for a few hours; he felt very thirsty, of course, and the temptation to go back to his oasis was very strong.   But Lampo was a little camel of strong will-power, and didn't go back.

He hadn't seen a drop of water since the moment he had started his long march through the desert and was beginning to worry a little.

Suddenly he met a little mouse who greeted him and added: "It's a pleasure to see a camel from time to time.[4]   I haven't seen a camel around here for months." Lampo asked the little mouse if there was an oasis in the neighbourhood,[5] and the mouse said: "There is a little oasis ten miles from here, with a pond of water.   It's very good water, but you'd better not drink too much, for it is a little gaseous."

Lampo thanked the little mouse for the precious piece of information, and resumed his journey.[6]   He had been walking for a couple of hours or so, when he came in sight of[7] the little oasis the little mouse had talked about.   He was terribly thirsty and rushed to the pond to quench his thirst.   The water was cool and nice.   He had been drinking it for a few minutes, when he felt unusually light; a few moments later Lampo was hovering over the oasis, propelled by a gentle breeze.

Lampo continued his wanderings[8] like this, which he found more comfortable than walking in the sand. Whenever he felt thirsty, he stopped under a cloud and drank his fill.[9]

Lampo has been flying since then and isn't tired of travelling yet. He had hoped to travel for so long, and his dream has come true[10] at last.

1. things went differently, *le cose andarono diversamente*. 2. to make up one's mind, *decidersi*. 3. for good, *per sempre*. 4. from time to time, *di tanto in tanto*, *ogni tanto*. 5. in the neighbourhood, *nei dintorni*. 6. to resume one's journey, *riprendere il cammino*. 7. to come in sight of, *arrivare in vista di*. 8. wanderings, *vagabondaggi*. 9. to drink one's fill, *bere a sazietà*. 10. to come true, *avverarsi*, *diventare realtà*.

29

Saetta was acting as[1] guide to Svelto, a very old friend of his who had come a long way to see him. They hadn't seen each other for a long time and were very happy to take a stroll[2] together and have a long chat.[3] When they got to the river, they saw the Crocodile having a swim. "Hello, Crocodile!" Saetta shouted to him, "what are you doing there?" "I'm taking a little exercise,[4] can't you see?" answered the Crocodile. "Why don't you come down here and introduce your friend to me?" he continued, "I would like to make friends with[5] him." To which Saetta answered promptly: "Another time, my dear, we are in a bit of a hurry today. Good-bye!" And then he whispered into Svelto's ear: "He is always playing dirty tricks on[6] people, the old rascal; better not to trust him". And they resumed their stroll.

When the two monkeys got to the edge of the forest, they met the Bear, who was making pancakes outside the hollow tree where he lived.

"Hello!" Saetta said to him, "what are you doing, old boy?" "I'm making pancakes, Saetta," answered the Bear, "they are delicious!"

"If I don't taste one," said Saetta, "how can I make sure[7] they are delicious?"

"That's true," said the Bear, who was a little simple-minded, "make yourself at home,[8] Saetta. And your friend may taste my pancakes too."

And so the two monkeys had an unexpected snack. After paying a lot of compliments[9] to the Bear for his skill in making pancakes, the two continued their stroll. After a while they met the Chimpanzee, but Saetta pretended not to see him since he owed him a bag of peanuts. The Chimpanzee recognized his debtor and made after[10] him, but Saetta jumped up a tree and disappeared among the leaves with Svelto. Five minutes later they saw the Peacock who was making a speech from the top of a little tree, but nobody was paying attention to him and the two monkeys ignored him. When they met the Python, they started making faces at him: monkeys like to make fun of people, as everybody knows.

It was midday by now,[11] and the two monkeys made up their minds to stop and have lunch. They made for[12] a palm-tree which wasn't very far away, and started eating bananas. Then, after chasing away a couple of red parrots who were quarrelling and making a lot of noise, they lay down and had a long nap.

1. to act (as), *fare (da)*. 2. to take a stroll, *fare due passi, andare a zonzo*. 3. to have a chat, *fare una chiacchierata*. 4. to take exercise, *fare ginnastica (esercizio fisico)*. 5. to make friends with, *fare amicizia con*. 6. to play tricks on, *fare scherzi a*. 7. to make sure, *accertarsi, sincerarsi*. 8. to make oneself at home, *accomodarsi, fare come a casa propria*. 9. to pay a lot of compliments, *fare un mucchio di complimenti*. 10. to make after, *inseguire, correr dietro a*. 11. by now, *ormai*. 12. to make for, *dirigersi verso*.

30

After eating an enormous quantity of honey, Rocky fell asleep. He slept like a log[1] for twelve hours and woke up when the sun was already high in the sky. Everybody knows that bears like sleeping, and Rocky wasn't really an early bird.[2] He turned in his bed and tried to go to sleep again, but without success. "All right," he said to himself, "I think I'll get up now."

But it took him[3] a couple of hours before he found himself standing[4] on his huge feet. He stretched himself, and suddenly he felt terribly hungry. He rushed to the kitchen (he had adapted himself to living in a small flat, a bedroom and a kitchen, after his failure as a film star), and anxiously inspected the honeycomb he had brought home the evening before. Alas, not a drop of honey was left in it! A bit disappointed, Rocky dragged himself to a little pond just outside the hollow tree where he lived, and got ready for a quick wash.[5]

Everybody knows that bears are very fond of water, but Rocky was a lazy bear, particularly in the morning. So he dipped his finger in the water and, after realizing it wasn't warm enough for his taste, decided to put off his wash to another day.

A few minutes later he made for the river, with a fishing-rod and a basket in his hands. When he got to the river, he sat down on the bank and started fishing. An hour passed by,[6] but no fish showed any desire to commit suicide just for Rocky's sake. The sun was very warm, and Rocky dozed off without realizing it. While he was sleeping, he dreamt that he was sitting by a river, from which a lot of fish were jumping into his basket. He had just dropped a fish into his large mouth, when he suddenly woke up, and found himself in the middle of the river, where he had fallen while he was sleeping.

Rocky had just swum to the bank and sat down on it, when a little glittering fish popped out of his mouth and fell merrily into the water.

1. like a log, *come un ghiro*. 2. an early bird, *mattiniero*. 3. it took him, *gli ci vollero, impiegò*. 4. standing, *ritto, in piedi*. 5. wash, *pulizia, lavaggio*. 6. to pass by, *passare*.

READING PASSAGES

1

Il Diluvio era cominciato. Aveva tuonato per un mese, poi aveva lampeggiato per un altro mese e da ultimo aveva cominciato a piovere, o piuttosto a diluviare. Uomini ed animali cominciavano a preoccuparsi di quell'orribile tempo, solo le anatre, i cigni ed i pesci (inclusa la balena che non è un pesce, come suppongo sappiate) erano molto felici: ma erano le sole eccezioni.

Noè era seduto sotto il portico della sua arca, lievemente ubriaco: sua moglie stava brontolando al suo indirizzo (*at him*), al solito. Essa non considerava Noè uno scienziato, come egli era, ma solo un vecchio ubriacone; dopo aver inventato il vino, Noè stava facendo del suo meglio per migliorare la qualità ed il colore del prodigioso liquore, ed era obbligato ad assaggiare il suo vino di continuo, il che non gli dispiaceva di fare, ad essere sinceri. Ed era sempre lievemente alticcio.

Suonò il telefono. La moglie di Noè andò a rispondere.

«Chi è?» chiese Noè.

«Qualche vecchio ubriacone come te, suppongo», disse essa. Non era un vecchio ubriacone, era l'Elefante.

«Parla il signor Noè?» chiese l'Elefante.

«Sì, in persona», rispose Noè.

«Qui è l'Elefante che parla. Com'è il tempo dalle sue parti, signor Noè?» chiese l'Elefante.

«Bello, signore, proprio bello!» rispose Noè, che era sovrappensiero.

«Bello?» gridò l'Elefante all'altro capo della linea.

«Oh, mi scusi», fece Noè, che si era reso conto dell'errore. «Diluvia, e non sembra che voglia smettere».

«Com'è il bollettino meteorologico, signor Noè?»

«Le previsioni sono che farà molto caldo domani con una lieve brezza, e che ci sarà sole tutto il giorno. Ma, come Lei certamente sa, le previsioni meteorologiche sono sempre sbagliate, e sono sicuro che diluvierà al solito».

«Crede che questo sia il Diluvio, signor Noè?».

«Non ho alcun dubbio circa ciò, signor Elefante. Ha già prenotato i suoi posti nell'arca, signor Elefante?».

«Non ancora, signor Noè. Sono ancora in tempo?».

«Sì, ce ne sono ancora alcuni. Lei ne vuole due, suppongo».

«Sì, due, per favore. Sarà una crociera lunga, signor Noè?».

«Navigheremo finchè si rasserenerà, signor Elefante, ma avremo musica, buon cibo e buon vino a bordo dell'arca».

«Vino? Che cos'è, signor Noè?».

«Una mia invenzione, signor Elefante. Sono sicuro che le piacerà».

«A presto, signor Noè».

«Arrivederla, signor Elefante».

2

Ho uno zio che vive in Africa. Un mese fa mi mandò una lettera. Nella lettera diceva: «Ti piacerebbe un elefantino? Se così, prendi una cartolina e scrivici su: Vorrei un elefantino. Affettuosi saluti dal tuo zio Tommy (l'esploratore)». Avevo sempre desiderato avere un elefantino. Così mi procurai una cartolina e scrissi su di essa: « Caro zio Tommy (l'esploratore), vorrei un elefantino. Affettuosi saluti dal tuo nipote Jimmy ». E la mandai allo zio Tommy.

Esattamente una quindicina di giorni più tardi un autocarro si fermò di fronte al nostro villino. Sull'autocarro c'era un'enorme cassa. L'autista dell'autocarro disse che era indirizzata a noi. Il papà pensò ad un errore, ma l'autista insistette. La cassa venne scaricata. Strani rumori si sentivano all'interno della cassa. Il papà cominciò a diventare un poco nervoso. La cassa era ora nel nostro giardino. Il papà scoperse un buco in un lato della cassa. Si procurò una sedia per dare un'occhiata all'interno della cassa. Salì sulla sedia e sbirciò nella (*into the*) cassa. Un momento dopo il papà giaceva sull'erba, imprecando. Era bagnato da torcere. L'elefantino aveva usato la sua proboscide come una pompa. Forse non gli piaceva la gente curiosa. Forse era solo un poco nervoso, come papà. A me cominciò a piacere l'elefantino, ad ogni modo. Il papà era livido. Un alto barrito venne dall'interno della cassa. Pensai di dire qualcosa. « Forse è un elefantino, papà. Apriamo la cassa. Sono sicuro che non è molto comodo in quella cassa ». « Se fossi in te », disse il papà, « non toccherei la cassa! ». Il papà non era di buon umore, meglio non contraddirlo. Due secondi più tardi l'elefantino sfasciava un lato della cassa. Il papà svenne.

3

La Mosca, il Bruco e la Pulce decisero di partire insieme per (*on*) un lungo viaggio. Volevano vedere il mondo, e si incontrarono molto presto una domenica mattina.

Il Bruco, che era il più saggio, disse: « Siccome la Mosca non sa strisciare o saltare, e la Pulce non sa volare o strisciare, come possiamo viaggiare insieme? Io non posso fare a meno di strisciare, che è il modo più sicuro di muoversi, secondo me, e non credo che voi riuscireste (*could*) a farlo, anche se voi faceste il possibile ».

« Non avevo pensato a questo inconveniente », disse la Mosca. « Io penso che volerò ad ogni modo, come ho sempre fatto. Inoltre, posso vigilare mentre volo (*while flying*) e farvi sapere di qualsiasi pericolo che sia in vista ».

« In quanto a me (*As for me*) », disse la Pulce, « penso che salterò, dal momento che non riesco a pensare a nessun altro modo per muovermi (*of moving around*) ».

« Se io striscio e voi due volate o saltate », continuò il Bruco, « non credo che potremo conversare mentre viaggiamo. L'unica cosa che possiamo fare è di fermarci ogni dieci iarde a chiacchierare un poco ». « Buona idea! » esclamarono gli altri due, e poi i tre (*the three of them*) si salutarono ed iniziarono il loro viaggio.

Ma un gallo che camminava impettito (*was strutting*) lì vicino (*nearby*) vide i tre insetti e li inghiottì senza alcuna esitazione. Così i tre si incontrarono di nuovo nella pancia del gallo prima di essere andati molto lontano.

Stavano cominciando a parlare, quando udirono il gallo che urlava orribilmente. « Ho l'impressione che qualcuno abbia deciso di arrostire il gallo », disse il Bruco.

« Ciò gli insegnerà a comportarsi con piccole creature come noi.   E sono sicuro che riprenderemo il nostro viaggio molto presto ».

Un grosso coltello aprì la pancia dello sfortunato gallo e mise i tre in libertà.   Essi si trovarono in una cucina e si guardarono attorno molto curiosamente.   « Che bella mela ! » esclamò il Bruco dirigendosi verso una mela rossa che giaceva sulla tavola. « Penso che le darò un morso prima di lasciare questo posto ».

« Guarda quel vaso di miele ! » gridò la Mosca.   « Sarei una sciocca se non lo assaggiassi ».   Ed atterrò sul miele.

« Vi spiace se faccio uno spuntino ed un sonnellino ? » chiese la Pulce additando un grosso gatto nero che dormiva su una sedia.

Ciascuno dei tre pensò fra sè dopo alcuni momenti : « Mi sento comodo e beato (*as snug as a bug in a rug*) in questa casa, così perchè dovrei strisciare (o saltare o volare) via ? ».

E decisero di passare là il resto dei loro giorni.

4

Una famiglia di fantasmi andò a vivere in un vecchio castello in Scozia; c'erano il papà, la mamma, e due bambini, un maschio ed una femmina.   Il maschio si chiamava Puff, la femmina Fluff.   Prima di andare a vivere in Scozia essi avevano passato due secoli in un castello disabitato in Irlanda, ma i bambini si erano stancati di vivere in un posto silenzioso, senza avere nessuno da spaventare di tanto in tanto.   Così i genitori avevano pensato di traslocare in un altro castello, per amore dei loro figli. Il nuovo castello era di loro gusto.   C'erano lunghi corridoi dove i bambini potevano correre urlando di notte, oscuri recessi dove potevano giuocare a rimpiattino, e grandi solai dove potevano fare strani rumori.   A loro piacque il castello scozzese e pensarono di rimanervi per alcuni secoli almeno.

Un giorno Puff pensò di esplorare il castello e andò da basso; la famiglia aveva vissuto sino allora in un'ala disabitata, arredandola con teschi, scheletri, bare, catene ed altre cose che i fantasmi amano avere attorno a sè.   Il proprietario del castello stava leggendo un libro nella biblioteca, e Puff pensò di spaventarlo.   Scosse la sedia dove egli stava seduto, sparpagliò un sacco di libri per tutta la stanza, facendo un terribile rumore, ma non riuscì a spaventarlo.   Improvvisamente il proprietario sollevò gli occhi dal libro che stava leggendo e disse : « Basta così, ragazzo mio.   Stai mettendo a soqquadro la mia biblioteca ».   Un momento più tardi Puff veniva trasformato in una piccola rana.

Il giorno seguente la famiglia dei fantasmi lasciò il castello, ed il mago (il proprietario del castello era effettivamente un mago) li osservò che se ne andavano a piedi dal castello, tre fantasmi ed una piccola rana saltellante.   Ma sentì pietà per il piccolo fantasma trasformato in rana, e gli restituì il suo aspetto primitivo.

5

« Vuoi una sigaretta ? » chiese il Rinoceronte all'Elefante.

« Hai mai visto un Elefante fumare una sigaretta ? » gridò l'Elefante che pensava che il Rinoceronte fosse un poco sordo.

« A dire la verità no (*I haven't*) », rispose il Rinoceronte dopo un attimo di meditazione.

« Fumo un paio di sigari di sera », continuò l'Elefante. Un momento più tardi la terra tremò; l'Elefante aveva starnutito sonoramente (*loudly*). Una soffice palla rotolò fra l'erba, era la Talpa che era strisciata all'interno della narice dell'Elefante pensando fosse la sua tana. L'Elefante era furioso. « Grande idiota ! » gridò alla Talpa che si stava riprendendo dalla sua brutta avventura.

« Se io fossi in te, non perderei la pazienza per uno Scoiattolo », disse il Rinoceronte che non aveva riconosciuto la Talpa. « Dev'essere cieco come una talpa ».

L'Elefante lo ignorò. Stava guardando qualcosa che stava venendo verso di loro a grande velocità. Dopo alcuni secondi il Coniglio si fermò di fronte ad essi, dissotterrò (*dug out*) una carota e cominciò a mangiarla ed a parlare allo stesso tempo. « L'Orso sta morendo », egli disse, « e vuole che tutti gli animali vadano ad ascoltarlo. Ha intenzione di leggere il suo testamento in pubblico ». Dopo aver detto ciò, il Coniglio corse via.

« Si va (*Shall we go*) a trovarlo ? » chiese il Rinoceronte. « O.K. », disse l'Elefante.

Alcuni minuti più tardi erano davanti al grande albero cavo dove abitava l'Orso; molti altri animali si erano radunati là per ascoltare l'Orso morente. Su una piccola piattaforma l'Asino stava cantando una ballata molto triste facendosi accompagnare da (*to the accompaniment of*) venti violini magistralmente suonati da venti rane.

Un alto urlo lacerò l'aria. Era il Canguro che si era seduto sul Porcospino per sbaglio. « Perchè non badi a dove ti siedi ? » chiese il Porcospino al povero Canguro. « Il posto di pronto soccorso è girato l'angolo ». La musica si faceva (*was getting*) sempre più fioca; il Pitone era appena arrivato e stava ingoiando le rane ad una ad una.

Un momento più tardi la Civetta venne fuori dall'albero cavo dove si pensava che l'Orso stesse morendo. « Sono terribilmente spiacente », disse, « ma l'Orso ha superato la sua indigestione e non sta affatto morendo. La lettura del testamento dovrà essere rimandata ad un'altra volta. L'Orso vuole ringraziarvi tutti per essere venuti qui ».

Il Coccodrillo cominciò a piangere. « Non c'è bisogno che tu pianga », gli disse il Rinoceronte, « l'Orso non è ancora morto ». « Non piango per lui », spiegò il Coccodrillo. « Ho mangiato troppo ed ho il mal di pancia ».

« Giuochiamo a Tombola ? » propose la Zebra agli altri animali. La proposta non venne accettata e tutti gli animali si dispersero.

6

Due ladri uscirono una sera in cerca di qualcosa da rubare. Un loro amico aveva dato loro un'informazione preziosa: il proprietario di una villa appena fuori della città era partito per un lungo viaggio e la villa era ora deserta. Gli affari non andavano troppo bene per loro in quei giorni, e le loro entrate erano estremamente povere. Uno di essi aveva una grande famiglia da mantenere, ed egli aveva disperatamente bisogno di danaro.

Quando arrivarono alla villa, essi entrarono nel giardino e, attraverso una finestra, penetrarono nell'edificio. Accesero le loro pile elettriche e rimasero a bocca aperta. Bei mobili antichi (*old*) riempivano le stanze, stupendi candelabri stavano su magnifici pianoforti, molti oggetti curiosi e dipinti di valore adornavano le stanze. I due ladri erano senza parole alla vista di tutte quelle ricchezze.

Stavano per aprire i loro sacchi e riempirli di merci preziose, quando una porta si aperse e due poliziotti entrarono. I due ladri non riuscivano a (*could not*) credere ai loro occhi. Uno di essi scoppiò in lacrime e cominciò a supplicare i due poliziotti. Disse che aveva sei bambini da mantenere e che, se egli fosse andato in prigione, essi sarebbero morti. Le sue parole sembravano (*sounded*) sincere, e, quando egli promise che avrebbe cambiato vita, i due poliziotti decisero di lasciare andare i due ladri.

Il giorno seguente i due ladri erano seduti ad un bar, commentando la loro cattiva stella. Erano di umore molto basso. Uno strillone arrivò con le ultime notizie. Uno dei due ladri comprò un giornale, diede un'occhiata ai titoli e quasi svenne. Il giornale riportava un grosso furto alla stessa villa che essi avevano visitato la notte prima. Due uomini travestiti da (*as*) poliziotti erano stati visti da una vecchia signora lasciare la villa con il loro ricco bottino.

7

« Fu un'esperienza memorabile, nipotini! » disse Nonna Scimmia ad un cerchio di piccole scimmie che, più o meno, erano sue nipoti.

« Vuoi dire che fu un'esperienza indimenticabile, Nonna? » chiese Quick, che era sempre desideroso di migliorare il suo vocabolario.

« Sì, caro », continuò Nonna Scimmia, « fu un evento che fece epoca ».

« Che fece epoca? È una bella frase, lasciamela trascrivere nel mio taccuino » disse Quick tirando fuori un taccuino molto insolito fatto di foglie di banana, e scribacchiò qualcosa su di esso. « Puoi andare avanti, Nonna! » egli aggiunse quando la sua operazione fu completata.

« Come stavo dicendo, fu un'esperienza memorabile. Tutti gli animali della giungla risero per un paio di giorni, quando accadde ».

« Non si può (*Can't you*) dire una coppia di giorni invece di un paio di giorni, Nonna? » chiese Quick che si interessava più del suo italiano che del racconto. A dire la verità, le altre scimmie non erano particolarmente attente. Come ognuno sa, le scimmie sono animali irrequieti, ed un racconto non è di solito abbastanza per interessarli per alcuni minuti. Per di più Nonna Scimmia era troppo lenta a raccontare storie (almeno questo era il punto di vista della scimmia della strada) ed i suoi nipoti si stancavano presto di ascoltarla.

« Sì, si può », rispose la narratrice. « Puoi dire una coppia di giorni, a parere mio (*in my opinion*) ».

« Non credo che si possa », disse Quick dopo un momento di meditazione. « Non ho mai sentito ciò prima, Nonna! ».

« Perchè non chiedi al tuo maestro, invece di interrompermi con queste stupide domande? » disse la Nonna.

« Prenderò un appunto », fece Quick, tirando fuori il suo taccuino.

« Posso andare avanti, nipotini? Bene, come stavo dicendo, fu un evento che fece epoca . . .».

« Nonna! » gridò una scimmietta dalla cima di una palma. « Posso vedere il leone che viene da questa parte (*coming this way*). Sembra un poco arrabbiato, anche! ».

« Su, nipotini! Corriamo via! Vi racconterò la mia storia un'altra volta, il leone sta venendo da questa parte! ».

« Dio benedica il leone! » disse Quick, e corse via con le altre scimmie.

8

Arcibaldo non è un impiegato modello. Cominciamo dal momento in cui si alza al mattino, o meglio il momento in cui apre gli occhi, poichè (*for*) egli non esce mai dal letto appena si sveglia. Non ha il coraggio di fare una cosa simile (*such a thing*)! Dopo un po' si alza, si avvia verso il bagno e, lievemente barcollante (*rocky*), vi entra. Qui egli si fa un bagno, si sbarba e poi ritorna nella sua camera; si mette gli abiti e si prepara ad uscire. Ma prima fa colazione e scorre anche il giornale del mattino. Deve sapere che cosa succede per (*around*) il mondo, non è vero?

Arcibaldo deve affrettarsi ora, perchè si sta facendo tardi, ed il suo capo si infuria tutte le volte che (*whenever*) un suo impiegato arriva tardi all'ufficio. In realtà (*As a matter of fact*) Arcibaldo arriva all'ufficio venti minuti in ritardo una mattina sì ed una no, ed il suo capo lo rimprovera per essere (*for being*) così pigro e prendersi (*taking*) così poca cura del suo lavoro. La voce del capo dà ai nervi ad Arcibaldo, ed egli si secca udendo quel torrente di parole adirate. Alla fine il capo dice ad Arcibaldo di mettersi a fare del lavoro, e poi se ne va. Ma Arcibaldo deve riaversi dallo scoppio d'ira (*outburst*) del capo (Arcibaldo è convinto che il suo capo si alza con la luna una mattina sì e una no), e non si sente di procedere con il suo lavoro. Allo scopo di (*In order to*) rilassarsi, egli tira fuori il giornale e gli dà un'altra occhiata. Poi si fa passare (*to get*) Alfredo al telefono (Alfredo è un altro impiegato che lavora nell'ufficio accanto, un altro poltrone come Arcibaldo) e gli chiede di radunare alcuni amici per una partitina a poker (*little poker game*) per la sera; si mette a conversare piacevolmente con Alfredo, finchè qualcuno gli dice che il capo sta aggirandosi per gli uffici nuovamente, ed Arcibaldi deve togliere la conversazione.

Finalmente Arcibaldo si mette a lavorare un poco, ha un sacco di lettere a cui rispondere. Il capo gli si avvicina e gli chiede come stia procedendo con il suo lavoro; Arcibaldo risponde che tutto va bene e si libera di lui. Quando il capo sparisce, Arcibaldo tira fuori la sua pipa e fa una fumatina. « Ci siamo, ragazzi! » grida qualcuno dopo un poco, « ora di colazione! ».

Arcibaldo si precipita fuori dall'ufficio e passeggia un poco prima di fare colazione.

Suppongo che ora abbiate un'idea sul tipo (*about the sort*) di uomo che Arcibaldo è; non voglio raccontarvi come egli passi il suo pomeriggio. Vi annoiereste!

9

« Ti spiace che io faccia una nuotata? » chiese la Scimmia all'Elefante che stava facendosi una bevuta sulla riva di un grande stagno. L'Elefante smise di bere e disse: « Devo ammettere di non aver mai visto una Scimmia fare una nuotata. Pensavo che le Scimmie odiassero nuotare ». « La maggior parte di esse lo fanno, ma io sono diversa », disse la Scimmia che era un tipo snob. « Fa tanto caldo oggi, ed io non vedo l'ora di nuotare in questa acqua fresca ». L'Elefante non potè fare a meno di pensare al Coccodrillo che aveva visto strisciare (*crawling*) nell'acqua alcuni minuti prima. « Fa a modo tuo », disse l'Elefante, e cominciò a bere di nuovo.

La Scimmia si tuffò nell'acqua e cominciò a nuotare, mentre l'Elefante la guardava. « Non è affar mio impedire alle Scimmie snob di mettersi in un guaio, dopo tutto! » pensò, e smise di bere.

La Scimmia continuò a nuotare per un po', poi si diresse verso un tronco che galleggiava nel mezzo dello stagno. « La Scimmia ha intenzione di riposare sul Coccodrillo », pensò l'Elefante. « Sarà divertente ora ».

Fortunatamente per la Scimmia, il Coccodrillo stava dormendo molto profondamente, e non si accorse che la Scimmia gli si era accoccolata sulla testa.

« Non vedi il Coccodrillo da qualche parte? » gridò l'Elefante dalla riva. « Non riesco a vedere la stupida vecchia creatura da qui. Il pigrone deve star dormendo da qualche parte », rispose la Scimmia. Il Coccodrillo non dava segno di svegliarsi.

« Può darsi che mi sbagli », disse l'Elefante dopo un po', « ma ho l'impressione che tu sia seduta sulla testa del Coccodrillo ».

La Scimmia guardò giù a quello che pensava fosse un tronco, rabbrividì di paura, e poi si tuffò nell'acqua il più silenziosamente che potè. Al raggiungere la riva svenne. « Sono sicuro che rinuncerà a nuotare d'ora innanzi », commentò l'Elefante.

10

Conoscete Palla? È l'uomo più grasso che possiate mai aver visto, ma lui non si preoccupa di ciò. Ciò di cui si dovrebbe preoccupare è la sua abitudine di dire la cosa sbagliata al momento sbagliato: farebbe meglio (*he had better*) a controllarsi un poco di più, perchè si mette sempre nei pasticci.

Ieri passeggiava in strada quando si imbattè in un gobbo; additò la gobba dello sfortunato individuo e disse: « Lei dev'essere l'uomo più fortunato della città con una gobba grossa come quella, signore! Non ne ho mai vista una più grossa, devo dire! » Vi risparmierò le conseguenze di quell'osservazione molto stupida: dirò solo che Palla si considerò per un momento il più sfortunato uomo della città, quando una raffica di colpi cadde su di lui.

Alcune settimane fa egli notò una signora piuttosto anziana (*old*) che guardava dei bellissimi gioielli messi in mostra nella vetrina di un gioielliere. « Non pensa, signora », egli le disse, « che sarebbe più saggio lasciare quelle graziose cosucce (*pretty things*) a ragazze più giovani e più belle di lei? » Non c'è bisogno di dire (*I need hardly tell you*) che l'ombrello della signora andò a sfasciarsi sulla testa di Palla.

Il guaio di Palla è che non sa tenere la bocca chiusa, anche se le sue osservazioni non sono così stupide come si potrebbe pensare che sono.

Ma non tutti sono così privi di immaginazione come la vecchia signora od il gobbo che mostrarono la loro completa assenza di senso umoristico (*sense of humour*) nel modo più violento. Qualche tempo fa Palla era in un autobus: un signore lo notò e sussurrò nell'orecchio del suo ragazzino: « La gente grassa come quello dovrebbe prendere due biglietti, non credi, figliuolo? » Palla, che aveva udito per caso l'osservazione del signore, prontamente ribattè: « Verissimo (*Quite true*), signore, ma anche gli idioti dovrebbero prendere due biglietti, non crede, signore? » Il signore esitò per un momento, poi aggiunse: « Figuriamoci (*Fancy*) che cosa le costerebbe, signore, dal momento che lei dovrebbe prendere quattro biglietti! »

Palla trovò lo scherzo terribilmente divertente, e si spanciò dalle risa. Dovete convenire che Palla ha un senso dell'umorismo altamente sviluppato, non credete?

Index